ŒUVRES FACÉTIEUSES

DE

NOËL DU FAIL.

—

TOME II.

Il a été tiré de cette édition

2 exemplaires sur peau de vélin.
10 — sur papier de Chine.
50 — sur papier vergé fort.

Nogent-le-Rotrou. — Imprimé par A. Gouverneur, avec les caractères elzeviriens de la Librairie Daffis.

ŒUVRES FACÉTIEUSES

DE

NOËL DU FAIL

SEIGNEUR DE LA HERISSAYE,
GENTILHOMME BRETON,

Revues sur les Éditions originales et accompagnées
d'une Introduction, de Notes et d'un Index philologique,
historique et anecdotique,

PAR J. ASSÉZAT.

TOME II.

CONTES ET DISCOURS D'EUTRAPEL (FIN),
APPENDICE ET INDEX.

PARIS

PAUL DAFFIS, ÉDITEUR-PROPRIÉTAIRE
DE LA BIBLIOTHÈQUE ELZEVIRIENNE
7, rue Guénégaud

M DCCC LXXIV

LES

CONTES ET DISCOURS

D'EUTRAPEL

Par le feu Seigneur de la Herissaye,
Gentil-homme Breton.

XI.

Debats et accords entre plusieurs honnestes gens.

C'est une vieille coustume en ce pays, et croy que par tout ailleurs, de se trouver et amasser chez quelqu'un du village au soir, pour tromper les longueurs des nuits, et principalement à l'hiver. Au temps, dit Lupolde, que nous estions aux escholes à Bern près Rennes, sous ce docte Sophiste Caillard, car il eust bien prouvé à fine force d'arguer, que vous eussiez disné, encore que vous n'eussiez rien mangé que vostre mors de bride, comme les mules du

Palais : il se faisoit des fileries, qu'ils appellent *veillois* [1], tantost à la Valee, tantost à la Voisardiere, à Souillas, et autres lieux de reputation, où se trouvoient de tous les environs plusieurs jeunes valets et hardeaux [2] illec s'assemblans, et jouans à une infinité de Jeux que Panurge n'eut onc en ses tablettes. Les filles d'autre part, leurs quenoilles sur la hanche, filoient : les unes assises en lieu plus eslevé, *verbi gratiâ* sur une huge ou met [3], à longues douettes [4], à fin de faire plus gorgiasement [5] pirouter leurs fuseaux, non sans estre espiez s'ils tomberoient : car en ce cas y a confiscation rachetable d'un baiser, et bien souvent il en tomboit de guet à pans et à propos deliberé, qui estoit une succession bientost recueillie par les amoureux, qui d'un ris badin se faisoient fort requerir de les rendre. Les autres moins ambitieuses, estans en un

1. Veillées. Il en a été question dans les *Propos rustiques*. Ce chapitre, du reste, nous ramène à la première manière de du Fail.
2. Suivant du Cange *hardel, hardiau*, au féminin *hardelle* signifierait coquin, fripon, vaurien, mais il ne faut pas prendre cela trop à la lettre et il est bon de ne considérer les hardeaux ici présents que comme jeunes gars aimant à rire.
3. Huche. On dit encore une *met* dans plusieurs provinces de l'Ouest et en Bourgogne.
4. M. Legoarant (*Nouvelle orthologie française*) dit que *doite* est un terme qui sert à comparer la grosseur, l'égalité du fil dans un même ou dans plusieurs écheveaux. Il faudrait peut-être généraliser davantage cette définition et l'étendre à la façon dont le fil est filé, à longues ou à courtes doites, suivant que le fuseau est plus ou moins relevé et par conséquent le fil plus ou moins allongé. On se représente mieux cela qu'on ne peut le décrire.
5. Élégamment.

coin près le feu regardoient par sur les espaules des autres et plus avancees, se haussans sur le bec du pied, et minutans les grimaces qui se faisoient en la place et comble de l'hostel, tirantes et mordantes leur fil, et peut estre bavantes dessus, pour n'estre que d'estouppes. Que si par fortune le gros Jean, Robin, ou autre monstroient aux jeux qu'ils menoient, le haut de leurs chausses à descouvert, ce n'estoient les dernieres à rire à gorge desployee, avec la main entr'ouverte devant les yeux, pour asseurer toute chose et se garantir du hasle. Là se faisoient des marchez, le fort portant le foible : mais bien peu, parce que ceux qui vouloient, tant peu fust, faire les doux yeux, remettre les tetins descendus sous l'aisselle, par le continuel mouvement du fuseau, en bataille et en leur rang, desrober quelque baiser à la sourdine, frapant sur l'espaule par derriere, estoient contreroolez par un tas de vieilles, qui perçoient de leurs yeux creux jusques dedans le tait (*a*) aux vaches, ou par le maistre de la maison estant couché sur le costé en son lit bien clos et terracé [1], et en telle veuë qu'on ne luy peut rien cacher. Je ne me veux pas restraindre si exactement, et de si près, sous l'Edit des Presidiaux, qu'on ne peust dire le petit mot cahin caha, mais c'estoit faire l'amour par mariage : car en telles assemblees beaucoup d'honnestes familiaritez sont permises, comme en Alemagne, où les

a. Var. : *Tect* (1603).

1. Isolé; terrasse étant pris dans le sens de retranchement; ou plutôt surélevé, terrasse étant considéré comme un remblai.

garçons et filles sont couchez ensemble sans note d'infamie[1], et leurs parens interrogez sur les articles de telles privautez, respondent *castè dormiunt*, c'est jeu sans vilenie, et là se preparent et commencent de tres bons et heureux mariages. Eutrapel qui estoit merveilleusement scrupuleux et dificile à faire tomber en bonne opinion ceste frequentation si approchante, en l'endroit mesmement des Alemans d'aujourd'huy, qui ayans degeneré et perdu leur premiere et rustique naïveté, sont tant Francisez, Espagnolisez, et Italienisez, disoit qu'il n'y auroit pas grande seureté en icelles approches : que nature estoit trop coquine, que c'estoit mettre le feu bien près de l'amorche : et sœur Binette souloit dire qu'un chose estoit bientost coulé, et avoir ouy dire à sa grand'tante que Dom Jean Orry de Noyal sur Seiche demanda à nostre maistre Prau y preschant notamment contre la paillardise des Prestres, qui l'avoient refusé de l'accommoder : venez çà, frere Jean, si une belle fille vous chatouilloit au lit, et pinsoit sans rire, que luy feriez vous ? Je say bien, respond magister noster nostrandus, que je devrois faire, mais je ne say que je ferois. Passons outre. Lupolde de son costé se fascha d'estre ainsi interrompu par ce muguet, qui tousjours estoit en fievre comme les singes, ou celuy à qui Marion a tardé venir à l'heure dite : y joinct, comme dit Homere sur

---

1. On a conservé cette coutume en Franche-Comté. M. Champfleury, dans les *Sensations de Josquin*, explique comment cela se passe chez « les anabaptistes » de Montbéliard même avec les voyageurs. La fille se couche avec son jupon *sous* la couverture et le garçon avec sa culotte *sur* ladite couverture. On cause et c'est tout.

le Calendrier des bergers, merde *Gallicè loquendo*, en la bouche du prescheur qui n'est escouté : place place, voicy Monsieur. Les valets de la Valetiere (pour reprendre nostre chevre à la barbe, ainsi sont appellez les jeunes garçons à marier, et entre les anciens estoient les jeunes Gentils hommes appellez jusqu'à l'aage de dix-huit ans, valets [1], qui se nomment en ce jour, pages) avoient esté trompez peu de temps auparavant allans ausdites veilles et fileries, par ceux de Tremerel, associez de longue main aux habitans de Ramussac pour raison, ainsi que l'on croit, des espines qu'ils avoient mises sur le bout des eschaliers [2], de sorte que cuidans mettre la main dessus pour passer de l'un champ en l'autre, se piquoient les mains avec grande effusion de sang, pleurs et ris *in eodem subjecto* : par autres fois avoient noüé des genets, et attachez ensemble au travers des routes, par lesquelles ceux de la Valetière, Houssiere et Orgevaux devoient passer la nuit : occasion que les premiers tomboient de grands sauts à dents, qui aprestoit aux derniers moitié figues moitié raisins, moitié peur et moitié ris, et non contens de ce, lors qu'ils rencontroient les pauvres Valetois, leur demandoient, faisans bien les simples et marmiteux, s'ils avoient passé par tels et tels endroits, puis tout d'un coup s'esclaffoient de rire si de-

---

1. Plus anciennement *varlets*.
2. Échelle placée le long des haies pour aider à les franchir et aussi le talus même sur lequel suivant l'habitude bretonne ces haies sont plantées. « Il fut aussi tost prest qu'un chien auroit saulté un eschalier. » Des Perriers, nouvelle XXVII.

mesurement, qu'ils en pissoient en leurs chausses et celles de leurs voisins, et bien souvent en fussent venus aux mains et entrebatus, sinon que les plus rusez de la Valetiere empeschoient qu'on ne passast outre : bien que quelques uns d'eux alleguassent et missent en fait, que les filles de la Simonnaye à l'occasion d'icelles moqueries ne leur faisoient si bonne chere comme elles avoient accoustumé, et qu'on s'en estoit bien apperceu, tant à la Soule¹ de Chanteloup, où elles se seroient cantonnees et mises à part, que pour n'avoir daigné, en fenant² aux prairies de Chasteau-letard, respondre aux chansons que les Hardelles³ de Rolard disoient de l'autre costé, la seule riviere de Seiche entre deux, fors la pauvre Armelle Simon, qui, encore qu'elle en fust bien tancee par ces despiteuses, s'avisa pour sauver l'honneur commun, respondre à un seul verset de chanson, encore en voix beelante et tremblante, comme les Alemans. Si conclurent ils neantmoins qu'il falloit avoir leur revanche, à quelque pris que fust le bled, mais par un moyen honneste et mieux deliberé, que trouva Dom Jean Pichon, l'un des plus adroits pescheurs à la ligne qui fust au quartier, et n'en deplaise au mounier de Blochet, lequel ayant descouvert une filerie de haut appareil qui se devoit faire à la Tousche, et où ceux de Places n'auroient garde de faillir se trouver, dressa

---

1. A l'assemblée, à la fête, où l'on jouait à la boule et au ballon, jeux appelés soule, en Bretagne.
2. Fanant, faisant les foins.
3. Jeunes filles, comme nous venons de le voir tout à l'heure à propos de *hardiau*.

aux quatre cornieres d'un travouil¹ quatre gros flambeaux composez en belle molaine² seche et bien ointe de graisse : et lorsque André Loheac leur espion les vint advertir que sans doute les Placerons avoient desja passé la fontaine de Bouillant, faisant beau bruit et tintamarre, Dom Jean commença à tourner et virer leur instrument avec son equipage petit à petit, à pause et intervales : puis tout d'un coup, comme les mouvemens d'un horloge, degoutez si vistement, que tout sembloit estre en feu, quand les Maire, Eschevins, et autres habitans de Places apperceurent ce terrible engin, ainsi miraculeusement enflammé et bruslant. Ce fut aux premiers à tourner le dos, fuir le chappeau en main, à longue course, crians et huchans à la force, misericorde et reversans (a), rompans et brisans tout ce qu'ils trouverent devant eux, aussi furieusement comme le gros bataillon des dix mille Lansquenets du Marquis du Gast³ à la journee de Cerisoles l'an 1544 fit sur le reste de l'armée Imperiale, qui fut occasion de la rupture d'icelle, par la charge foudroyante des quatre vingt hommes d'armes avec leur haut appareil et chevaux bardez du Seigneur de Bou-

a. Var. : *Renversans*.

1. Aux quatre branches d'un dévidoir. Corriger plus haut p. 182 du 1ᵉʳ volume *travoil* traduit par travail.
2. La molène ou bouillon blanc a une tige assez droite et remplie de moelle qui, séchée, brûle très-bien.
3. Le marquis del Guasto ou del Vasto, battu par le duc d'Enghien. V. Monluc, *Commentaires*; Ronsard qui prétend qu'on trouva dans ses bagages 4000 cadenas dont il devait attacher ses prisonniers; Montaigne *Essais*, livre I c. xii; Branthôme, livre I c. viii, etc.

tiers ¹ Dauphinois : vous eussiez ouy, comme à un loge qui peut ², lors qu'ils furent un peu esloignez et prins haleine, criailler et s'entr'appeller, afin de se recueillir et remettre ensemble, pour gaigner leur village, mesme pour attendre partie des filles, les unes desquelles estoient aux bouillons jusques à je ne dy mot : les autres et la plus part ayant perdu quenoilles, fuseaux, pezons, et semblable attirail du mestier, sans y comprendre une trentaine de couvre chefs, sauf erreur de calcul, qui demeurerent pendus et acrochez par les haïes et buissons, comme la peur aux talons met des ailes. Le lendemain il ne couroit autre bruit par tout, qui vola jusques bien loing hors le pays à Clays, que ceux de Places avoient trouvé le loup-garou. Autres affermoyent que c'estoient les Fees courroucees de ce que les filles alloyent la nuit, et que plusieurs estoient tombees à la renverse, et avoient fait le saut perilleux. Mais la plus saine et suivie opinion fut que c'estoient les sorciers de Retiers qui cherchoient du treffle à quatre feuilles ³, pour aller à Haguillaneuf suyvant la reigle du *publicandis*. Toutefois les choses bien congneues et averees, et mesme par ce Dom Jean qui avoit faict toute la trainee, qui s'en estoit vanté, et avoit publié l'affaire chez Pitouàys au bourg de saint Erblon, leur demeura

1. Gaignes Guiffrey de Boutières.
2. Nous disons aujourd'hui *sauve qui peut*.
3. Le trèfle à quatre feuilles jouait un grand rôle dans certaines préparations magiques, mais il devait être cueilli une nuit de nouvelle lune, ce qui explique pourquoi les Placerons n'avaient pu reconnaître leurs mystificateurs.

seulement l'envie de s'en pouvoir venger, et rendre la pareille en mesme monnoye, conduits et menez, ce dit lon (car je ne veux rien mettre du mien, ne rien controuver, *Sponde, præsto noxa est,* soyez caution, asseurez vous quant et quant de payer) par la consultation de Bourtouraut, auquel menant un muy de vin ils avoient refusé deux chevaux pour le desgager et tirer son harnois d'une bourbe et fondriere d'entre le Vionnoy et Galemeaux : neantmoins apres y avoir bien songé et revé *in utroque jure,* se resolurent n'en faire cas et en rire comme les autres, lors qu'on viendroit sur tels propos, et estre le souverain expedient pour se depestrer de toutes injures. Tu es usurier, disoit quelqu'un, lequel repondoit à quartier[1], et non de droit fil, il ne l'est pas qui veut. Autrefois, tu es un glorieux : ouy, respondoit il, car il me sied et m'appartient, pour avoir toutes les parties et forteresses requises à un brave et galant Gentil homme, et non à toy, qui es un vilain envelousté. Buridan dit que tu es un meschant, que tu as fait cecy et cela : la response fut, mon doux amy, dy au seigneur Buridan, que s'il luy plaist m'ouyr et escouter sur le progrès de ma vie, qu'il apprendra bien d'autres imperfections et fautes sur moy, que celles qu'il m'impose. Cicero avoit cela de bon, traverser les raisons de l'advocat son adversaire, dont il ne se pouvoit depestrer que par risees et faceties. Demosthene, un joueur de plat de langue comme luy, fit dextrement, lorsqu'on luy objecta qu'il avoit fuy le jour de la

---

1. De façon détournée.

bataille : ouy, dit il, pour combattre une autre fois, et reculer pour mieux sauter. Le Chiquanoux [1] d'Aurillé ne print pas ce chemin, dit Eutrapel, car les valets et courtaux de boutique, laquais, martinets [2] du College de la Frommagerie, et autres fripons, et gens d'honneur de la ville d'Angers, voyans qu'il se courrouçoit et prenoit à partie tous ceux et celles qui l'appelloient Chiquanours, les fit adjourner devant le Prevost, concluant depuis le Soleil levant jusques au couchant, à reparations d'injures et prohibitions à l'advenir. Les defenses furent faites, et signifiees à ban et cry public : mais les adjournez et leurs associez pretendans interest pour n'enfraindre la sentence, le voians passer, disoient seulement de main en main chic chic [3] : ce qui luy tourmenta encore sa caboche de plus de pied et demy, jusques à les mettre de nouveau en procés : mais le Juge, parties ouyes, declara les defendeurs mal et folement intimez, avec adjudication de despens, taxez à deux pots de vin et la suite, et que ce mot chic chic bien enté pouvoit facilement, et de gré à gré engendrer une chiquenaude, voire

---

1. Procureur.
2. Suivant Étienne Pasquier, *Recherches de la France*, liv. IX, on appelait *martinets* les écoliers qui demeuraient en ville, hors des collèges et suivaient les cours qui leur plaisaient.
3. N'y a-t-il pas là une explication acceptable de l'origine du mot *chic* comme abréviation de chicane ou mieux de chicaneur. L'anecdote racontée par du Fail a dû avoir ailleurs qu'à Angers des similaires et *chic* serait alors une plaisanterie d'écoliers contre des hommes de loi pédants et ignorants.

demie douzaine. Les Escholiers de Poitiers sur
la defense faicte par l'Assesseur, ne porter espees chez Maturin le Pasticier, les trainoient
apres eux alleguans qu'il n'y avoit contravention à la sentence : et qu'en pareils et semblables
termes il avoit esté jugé dernierement par le
Juge d'Angers avec le Chiquanoux d'Aurillé, et
que *sententia in simili facit jus. l. nescio. ff. de
vasquinis tollendis*. Mais le bon homme de Juge
estoit fasché d'ailleurs : c'estoit qu'une bande
d'iceux Escholiers avoient appellé, relevé et intimé de la sentence par luy donnee contre le
chien de Bergeron, lequel il avoit condamné par
provision estre en prison huit jours au pain et à
l'eau, pour luy avoir happé son chappeau qu'il
tenoit en sa main allant tenir son Audience. Le
mesme hazard et accident fit quelque breche à
l'honneur de ceux de Nonnaitou, quand ceux
d'Amantis vindrent par despit[1] dancer autour
de leur cimetiere, avec le petit bonnet et la belle
fueille de chesne, joincts et adherez pour se recognoistre, trois ou quatre gros cailloux en leurs
bragues[2], le moindre coup desquels rué de ces
forts et puissans bras abatroit l'homme et cheval
armez : car s'ils n'eussent rien dit, ains seulement les regarder et en rire en forme de corps
politic ou autrement, il ne s'en fust pas basty
une chanson mondaine, qui trota par tout le
monde, c'est à dire, jusques à Chante pois,
Tramabon, Mordelles, et autres Provinces adjacentes. Polygame voulant adjouster, ou plus-

---

1. Pour les narguer.
2. Braies.

tost conduire la suite du precedent conte, dit, Que du temps que premierement il fut envoyé à Poitiers pour estudier, il trouva à Chasteau Giron, (où est ceste grande tour, de laquelle tous les jeudis, soit jour ou non, il se tire de dix à douze mille livres de beurre jaune comme or, sans qu'il en tombe une seule pierre)[1] Charles Lancelot et grand Jean de Pire son frere, voituriers et bons compagnons, qui furent nos guides et meneurs. Et d'autant, dit il, qu'ils me trouvoient à leur fantasie bon rompu et goulu de mesme, parce que volontairement et sans me faire tirer l'aureille, je tirois à l'escarcelle pour leur donner le vin, ils me promirent en revanche me faire par les chemins bon traitement et composition honneste : mais pour le regard, me dirent ils, de vostre compagnon, parlans d'un Escholier sortant du college, c'est à dire, s'estimant, au jugement de sa mere, du Curé, et de luy, le plus habile du pays, il en aura des plus meures du panier : et vous sauvez par les marets au mieux que pourrez, encore y travaillerez vous, si vos bottes ne sont à l'espreuve des mares de Tancre. Au soir arrivez que nous fusmes à Moulins, ce n'est pas en Bourbonnois, pour ne mettre un erreur et *qui pro quo :* comme le Secretaire de l'Empereur Charles le Quint en la

---

1. Il existe à Château-Giron des ruines de ce château. Il s'y tenait un marché tous les jeudis et encore aujourd'hui les grandes foires ont lieu le quatrième jeudi d'avril, de mai et de septembre. Quant aux nombreuses localités citées dans ce chapitre, on les trouvera toutes sur une carte du département d'Ille-et-Vilaine et dans la partie qui répond aux anciennes limites du Maine, de l'Anjou et de la Bretagne.

capitulation de la prinse du Duc de Saxe, où il mit *enig* pour *euig* [1], l'un signifiant *sans*, l'autre *avec*, qui fut cause de le retenir cinq ans prisonnier : car il se trouva escrit, *avec prison*, où il estimoit y avoir *sans prison*. En quoy ne faut faillir, tesmoin ce grand Auguste, qui deposa un Senateur, pour ne avoir entendu l'orthographe, et escrit *isi* au lieu d'*ipsi*. C'est donc pres la Guierche (a), où les supplians vont entrer en grosses et terribles disputes : Grand Jean, qui se disoit demandeur, se complaignoit enormement des mauvais et estranges tours, que Charles son compagnon luy avoit fait, les articulant sur ses doigts par le menu et en detail, fort methodiquement. Vrayement Monsieur Joannes, ainsi s'appellera l'Escholier, il me deplaist qu'un homme de savoir, comme vous, je ne dy autre chose, et soit signifié : mais pour le fait s'il vous plaist entendre toute la ratelee. Ouy dea, respondit Charles, j'accorde que Monsieur en juge, s'il luy plaist en prendre la peine, et s'y accropir, comme si l'agout (b)[2] de toute la Cour de Parlement en avoit fumé en robes rouges. Par

a. Var. : *la Guiche.*
b. Var. : *La goule.*

1. C'est à la bataille de Muhlberg en 1547 que Jean Frédéric le Généreux fut fait prisonnier par Charles Quint. L'équivoque allemande signalée par du Fail est fautive. Les deux seuls mots qui puissent avoir été confondus sont *einig*, seulement, et *ewig*, perpétuellement. Ce n'est donc que sur le temps et non sur le fait même de la prison qu'il a pu y avoir erreur.

2. *Agoût* veut dire égout. C'est le texte de 1585. J'avoue que l'*agout* ou *la goule* ne me satisfont guère ni l'un ni l'autre.

mon chef faisoit bonne mine sire Joannes, enflé
d'une certaine amour de luy mesme, se voyant
bonneter et appeller monsieur : il n'y a point
d'ordre que vous autres qui par raison, comme
disoit Brandacier sur le 20. ou 22. livre (que je
ne mente) de la Truye qui file, comme l'on va
du college saincte Barbe à Mont aigu, estes les
plus bo (a) : *per diem* accordons, je poiray plustost le desjuner. Comment Monsieur, accorder ?
faisoit grand Jean, vous estes habile clerc, et
bon joueur de veze [1], je n'en doute pas, et m'y
cognois, peut estre, autant qu'un qui ne le sauroit pas si bien que moy, et ne vous desplaise :
mais pour revenir, ce meschant tu as menty,
c'est toy. Hola, hola Messieurs, tout beau, mais
en les departant luy fut ottroié trois ou quatre
bons coups de poin clos sur sa bonne femme
d'eschine, et son chapeau de mout grande authorité foulé aux pieds à l'antiquité, et selon
l'usance locale du lieu où se faisoient telles assignations et distributions manuelles. Le sens et
sang un peu reconciliez et refroidis, le moyenneur insista que de part et autre la cause fust
debatue et plaidee selon que le cas y affiert, et
à beaux huis ouverts, offrant tenir la main à tous
deux, si l'on voyoit que la Lune fust levee, et
qu'elle eust prins son cotillon de tous les jours.
Les torts et griefs de grand Jean furent, que
Charles, partie adverse, faisant semblant luy
demander à la bonne foy, à qui est ceste maison
là ? quelle heure est il ? aurons nous foison de

a. Var. : *Beaux*.

1. Cornemuse, en poitevin.

vandanges à la my-caresme à cheval? l'avous[1] point veu ? et semblables menus suffrages, luy auroit furtivement et de guet à pens, contre l'ordonnance, pissé en sa gibessiere, luy auroit attaché une peau de connin sur l'espaule, feignant de l'autre main luy tirer sa chemise au colet, l'avoit un jour borgné et bandé les yeux, et mené à un nid de tressee (a) (un oiseau passager, ainsi qu'il l'appelloit) malitieusement où il devoit prendre les petits, mais qu'il s'estoit emmerdé (parlant à l'antique, et comme il faut) toute la main gauche, au grand mespris et scandale de toute la frairie Blanche de Pacé : il luy avoit l'annee des trois Jeudis vendu des coquilles, encore que luy complaignant retournast du mont Sainct Michel [2] : Aussi qu'allans au pardon de Lantreguier, il descousit un hardillon de la boucle à la sangle de son cheval de limons, à faute de quoy il fut contraint boire du vin sans eau, et chevaucher un pied chaussé et l'autre nud [3] : Qui plus est, et où il n'y a aucune responce fondee en Droit ou Coustume, il luy avoit baillé entre Saint Jean de Hannes (b) et Mirebeau un gros estron femelle gelé à garder, enveloppé

a. Var. : *Tresée.*
b. Var. : *Sannes.*

1. *Avous*, que nous avons déjà rencontré dans la chanson
    Avous point veu la peronnelle
est une contraction d'*avez-vous*.

2. Pèlerinage d'où l'on revenait, comme de Saint-Jacques de Compostelle, chargé de coquilles.

3.   Un pied chaussé et l'autre nu,
    Pauvre soldat, d'où reviens-tu?
    — Je reviens de la guerre.
est une chanson de la révolution.

dans un linge, luy donnant entendre que c'estoit un lopin de bœuf salé, que la grand'chemise de Douay[1] luy avoit donné en bonne conscience, pour eux rafreschir et boire le coup : car vous entendez que bœuf salé fait bien boire, bien boire passe la soif, *ergo* bœuf salé passe la soif[2] : mais que ceste honneste marchandise meslee s'estant destrampee en sa manche, et decoulee en partie jusques sur son foüet, que puis trois jours il avoit coupé à l'espine Pierre Noial, il auroit esté contraint se despoüiller, laver tout son menu menage, tandis que ce venerable bailleur de feves à mycroist[3], cabrioloit, faisoit le pied de veau[4], et les gambades, puis tout à coup se pasmoit à force de rire : qu'on l'eust bien trainé à escorche cul jusques à vous m'entendez bien, sans tabourin ne sans lanterne : joignant à tout ce plusieurs executions reelles, grandement prejudiciables et tortionnaires, desquelles, si Monsieur n'y mettoit la main, il protestoit d'en avoir un monitoire à fer esmoulu, lui deust il couster, hen ! Nostre maistre Joannes vouloit sur l'heure condamner Charles, sur le simple raport de sa partie, comme fait aujourd'huy nostre jeunesse, laquelle estant de plein vol constituee en dignité et magistrat, croit et prent les plaintes des premiers comme deniers

---

1. De Doué, sans doute, pour ne pas sortir de la province où se passe la scène.
2. Ce syllogisme est aussi dans Rabelais, je crois.
3. Mauvais plaisant, qui donne des fèves pour des pois, dit un ancien proverbe. On disait aussi *mi-cru* pour *à demi cuit* ; my-croist doit se rattacher à cette idée.
4. La révérence.

comptez et non receus, voire qu'il est mal aisé et difficile leur faire perdre telles premieres impressions et raports. En quoy sur tous autres Princes excella le Roy Loys 12, surnommé Pere du peuple, avec ce seul mot de latin qu'il savoit, *audi partem*, car on avoit beau luy corner à la teste, ny importuner son compere Plessis bourré de le croire : Sire, c'est le plus meschant, c'est cecy, c'est cela, on n'avoit autre response, sinon *audi partem* : je m'en enquerray, pour apres y donner ordre. Mais Charles Lancelot voyant son Juge ouvrir la gueule de demy pied de large, pour luy prononcer son dicton, dit qu'il allast tout beau, et qu'il le recusoit, parce qu'il avoit les pieds plats, et qu'il portoit son escritoire à gauche : qu'il cherchoit midy où il n'estoit pas, que dernierement il avoit abreuvé du fin fond de ses chausses toute l'assistance de l'auditoire de Bobita, et y avoit persisté : qu'il avoit le nez fait comme un homme de par le monde: qu'il avoit entamé un pot de beurre sans *visa* ne *pareatis :* coustumier ordinaire de pisser contre le vent, ressembloit à un valet de Treffles, clochoit devant les boiteux, embrassoit et rien n'estraignoit, parloit assez sans voir ne s'en repentir : par ces moyens incapable de toute incapacité juger, ne rien entreprendre contre la porte de la Tranchee, Pré l'Abbesse, ne autres equipages. Toutefois s'il estoit regargé (a)¹, il consentoit accorder,

---

a. Var. : *Regardé.*

1. Rendu ordonnance contraire. Mais je ne trouve pas *regargé* et *regardé* dans ce sens est un peu tiré par les cheveux quoiqu'il signifie quelquefois *jugé.*

pourveu et non autrement, qu'il ne luy coustast rien que la barbe secouade¹. Conclusion que M. Jean qui portoit venaison, et avoit argent frais paya l'escot, où furent presens et appellez tous pretendans et interests : et (continuoit Polygame) y fismes chere lie, et beusmes (comme dit Menotus² en ses Sermons) à tire larigot. Et Dieu sait s'il paya sa bienvenue quand il fut à Poitiers à un tas de tiers opposans debauchez, qui pour lors y estoient, car la plus part l'appellans Monsieur sans queuë³, attraperent par

1. Remontrance, rendue plus démonstrative, mais pas beaucoup plus pénible pour la dignité du condamné, par la *secouade* de la barbe, marque par excellence de la virilité. C'est quelque chose comme le blâme pour ce cocher qui demandait : « Cela m'empêchera-t-il de conduire mon cheval ? — Non ! — Alors je m'en ... moque ! » ou encore comme l'amende d'un penny en Angleterre. Il y a là un trait de mœurs dont on pourrait trouver des exemples dans les anciennes coutumes.

2. Michel Menot, cordelier, mort à Paris en 1518. Il s'est fait une réputation par la façon sans gêne dont il s'adressait aux fidèles du haut de la chaire de vérité dans un latin macaronique. Ici encore du Fail se rencontre avec Henri Estienne qui cite au long le passage où Menot rapprochant les noces de Cana et le miracle des pains et des poissons explique pourquoi à ce dernier repas il n'y avait point de vin et pourquoi le Seigneur fit ce jour-là « un diner de limousin ». La conclusion est qu'il ne fit pas apparaître de vin parce que les eaux étaient près. « Ils estoient dela la mer de Galilee : ils estoyent assis sur la belle herbe verte et après avoir mangé il leur estoit permis d'aller boire en la mer à tirelarigaud » *ad bibendum in mari a tirelarigaud. Apologie pour Herodote*, premier livre c. XXXVI. Rappelons à ce propos que l'étymologie de cette expression est restée obscure. Bayle, art. Neufgermain, cite des vers de ce poëte hétéroclite où l'on trouve celui-ci :

Car, plus charmant qu'un Larigot...

3. Monsieur, tout court, était un titre qui ne s'appliquait

emprunt en toute humilité et à rendre au premier voyage de Charles le messager, mais il est encore par les chemins : les autres luy vendoient livres, où ils n'avoient rien, dont il falloit plaider : on lui accoustra des laquais en filles, ausquels en faisant l'amour il n'estoit rien espargné : on lui dressa tout à propos une querelle, où il lui cousta son paillard d'argent : car son ennemy pretendu ensanglanté, est soudainement en faisant le hola, couvert de manteaux, et mené chez Pelegeay au vieux marché, pour y estre medicamenté et guery, fut occasion de luy arracher toutes les dents de sa bource, dont furent nourris long espace de temps les suposts de la faculté : et pour l'achever de peindre, sur ce qu'il fut contraint se retirer pour la nouvelle de la mort de son pere, et luy tirer le surplus et reste de science qu'il avoit en sa gibessiere, le conduisirent jusqu'à Rocheriou, l'appellans Monsieur plus menu que sel, faisans semblant vouloir payer leur despense et bien allee [1] ; mais Charles le Voiturier, qui avoit presté l'argent du delogement, dit que vrayement Monsieur n'avoit garde d'endurer cela, pour estre de trop bonne maison : dont l'un d'eux pour le haster, et aller trouver un autre nouveau pigeon [2], luy dit qu'il deust estre ja par les chemins pour courir l'estat [3] de son pere, et que par advanture

qu'aux gens de noblesse. Du Fail en signale toute la valeur plus loin.

1. Conduite, comme bienvenue : réception à l'arrivée.
2. On voit que ce mot dans le sens de dupe n'est pas nouveau. Il y a d'autres exemples de son emploi dès le XVIe siècle. V. Fr. Michel, *Dictionnaire d'argot*.
3. Sollicíter l'emploi.

quelqu'un en pourroit estre pourveu : mais il repartit gravement, qu'ils avoient beau aller et venir, que c'estoit autant de temps perdu, parce que ledit office luy avoit esté laissé par le testament de son pere, en vouloit croire Charles, qui ainsi le jura sur toutes les serpilleres et basts de ses chevaux, ferrez ou non. Lupolde dit que ce reverend Jure-consulte, fils d'un riche pitaut, homme de Justice ne se soucia pas beaucoup des Loix : car il avoit trouvé le mascaut [1] et argent de son pere bien enflé, se mesla aussi d'estre juge, car tout fut desbridé en ceste saison là, qui estoit sur l'an mil cinq cens cinquante un [2], et la porte de Justice venale, et si ouverte, qu'ayant de l'argent, on passoit par tout, et comme dit Cicero, les nouveaux ignares et pecunieux [3] estoient promeus et advancez aux ma-

---

1. Magot. Ce mot dans le sens de trésor caché a donné quelque agrément aux étymologistes. M. Fr. Michel croit, d'après Menage, que c'est une corruption d'*imago*, à cause des figures que portent les pièces de monnaie. Grandgagnage le rattache au bavarois *maucken*. Littré donne le bas latin *magaldus*, sacoche. Je crois avoir vu aussi quelque part : *masz*, mesure, *Gold*, or. On trouve dans du Cange, au mot *maca*, une citation de Menot et la traduction *macaut*, bourse, dont l'orthographe est celle qui se rapproche le plus de celle de du Fail. Il ne faut peut-être pas chercher plus loin.

2. François Ier, en effet, suivant l'exemple de Louis XII et l'outrant, fit à cette époque par la vente des charges les fonds nécessaires pour soutenir ses guerres d'Italie. Il est singulier que ce soient le *Père du peuple* et le *Père des lettres* qui aient donné ce mauvais exemple contre lequel s'élève souvent, avec raison, notre auteur.

3. Ayant de l'argent, de la pécune (*pecunia*). Ce mot a passé dans l'argot. Il est cependant, comme tant d'autres qui ont eu le même sort, du meilleur français, de celui que

gistrats, le jugement desquels faisoit et tenoit
rang aux opinions sans poids ne mesure. Ce fut
à cest habil homme recompenser sa sotize et
imperfection de son nouvel office, et payer le
vulgaire en quelque monnoye rongnee ou autrement, en faisant bonne pipee, allant par la ruë
saluant à poids de marc [1], et force soie sur le
dos, vrais ferremens pour entrer bien avant en
la reputation populaire, pourveu qu'on parle
peu, avec un haussement d'espaules et yeux
sourcilleux et admiratifs, en faisant bien le Raminagrobis [2] son resoluement, veritablement, et
les matieres douteuses : toutefois afin qu'il ne
fust veu ignorer aucune chose, il accorda aux
parties plaidantes aller en certaine comission,
dequoy il se repentit depuis plus de quatre fois,
car il ne savoit par quel bout il devoit commencer ou achever son procés verbal, et comme il
en pourroit sortir à son honneur, quelque trongne renforcee qu'il fit. Deux choses en cecy le
tourmentoient : la premiere son devoir et charge,
qui luy defendoient demander l'avis et comme il
se devoit gouverner en telles affaires, veu que
par la loy civile c'est crime de leze Majesté

La Fontaine empruntait à Marot et que Marot avait trouvé
dans les écrivains du xve siècle.

1. Exactement comme il le faut suivant la position so-
ciale de celui qu'on salue. Le marc était le poids qui servait
à peser les matières précieuses. Il valait huit onces. Cotgrave
cite ce proverbe :

    Fiens de chien et marc d'argent
    Seront tout un au jour du jugement.

Leroux prétend que populairement on ne disait plus de
son temps *fiens* qui était trop latin, mais *étron*.

2. V. Rabelais pour ce mot, plutôt que La Fontaine.

douter de la capacité d'un officier examiné, receu, et qui a fait le serment : auquel erreur il se fust embourbé lourdement, s'il eust ouvert le bec de la declaration de son insufisance : la seconde et plus vive, qui luy donnoit droit en la visiere, estoit qu'il avoit refusé pour adjoint les Greffiers et Commis de son Auditoire, qui estoit souverain, et que son Clerc plus gaudronné [1] que savant, escriroit sous luy, les parties estoient liees, n'y avoit plus moyen dire, Je ne cuidois (a) pas, parole d'un estourdy, et qui ne regarde plus loin que le bout de son nez. Il faut donc essayer toutes choses, et sur le formulaire d'une commission de Chancelerie, dont peut estre il se souvenoit en avoir veu sur le bureau de sa chambre, va en bailler une de mesme à la partie demanderesse, pour adjourner le defendeur ainsi commençant : Nous M. Jean, etc. par la grace de Dieu Conseiller, etc. Ce premier exploit donna occasion au second que voicy, de les mettre tous deux en un sac à part, pour, le tout communiqué à qui estre devoit, en rire à fond de cuve [2]. Nous Maistre Jean aagé de trente ans, purgé de conseil ou environ, à vous Messieurs mes maistres et compagnons, s'il vous plaist, savoir faisons publiquement et no-

a. Var. : *Je ne le cuidois pas.*

1. Et non *goudronné* comme le dit M. Guichard. *Gaudronné* signifie paré, orné. Les fraises godronnées, c'est-à-dire tuyautées, étaient à la mode à cette époque. Le mot *godron* en architecture signifiait une moulure en forme de godet. Les orfèvres *godronnaient*, c'est-à-dire chargeaient d'ornements, de filets la vaisselle d'or et d'argent.
2. Comme nous disons : rire à ventre déboutonné.

toirement qu'à la verité du faict je montay sur mon cheval botté, et esperonné, le 15 (a) dudit mois, et fis monter sur un autre qui n'estoit mie mien ¹, mon Clerc, ayant devant luy mon manteau, mon bonet en son sein, et l'escritoire au costé. De là arrivasmes peremptoirement au petit Sainct Aubin, où je vous promets qu'il y a de mauvais chemins, et pour ce regard seulement fismes commandement extrajudiciellement, *in quantum ad nos pertinet, vel pertinere dignoscitur*, aux Juges de sur les lieux, en parlant à un poilier venant de Ville Dieu ² les faire r'habiller, ou bien dire je ne le feray pas. Et par ce que nous vismes un clocher, il nous fut advis qu'à nostre jugement il y pourroit avoir quelque Eglise, dont ne fusmes frustrez de notre petite expectation, et entrans dans icelle, dismes un *De profundis*, duquel la teneur ensuit, *De profundis clamavi, etc*. Quoy fait, nous remontasmes à cheval à l'ayde d'un appellé Huches et autres Praticiens *extra muros*, lequel pour n'avoir osté son chapeau *cum reverantia quâ decet*, fut par nous prins à partie, sauf son recours, attendu lesdits mauvais chemins, dont il me souviendra toute ma vie. De là traversans la lande de Gauteret, nous rencontrasmes, comme on ne songe pas les choses, le Mouliner d'Andoille, auquel nous demandasmes son nom, lequel en paroles fieres et arrogantes, Monsieur, j'ay nom Gilles

---

a. Var. : *Le quinzième jour.*

1. Qui n'était pas à moi.
2. Sans doute Villedieu-les-Poëles, aujourd'hui département de la Manche, ainsi nommée à cause des nombreux chaudronniers (paeliers) qui s'y étaient établis autrefois.

le petit Mouliner à vostre joly commandez le moy, et ne vous desplaise. Et d'autant que le cheval de mon valet se mit gratuitement à pisser, le mien luy voulut de gré à gré faire compagnie [1], de quoy nos tres honorez Seigneurs je vous ay bien voulu advertir, sans neanmoins vouloir entreprendre aucune Jurisdiction. Ce fait (car il faut tout dire en un procés verbal) nous arrivasmes à Sainct Germain l'Esguiller, les uns disoient environ une heure, les autres, deux, comme *tot capita, tot sensus* : et nous logeasmes chez Perrine Lochet, car Robin Trouilles estoit à la forge : et sur ce que le demandeur me requit un peu trop familiairement et en compagnon, si nous voulions boire, cela fut occasion de ne luy obtemperer, parce qu'il faisoit trop de je ne vous dy autre chose. Joinct que nous avons cela de louable et ancienne coustume de pere en fils ne desjuner (a) jamais, fust pour nous mesmes, fors à requeste du Procureur Fiscal, deuement fondé, selon que l'œuvre le requiert. Et voyant au quadran estre temps de disner, nous delivrasmes deffaut sur partie adverse, et par le profit, encore que le citre [2] ne fust guere

a. Var. : *Destuyer*.

1. On dit qu'un des caractères distinctifs des Français est de ne pas pisser seuls. Est-ce que les chevaux de Bretagne ont la même habitude ?
2. Cidre. Bien des Bretons prononcent encore *citre*. Le cidre a eu ses chantres, moins que le vin cependant. On ne lit plus guère que Jean le Houx et Olivier Basselin que M. Paul Lacroix a réimprimés après M. Julien Travers. Il faut cependant remarquer que ces buveurs étaient plus encore amis du vin « des François » que du « sidre des Normands ». Ils disent bien:

bon, dequoy il se faut taire pour le present, attendu le fait dont est cas, nous fismes assez bonne chere Dieu mercy et vous. De tout quoy, et plusieurs autres choses de consequence nous avons redigé cestuy nostre present procés verbal, pour servir au jugement du procés, comme appartiendra [1]. [Lupolde dit que telle race de juges sont appellez par les procureurs et advocats, leurs grands amis, zelateurs et bienfaicteurs du Palais, pour les appellations qu'ils taillent en leurs decrets et belles sentences qu'ils donnent : et que Dieu leur doint bonne vie et longue, car sans eux il leur faudroit tout quitter.]

XII.

Ingenieuse couverture d'adultere.

Apulée [2] raconte une couverture et deguisement d'adultere finement et dextrement

> O soulas des gosiers,
> O très-bon jus de pomme!
> Prions pour le bonhomme
> Qui planta les pommiers

Mais ils sont bien plus enthousiastes quand ils s'écrient :

> Je suis né bas-normand, mais ma bouche avinée
>   Dit estre d'Orléans
> Et que le vin clairet qui est de sa contrée
>   Je doy loger ceans.

1. Ce procés-verbal en coq-à-l'âne a pu servir de modèle au *Formulaire fort récréatif de tous contrats, donations, testamens, codicilles et autres actes...* par Bredin le cocu, notaire rural... Lyon 1594.
2. *Métamorphoses*, livre IX.

controuvé, et qui fit que les battus paierent l'amende. Un jeune homme, dit il, appellé Philisiterus s'enamoura d'une jeune Dame belle et de bonne grace, femme d'un homme d'authorité, mais cruel, fascheux, et tellement contregardant [1] ceste pauvre desolee, qu'elle ne faisoit pas ne marche, qu'une longue traisnee d'espions ne luy fust ordinairement en queuë et sur les talons. Philisiterus seut bien faire son profit de tout, n'eut moyen plus exprès que d'alleguer cette prison et captivité, laquelle il luy fit proposer et mettre en avant par un serviteur appellé Myrmece, ayant la principale charge se tenir près, et avoir l'œil sur sa maistresse, et sans cesse estre au guet et en sentinelle, lequel il avoit gagné et pratiqué par argent et promesses, grands couratiers et maquereaux en tels affaires, au moien desquels sa folle liberté fut relaschee et aucunement deschargee : car sous cette confidence de loyauté il entra de nuit chez ceste Damoiselle, où il fit ce qu'il voulut. Mais voici le desastre : le mary survient (ayant sans cesse un tableau de soubçon audevant ses yeux) qui frappe à l'huis, non un seul coup, comme l'on doit aux portes de respect, mais en grands, trac trac, à la mode des mascarades, par tant et tant de fois, que le pauvre amoureux n'eust loisir que s'affubler de son manteau, se mucer [2] et cacher en un coin, qu'on l'eust bien mis en la

---

1. Gardant de près.
2. Nous écrivons maintenant *musser*, mais on a écrit comme du Fail et *mucher, mucier*. A *muche pot*, en cachette, est resté dans certaines provinces tandis qu'ailleurs on a dit *à cache-pot*.

bource d'un denier, attendant que Myrmece usoit de grandes longueurs et exceptions pour ouvrir l'huis : quoy qu'en soit, il eschappa entre la peur et le danger. Le mary voyant le lendemain matin les souliers de Philisitere demeurez sous le lict, entra en si violente et aspre presumption qu'on avoit remué le menage de sa femme, qu'il fit mettre son valet Myrmece aux coliers [1] en plein marché, comme pour lors il estoit permis aux maistres. Hee! bon Dieu, dit Eutrapel, où estoit la pauvre miserable? Le texte n'en sonne mot, dit Polygame, mais ceux ou celles qui ont passé telles piques [2], vous en pourront conter. Tant y a que la resolution du maistre estoit, après avoir donné la torture à ce concierge, le faire mourir pour la revelation de l'affaire et à qui appartenoient ces beaux souliers. Mais Philisiterus entendant le discrime [3] de vie où estoit son poisson d'Avril, voulut par un terrible revers [4] asseurer toutes choses : et ce faisant, et entrant en la place, où aussi estoit le mary, s'adressa à Myrmece, lui donna trois ou quatre bons coups de poin : Va meschant, disoit il, en le battant, falloit il hier que tu me desrobasses mes souliers aux estuves, larron que tu es, Dieu doint bonne vie à qui t'a fait mettre icy : aussi bien seras tu pendu, tu n'en pers que l'attente. Le bon homme de mary, voyant l'honneur de sa femme bien net et justifié, rendit les

1. Quelque chose approchant du pilori.
2. On n'emploie plus que la locution : *passer par les piques*.
3. La crise, le danger, *discrimen*.
4. Parade, à l'escrime.

souliers avec plusieurs grands mercis, confessant haut et clair, qu'il avoit tort. Lupolde à ce propos dit, que n'a pas long temps une femme du mestier s'esbatoit avec Dom Glaume Fauchoux à la mesme dance du loup, la queue entre les jambes : mais voicy la pitié, car Jean le mary qui venoit du marché tout mouillé hucha dès l'entree de la court, qu'il mouroit de froid, et qu'on luy fist du feu. La femme pour couper la teste à deux tout d'un coup, et estouper deux pertuis ou trous, ne me chaut lequel, d'une cheville, respond prestement à Jean qui establoit sa jument, que le feu se mouroit, mais je le r'alume : et au paillard, mettez vous en ce van, qui estoit sur deux hauts soliveaux, non terracez, et assez esloignez des sommiers [1]. Jean arrivé avec l'onglee aux doigts, qui s'accropit vis à vis le feu : voicy aussi Dom Glaume, qui par trop se remuer, tombe van et tout, en belle place, et se relevant vistement, dit : Tenez, voylà vostre van que je vous rends. Ho ho, dit Jean, se tournant au bruit, vous le rendez bien lourdement. La femme, pour aider à tout, dit qu'il estoit une grande annee de tels rendeurs, et qu'à prester amis, et rendre ennemis : mais que le moyen estoit ne rien prester que sur gage. Eutrapel dit que la femme d'un Monsieur de Paris, qui savoit, ainsi le cuidoit il, tous les moiens pour empescher que sa femme, qui estoit bien serree et tenue de court, ne prestat sa feuille de sauge, où les femmes ont logé leur honneur, assez près de Mardy gras : mais il ne

---

1. Pièces de charpente qui soutiennent le toit.

savoit encore pas un bon tour, ne une vieille chambriere qu'il avoit de long temps, et qui à la suite de la Cour avoit par grande espace servy du mestier d'Estressisseuse.[1] : c'est elle qui est après le bagage, montee sur un asne chargé de boëttes où sont les eaux de myrthe (a), alun, et autres astringens, pour resserrer et consolider les parties casuelles des femmes. Non vrayement, il ne le savoit pas : c'est que sa femme allant à la Messe, avec son *vade mecum* de chambriere, fut par une partie dressee jetté une jallee [2] d'eau sur la teste. Quoy faict, elle se jette soudain en la maison accordee, où elle trouva Catin Pourceau, vous l'avez congneue, qui la recueillit par grand pitié : Helas! m'amie, dit elle à la vieille, allez tost luy querir d'autres habits, tandis que je la chauferay, la pauvrette : ha! comme elle tremble. La chambriere courut, mais la maistresse eut ses œufs de Pasques à toutes restes. Où est ma femme? dit le mary, bien esbahy voir la vieille ainsi seule et hors d'haleine. Elle luy conta de fil en eguille toute l'histoire, et ce qui estoit passé : patience, s'escria l'homme de bien, quiconque s'est meslé de cecy, en avoit deux, il m'en a donné d'une : retournez plus viste que le pas, mais il n'y aura plus que le nid, les petits s'en seront allez, fines gens y ont passé : il est de telles gens assez, priez Dieu pour

a. Var. : *Myrrhe*. C'est plutôt une faute qu'une variante.

1. Ce métier dont il est souvent question à cette époque est expliqué par ce qui suit.
2. Jattée serait plus moderne, quoique non français, mais *jalle* signifiait alors seau.

les trepassez [1]. Lupolde ne savoit quelle piece coudre à cecy : car, disoit il, nostre France n'avoit onc esclavé ne captivé les femmes, jusqu'à ce que les Italiens leur ont monstré et aprins ceste science Turquesque et barbare, qui ne tient aucun trait de la congnoissance du Dieu vivant. La Nature mesme en ses operations et ouvrages ne souffre rien de contraint, car si vous arrestez le cours d'une riviere, elle se desbordera et gastera tout : le feu enfermé, comme l'on voit aux mines, fera crever et peter la terre. Tenez une femme serree, gardee, et obligee tant que voudrez, si fera elle un saut en rue malgré vos dents, s'il luy en prent envie : ou si elle ne se peut bastir quelque moyen propre à ses desseins, elle s'en fera donner, fust au pal-frenier : mais si vous luy permettez une honneste et Chrestienne liberté, vous ferez que son incapacité, qui luy est naturelle, se formera en une bonne et sainte perfection. Eutrapel respondit que pour tous souhaits, sans prejudicier à sa liberté, il voudroit estre le plus riche cocu de France, pour avoir de l'argent tout son saoul, faire carous, joüer à trois dets, boire bon vin, hanter fillettes, et cuire ses petits pastez. Lupolde repliqua que tel souhait ne contenoit aucune marque de generosité et valeur, comme aussi il s'asseuroit qu'Eutrapel en avoit parlé en sa gausserie accoustumée, et non à bon escient : car si ceste proposition est indubitable et sans debat,

---

1. V. le conte de La Fontaine : *On ne s'avise jamais de tout* et la nouvelle xxxvii des *Cent Nouvelles nouvelles*.

que les choses que nous tenons precieuses, mal aisement souffrons nous que d'autres y touchent, ains se contentent de la seule veuë : plus fortement suyvant toutes les doctrines, mesme la Theologie, souffrirons nous que le ventre de nos femmes, où gist l'officine et boutique de la procreation des enfans, et les honnestes et saints plaisirs qui nous y sont ordonnez de la propre bouche et parole de Dieu, soient souillez et contaminez par autres? lequel cas advenant, est permis laisser ces vilaines et impudiques bestes, et retraits de l'ordure et vilainie de l'adultere, lesquels autrement en un mariage legitime et bien reposé sont estimez impolus et sans macule. Et demanderois volontiers à une femme soi disant Chrestienne, et qui n'ignore qu'il faut mourir, resusciter, et estre jugee par la grace et merite de nostre Seigneur voirement, mais conjointe à nos œuvres, de quel œil, de quel visage, de quelle contenance peut elle regarder son mary, vers lequel elle se sera forfaite, en prostituant et abandonnant son corps : et, comme dit le Prophete, en ouvrant et eslargissant les cuisses (*divaricare crura*) à un autre qu'à son consort et mary, n'a elle point mille furies, mille tourmens, et infinis alarmes, et pourtraits de peché et condamnation, qui luy vont incessamment brouiller l'entendement et la veuë? Il sembleroit, dit Polygame, que par telle sentence des femmes mariees, vous absoudriez les hommes adulteres, leur ottroyant quelque plus grande et licentieuse permission. Je ne l'entens pas ainsi, respondit Lupolde : car le commandement de Dieu est general, Tu ne seras point adultere :

mais j'ay voulu dire que s'il y a de la faute, elle est plus tolerable, parlant politiquement, pour le regard de l'homme que de la femme, et aux courroux et debats qui surviennent en mariage, c'est à la femme de rechercher son mary : ce que les Romains, en leur temple de la Deesse Deipara [1], gardoient, et se devoit la femme reconcilier au mary et chercher l'apointement. Ce que dit expressement Sainct Paul, 7. chapitre en la premiere epistre aux Corinthiens : y joint, ce dit la loy, que le ventre est tousjours certain, lequel infecté d'autre et bastarde semence, transfere les successions et biens ailleurs que le Droit et la Nature ne permettent. Servira, dit Eutrapel à ce propos, la responce d'une belle et gentille Dame de la ville de Laval, où elles sont presque toutes de belle taille, beaux visages, et le corps bien : fait *juxta illud,*

> *Qui veut belle femme querre* [2],
> *Prenne visage d'Angleterre,*
> *Qui n'ait mammelles Normandes,*
> *Mais bien un beau corps de Flandres*
> *Enté sur un cul de Paris :*
> *Il aura femme à son devis.*

Car un jeune et grand Seigneur, bien courtisan et embabillé [3], après plusieurs longues harangues et narrations de sa passion amoureuse, du tourment qu'il prenoit pour elle, luy respondit : Monsieur je vous entens bien, vous voulez

---

1. Cybèle, mère des Dieux.
2. Avoir, prendre. *Querir* est à peu près le même mot.
3. Beau parleur.

monter sur moy, mais vostre eschelle est trop courte, tendez ailleurs; vous promettant que si j'en avois deux (elle parloit du noc à l'envers) veu vostre grandeur et importunité, je vous en presterois un de trèsbon cœur, mais je n'en ay qu'un qui est voué et dedié à mon espoux, auquel je le garderay, Dieu aidant, sans qu'autre que luy besongne à cest astelier, où la truelle d'autruy feroit ruiner tout le bastiment. Ceste gaillarde response, principalement sur ce mot de courte eschelle, esmeut ce poursuivant criees[1] à luy monstrer son laboureur de nature, prest à faire voile, si elle eust voulu lever l'ancre, disant, Madame, au-moins pour l'amour de Dieu donnez luy l'aumosne. Je ne fais pas, respondit elle, mes aumosnes si près du luc renversé, et huis derriere, c'est à la grande porte, et en place marchande[2]. Et ainsi se retira avec ce qu'il avoit de poisson prins, louant la brave et sage response de la Dame: de laquelle, si elle luy eust obey, il n'eust fait cas, non plus que d'un bouchon de cuisine. Le mesme Gentil homme pour se reconforter d'un procès qu'il avoit perdu, alloit par la ville de boutique en boutique, de rue en rue, cherchant des griefs à interest, gaussant et disant quelque bon mot, où il demanda à une grosse femme, s'il y avoit long temps qu'elle n'avoit veu son noc. Par mon ame, respondit ceste grosse pièce de chair, cheminant entr'ouverte, comme ces gros pourceaux gras jusques sur la cheville du pied, Monsieur mon

1. Acquéreur.
2. En public.

amy, il y a plus de six ans. Je vous prie, dit il, quand vous le verrez, me recommander à luy : ouy en bonne foy, respondit elle, et à son voisin par le marché [1]. Ha! ventre saint Keut, repliqua il lors, j'ay perdu ceste cy, aussi bien que mon procès, jamais une fortune ne vient seule : ces gros ventres icy encore que Cesar estimast que là dedans ne logeoient trahisons ne meschancetez, ains en ces meigrets et pasles, ont ordinairement de bonnes atteintes, la ruade seiche, et le coup de partie en la bouche et bien à propos. Il devoit aussi adjouster, dit Polygame, que tels gros tripauts et ventrus ont la nature tellement composee et bien faite, que, eussent ils mangé pierres de taille, tout se convertist en sang, la vraye pasture de joyeuseté et de grand' chere : tesmoin le Roy Loys onziesme quand il festoia les Anglois à Amiens à l'ayde de je ne say combien de gros hommes choisis, qui beuvoient sous la porte, festoians les estrangers, et leur tenans table ronde et ouverte à toutes fins. [Il ne faut pas, dit Eutrapel, que ces preud'hommes se restraignent à faire le petit pain : car ils se verroient flestrir et diminuer, jusques à devenir à veuë d'œil secs et physiques [2]. Ville au Renard s'est aduisé en cest hyver ne boire plus, et faire grand' chere, comme il souloit faire le fin : mais sur ce changement de vie, il est mort beau sault [3], il cogneut sa faute, mais trop tard : car voulant retourner à son premier mes-

1. Par dessus le marché.
2. Nous disons phthisiques.
3. Bien vite.

tier, son estomac ayant changé d'advis de nourriture, et façon de vivre, l'a laissé par les chemins : comme un cheval accoustumé à quatre mesures d'avoine, qu'on remettroit à deux.]

XIII.

De l'Escholier qui parla Latin à la Chasse.

Nous estions à la chasse aux lievres, en la lande de Halibart, où se trouva un jeune magister escholier revenant de Paris : il nous en contoit de belles, tantost qu'il avoit veu le Roy, tantost qu'il ne l'avoit pas veu, mais qu'il n'avoit tenu qu'à luy, et plusieurs autres traits harmonieux, qui sortent du College. Brifaut distributeur des levriers, luy dit, qu'à sa demarche il ne le jugeoit estre meilleur Clerc que luy, encore qu'il ne seust à grand' peine sa Patenostre. Ce disant le mit en garde avec un levrier en lesse, luy commandant expressement ne dire pas un seul mot, alleguant que tous ces bonnets quarrez (à la venue des chapeaux ils sont fort escourtez) toutes escritoires, et tels autres bastons à feu, portoient bedaine et malheur, à la chasse, et par tout ailleurs aussi[1]. Le Grammairien jura sur les Bucoliques de Virgile, qu'il tenoit en main, d'assister en silence Pythagoric, ou bien offroit, s'il estoit question de questionner, rester debout sur le haut d'un fossé le doigt

---

1. C'est une superstition qui dure que cette influence néfaste des prêtres.

en la bouche, comme un demy Harpochrates, là ne disant rien, et n'en songeant pas moins toutesfois. Et bien bien, dit Brifaut, nous le leur dirons : mais que la feste soit venue, nous la chomerons, ressemblant au gueux, lequel interrogé s'il vouloit gagner une piece d'argent pour estre des pleureux à un enterrage, respondit ne pouvoir plorer, mais qu'il ne laisseroit d'estre bien marry. Tantost les chiens avoir esté decouplez, voicy le levraut qui sort en campagne aubadé[1], et suivy de mesme. L'escholier, du costé duquel se faisoit la chasse, allongeant ses pas, serrant les aureilles, cria, *ecce, ecce, heus tu, veni ad Primarium* : et ce disant, pour n'avoir pratiqué le secret de la lesse, qui est ne l'entortiller au bras, ains en avoir un bout en la main, son levrier, voiant la proie, le tirassa et traina plus de six seillons loin. Briffaut voyant avoir perdu son gibier, lequel à la veue et voix de ce venerable espouvantail avoit tourné à gauche, vers les bois de Borrade, dit que ce n'estoit pas la premiere fois que ces beaux Latineurs luy avoient desbauché son fait, lequel il entendoit comme un autre. L'escholier deffendant sa cause qui ne valoit rien (car il n'est rien si injuste qu'un ignorant) dit, bien rebrassé, qu'il n'eust jamais pensé que les lievres de Bretaigne eussent entendu le Latin, comme font ceux de Paris, que *lepus currens per prata*, disoit Ovide, *non est*

---

1. Quoique toutes les éditions portent *au badé* en deux mots, je crois devoir écrire *aubadé* qui s'explique par aubade, tandis qu'il faudrait faire des tours de force inutiles pour traduire *au badé*. Je les avais faits avant de penser à cette solution.

esca ad præsens mihi parata, et qu'une autre fois il seroit meilleur joueur de rebec, et bon pipeur à l'espee à deux mains. Lupolde dit qu'il vaut mieux se taire le plus souvent, que parler sans estre interrogé : *Auditor multa, loquitor paucula*, soiez tousjours, disoient les anciens, respondant, et non demandeur, *Tutiores sunt defensoris partes*. A ce propos je viens à heure presente consulter trois Advocats fumeux [1], choisis et triez sur le volet et plus experts du barreau, *An Chimera bombinans in aëre fit primæ vel secundæ intentionis : et, utrum frater Cordelatus, in latrinis suffocatus, remaneat demerdatus in die judicii*, à savoir mon, si les boiteux iront tout droit en l'autre monde, et autres plusieurs questions quodlibetaires, que nos Jesuites [2] semblent vouloir ramener selon l'antique Sophisterie, commencee à tomber cinquante ans sont ou environ, comme l'amusement des fous, et empeschement du cours de toutes doctrines. Sur lesquelles demandes j'avois esté appellé devant le Juge de nostre ville. Le premier a longuement disputé, couru, et extravagué par tous les coins et cornieres du Droit : n'y a eu canon ne bombarde qui n'ait tiré son coup, mais rien donné au

---

1. M. Guichard a mis *fameux*. Peut-être a-t-il raison, mais le texte... le texte... comme disait Bridoison! Il est vrai que je viens de le corriger tout à l'heure, mais ici *fumeux* n'a rien d'insolite.

2. Les jésuites, en effet, nés en 1540, allaient par leurs casuistes reprendre les questions sophistiques les plus ardues et les plus étranges. Il y en a dans Sanchez de plus grossières que celle du *frater cordelatus, in latrinis suffocatus* et de plus grotesques que celle de la *Chimæra bombinans in vacuo*.

blanc [1], ressemblant au batisseur qui a de la pierre, bois, chaux, et mortier assez, deffaillant au surplus en la structure, liaisons, et autre symmetrie de l'œuvre. Le second cachant son jeu, *ter quaterque concutiens illustre caput*, branlant et baissant la teste, a trouvé la matiere difficile et de haute speculation. Le tiers plus advisé et ancien, lequel pour sa longue experience a parlé le dernier, comme est la coustume en tous conseils et jugemens, ayant fait son profit des deux opinions, a esté d'avis que je devois deffaillir, et ne comparoistre aucunement : que ce pendant j'aurois plus grand loisir à me fortifier, trouver mes deffenses, et ma partie adverse à se desenyvrer et perdre les sauts de sa premiere cholere. Dequoy je me suis trèsbien trouvé, pour avoir sur ce degel, et ainsi temporisant, disposé nostre procès à un bon accord et pacification. La reputation de Cardan ce grand médecin Milanois, s'il eust seu revoir et trancher [2] ses escrits, avoit volé par tout, dit Polygame, quand revenant d'Angleterre medicamenter un certain Milort, il fut appellé à Paris, pour visiter un autre Seigneur malade, où les plus renommez Medecins de Paris, c'est à dire de l'Europe [3], n'y furent oubliez, estimans qu'il ne laisseroit rien à l'hostel, pour le discours de la maladie, et sur les points d'icelle, Sylvius [4],

1. Aucun n'a touché le but.
2. Corriger et condenser.
3. Flatteuse incise, longtemps justifiée et qui l'est, croyons-nous, encore, quoi qu'en disent certains de nos ennemis.
4. Jacques Dubois, né à Amiens en 1478, mort à Paris en 1555. A écrit une grammaire latine française en dehors

Hollerius [1], le Goupil [2], Fernel [3], Charpentier [4], de Gorris [5], le Grand, bien preparez, bandez, et esmorchez, s'estans faits instruire, par sous main, de la cause, l'estat, augmentation et declination de la maladie, s'y trouverent, et par eux mesmes fut deferé la preseance et prerogative de ceste conferance et pourparler à Cardan, lequel en la refusant, l'accepta, comme font les Evesques, *nolens volo*. Celuy qui avoit la charge principale du patient, ebaucha de la matiere par un long flux de paroles, où ne se souvenant du commencement, et s'estant perdu au milieu de son conte, Hollier le redressant, et escorchant l'anguille par la queuë, fit la conclusion, disant que le rapporteur s'estoit peut estre par sa grande multitude de doctrine un peu escarté, n'observant ce qui a esté plusieurs fois dit, *Bene, sed non hic,* c'est bien dit, et avec grand' éloquence et science, mais mal à propos. Cardan à tous ces intervales de l'Université ne fit qu'un simple

---

de ses ouvrages de médecine dont le principal est le *Livre de la génération de l'homme*. Paris 1559, trad. française.

1. J. Houllier ou Hollier, mort en 1562, conserva après sa mort une assez durable réputation comme chirurgien.

2. Jacques Goupil, docteur de la faculté de médecine de Paris en 1548.

3. Déjà cité.

4. Médecin de Charles IX et professeur de mathématiques au Collége de France, né en 1514, à Clermont (Oise), mort à Paris en 1574. Son prénom était Jacques; il ne faut pas le confondre avec son contemporain Pierre Charpentier qui publia en 1572 une apologie de la Saint-Barthélemy.

5. De Gorris fut doyen de la faculté de Paris en 1548 et 1549. Né en 1505, mort en 1577, il est auteur du *Definitionum medicarum libri* xxiv, 1564.

et petit clin de teste, à la mode de son pays, qui ont, ce disent ils, mais on ne les peut croire, plus en leurs magazins, qu'en leur boutique [1]. Ce fut pitié d'ouir les plus jeunes sur la doctrine des Grecs, Arabes, des Latins tant vieux que nouveaux. Fernel lors estimé en toutes leurs escholes le plus fin pionnier et fossoieur aux creux de la Medecine et Philosophie, y apporta tout l'apparat, et ce qu'on pourroit dire. Sylvius en son ordre avec sa facilité de langage Latin, qui l'avoit rendu admirable par tout, dit aussi merveilles. Mais Cardan opinant le dernier, sans autre propos, et faisant la resolution de telle et si docte deliberation, ayant bien choisi et esleu le nœud de la maladie, dit seulement, *Ha besongna d'onno clystere* [2]. Ceste troupe medicinale mescontente au possible, disoit : Cardan vaut mieux loin que près, *minuit præsentia famam* : et luy disoit de son costé, *Ingannati tutti los pedantes, io sono medico non di parole, ma d'effetto* [3]. Eutrapel se joignit aisement à ceste opinion, de laquelle il concluoit par l'autorité de ce savant homme Panurge, que *magis magnos clericos non sunt magis magnos sapientes*, et n'en avoir veu de sa vie deux convenir en une opinion, ne bien dire l'un de l'autre. J'estois, dit

---

1. Plus de fonds que de montre.
2. En bon italien : *ka bisogna d'uno clistere*.
3. Phrase italienne dans laquelle jure le pluriel espagnol *los pedantes*. Cette historiette à propos de Cardan est d'autant plus curieuse qu'elle nous le montre sous un jour un peu différent de celui sous lequel on est habitué à se le représenter : fort savant, mais fort prolixe et se noyant dans les systèmes anciens et modernes sans savoir prendre un parti décisif pour les derniers contre les premiers.

il, n'a pas longuement non point en la ville de Paris, mais au Royaume de Paris, qui est à la verité la plus grande et peuplee ville que les quatre meilleures de la Chrestienté : auquel lieu j'amassay quatre medecins et leurs mules accessoirement, le tout pour entendre et savoir d'eux si j'avois la verole, ou non. Le premier, sans autrement s'enquerir de la verité du fait, et pour avoir plustost son demy escu, dit que je l'avois pour tout vray, ou bien *apte nate* et habile de recueillir bien tost une si riche et opulente succession, et qu'il faloit faire une diette de dix jours à beau gajac, salse pareille et estre gressé et latiné à bel *emplastrum de Vigo* [1], pour de là passer au Royaume de Surie et Duché de Baviere [2]. Le second par un certain esprit de contradiction ou autrement, mon amy spirituel et bienvueillant, m'asseura que la goutte que j'avois aux jointures et non aux muscles et charneures des membres, ne signifioit aucunement la verole; bien conseilloit faire grand' chere à l'accoustumé, et aux pleines Lunes recevoir quelques parfuns de soufre, arsenic, et vif-argent

1. Pour bien se rendre compte de ce qu'est l'emplâtre de Vigo, dont veut parler du Fail, il faut ajouter ce que les formulaires n'oublient pas dans la circonstance : *cum mercurio*.

2. *Surie* et *Bavière* sont deux jeux de mots provoqués par le traitement des « vérolés très-précieux »; traitement qui consistait à amener la transpiration par le gaïac et la salsepareille et la salivation par le mercure. M. Guichard en mettant en note *Syrie* pour expliquer *surie* a fait preuve d'une prudence exagérée. Il aurait trouvé *suerie* dans Henri Estienne. Les pamphlets du XVIIIe siècle attribuent de pareils voyages en *Suède* et en Bavière à diverses actrices, entre autres Mlle Darcy, Mlle Beaumesnil. V. le *Philosophe cynique* de cet horrible Theveneau de Morande.

meslez et fondus ensemble. Le tiers renfrongné et à face ridee, s'escoutant parler comme un porc qui pisse, prononça que l'un et l'autre moien estoient manifestement impertinens : que lors que les bien advisez medecins afferment le vif-argent estre l'alexipharmaque ou contre-poison de la verole, ils n'ont jamais entendu parler de ce Mercure et vif-argent vulgal [1], qui est fait de fiente et de foin, ains d'un vif-argent metallic et corporel qui prins en bien petite quantité, voise [2] penetrer tout le corps, jusques aux ongles et autres extremitez, et là separer et chasser le pur avec l'impur, et rectifier et rendre en son entier toute la masse sanguinaire. Le quatriesme condamna à platte cousture tout ce que le dernier avoit dit, n'aprouvant pas beaucoup ce que les premiers avoient deliberé, l'appellant Paracelsiste et affronteur, et que le souverain remede gisoit en un characttere [3], fait en son ascendant *tempore et loco prœlibatis* : mais voyant les difficultez, repugnances, et contrarietez à se resoudre aux despens du produisant, qui estoit ma propre bourse, ils eurent quelque pitié de moy, et par avis commun ordonnerent pour ce coup que je serois ce que j'estois. Je prouvay à l'Apoticaire qui les avoit assemblez et fait la partie, que tous quatre ne savoient rien. Le premier dira que le second est un Empiric : le second que le premier sait je ne say quoy en la theorique, mais rien du tout à la

---

1. Vulgaire?
2. Aille, forme dérivée du présent : *je vois* (je vais).
3. Talisman astrologique.

pratique. Le tiers, si les trois autres savent, asseurera que les Medecins Grecs et Arabes, desquels ils sont imitateurs n'ont entendu les vrais fondemens et theoremes de la droite et vraye Medecine, les maximes de laquelle consistent en trois principes, savoir soufre, mercure, et sel. Quant au quart et dernier, il en a dejà dit son avis. Lupolde dit que les Medecins d'Angers se font bien valoir autrement, car à les ouyr s'entrelouer on diroit que *nulla inter artifices differentia :* Il n'y a bas ne haut entr'eux, et qu'ils sont tous d'une venue comme la jambe d'un chien, d'un mesme poids, savoir, et balance : vray que les plus subtils et courtisans vous diront bien en curant leurs dents et toussans à quartier, ouy il est savant homme, mais cecy, mais cela : comme quelque chose qu'il en soit, il se fait en toutes races et sortes d'hommes, qui volontiers ne prennent plaisir d'ouyr louanger et bien dire de leurs voisins et compagnons, ains d'un ris de chien [1] et deloyal, je parle des

---

1. On ne sera peut-être pas fâché de trouver ici la nomenclature des différents ris donnée par Laurent Joubert dans son *Traité du ris* (1560 et 1579) :
Ris modeste (petit ris).
— cachin (désordonné), en grec syncrousien et sardonien.
— d'hôtelier (feint).
— canin (sardonique).
— ajacin (de rage et félonie, le rire d'Ajax).
— mégaric (marry entièrement).
— catonien (désordonné, rappelant Caton à l'aspect de
    l'âne mangeant des chardons. Ce fut son premier
    rire, et il en mourut).
— ionien (mou, délicat).
— chien (de Chio).
— agriogele (jaseur et bavard).

envieux formez, tirent ordinairement une esguilette de l'honneur aux galans hommes : mais pour tout ce ne l'arrachent ils pas.

XIV.

D'un qui se sauva des Sergens.

C'estoit un sergent. Demeurez, dit Eutrapel, car en ce seul mot vous comprenez et enveloppez toutes les meschancetez qui au matin se leverent, et où la boëte de Pandora a plus versé et respandu de mal. Ce maistre Simon de sergent, continuoit Lupolde, estoit ordinairement yvre, adjournoit parlant à personne, encore qu'il en fust eloigné plus de dix lieues, occasion qu'il estoit ordinairement attaché à quelque inscription de faux : un petit chien qui le suivoit, luy servoit de records et tesmoin. Les notaires du Tablier de Rennes par risee, comme ils ont l'esprit gaillard et esveillé, luy bailloient quelque fois des obligations sur Antoine Arena, Huon de Bordeaux, le Chevalier à la Cotte mal-taillee, Dom Pietre de Castille, Messire Cotal d'Albigne, ou Geofroy à la Grand-dent [1], pour mettre à

— thorybode (convulsif).
— inepte (id.)
Enfin soubris.

1. Ces noms sont ceux de héros des romans de chevalerie, sauf celui d'Antoine Arena, l'auteur macaronique de la *Meygra entrepriza catoliqui imperatoris* (1536), réimprimée en 1860 à Aix, chez Makaire. Le Chevalier à la cotte mal taillée est une plaisanterie de du Fail.

execution, luy supposans quelques bons vau-riens qu'ils voioient passer par la place, desquels il recevoit pour salaire tousjours quelque coup de poin : c'estoit à qui luy feroit plus de singeries et de mal, car il en faisoit à tous. Ce fut luy, encore qu'on l'attribue à un autre de mesme ordre et college, mais c'est un acte reiterable, qui estant tombé en une grosse fievre furieuse, pour avoir esté condamné aux dommages et interests, à cause qu'il auroit prins un quidam au corps sans commission ne decret, respondit au Curé qui luy disoit, General mon amy, voicy vostre createur que je vous ay apporté, n'estes vous pas bien prest et appareillé de le prendre ? Non par bieu, je ne le prendray, si je ne voy la commission : Mordienne j'y ay esté gripé. Tout son cas n'estoit que faussetez qu'on luy faisoit faire et raporter, car, comme il se dit, à mal exploiter, bien escrire, il estoit emprisonné, suspendu de son office, ne pourtant laissoit il exercer, sous ombre qu'il apelloit de tout ce que l'on disoit. Si on luy eust demandé quelle heure il estoit, il eust respondu, je m'en porte pour apellant : s'il voioit quelque estranger de qualité, il luy demandoit franchement sa bien venue et le conduisoit jusques à son hostelerie, allant devant luy, et faisant faire place atout sa verge et baguette, où le plus souvent il pratiquoit quelque lipee franche. Ce fut donc par un matin que jour il n'estoit mie [1], qu'il acorda prester seulement son assistance pour prendre un Gentil homme au corps, où il seroit bien accompagné,

1. Avant le jour.

et qu'il ne se souciast seulement que des bouteilles. Tout beau (dit Eutrapel), l'Ordonnance defendante n'accompagner les sergens, n'avoit point encore d'ailes : ce Gentil homme estant à bastir quelque marché en belle taverne (car rien ne se fait en ce pays avec les païsans, ne fust cas que de louer journaliers (*a*), qu'il n'en faille boire), ayant esté recogneu et mieux espionné, car par l'art de la guerre il faut premier recognoistre l'ennemy, apres donner l'alarme, et puis venir au combat, il n'eut loisir que se jettant à corps perdu par une fenestre, et se faisant voie à travers quelque endroit plus foible, gagner le Cimetiere, et vistement entrer en l'Eglise, fermer le guichet, et pour se voir suivy à toute bride, se mettre sur une palette[1] tapissee et cousue d'images en une vieille chapelle. Hee ! bon Dieu, dit Eutrapel, tu tomberas pauvre sainct, mais non feras : car estant ainsi en rang de bataille, son espee au poin, ressemblant un sainct Julien : ô necessité ! que tu sais bien faire promtement ouvrir les cabinets de tant d'esprits qui sont en l'homme, oit d'une voix et tumulte, Où est-il ? gar de çà, gar de delà, il est au letrin, non est, c'est derriere le grand autel, les plus *in gambe*[2] (ô le gros rat) qu'il estoit monté au clocher, et la meilleure part s'entreregardans par pitié, frotans leurs nez, et plus

a. Var. : *journalière*.

1. Sur un autel, comme Rabelais, dit-on, le fit pour s'ébaudir quand il était religieux aux Cordeliers de Fontenay-le-Comte.
2. Je conserve *in gambe* qui a fait notre mot *ingambe*. L'acclimatation n'était pas encore complète à cette époque.

tounez¹, comme dit le Bas Breton, que fondeurs de cloches, jugeoient qu'il s'estoit fait invisible, pour avoir au matin mis du plantain sous la semelle gauche de ses souliers avec trois grains de sel². Et depuis ay ouy dire, suyvoit Polygame, au fugitif, qui faisoit bien la piaffe sur ceste palette, que les plus devotieux d'eux s'agenouillerent devant luy implorans par toutes oraisons et prieres mystiques son secours, à ce qu'ils eussent bonne issue de leur queste et poursuite, parce qu'il estoit en equipage, plus eminent et bragard que les autres ses voisins tous chassieux et moisis. Eutrapel print la parole contre Polygame, combien qu'à regret, concluant par bons et fessus³ sylogismes, que les images ainsi bien parées ne sont le plus souvent de grand emolument et profit aux Curez, et s'adressent les bonnes gens plus familierement aux vieilles, et desquelles ils ont plus de cognoissance : et par exemple soustenoit que⁴ le Prieur

1. Étonnés. Cette locution : être étonné comme fondeur de cloche devrait être complétée par quelque indication des cas dans lesquels ces maîtres artistes sont étonnés. On ne peut pas supposer qu'ils le sont à l'état chronique. A moins qu'on ne veuille dire par là que lorsque la cloche est fondue, le son qu'elle va donner inquiète et étonne toujours le fondeur qui doit compter plutôt sur le hasard que sur sa science.
2. On trouvera beaucoup de moyens de se rendre invisible dans de savants auteurs, depuis Aulu-Gelle jusqu'à Albert le Grand. Eusèbe Salverte, dans son livre : des *Sciences occultes*, a pris la peine d'en discuter quelques-uns. Se rendre invisible, découvrir des trésors et se faire aimer, étaient les trois plus grands secrets poursuivis par les magiciens.
3. Solides, bien en chair et de forme parfaite.
4. M. Louandre dans ses *Conteurs français avant La*

de Chasteau bourg, successeur de ce docte
Pierre Colson, qui a laissé une belle memoire
par sa bombarde, voyant que l'image de sainct
Roc qui estoit en son Eglise, gaignoit honnestement ses despens, et estoit de bon revenu,
encore qu'il fust tout poudreux et pourfilé
d'iragnes, s'advisa le faire repeindre tout à neuf,
jugeant par l'argument *à majori ad minus*, qu'on
estime valoir beaucoup en Logique et au Midy
deux degrez par deça le Bois de Vincennes, que
si les bonnes gens luy apportoient force dons,
presens, et offrandes estant si pauvrement vestu,
et accoustré en gueux : à plus forte raison haus-
seroient ils les brevets et s'eslargiroient davantage, quand il seroit magnifiquement habillé et
bien en point. Mais, comme disoit de bonne
memoire Merence, la chose tourna sur le chose,
il en arriva tout au rebours, comme il survient
bien des inconveniens entre bouche et cuillier :
car les pauvres villageois voians ce bon patron
sainct Roc ainsi brave, et en equipage de Chevalier de l'ordre de la grande annee[1], cesserent
luy rien donner, disans entr'eux, A ceste heure
qu'il est Gentil homme, pensez vous qu'il voudroit prendre un denier, une poignee de filace,
deux œufs, comme il faisoit lors qu'il estoit
roturier et du tiers estat. Tels estoient les discours et pourparlers de ceste superstitieuse simplicité rustique en matiere de Theologie : car en

---

Fontaine donne cette anecdote depuis *Le prieur* jusqu'à la
fin du chapitre.

1. M. Louandre pense qu'il s'agit sans doute ici de
l'*Ordre du Saint-Esprit*, créé par Henri III le 30 décembre
1578.

choses politiques, et où il va de leur profit ou perte, ils sont autant advisez qu'en autre saison qui ait ja pieça passé : cela fut occasion que le sainct fut remis en son premier estat sally et barbouillé comme devant. Cela (a) soit dit sans offencer la memoire et veneration des vertueux et saincts personnages passez de ce siecle en l'autre, qui jouyssent bien heureux du repos eternel.

XV.

De l'Amour de soy mesme.

Estans en Avignon, l'un de nos compagnons estoit tellement saisy et empieté [1] d'une certaine ambition et hautesse, jugez si altesse [2] serviroit, qu'il se trouva à chef de piece, avec le temps, à la longue, choisissez, le plus fascheux, intolerable et difficile, jusques à ne s'en pouvoir aider, ne savoir par quel bout on le devoit prendre. Tantost il vantoit et trompetoit sa noblesse combien, ainsi que dit Pathelin, qu'il fust issu de la plus vilaine peautraille [3] qui fust

a. Var. : *Cecy*.

1. Et non *impiété*. Cette erreur, peu grave au fond, date de l'édition de 1603, et a été toujours reproduite depuis.
2. Nous n'entrerons pas dans la discussion philologique à laquelle nous convie du Fail ; nous ferons seulement remarquer qu'il choisit plutôt le mot français que la forme italienne qui n'a prévalu que dans le langage cérémonieux des cours.
3. Canaille. V. Alain Chartier, cité par Littré au mot *peautre*. La farce *Maistre Pierre Pathelin* que du Fail rappelle ici dit :

d'icy au pont Lagot. Une autre fois ses biens, mais ses pere et mere et les autres enfans les luy garderoient (a), encore qu'ils fussent acquis par tres mauvais moiens, aussi s'en sont depuis allez comme ils estoient venus, ce qui advient ordinairement : et s'il s'en trouve qui durent, et prennent quelque long trait, c'est brusler à petit feu, et pour tomber un plus beau saut. Par autre fois, quand il estoit en sa haute game, il frottoit sa hardiesse à sa pretendue doctrine, faisant comme l'on dit, du guerrier parmy les Escholiers, et de l'Escholier entre les soldats : et prenoit son grand plaisir en ces vains et falacieux discours, contre lesquels et telles humeurs fantastiques il ne faut jamais contester : tant qu'il en demeura si enflé et plein de superbe Collegiale, que rien ne duroit aupres de lui. Nous autres ses compagnons, dit Eutrapel, luy mismes ces quatre vers de Martial en son estude : si vous les trouvez bons, vous en mangerez, s'il vous plaist, sinon ce sera pour la seconde table :

> *Belle tu es, et pucelle, et du bien*
> *Tu as beaucoup, et vrayment on le dit :*
> *Mais quand par trop tu en fais ton profit* [1]*,*
> *On te le nie, aussi qu'il n'en est rien.*

a. Var. : *gardoient.*

> Mais je puisse Dieu advouer
> S'il n'est attrait d'une peautraille
> La plus rebelle vilenaille
> Qui soit, ce croy je, en ce royaume.
> (P. 46 de l'édition de M. Paul Lacroix dans la
>   *Bibliothèque gauloise.*)

1. Tu t'en vantes.

Pour toute ceste belle poësie, laquelle il n'estimoit en aucun poinct luy appartenir, ne laissa continuer sa fole persuasion, *mentis gratissimus error :* et faire le glorieux, tout au long de l'aune, pouce et tout. Un jour qu'un Gentil homme Provençal vint disner avec nous, l'on commença à parler de la bonté et courtoisie du Roy François premier, l'un des meilleurs et plus honnestes Gentils hommes que la terre porta onc. Il vous eust dit, parlant à ce courtisan et habile homme, duquel il entendoit assez les passages, luy mettant la main sur l'espaule, Tel, vostre vertu et services meritent bien davantage que le present [1], que je vous fais, prenez le cas que ce fust un estat de President ou Maistre des Requestes : vous priant de continuer pour le succes des recompenses qu'en pouvez et devez esperer, vous recommandant faire droit à mes sujets, et descharger ma conscience vers Dieu de la justice que je leur dois. Le Maistre és arts fut si sot, que prendre icelles paroles pour luy, à son advantage, et luy avoir esté prononcées à bon escient, et pour son regard par ce grand Prince, quand grossissant sa voix, et en basse taille il respondit : Le Roy trouveroit bien peu de tels hommes que moy, hen, hen. La Motte aussi present, qui n'avoit daigné rire, comme les autres, de ce badin sans farine [2], lequel par une certaine antipathie et contrarieté d'humeurs, comme onc mastin n'ay-

---

1. L'édition de 1585 porte, certainement à tort, *président*. La correction de 1603 est donc bonne.

2. Les bouffons volontaires, comédiens, s'enfarinaient ; celui-ci était bouffon sans l'enseigne, sans penser l'être.

ma levrier, onc vilain un Gentil homme, ne ignorant un sçavant, dressa à nostre Jobelin bridé une bonne et gentille partie : c'est qu'il feindroit parler Grec en quelque endroit du disner, combien qu'il n'y entendist rien du tout, parce que nostre client s'estoit vanté en plusieurs lieux de respect, mesme à son hostesse, qu'il en savoit toute la fusee. La Motte donc commence à desgainer quelque piece de latin, et que s'il y avoit qui en seust davantage, qu'il ne le celast en si bonne compagnie. Magister Bemus s'apercevant assez que telles lettres s'adressoient à luy, de sa part braqua et debagoula cinq ou six tranches de τύπτω, *typto*, duquel il avoit ouy faire si grand cas à Tusan[1] au College des trois Evesques : et pour se faire rendre plus admirable, joignit à messer *typto*, duquel mot il avoit fait sa seule provision en grec, *Dominous Deous magnous*, et autres prononciations Transsylvaines[2], œilladant, en ce disant, toute l'assemblee, comme s'il eust voulu dire, Et bien, y ay je esté, où sont ils ? toutesfois ne se souvenant que le bon menteur doit estre riche en memoire, il luy eschappa dire *magnus et stultus*, qui fut la premiere pierre et diminution de sa reputation : mais celle qui l'assomma du tout, fut quand la Motte repli-

---

1. Jacques Tusan, professeur de langue grecque. Ronsard en a parlé. V. Eclogue 1, tome IV, p. 31, des *Œuvres de Ronsard* dans la *Bibliothèque elzevirienne*.

Un Turnebe, un Budé, un Vatable, un Tusan,
Et toi divin Daurat, des Muses artizan.

2. Prononciation conservée en Allemagne et dans tous les pays où l'*u* a sa véritable valeur ancienne : *ou*.

quant, forgea sur le champ, et sans rien emprunter, un certain langage incogneu et barragouin, qu'il asseuroit estre du plus fin et delié Grec, qui fut en toute la Juiverie, et où Homere *cum sociis suis* avoit sué sang et eau, *et ibi Bartolus*, le priant en dire son advis : mais le pauvre homme demeura court, comme le bon Accurse, *Græcum est, non potest legi.* Depuis s'estant acquis quelque espece de honte, encore qu'il eust le front espois à demy pied, changea une partie de ses sottes et lunatiques façons de faire, en je ne say quoy de meilleur, frequentant les grandes compagnies, et s'y rendant sujet, fuyant les basses et petites, où il avoit tousjours esté le maistre et embeguiné son cerveau, et puisé la maladie S. Maturin, et de Nerf feru[1], et depuis se trouva honoré du titre de Conseiller en Cour souveraine, combien que la poche sentist tousjours le haran, *Naturam expellas furca.* Polygame dit que la plus grande finesse qui soit en ce monde est, aller rondement à besongne, parler son vray patois, et naturel langage, sans le pourfiler et damasquiner, comme font nos refraisez et gaudronnez[2] de ce jour. Et Cicero, qui se congnoissoit bien en telle marchandise reprenoit aigrement tels parleurs, et qui meslent la langue Grecque avec la Latine. Mais si la traisnee[3] n'eust point failly à un voleur, qui en avoit ouy conter à la gueule du four, son affaire se fust mieux porté : car un

---

1. La folie. Nous avons déjà rencontré saint Mathurin.
2. Roués, incroyables, lions, gandins, cocodès, crevés, gommeux du XVIe siècle.
3. La ruse.

Prevost des Mareschaux l'ayant prins et apprehendé, le fait seoir avec commandement, comme est la coustume, dire verité : mais le paillard respondit en langage de Lanternois [1], et où l'on n'entendoit que le haut Aleman. Ce fut à chercher de toutes parts, interpretes, dechifreurs, desnoüeurs d'esguillettes, et autres gens de l'autre monde, qui y eussent rien entendu : Thaumaste et Panurge, avec l'art de Lulle y eussent perdu les ambles [2]. Voilà nostre Prevost bien esbahy et fasché tout ensemble, et cest ingenieux belistre bien aise, cuidant avoir trouvé la feve au gasteau. Beaucoup bien devots le jugeans estre quelque Diable Canoniste et Extravagant, mandé exprés pour empescher les executions de Justice, combien qu'il ne le puisse, tant a de poids la verité, qui est appellee fille de Dieu. Mais voicy l'un des Archers plus delié et accort : Ha Monsieur, dit il, au Prevost, je gage mes bottes, qui sont toutes neuves, que je le feray parler aussi bon François, qu'homme de sa parroisse. Lors s'estant placé au lieu du Prevost, le Greffier à son costé, et l'aureille au vent, demanda en langue incogneuë, et hors l'estoile journale, je ne vous puis dire quoy, ne luy aussi. Le prisonnier de sa part joüant d'un

---

1. Nous rentrons en plein Rabelais, aussi allons-nous voir bientôt paraître Thaumaste, que quelques-uns veulent être Thomas Morus et Panurge qui n'est pas si facile à déchiffrer.

2. Mettre quelqu'un aux ambles, ou au pas, comme nous disons maintenant, c'est le rappeler à son devoir quand il a perdu les ambles, c'est-à-dire lorsqu'il s'emporte, se fourvoie ou s'égare.

mesme jeu, luy respond et paye en semblable monnoye de singe. Et bien, dit l'Archer, escrivez Greffier, qu'il confesse estre demeurant au pertuis de Born, ne savoir aucun mestier, et qu'il dira la verité. Puis recommençant son interrogatoire par le mesme patois, le prisonnier luy respond de mesme, et vent pour vent, Or dites donc Greffier, interloquoit ce maistre juge à crochet, qu'il confesse avoir esté à telle volerie, qu'il donna le coup de mort, et emporta la bource. Le galant ayant perdu ses sauts [1], voyant qu'il estoit temps de parler, et que son cas s'en alloit par le pendant, s'escria, Hola, Monsieur le Diable de Greffier, effacez tout, c'est à recommencer, un trait de plume n'est pas tant, vous savez si j'ay confessé ou non : au demeurant, je suis Clerc tonsuré, et en ay belle lettre, demande estre renvoyé à mes Juges, vous recuse, vous prens à partie. Resolution, onc fripon fripier ne fut si topic [2] et ordonné en toutes les exceptions dont il se peut adviser, lesquelles furent bien tost desmantelees et ruinees par une roue sur laquelle il fut rompu : et seut lors combien il est mal aisé, voire impossible, que la peine n'accompagne le peché devant ou après midy, tost ou tard. Et ainsi le voyons nous pratiquer de jour à autre, tesmoin un cas survenu en pareil accident et hasard, dit Eutrapel, pour ce que les faits ne furent onc semblables, aussi y a il grand'raison de diver-

---

1. Perdre ses pas pour : faire une démarche inutile est encore usité.
2. Pertinent. Topique est redevenu à la mode depuis peu.

sité qui en approche, et ne s'en esloigne beaucoup. Par une forest de ce pays, pour vous faire le conte, passoit de cheval une belle jeune femme mariee à un boulanger, allant querir du bled à l'autre costé de la forest ; au milieu de laquelle, ne songeant en aucun inconvenient, elle rencontra un Prestre fort mauvais et dangereux garçon (chose estrange ! que ceste qualité serve de fable et bouffonnerie au temps où nous sommes) et pour accompagner ceste belle preud'hommie, faux tesmoin ordinaire, brigant et meurtrier, qui faisoit aussi peu de cas tuer un homme, que boire un verre de vin sans eau. Plusieurs fois fut accusé et plusieurs fois eschappa par la porte doree, et un beau renvoy à son Evesque, qui ne s'en soucioit plus loin que la chandelle fust esteinte, et que le suif fust consommé et la bourse vuide : qui le fist devenir tant licentieux et abandonné, qu'il ne se cachoit que bien peu en toutes ses insolences et mal versations. Aucunefois les bonnes gens des champs s'amassoient, qui vous l'estrilloient en toutes façons : mais il ne s'en soucioit pas, car il avoit sa revanche un pour un, et à mesure qu'il les rencontroit, si bien qu'il estoit craint comme vingt loups Gothicques[1] au mois de Janvier. Ceste pauvre femme le recognoissant, se cuida sauver, et Dieu sait comme elle tremblotoit et frissonnoit, mais le truant qui savoit les routes et adresses, se trouva au devant, print son cheval à la bride: Mort Dieu, putain, dit il, me cuides tu echaper ? Il y a long temps

---

1. Vieux loups (?).

que tu es en mon papier : ça, allons, vie, mais qu'on se haste. Le pendart tenoit la bride du cheval, lequel il conduisit par tant de voies obliques et circuits, qu'il s'asseura d'un endroit propre pour executer sa volonté desordonnee : et [1] luy avoir prins ce peu d'argent qu'elle avoit pour payer son bled, luy presenta la pointe d'une dague sur la gorge avec blasphemes et menaces horribles, que si elle faisoit, tant peu fust, contenance autre que de femme joyeuse, elle se pouvoit asseurer qu'elle mourroit. Au reste, qu'il estoit bon compagnon, n'estoit de fer ou acier non plus qu'un autre : s'il apercevoit que volontiers et agreablement elle y print plaisir, luy rendroit tout son argent, et hay [2] au bout, à la charge qu'à l'advenir il auroit la jouyssance d'elle toutes fois et quantes. La pauvrette voyant que pour ce coup elle eschappoit la mort, se sentit incontinent meüe et inspiree de la main de Dieu en ceste relasche, dissimulant que la peur et refus ne venoient que de l'apprehension de la dague, et que long temps estoit qu'elle desiroit pour son regard [3] le voir, cognoistre, et avoir son accointance. Pendant cest entretien, elle s'approchoit à petit pas avec le Prestre, qu'elle tenoit par la main, d'une caverne profonde là près, où, comme en plusieurs lieux de la forest, on avoit autre fois tiré quelque mine de fer. Et bien, ma grosse garce, disoit le Bouquin enflammé, et qui brusloit de

---

1. Sous-entendu : *après.* La plupart des éditions mettent : *et lui avoit pris.*

2. Simple exclamation sans signification particulière en cet endroit.

3. De son côté.

mille feux, puis que je vous trouve en telle deliberation et volonté qu'il me plaist, je te prie, ma douce amie, prenons tout le plaisir entier en ce temps chaud, et nous despouillons tous nuds sous ces beaux ombrages et arbres fueillez : ce que, en hontoyant, elle accorda, se decoiffant, detachant, et tousjours petit à petit s'avançant vers cette fosse, où vous verrez bien tost nostre Curé bien prins : tant que rien plus ne restoit qu'à se devestir et oster sa chemise. Ainsi temporisant jusques à ce que le Docteur fut à trois coups aussi nud comme quand il sortit du ventre de sa mere, voulant tout enragé executer promtement ; mais pour avoir beaucoup de plaisir ensemble, la sollicitoit asprement d'oster sa chemise, viste, viste. Ce qu'elle accorda, par une requeste qu'elle lui fit, se tourner un peu à quartier et de l'autre costé, parce que nous autres femmes, disoit elle, avons par fois je ne say quoy que ces hommes ne peuvent honnestement voir. Le ruffien alongeant et degourdissant ses bras, puis faisant regimber son engin, et frottant et nourrissant ses facultez naturelles, s'estant tourné vers cette fosse et regardant dedans, ceste brave femme se jettant et lançant d'une allegresse et hardie promptitude sur ce mastin, le vous fit descendre sans eschele, plus de trente pieds bas, où il se fust rompu le col, n'eust esté un receveur sans conte qu'il trouva au fond de la caverne, qui estoit de l'eau noire et pourrie, toute cousue et semee de crapaux, sourds [1] et couleuvres, qui l'eussent estranglé, n'eust esté un petit relais et morceau de terre,

1. Salamandres.

où il se garantit. La femme avec une peur chaussee aux talons, se racoustre, monte sur sa jument avec tout l'equipage du Prestre, et [1] au pied, regardant sans cesse si ce pendart seroit assez meschant de sortir, mais il n'avoit garde : bien crioit il à la force, au meurtre, à l'aide, bonnes gens. Et à telles voix ainsi espouvantables accoururent les forestiers, ne pouvans juger du premier et second coup, où se faisoit tel hurlement, et horrible tintamarre : mais enfin apperceurent maistre Reverant, qui disoit les Patenostres du Singe [2], tremblant le grelot, et protestant comme un chaussepié, ou mieux comme l'eguille d'un quadran : et l'aians retiré à mont, avec plusieurs hars qu'ils nouerent ensemble, et le connoissans pour celuy qui troubloit et diffamoit l'honneur et seurté de leur forest, dont ils estoient quelque peu notez, le livrerent au Prevost des Mareschaux, qui le fit chevaucher et espouser une roue à l'envers [3]. Ainsi de telle vie : telle fin : *ita ut vixit, ita et mortuus est.*

XVI.

D'un Fils qui trompa l'avarice de son pere [4].

Les anciens ont tant fait cas de necessité, qu'ils en firent une Deesse, voulans signifier

1. Sous-entendu : *gagne.*
2. « Quand un homme gronde, qu'il murmure ou qu'il claque simplement des dents, on dit qu'*il dit la patenotre du singe.* » Leroux, *Dictionnaire comique.*
3. Rouer.
4. M. Louandre a reproduit la première partie de ce

qu'aux affaires où nous sommes pressés nostre esprit se resveille, devient brusque et gaillard, et sans estre poisant et engourdy, comme lors que nous sommes aux pleins souhaits, profondes voluptez, et en la paille jusques au ventre. De vray, celuy de qui les biens et fortunes sont ou petites, ou brouillees, se sait mieux advancer et rendre honneste homme, que ceux qui sont naiz chaussez et vestus : comme l'on dit du Roy Loys onziesme, le premier qui ait mis ses successeurs hors de page (car le Parlement, Prevost et Université de Paris s'en faisoient croire auparavant) et qui mieux savoit les nouvelles de ses voisins. Estant en la mauvaise grace de son pere (ô que regner et commander absolument est chose douce !) se retira à son cousin le Duc de Bourgongne, où il aprint à faire le petit pain, à menager l'escu, qui le rendit tellement admirable au maniement de ses affaires, qu'entre tous les Princes il a bien peu de compagnons, et en luy fut verifiee et accomplie la Prophetie du Roy Charles septiesme son pere, quand il fit dire à iceluy Duc Bourguignon, *qu'il nourrissoit un renard qui mangeroit ses poules*. Car à la fin il depeça et eschantillonna si bien la maison de son hoste, qu'il luy en demeura de belles pieces [1], lesquelles il soustenoit luy avoir esté arrachees de la sienne. Et à ce propos des peres qui sont trop rigoureux en l'endroit de leurs enfans, s'en est veu puis peu de temps en ce pays un si

---

chapitre « jouxte la copie de M. Güichard» dans les *Conteurs français avant La Fontaine*. Paris, 1873.
1. Le duché de Bourgogne, l'Artois et le Hainaut.

tenant¹ et fascheux, qu'il ne bailloit à son fils
que peu ou rien pour son entretien : lequel
d'autre costé empruntoit par cy par là tout ce
qu'il pouvoit, jusques là d'estre enferré bien
avant aux brevets ² des marchands, usuriers, et
autres gens de main mise et d'interest, bien
souvent les affrontoit, et couchoit de sa conscience à toutes restes. Tout l'emplastre et defensif qu'il appliquoit sur ce mot, tomboit sur
l'avarice de son pere, jusques bien souvent dire
à ses compagnons courans la mesme fortune, et
qui estoient en mesme cause, pleust à Dieu que
ton pere se fust rompu le col à porter le mien en
Paradis, et autres imprecations et maudissons
de semblable volume. Le pere, à qui il coustoit
plus de je ne say combien pour espionner les
actions de son fils, entendoit assez telles nouvelles, où il faisoit la sourde aureille, prenant
plaisir, qu'il estimoit profit, tenir ainsi ce jeune
homme en telles alteres ³ et calamitez, le menaçant par fois se remarier, au cas qu'il feroit du
compagnon, ou donner et mettre son bien en
telles mains qu'il ne l'oseroit regarder. Au surplus qu'il trouvast sa bonne avanture comme il
pourroit, et qu'autrefois il avoit esté sans denier
ne sans maille, jusques à!⁴ que pour le present

1. Attaché à son bien, tenace.
2. Avoir de gros comptes dans les livres.
3. Inquiétudes. V. Glossaire de l'*Ancien théâtre français* dans la *Bibliothèque elzevirienne*.
4. La forme suspensive et les restrictions sont tellement dans les habitudes de du Fail, que nous ne le ferions pas remarquer en cette occasion si M. Guichard n'avait pas jugé à propos de combler la lacune volontaire de la part de l'auteur en mettant : *jusques à ce que*, etc.

il ne daignoit dire. Ce fils voiant tant d'honnestes voiages se passer sans estre emploié aux belles charges et entreprises de guerre, non pour la religion (que la fievre quartaine puisse serrer les veines à ceux qui en soufflent les consultations pour leur profit particulier aux conseils des jeunes Princes [1]) ains contre ceux qui nous tiennent à fausses enseignes les Provinces, Royaumes et Estats tous entiers. Il s'advise donc en ceste extreme necessité jouer un bon tour à la chicheté de son pere, et remettre sus [2] l'honneur de ses ancestres et de sa maison, se faisant fort que les braves et galans hommes tiendroient son party, print à cest effect chez le marchant force draps noirs à credit. Vous qui ne paiez content, jugerez de la loiauté du vendeur, et des acclamations, et battement de poitrine qu'il fait au pris et aunage. Il fait faire ses accoustremens de dueil, les pacquette en sa male, et fouet vers le Poictou, où son pere avoit une belle et riche terre, et de grand'valeur, le fermier de laquelle, un opulent vilain avoit entre ses mains le revenu d'une annee tout conté, prest de porter à son maistre. Mais il fut gardé de ceste peine, car ce jeune Gentil homme ayant prins ses accoustremens de dueil, et valet, et laquais aussi renfrogné et triste, va descendre en la maison de son pere, conta à peu de paroles au fermier la mort d'iceluy survenue, lequel en ses derniers propos se recommandoit à luy,

---

[1]. Beau mouvement contre ces ridicules et cruelles querelles religieuses qui ensanglantèrent cette époque si belle par tant d'autres côtés.
[2]. Relever.

aiant enjoint sous peine de desobeissance qu'il le changeast aucunement, et qu'il l'avoit trouvé tousjours homme rond et bon serviteur de la maison. Il estoit un peu dur et rigoureux, mais fermier mon bon amy, vous entendez bien que tel mesnage ainsi racourci au petit pied ne revenoit que sur[1] mon agrandissement et avantage. Ho ! Monsieur disoit le fermier Poitevinant, et faisant bien la chatemite, pour estre entretenu en la ferme, il n'y a remede, il faut tous passer par là ou par la fenestre, encore m'est ce grand contentement qu'il a laissé un heritier qui m'aime, ou je suis bien trompé, duquel je m'asseure tenir encore à l'advenir et continuer les fermes que le riche homme m'avoit fait de ceste terre : vous suppliant m'excuser, courbant, en ce disant, puis un genoil, puis l'autre, si quelquefois vous ay refusé bailler argent (car sur ma conscience j'avois deffenses du deffunt, et croi en avoir encore en ma pochette, non, c'est ailleurs, où je mets mes lettres) comme s'il vous eust tenu pour bien suspect, et entendez trop mieux (en chemissant[2] et riant en faux-bourdon) que depuis que les bottes de nous autres peres peuvent servir à nos enfans, nous, comme les chats, ne les voudrions voir qu'une fois l'an, pour chercher leurs avantures, puis que nous leur avons mis les ferremens et moyens en main, pour gaigner leur vie. Il y a autre chose, dit le porteur de dueil, et vous remercie : Dea,

1. N'avait d'autre but que...
2. Je rétablis ce mot d'après les éditions de 1585 et 1603, sans le bien comprendre. On a mis depuis *chauvissant*, qui peut être préférable.

vous entendez les guerres où le Roy est empesché, et combien me seroit reprochable, et viendroit à deshonneur de faillir en telles affaires et endroits, où, quelque pauvreté qui m'ait commandé, si me suis je ordinairement trouvé en tels bons lieux pour le service de sa Majesté. Or maintenant que la guerre est, et que j'ay fait tout bon office d'enfant au bon homme, que Dieu absolve, il me faut en toute diligence aller trouver les compagnies qui marchent, où je suis appellé, et ja partie de mon train a prins les devans : pendant ce me sera un fort grand plaisir et à vous profit, que demeuriez en ma terre à pareilles conditions et charges que vous la teniez de feu monseigneur et pere, combien que j'en aurois bien davantage si voulois y entendre et prester l'aureille : hau Pierre, c'estoit le valet, combien est ce que ce gros homme m'en a offert à la disnee. Hé ! Monsieur (disoit ce Jaquet) il n'est que lier son doit à l'herbe qu'on congnoist, ne changez jamais les anciens serviteurs : le bon homme, Dieu ait son ame, avoit souvent ce dicton en la bouche, mais comme il estoit menager, il luy falloit à chaque renouvellement de ferme ses cent escus, pour le pot de vin, et une annee d'avance : je ne say comme vous en ferez. Le fermier qui petilloit de peur que tel marché luy eschappast, eust bien tost conclu sa ferme. Lors notaires en besongne, cent escus baillez au maistre, et dix à sire Pierre, qui avoit, disoit il, bien soufflé aux estoupes, l'avance d'une annee receue, outre celle de l'an passé preste à eschoir, chacun en cecy pensant avoir trompé son compagnon : le fermier syllogisoit sur ses doits, il y a pour gaigner tant pour cent : l'autre, il perdra quelque attente seulement, mais par provision j'empocheray ceste dragee perlee, laquelle se fait tant chercher. Ne tarda pas demy jour après le delogement de l'heritier, voici la diablerie à quatre personnages, voici la bataille, voici le conflit de prouves, que l'un des gens du pere, c'estoit un vieux notaire monté sur la mule de la maison, et botté de foing, n'arrivast garny de quittance pour recevoir les deniers escheus, avec ample procuration de faire nouveau bail pour l'advenir : il exhiba au fermier ses facultez, son pouvoir general et special, bien passé, bien instrumenté. Le fermier au contraire luy monstre ses pieces, objecte le vray Seigneur qui luy a fait bail nouveau, informe sommairement que le fils a porté le dueil, tant et si longuement que tout va bien : que le notaire est un manifeste prevaricateur, et qui voudroit bien avec sa mule jouer à quite ou à double. Le notaire au contraire maintient son maistre estre vivant mourant, et ce (*a*) mestier est confiscant, ainsi le prouvera, conclut toucher l'argent à ses perils et fortunes. Le Juge sur la contrarieté des faits, car ils en estoient bien avant, appointa les parties à informer : et fut bruit commun, que ce pauvre miserable avaricieux de pere, usurier tout le soul, et tant qu'il pouvoit (à Rennes on l'eust appellé Fesse-Matthieu, comme qui diroit bateur de saint Matthieu, qu'on croit avoir esté changeur) en mourut de despit, de rage et tout for-

a. Var. : *si.*

cené d'avoir perdu ce monceau d'argent, et trompé par ses propres entrailles. Ainsi en puisse il prendre à ceux qui brulent la chandelle par les deux bouts, dit Polygame, et mal aisement, comme dit Aristote aux Polices, sera bon Capitaine, qui n'aura esté soldat et obei, esté bon pere à ses enfans, s'il ne leur a donné quelque honneste liberté et moyens de laquelle il leur puisse souvenir, et executer quand il en sera temps : ce qu'il fera au contraire par un argument de necessité, s'il a esté en sa jeunesse casanier, un anicheur[1] de poules, et à gogo en sa maison, l'escarcele plaine, un bon ivrongne, et faiseur d'accords en sa parroisse aux despens du païsant. Un Gentil homme Normand fit tout au rebours, dit Lupolde, mais pour venir à mesme effect et conclusion, comme il y a divers chemins pour aller à la ville : Sa femme morte il s'habille tout en verd, et de ce pas va tres bien et tres beau bailler à nouvelle ferme à grand marché, et prendre une bonne avance de deniers, une terre appartenante à la defuncte, vers lequel il y avoit aussi seure obligation, que sur le dos d'un lievre en la lande du Mene. Quand dit Polygame, un fermier gaigne honnestement, sans gaster et defricher la terre, il fait son profit et celuy de son maistre, duquel mesme il est aimé, et se rend à son commandement et familier, comme j'ay congneu un Gentil homme grandement moienné et riche, qui en une sienne terre avoit un fermier tout raillard, et avec lequel il prenoit un singulier plaisir aux petites

---

1. Celui qui met les poules couver.

joieusetez et tromperies qu'ils s'entrefaisoient :
Hervé d'Olim (c'estoit le fermier) le donnant
tousjours gaigné à son maistre, avec lequel il
debatoit non en compagnon, mais avec un familier respect, ayant regard sans cesse que l'œil de
son maistre ne se courrouçast : car plusieurs
sont tombez beau saut, pour avoir abusé de
familiarité entre les grands, d'autres de qui on
ne depend, y a bien peu de regard ; s'il est plus
riche que moy, disoit Baltin, qu'il torche son
cul deux fois. Un soir que le Gentil homme
venoit à sa maison, dit à ses gens qu'ils l'attendissent assez loignet [1], et qu'il vouloit faire peur
à son fermier, sous ombre qu'on disoit y avoir
des brigans et voleurs aux environs : et seulement accompagné d'un sien homme, entre
furieusement en la cour, l'espee au poin,
jurant, tempestant, et criant, tue, tue. Hervé,
qui se tenoit preparé contre le bruit et renommee de ces voleurs, avoit trois ou quatre gros
valets embastonnez de longs vouges, perches,
brocs [2] ferrez : desquels ils chargecient sur ce
Monsieur, et l'eussent grandement offencé, n'eust
esté le fermier qui le recogneut, sans toutes fois
luy en dire mot, ains seulement luy faisant
voye pour fuir, et se mettant au devant de ses
valets, aux mains desquels n'y avoit aucune
esperance de misericorde, non plus qu'aux muets
du Turc. Le Seigneur retourné à ses serviteurs
plus viste que le pas, leur cela le fait, et se
voiant en danger coucher à l'enseigne de l'es-

1. Un peu à l'écart.
2. Broches.

toile, envoye des siens pour prendre et apprester le logis. On peut aussi croire qu'il leur en vouloit faire donner, comme à luy : les envoyez huchoient à pleine teste, comme la femme de Brusquet¹ fit à une grand' Dame, laquelle, au raport de son mary, elle estimoit sourde : sur lesquels ces beaux valets encore demy enragez frapoient si magistralement, que Hervé qui feignoit ne les congnoistre, eut bien de la peine à les retirer. Hee, fermier mon amy, nous sommes à Monsieur ! Seigneur Hervé pour la pareille, c'est monsieur, monsieur cecy, monsieur cela : et avoir esté battus à poids d'escu, et beaux coups de roches et bastons, Hervé leur dit en son renaud², (car il nazardoit et parloit du nez, pour avoir chargé de la plus fine au pot d'estain³) mes garsailles, Monsieur est homme de bien, il n'a point de voleurs en sa compagnie. Et après tels longs abbois et suspenses, hau tel ? n'est ce pas vous ? et ouy de par le diantre, c'est moy : voylà que c'est, disoit Hervé, que se loger⁴ de bonne heure, principalement en ceste saison, pleine de mauvaises gens. Incontinent force chandelles, et alla le bon pelerin au devant de son maistre, auquel il raconta ce qu'il savoit aussi bien ou mieux que luy, et en rirent ensemble tout leur saoul. Le maistre, qui se vouloit revancher, s'advisa y faire assez long

---

1. Fou de François Ier, Henri II, François II et Charles IX.
2. Renaud est perdu, mais *renauder* est resté populaire.
3. Il y a là une allusion à un des effets plus ordinaires de la vérole, de « la plus fine » : la carie des os propres du nez.
4. Coucher.

sejour, parce qu'il y avoit de bon vin, vivres et gibiers à planté [1] : et pour couvrir sa longue demeure, fit semblant d'estre malade, où Madame, qui n'estoit qu'à dix ou douze lieues de là, fut tost venue. Tout ce train vivoit sur les coffres du pauvre fermier, sauf en la despense de son conte, en avoir quelque rabais. Ce fut donc à luy desploier le commencement, milieu, et le bout de ses finesses, dont par le passé il avoit fait assez competente provision, pour se depestrer de ceste noble troupe, et avoir espluché et trouvé la suitte de son escheveau, un beau Dimanche, que Monsieur, Madamoiselle, et tout l'equipage retournoient de la Messe, ils aperceurent sur deux treteaux de table, une martrouere [2] couverte d'une touaille [3], une chandelle allumée sur le bout, vrayes merques d'un corps mort, prest à porter en terre. La Damoiselle premiere que [4] les autres (car, dit Eutrapel, quand les brebis vont aux champs, la plus sage va devant) s'arrestant toute espouvantee, Mon Dieu ! fermier, qu'est ce icy à dire ? Monsieur saisi de la mesme fraieur, Hervé mon amy, dy nous que c'est ? Ho Monsieur, respondit le paillard, ce n'est rien, allons hardiment disner, ce n'est rien : il print mal hersoir [5] à ceste garce là, sous une aisselle, mais ce n'est rien. Comment, ce n'est rien ? dit le Gentil homme,

---

1. En abondance. Fort usitée à cette époque, cette expression ne nous a jamais paru bien complètement expliquée.
2. Bière.
3. Drap.
4. Avant. Locution encore usitée en Normandie.
5. Hier soir.

par la morbieu c'est belle peste, et de la plus fine, çà viste mes chevaux : la Damoiselle de son costé, çà mon coche. Le Curé qui peut estre estoit de la partie, car on luy faisoit dire ses Messes à la taille [1], sans estre payé, dit qu'il y pouvoit avoir quelque danger : c'estoit une jeune fille, qui a eu froid en gardant ses pourceaux : que fraieur, froid, femme, fruit, et fain, estoient cause de la peste, et qu'il faut *citó, longè, et tardè*, c'est-à-dire fuir vistement, aller loin, et revenir tard. Lors tout le monde à cheval, chacun emmuselé de son manteau, et le mouchouer au nez. Ainsi sans desjeuner, sans debrider, sans tabourin, et sans lanterne firent sept ou huit grosses vilaines lieues, dont les dix en valent quinze des environs de Paris : et Dieu sait si maistre Hervé fut aise de sa descharge d'un si poisant fardeau, et haut loué par ses voisins, qu'il apella pour manger le disner de Monsieur, pour sa belle et joieuse purgation : et le Curé aussi d'avoir triomphé à confirmer que c'estoit la peste, et les beaux textes qu'il avoit induit à ce propos. Ceste rupture de camp sans coup fraper entendue par tout, le Seigneur, lors que son fermier lui apporta argent, mit sur le tablier les bons tours et finesses qui s'estoient passez entr'eux. Ce que Hervé nioit, et que tout son cas avoit esté à la bonne foy, et sans y songer que bien à point : entendant assez qu'il ne se faut trop jouer à son maistre, les jeux duquel plaisent tant qu'il veut, et non autrement. Pour recompense, dit le Seigneur, je vous

---

[1]. Comme les boulangers fournissant leur pain à crédit.

feray participant en la moitié d'un beau paquet de Greffes qu'on m'a envoyé de Touraine, ensemble des bonnes et belles graines. Le jardinier appellé, et fait au badinage les presente au fermier, qui le remercia jusques à pieds baiser, le priant garder le tout jusques au lendemain, enterrer les greffes, et mettre les graines au cabinet du jardin : et lors que Monsieur dormoit après disner, car il prenoit son bonnet et vin de coucher dès le matin, Hervé alla et chemina tant par les allees, qu'il apperçeut qu'on luy vouloit donner un coup de gaule par sous l'huis et le tromper, où il falloit prontement adviser. En quoy il ne fut paresseux, car il prent les bons pacquets et graines, qui veritablement estoient venues de bon lieu, et supplanta aux mesmes endroits et places, ceux qu'on luy avoit tant importunement donnez, qui estoient des besiers[1], entes[2] sauvages, graine de parele[3], de fougere, et autres de belle apparence, comme toutes races et genealogies des choses se recognoissent au fruit, et non à la simple veuë. Le fermier remercia Monsieur, Monsieur aussi luy mettant la main sur l'espaule, façon qui n'appartient qu'aux Princes, encore que tous Gendarmes et Chevaliers de la nouvelle impression en abusent, le pria luy envoyer les premiers fruits issus des greffes et graines qu'il luy avoit donné : beut à luy à la trotte qui mode[4], c'est à savoir, la goutte

1. Poiriers sauvages (Guichard).
2. Prunes.
3. Oseille.
4. Contrepeterie. On en trouve quelques-unes dans Rabe-

sur l'ongle, ce que Hervé fit aussi. Et des premiers venus qui sont les graines, il envoye à son maistre de beaux colifrori[1], raiforts, laitues de Mont-ferrat et autres fort singuliers : par lesquels ce Monsieur congneut que sa trainee estoit esventee, et qu'il falloit tendre autre part, et à un renard qui fust plus jeune, et moins praticien que messire Hervé.

XVII.

Les bonnes mines durent quelque peu, mais enfin sont decouvertes.

Il se meut propos d'un tas d'hommes qui n'ont autre point pour se prevaloir et faire bien les grands contre leurs compagnons, que une bonne mine et piafe jointe à l'accoustrement pretieux et bien faict, et que beaucoup de tels pipeurs pour n'estre descouverts, tenoient les meilleures et plus eminentes authoritez aux gouvernemens des Republiques : et se verra un songe creux bien accoustré, curant ses dents, ne respondant que par gestes et contenances, qui humera et engloutira par telle sourcilleuse taciturnité, tous les honneurs et prerogatives d'un pays, duquel

---

lais, qui ne sont pas à répéter. Celle-ci n'est pas dans le chapitre de Tabourot : *Des antistrophes ou contrepeteries*. Elle est modeste. Il n'en est pas ainsi de la plupart des autres. « Je vous laisse à penser, dit le Seigneur des Accords, si quand on a bien des fois répété ces petits mots, il ne faut pas à la fin venir aux gros. »

1. Choux-fleurs ?

si le fond estoit examiné vous n'y trouveriez non plus que les Egyptiens en leur Idole Isis, qui fut un gros chat, gras, en bon point, et apasté [1] par les Prestres de ceste belle Diablesse. Je say bien, dit Polygame, que si une sage sobrieté de parler se deploye, on n'y trouvera que de l'estonnement et merveilles, pourveu que l'ordre de modestie y soit gardé, sans gloire ne grand'forme et aparat, comme font plusieurs, qui ne peuvent sortir d'un conte, quand à une issue de table ils l'auront empoigné, se ruans à toutes rencontres en leur histoire et contes de leurs faicts. Je leur ferois, dit Eutrapel, à ces enuieux et langards [2], comme fit un Gentil homme de ce pays à un Espagnol, jouant aux eschets, et les laisserois là plantez à reverdir, parler tout leur saoul, et quelqu'un pour leur respondre, hon, ouy, voilà grand cas, chose estrange, et semblables chevilles pour soustenir telles longueurs. L'Espagnol au moindre pion qu'on luy presentoit, estoit une grosse heure à songer, regarder, enfoncer les matieres, quelle piece il devoit remuer et jouer : le Breton ayant donné un eschec, sachant que sur ceste grosse decision il y avoit un bois abatu pour un long temps, se couche au lit, sa partie adverse tellement ententive [3] à se depestrer, qu'il n'en vid, sentit, ny apperçeut rien : au matin fort haute heure s'estant levé et accoustré, il trouve encore son Espagnol suant et travaillant à des-

---

1. Nourri.
2. Bavards ; qui ont trop de langue.
3. Attentive.

nouer ce notable point de Droit. J'en congnois, dit Lupolde, de constituez en charges notables, mais si dextres et rusez à cacher leur imperfection, et à ne se laisser voir, qu'ils ne bougeront de leur maison, y faisans perpetuelles stations et residence, bien entendans que si une fois ils tomboient entre les mains de quelques galans hommes, et de maniement, ils demeureroient sur le sable, sans ayde, et sans espoir d'estre veus ou congneus autres qu'ils ne sont : tant se sont trouvez de gentils esprits, qui y ont hasardé du leur en industrie pour cuider amener ces grands reveurs et images pleines de coupeaux [1], en campagne et en devis honnestes, qui se trouvoient paiez en un haussement d'espaules, amoncelement de levres, avec un fagot de moustaches brisees, crenelees, et desordonnement brouillees. Je m'en allois, dit Eutrapel, avant hier à mon chez moy, où je vi en un clos semé de feves un insigne et brave espouvantail representé comme un tireur d'arc, enfariné, embeguiné, tellement qu'on l'eust aisement prins pour un preneur d'anguilles à la glus, faisant peur à une infinité de chouettes et corneilles là pres, par bandes et escadres, s'estant invitees les unes les autres, à cette picoree : comme Philostrate raconte que Apollonius Tyaneus congneut la conspiration des passereaux, qui de toute la contrée par vols et revols qu'ils faisoient des uns aux autres, allerent manger le froment tombé d'un sac, tandis que le boulanger cherchoit de l'aide pour le recoudre, et recharger

---

1. Branchages.

son asne¹. Là se virent les monopoles dressez pour recongnoistre cest espouventail, par les parlemens qu'elles tenoient, caquetans bec à bec, et sautelans d'un seillon sur l'autre : les jeunes estans sur les arbres, voletoient et descouvroient par longs circuits ceste belle beste et statue, dont ils ne raportoient au gros et ost² de l'assemblée que peur et estonnement. Si faut il, disoit la plus part en son Cornillois, avoir ces feves : et ressemblans aux journaliers, ausquels l'on a beau dire, hastez vous enfans, depeschez : c'est pour neant, si tireront ils l'ouvrage non selon la volonté du maistre, ains suyvront la leur, qui est faire venir leurs journees, au point qu'ils auront comploté. Les Chouettes estoient sur les ailes, comme archers ou chevaux legers : les Corneilles en ordonnance bien d'accord en cest exploit, et en autres choses assez discordantes : comme les escholiers à Tholose, qui à la survenue du Rouard³ se mettent tous sur luy, combien que paravant ils s'entrebatissent : ou comme, dit un Prognostiqueur, doivent faire ceste annee les Papistes et Huguenots contre le Turc prest d'envahir l'Italie, si vous croyez à telles devinailles. Ce vilain espouventail, parce qu'il ne disoit mot, ne se remuoit, les tenoit en très grande peine, estimans qu'il y avoit bien de l'anguille sous roche : ainsi qu'on dit des Venitiens, quand le Roy Loys douziesme leur envoya pour Ambassadeur

---

1. Le fait est dans Philostrate, *Vie d'Apollonius*, liv. IV, mais la mise en scène, le boulanger, l'âne, sont de du Fail.
2. Corps d'armée.
3. Bourreau ; qui roue.

un Conseiller du Parlement de Paris sachant bien peu, et parlant encore moins, mais bien riche : lequel aussi n'avoit que les instructions generales, comme s'ils avoient eu force vin, si la canelle seroit à bon pris, car le finet qui estoit avec luy, portoit la marchandise deliee. Ils ne seurent onc crocheter un seul mot qui leur servist, comme ils faisoient des autres precedans qui s'ouvroient du beau premier coup en Italien, Grec, et Latin. Ce maistre espouvantail se faisoit bien courtiser et chercher : enfin une jeune Chouette advantureuse, par l'inexperience, qui rend la jeunesse, comme dit Aristote, temeraire et entreprenante, se va aprocher de messer Zani[1] : puis d'un saut se lance sur sa teste, où elle chia honnestement aussi gros que fit Paule Jove en la description de ceste sanglante et cruelle bataille en Italie, où il ne mourut qu'un laquais. La breche faite, ce fut pitié voir les grimaces de toutes les bandes qui y avolerent pour s'asseurer de toutes les embusches qu'on eust peu leur avoir dressé : et puis Dieu sait comme les pauvres feves furent accoustrees, ravagees, et pillees, plus en haine de ce qu'on leur avoit baillé et supposé un homme de foin (cas plein de fausseté et capital) qu'autre chose. Pendant le cours de ces dernieres criminelles, non civiles, guerres, comme on les appelle, y avoit un certain Monsieur plus outrecuidé et sot (ces deux pieces vont ordinairement ensemble, dit Lupolde) que dix des plus excellens en cest

1. Masque des bouffons italiens amenés en France par Catherine de Médicis.

art, auquel quelques siens parens et voisins firent compagnie non pour aller à la guerre, car il estoit couard comme une femme, si ne laissoit avec ses inferieurs faire de l'habile homme. Il tenoit bonne maison et ouverte, qui est le moyen d'accueillir et faire bon nombre d'amis de table : j'entens dire qui mangeront le pain d'un bon Chevalier, luy complaisant en tout ce qu'il avoit dit. Jamais Mitio[1] en Terence n'en fit davantage : tout ce qu'il vouloit et disoit, estoit par eux confirmé avec le chapeau à la main, la genouillade bien estofee d'un mouvement alternatif de toutes les parties du corps : le plus apparent d'eux en compagnie estrangere luy venoit devotieusement murmurer et dire quelque mot de neant en l'aureille, ou bien allant par la ville pour faire bien le grand, se laissoit ceremonieusement costoyer par l'un d'eux teste nue, et qui par gestes et contenances demonstroit grande negotiation, combien qu'ils ne parlassent que lanternes et falots. Toute ceste chevaleureuse et soupiere[2] troupe estoient sur le chemin du camp, cheminans à petites reposades, ne voulans trop s'avancer pour le bruit de la bataille que se voyoit preste, car le maistre ne les valets n'en vouloient aucunement manger, ains à chaque bouchon de taverne faisoient alte, *pausa, et hic bibant,* comme aux Jeux et Comedies. Un jour que ce Braguibus estoit assis à table fort bien couverte de bons vivres, à laquelle personne ne se mettoit, jusques à ce qu'il eust

---

1. V. Térence : *les Adelphes.*
2. Qui aime à souper.

un peu mangé, et puis commandoit par mines et haussement de main, à ceux qu'il vouloit estre à sa table : où, la reverence faite à la Polaque, parlans bas les uns aux autres, pour n'offenser cette machine terrestre, et espee de plomb en fourreau d'argent, survint en l'hostelerie un brave et vaillant soldat qui tenoit le chemin du camp, où il couroit sur le bruit d'une bataille prochaine, et sachant qu'on mangeoit en haut, et qu'il s'y galopoit des maschoueres, monta gaillardement, disant dès l'entree de l'huys, en façon soldate et de galant homme, Messieurs, si nous ne nous hastons, les chiens mangeront le lievre, les deux armees se vont joindre, prent un verre, duquel le tenant en la bouche, se versa de l'eau, et lava ses mains, puis bragardement se mit à manger et esmorcher en toutes façons, faisant une terrible brifee (*a*) sur ce qu'il attachoit, et ainsi exploitant à coups de dents, un qui faisoit le maistre d'hostel luy dit bassement, qu'il eust à sortir et se retirer, et que telle façon de faire desplaisoit à Monsieur. Mon compagnon, dit le gendarme, si un autre y fait mieux son devoir, j'offre m'en aller et quitter la place : mais encore faut il boire un coup, ou la partie ne seroit pas bien faite. On luy baille une pleine grande tasse de vin pour s'en depestrer, laquelle il jetta sur sa conscience et mit hors des caquets de ce monde, fort doctement. Ceux qui estoient de la seconde table, qui valoit bien la premiere, regardoient cest escrimeur de dents, estans de bout, les jambes et bras croisez :

a. Var. : *brisee*.

autres tenans la poignée de leurs dagues par
derriere : et la pluspart branslans la teste pour
voir l'ombre et sentir l'air de leurs panaches,
qui se joüoient sur le haut des chapeaux. Qu'on
l'oste, faisoit ce Monsieur et grue de velours (la
guerre n'ayme pas cela) vierge Marie! qu'il sent
la poudre à canon. Je m'en vois : je m'en vois,
dit nostre orphelin fourré de malice, saoul
comme un Prestre le lendemain des morts : ce
faisant il happe pour se revancher de telle sottise
et indignité, le bout de la nape, et tire si bien,
que tout ce qui estoit sur la table, tomba à terre :
Corps de Pilate, dit il, s'il y a homme de vous,
qui ose maintenir que je n'aye mangé *usque ad
guttur*, comme à la Sorbonne, et tout mon
benoist saoul, sans tirer à la bource, je l'appelle
là bas en ceste place de son honneur, avec le
petit mot François, c'est le dementi. Messire
Monsieur regardoit les siens fort piteusement,
les siens aussi le consideroient et contemploient,
sans ouvrir le bec, jusques à ce qu'ils fut apprins
que le mangeur de viandes prestes montoit à
cheval baut et joyeux. Lors en toute seureté le
vous decouperent (de paroles, *subaudi*) et chi-
queterent plus menu que chair à pasté : Monsieur
s'en devoit plaindre au Roy, de la grandeur
duquel ils couchoient aussi hardiment, comme
s'ils parloient avec luy, quand ils veulent.
Les plus vaillans bravoient à passades par la
chambre, promettans à Monsieur, sur leur honneur, qu'ils estimoient à plus d'un million de
crottes de chevres, ou la teste, ou un jarret, ou
pour le moins un coup qui paroistroit à jamais
sur ce galant, et le merqueroient si bien, qu'il

ne paieroit pas la coustume deux fois en un lieu : les autres plus scandalisez, protestoient de protester, et luy donner entre chien et loup, ou entre les quatre membres, et le percer à jour à belles estocades, l'ancien combat des Espaignols, ce dit Tite Live : bref que de quatre il n'en demeureroit que six, huit de la chandelle, et autant du chandelier. Voilà, dit Polygame, les fruits et ouvrages d'un homme casanier, mal nourry, et qui n'a bougé de son village, faire le sot, la cruauté et la tyrannie. Et quelque grand et digne que l'homme soit, s'il se veut entretenir et continuer au point d'honneur que ses predecesseurs ou luy par sa valeur ont acquis, doit ouvertement et les bras tendus convier et appeller toutes personnes portans merque et signification d'honneur, à manger avec soy, rejettant ces foles ceremonies, à laver seul avec un ou deux choisis, s'assoir le premier, et faire les rangs et distributions des places, où les uns se fascheront et trouveront mauvais qu'on leur departe et taille ainsi leurs morceaux, qui engendre un prejugé, rabais, et ravalement en toutes autres choses. Celuy donc qu'on estime le plus grand d'une compagnie se doit mettre au beau milieu de la table à l'antique, coupant par ce moyen toutes occasions de rechigner. Les hautes places et grades eminens se doivent garder aux sessions, ceremonies publiques, et en la maison, familier, et du tout compagnon, *Magister in aulâ*, disoit nostre bon maistre Nicolas Bernard [1], *socius in*

---

1. Est-ce l'alchimiste dauphinois, auteur du livre *Brevis elucidatio arcani philosophorum*, 1599 ?

camerâ. Nos Rois, nos Princes, et grands Seigneurs nous en monstrent les exemples : ce que ne font un tas de nouveau [1] enrichis, qui sous couleur de quelque dignité qui leur aura cousté bon, feront aussi peu difficulté mettre la main sur l'espaule en saluant, se fourrer au haut bout de la table, se faire aporter de l'eau pour nettoyer leurs dents privativement, et à eux seuls : comme s'ils estoient grands Seigneurs, et que cela leur appartint, et en lieux où cela se deust faire. L'honneur, disoient les anciens, est tout contraire et opposite à l'ombre de nostre corps : suyvez la, elle s'enfuit, tournez le dos, elle vous suivra. Nostre Seigneur en l'Evangile nous en donne un exemple de grand poids, quand celuy qui s'estoit assis au haut bout de la table, fut fait descendre par le maistre du festin : Ils cherchent (dit il ailleurs, parlant des Prestres Pharisiens) les places ambitieuses : vous autres (c'estoit à ses Apostres) ne faites pas ainsi. Me souvient, dit Eutrapel, d'un President de Bretaigne, qui (au jugement de ceux qui luy ont veu faire sa charge, avoit la conception aussi vive, l'attention resoluë, honneste et eloquente parole, avec un aussi grand savoir qu'on ait veu de son temps où son fils luy a succedé en tout) estant à la Cour, il alla saluer et faire la reverence à defunt Monsieur de Montebon, lors Garde des Seaux de France : qui luy fit excuse s'il ne l'estoit allé recueillir et prendre de plus prés parce (disoit il) que vous voyez, Monsieur le President, que je suis mal aisé [2] des gouttes.

---

1. Nouvellement. — 2. Tourmenté.

Le President, qui estoit frais, et tousjours un bon mot de reserve, luy repliqua en riant : Ha Monsieur, ce sont vos diligences [1], vous souvient il pas, comme nous estions à Tholose, de tel et tel cas, parlant de l'incarnation [2], et depuis à Paris du temps que je ne dy autre chose : et ainsi devisoient de leurs premieres jeunesses, y meslans quelque piece et drogue du bas mestier [3], estant assis chacun en sa chaire, avec grand debat qui seroit le plus honneste et respectueux. Quelque trait du temps passé en ces menus devis, le President se leva, et le bonnet au poin commence entrer sur les affaires publiques de Bretaigne, qui le menoient en Cour, où il fut assez long, pour la grande disquisition et importance du fait : mais quelque longueur qu'il y eust, onc ne luy dit Monsieur de Montebon un seul mot, par où l'on apperceust familiarité ne cognoissance, tenant ce sage vieillard une reverente et auguste grandeur, comme si onc il n'eust veu le President : où se vid un sage et prudent deguisement en tous deux, de cestuy en son magistrat, et de l'autre en son devoir : chacun bien sachant son mestier, fust au public,

---

1. Il y a là un jeu d'esprit assez difficile à expliquer. Le mot *diligences* a plusieurs significations, entre autres celle de poursuites, dans la langue du droit. Le président veut donc dire que cette goutte vient demander justice de certains péchés de jeunesse indiqués dans la note suivante.

2. Nous trouverons plus loin, c. xx : « petits quolibets attractifs, tendans au fait de l'incarnation et ancien mestier. »

3. Bas mestier, ancien mestier, petit mestier sont synonymes. On disait d'une femme facile qu'elle était du métier.

fust au cas particulier, ne ressemblans à ceux
que Cicero reprend, qui portent toùsjours leur
magistrat et grandeur publique avec eux, et en
leur manche¹. Chose presque semblable se dit
de Martin, un regent, escholier à Louvain, qui
avoit esté grand compagnon d'Adrien ² precep-
teur de l'Empereur Charles le quint, et depuis
Pape, se fantasiant et se promettant s'il alloit à
Rome, que le Pape le recognoistroit, et pour le
moins il en apporteroit quelques bules et pardons,
où il pourroit gaigner son voyage. Martin trouva
à Rome plus de Holandois, gens de son pays,
qu'il ne feroit pour le present : en sorte que
voyant les difficultez de parler à sa Saincteté,
que sa bourse desenfloit, ayant l'esprit tendu à
retourner au pays, manger du merlus, s'avisa
qu'il y parleroit, bon temps, mau temps. Et
de fait, par un cursor ou chambrier, le Pape, sur
le raport qu'on luy avoit faict qu'un certain
Holandois estoit là, fut cherché, mandé et
appellé. Martin fut soudain recongneu par nostre
S. Pere, mais pour estre environné de Cardinaux,
Evesques et autres Princes de l'Eglise, n'en fit
aucun cas ne semblant et fut Martin mis en la
garde du Barisel ³, maudissant l'heure d'avoir
fait un pet à Rome, c'est à dire, s'estre Romi-
peté ⁴, et estre venu si loin, qu'on disoit bien

1. J'avoue n'avoir pas le courage de vérifier cette citation
dans Cicéron.
2. Adrien VI (Florent Boyers), né à Utrecht en 1459,
successeur de Léon X en 1522.
3. Capitaine des archers.
4. Amplification d'un mot de Rabelais qui appelle *Romi-
petes* les pèlerins allant à Rome et les partisans de la papauté.

vray, *honores mutant mores* : et que par le baudrier S. Yves, s'il eust pensé, ce ne fust pas esté tout un : mais, comme disoit Meschinot[1], Poëte Breton, après le beau temps vient la pluye, après la pluye vient le beau temps, je m'attens d'icy à cent ans estre aussi riche que le Roy. Le soir vint, si fit Martin devant maistre Adrien, estant à privee mesgnie, où les deux vieux compagnons triompherent, beuvans le coup selon les us et coustumes du pays, en conterent des vieux jusques aux nouveaux, et peut estre qu'ils disputerent des modales[2], suivans les derniers erremens : car *de modalibus nunquam gustavit asinus*. Martin s'en retourna, chargé de bons et gras benefices, est à croire que ce bon Seigneur Adrien, qui onc ne se peut en si haut theatre, ja commencé estre aboyé, eust bien voulu s'en retourner avec Martin : et pensez que Martin l'eust bien voulu aussi, car il n'eust rien payé par les chemins. Lupolde dit avoir veu un President au pays de Normandie, qui joüoit de son estat, comme d'un baston à deux bouts, quand son Clerc l'advertissoit des parties qui vouloient monter en haut, pour parler à luy. Il s'endossoit vistement, et happoit sa grand robe de Palais,

---

1. Jehan Meschinot, seigneur de Mortières, maître d'hôtel de François II duc de Bretagne, frère de Charles VIII et de Louis XII, 1430-1509. — C'est un poète moraliste. Ses *Lunettes des Princes*, Nantes, 1493, quoique souvent réimprimées, sont une rareté bibliographique dont le prix est des plus élevés. En faisant dire à Meschinot des naïvetés, du Fail paraît être de l'avis de Goujet sur le mérite de ses poésies.

2. La *Logique de Port-Royal* parle encore des *modales*. Nous y renvoyons le lecteur curieux de tout connaître.

faisoit très bien la grimace et le suffisant : puis tout soudain descendoit par un autre et petit degré, trouvant à la rencontre les mesmes parties, lesquelles il caressoit et embrassoit de toute sa puissance, leur disant que là en haut ils avoient trouvé Monsieur le President, mais qu'au bas c'estoit luy mesme et non autre, qu'il leur faisoit excuse de tout. Les pauvres gens disoient qu'ils luy estoient serviteurs, et il respondoit lors Stoïquement et gravement, pour ne s'engager par trop, qu'il estoit à leur commandement. Ce fut luy mesme qui se fit pourtraire estant de genoux, sa robe rouge, et le bourelet [1] sur l'espaule, vis à vis d'une nostre Dame, une main alongee, tenant son bonnet, avec un petit roolet [2] et escriteau vuide, qui luy sortoit de la bouche pour mettre, *O mater Dei, memento mei*, ce que le peintre avoit oublié : auquel un bon et vaillant couard, car c'estoit au pays de Sapience en Couardais y escrivit, *Couvrez vous, Monsieur le President*. Chichouan [3], dit Eutrapel, qui estoit tabourineur à Saumur, en fit ainsi, quand le jour de ses noces il alla baudement et gaillardement querir sa femme atout son tabourin et fluste, la conduisant en grand' joliveté jusques au Monstier [4], puis retourna à sa maison se querir luy

---

1. Il faut ajouter ce bourrelet sur l'épaule à ce que nous avons déjà dit I, p. 321, en note.
2. Banderolle.
3. La nouvelle XLIX de Bonaventure des Periers a pour sujet : *Chichouan, tabourineur, qui fit adjourner son beau père pour se laisser mourir et de la sentence qu'en donna le juge*.
4. A l'Eglise.

mesme avec son bedondon ¹; alleguant que sa femme pour ce jour n'auroit aucun avantage sur luy, que *non licet actori, quin licet et reo*, qu'il vouloit estre privilegié aussi bien que sa femme, mesme en ce commencement de maladie, *ubi sero medicina paratur*. Lupolde repliqua d'un Prelat de nostre tems, lequel pour mourir ne souffroit qu'on l'appellast Monsieur l'Evesque d'un tel lieu, ains Monsieur ou Monsieur de tel Evesché, combien qu'environ deux cens ans sont, il a esté défendu par arrest à l'Evesque de Montpellier, s'appeller Monsieur² de Montpellier, et qu'il n'y avoit que le Roy qui en fust le Monsieur. Ce preud'hom hypocrite, s'il en fut onc, car il n'avoit ne chien ne chat qui ne fust pourveu des benefices vacans en son Diocese, s'il ne les avoit auparavant vendus : avare, qui est le fondement de la gloire et ambition, et qui n'eust osé manger son saoul, et au bout de l'an n'avoit pas maille pour se confesser, toutesfois aux banquets qu'il faisoit (il en faisoit souvent) il servoit luy mesme les conviez, ne se seoit que sur le dernier aport ³, surpassant en humilitez, chatemites⁴, et pates pelues⁵ tous les Moynes du mont Athos, et si quelque bon compagnon luy eust dit par avanture un mot raillard et joyeux, comme Monsieur l'Evesque, ou Monsieur l'Evesque d'un tel lieu, vous faites honte à ceste com-

---

1. Onomatopée désignant le tambour.
2. Grâce au progrès nous disons maintenant non plus *Monsieur*, mais *Monseigneur* « d'un tel évêché. »
3. Dernier service.
4. Hypocrisies, V. Rabelais.
5. Caresses fausses (patte de velours), V. Rabelais.

pagnie de vous voir ainsi familiariser, et asservir vostre grandeur, sans y apliquer ce mot de Monsieur purement et simplement, comme le veut un certain Concile, il estoit bien en seurté n'avoir son verre ou coupe devant luy avec l'hipocras, ains bien loin à quartier, et ne laver ses mains d'eau de senteur comme les autres, et qui pis est, on ne luy disoit adieu ne grand mercy, sinon que par certaine penitence et contrition il eust dit et prononcé, Adieu Monsieur, le chapeau bien bas : lors il avoit quelque meschant lanternier de cuisine qui le reconduisoit. Somme, quelque douceur et hypocrisie qu'il feignist, et couvast, il aymoit tant ce sot honneur vulgaire, qu'il en brusloit tout vif. C'est un grand mot que Monsieur, dit Polygame, et qui penetre bien avant aux cerveaux des poursuivans ces vains et caduques honneurs de ce miserable monde, et sous lequel sont beaucoup de gens trompez et abusez, comme il se vid aux dernieres guerres, en sept ou huit bons compagnons revenans de l'armee, sans double ne liard, comme l'on sait assez que soldats sont payez en promesses : et de leur part, ils combattent et font la faction de la guerre par belles promesses, et ainsi aille l'un pour l'autre, selon les despens la besongne est faite. Ils n'avoient donc pas un clou, et si falloit passer à grandes journees, ou demeurer à la mercy d'un prevost, qui en attrapoit tousjours quelqu'un des plus escartez, et de ceux qui disent à leur hoste, çà payez l'honneur que vous avez receu en me logeant. Pour faire honorablement leur retraite, chacun d'eux, et par ordre, estoit le Monsieur, qui leur succedoit [1], assez bien pour le regard des champs, mais aux villes il falloit payer de ce qu'ils avoient peu pratiquer sur le village, sans dire : Je ne cuidois pas : il leur falloit aussi passer par Angers, et illec repaistre sans payer, mais la difficulté estoit en l'indisposition de la bourse et d'argent qui estoit court, pour estre les bourses vuides jusques au fond des finances qu'il convenoit inventer une science pour passer sans tirer à l'escarcelle. Voicy donc qui se presenta tout à propos (ô necessité que tu as de mains) c'est qu'ils trouverent un gros vilain gueux, auquel ils promirent mons et merveilles, s'il vouloit seulement dire ce mot, *ita, ita*, sans autre parole, et que tous l'appelleroient Monsieur, et seroit comme tel traité à la fourche [2]. Le maraut se laissa aller, et bien instruit et accoustré de bons habillemens que la Damoiselle Picoree avoit fait et filé [3], monté sur une vieille mule de bagage, arriva avec son train à la prochaine hostellerie, où descendu reveremment fut conduit en la plus belle et apparente chambre, parce que l'hoste s'estant enquis, avoit ouy que c'estoit un riche Prelat, qui ne vouloit estre cogneu, pour estre luy et les siens mal en point, à cause que ces meschans

1. Ce qui leur réussissait.
2. Traiter à la fourche signifie maltraiter d'après Leroux et le bon sens. Peut-être que du Fail ne lui donne ici d'autre sens que celui de sans façon, autrement ce n'eût pas été un bien grand attrait même pour un « gros vilain gueux. »
3. Façon élégante de dire que les vêtements avaient été volés. C'est le sens de *picorer, aller à la picorée*.

Huguenots l'avoient devalisé, et qu'il estoit contraint faire quelque sejour, attendant qu'un sien fermier lui eust dedans deux ou trois jours apporté argent : ce pendant hoste mon amy, disoit le faiseur de maistre d'hostel [1], n'espargnez rien à faire bonne chere à Monsieur et à nous ses serviteurs, qui tous en avons bien besoin, ne vous enquerant davantage plus curieusement qu'il est : car son argent venu, et luy remonté, vous cognoistrez par Messieurs de ce Clergé, qui est grand, et qui indubitablement le viendroient saluer, qu'il n'est pas petit compagnon, mais mot pour ceste heure. L'hoste cuidant bien enfiler son esguille [2], n'espargna rien pour cochonner [3] et traiter friandement son Monsieur et Messieurs qui là furent à gogo trois ou quatre jours. Il alloit par fois à la chambre, par grand respect, mais introduit qu'il estoit, avec advertissement le faire court, n'avoit autre response que *ita, ita :* et en l'instant le rideau tiré, et la porte fermée, marchans les honnestes gens si doucement, qu'ils n'eussent pas ecaché ne rompu un œuf : mais se faschans de trop grand aise, et estans bien refais, firent un matin porter les uns les selles de leurs chevaux, autres leurs bottes, faignans les faire raccoustrer, et cependant en-

---

1. Celui des soldats qui remplissait le rôle de maître-d'hôtel.
2. Faire une bonne affaire.
3. La phrase indique que *cochonner* avait alors un sens tout opposé à celui qu'il a depuis longtemps dans la langue populaire. Nous avons déjà vu aux *Propos rustiques* que le cochon était viande de fête, *cochonner* était donc se mettre en frais de cuisine.

voier leurs chevaux à la forge, ou à l'eau, et le rendez vous à la maison neuve : si bien, que s'estans ainsi escoulez et eschapez, Monsieur demeura tout seul pour les gages, dormant en son lict bien profondement, et ses accoustremens nuptiaux de gueux fort pertinemment colloquez, et categoriquement empaquetez près luy. L'hoste qui faisoit tourner et remuer broches au grand galop, s'estonnoit où estoient les gens de Monsieur, pas un desquels il n'appercevoit, quelque diligente recherche qu'il en fist : neantmoins sur les dix heures il s'enhardist fraper un petit coup à la porte de la chambre, puis deux, puis trois, et finablement, par ne luy estre respondu, il entre en la chambre, les verrieres [1] de laquelle estant bouchees et fermees claustralement, il cherchoit parcy et par là tastonnant, mais il n'oyoit que Monsieur qui petoit harmonieusement et en homme de bien. Il est onze heures, crioit l'hoste, qui peust estre en ces tenebres s'estoit heurté au manteau de la cheminee. Monsieur, le disner est prest, en danger de se gaster : Monsieur vous plaist il qu'on couvre [2] ? Le vilain tout endormy respondoit en basse-contre, *ita, ita*. Les fenestres ouvertes et tout bien espluché et diligemment examiné, tant par l'hostesse qui avoit descouvert, comme les femmes sont tousjours au guet, que les associez s'estoient retirez : que par les serviteurs et chambrieres, qui s'en disoient estre bien apper-

---

1. Fenêtres.
2. Serve, nous retrouvons cette locution abandonnée dans : *mettre le couvert*.

ceuz, comme est leur coustume donner l'avertissement longuement après le coup : fut trouvé ce beau Monsieur de neige, lequel en penitence fut quelque peu foüetté, et mis dehors par derriere, afin que les voisins perdissent l'entiere cognoissance de telle fredaine. Lupolde fasché de ce pauvre belistre, dit que si le tiers des biens Ecclesiastiques estoit rendu aux pauvres de chacune paroisse, suyvant les Decrets et sainctes Constitutions de l'Eglise, nous ne serions en peine de ces mots, gueux, pauvres, belistres, coquins, et maraus, mendicans valides : et jusques à ce que tel abus ou larcin soit corrigé, il ne faut attendre et moins esperer aucune cessation de miseres et calamitez. Je vous diray aussi, dit Eutrapel, d'un autre gentil gueux, mais ce n'est de ce temps, ains de la saison de Marcus Terentius Varro, qui veut aux establissemens et ordonnances qu'il fait és banquets, qu'ils ne soient composez que de sept conviez au plus, et non moins de trois, et entant que touche les noces, il en veut trente, et non plus. Se trouva, ainsi qu'il raconte, à un grand et solennel festin de noces un gueux affamé, qui se fourra au bout d'embas de la table, mordant comme un levron de quinze mois, et estourdissant d'un coup de dent tout ce qu'il rencontroit : auquel le maistre d'hostel dit qu'il s'ostast de là, veu qu'il estoit supernumeraire, et hors le nombre des trente : mais qu'il se hastast de deloger, sur peine non qu'il auroit le foüet, mais un autre qui le feroit dancer depuis *miserere* jusques à *vitulos*. Tout beau, respondit le belistre, monsieur le maistre, commencez à conter sur moy, et vous trouverez sans faute ne erreur de calcul que je suis des trente, et en droite ligne. Donnez moy donc à boire, dit Lupolde à son laquais, puis que les affaires vont ainsi et ainsi, et que la saison s'y addonne. [Je voudrois, dit Eutrapel, avoir leu le Livre, *De Arte signata*, de la Ripviere, le Baillif[1], homme de sçavoir non vulgaire et commun, car par là j'apprendrois pourquoy Lupolde atout son rouge nez, et à pompettes[2], conclud tous ses contes par vin avec despens. C'est mon petit tureluteau[3], dist Lupolde, pour te faire parler, aussi que le vin est appellé le laict des vieux : et pour ce que tu n'es qu'une beste, tu ne boyras que de l'eau. Bon soir.]

XVIII.

Eutrapel et un Vielleur.

L'on parloit de la Cour, de la suite d'icelle, des beautez, laideurs, plaisirs, et mescon-

---

1. Le *Manuel du Libraire* consacre un article détaillé à Roch le Baillif sieur de la Rivière, ou surnommé la Rivière, médecin ordinaire d'Henri IV, né à Falaise, mort à Paris en 1605. Il suivait les principes de Paracelse et eut à se défendre contre la faculté de Paris. Son principal ouvrage est intitulé *Demosterion* etc. Il y expose la doctrine des signatures, l'art signé comme dit du Fail, c'est-à-dire en deux mots, la prétention de trouver chez l'homme les marques des influences planétaires. Il mourut avec esprit. V. *Biographie médicale* d'après Daniel Leclerc et Eloy, par Bayle et Thillaye.

2. A petits pompons, à rubis. C'est de là qu'est venue notre locution *être pompette*.

3. Refrain.

tentemens qu'on y reçoit. Les uns soustenoient qu'il y faut avoir esté, non pas y vieillir : les autres au contraire, et que depuis qu'on en a accoustumé et humé l'air, estre impossible de toute impossibilité s'en pouvoir retirer et depestrer : le mal estre, qu'il ne s'en faut jamais absenter si faire se peut : et s'estre en nostre temps veu un Seigneur, grand Prince, qui se donna carriere, et fit du courroucé environ quinze jours estimant estre recherché et regretté : mais pendant qu'il contrefaisoit ainsi le fasché, un autre print et occupa la place qu'il tenoit près son maistre : et estre la pratique generale chez les Potentats, de jouer à boute-hors[1]. Eutrapel donc alla à la Cour, où il vit bien du rosti et du bouilli : il y en avoit une douzaine de contens et bien à leur aise, le reste attendant le gland qui tombe, tous debauschez et disgraciez, faisans neantmoins bonne mine, et tel portoit le velours sur ses espaules, vendant en detail, disoit il, les faveurs et fumees de la Cour, qu'on trouvoit au matin en une meschante chambre, rabillant ses chausses : tel avoit une longue file d'hommes après soy, lesquels abboyans quelque lippee franche, s'en alloient, la porte leur estant fermee au nez, chacun où il pouvoit, comme les chiens d'Audibon, et la pluspart vivoient de la gabelle imposee sur les nouveaux et derniers venus, qui se leve par un laquais, lequel de grand matin vous vient saluer et adjourner d'une petite lettre, contenant, Mon-

---

1. V. Rabelais, *Gargantua*, liv. I, c. XXII. C'est un équivalent du *roi détrôné* de nos enfants.

sieur je vous prie m'accommoder de dix escus, attendant mes coffres qui sont encore sur le Rhin. La Cour estoit serree en deux petits villages, où, dit Eutrapel, j'arrivay bien bouillonneux[1] et crotté, gelé et morfondu: un bon homme d'hoste, lequel je faignois cognoistre de longue main, me dit courtement et à deux mots, que luy mesme estoit descouché : neantmoins de pitié et de tout, si je voulois aller dormir près un honorable homme qui est revenu du souper du Roy, tout fasché et las, il le me permettoit, et me crains fort qu'il n'ayt guere bien soupé. Je prens, dit Eutrapel, la condition, le remerciant, non en baisant le doigt, comme il se faict à la mode d'Espagne, ayant rampé jusques icy, oublians la vieille gravité Françoise, ce qui déplaist mesme au plus habile homme des leurs, Antoine de Guevara, blasmant ces baise-mains, et telles idolastres façons. Estant donc deschaussé (disoit il) mes hardes bien pacquettées entre mes bras, avec un meschant bout de chandelle, je monte jusques au plus haut du degré, et, à ce que vous orrez, d'un estage plus avant qu'on ne m'avoit dit : car ayant entr'ouvert l'huis à demy, j'oy un dormeur ronflant, que j'apperceu entre deux veuës, et pour ne l'esveiller, et rompre un si plaisant sommeil, (ce qui estoit capital entre les Chevaliers errans) joinct la reverance que je voulois bien porter au suject que mon hoste m'avoit tant recommandé, j'esteins la chandelle, non en la mettant sous les pieds, ou contre la cheminee, mais la faisant

1. Trempé.

mourir en soy mesme, qui est le secret Oriental ¹, et petit à petit sans haleter, me couchay près luy : vray que montant sur le lit, je trouvay quelques bouteilles et sacs ensemble attachez, que je poussay honorablement sous le lit : ainsi m'arraisonnant, et disant en moy mesme, c'est quelque bon compagnon, ses gens et serviteurs en ceste necessité de loger ont faict provision de quelques bribes, cervelats et jambons qu'ils ont joints et adherez à belles bouteilles : et bien, c'est bien fait, l'ombre seulement, et la seule science que nous sommes logez *sub eodem tecto et in eodem prœdicamento*, feront que j'en dormiray plus conscientieusement et sans resver. Si est ce que je n'y eus esté longuement, que la bonne personne ne delaschast un gros pet de menage, Froissard diroit, descliquast une dondaine ², et les affettees, un sonnet ³ : qui me fit croire, suivant l'advertissement de mon hoste, que cela luy faisoit grand bien, que c'estoit quelque gros Abbé ventru et pecunieux, qui ainsi exerçoit les soufflets de son precieux boiau culier. J'exerçois aussi, en tant qu'en moy estoit, ceste belle vertu de patience, gardant sur tout de mesprendre : nonobstant que je fusse esveillé

1. Petit trait de *Civilité puérile et honnête*. Le secret oriental consiste à renverser la chandelle de façon à ce que le suif en coulant envahisse la mèche et noie la flamme.
2. La dondaine dont parle Froissart était une machine à lancer de grosses pierres.
3. « ... et guérissait plusieurs énormes maladies, seulement en laschant et eslargissant ès malades, autant qu'en fauldrait (de vent) pour forger un pet virginal : c'est ce que les Sanctimoniales [à présent sont dites nonains] appellent sonnet. » *Pantagruel*, liv. IV, c. XLIII.

par infinies morsures de puces et poux, qui me faisoient la guerre par tous les coins de ma chemise, et tourner à toutes mains, faisant distinction de ces bestions[1] domestiques, à les manier et taster : car tous gueux et autres experts, cognoistront au seul toucher une puce d'avec un poux, fust il ferré à glace. Vraiement, disois je en discourant, ce bon pere en Dieu a bien faict ses affaires : il ne sent point tels alarmes nocturnes, et rigueurs de Droit, comme moy : ses lettres sont scellees, je le voy bien, et sa depesche faicte, a prins congé de Monsieur et de Madame. Ainsi après avoir Theologalement embasmé et charmé les puces, *cum sociis suis,* il dort sur toutes ses deux aureilles : ho ! Monsieur, mon precieux amy, que tu es trois et quatre fois heureux, qui *optimam partem elegeris.* C'estoit à moy disputer à tous bras et envers, me defendant à belles restes de ces coquins de poux, et infanterie de puces : mais, tout conté et rabatu, me fut force, ne pouvant plus demeurer en ce tourment, me lever, accoustrer, et passer le reste de la nuit sur un banc, ayant tousjours ceste heresie et opinion, quelque chose qu'il y eust, n'offenser, tant peu fust, ceste scientifique personne, qui si extravagantement dormoit. Je trouve, en me levant, que ses accoustremens et les miens desquels j'avois tumultuairement faict et redoublé la couverture, estoient tombez en la place, mais en la mesme devotion et science, je m'affuble de son manteau, estimant estre le mien, qui estoit bien crotté et mouillé, et ainsi jusques

1. Bestioles.

aux cinq heures du matin, je tremblay la fievre du singe : et prest à me retirer, j'oy Monsieur mon compaignon jurant, blasphemant, et protestant contre ceux ou celles qui luy avoient fourvoyé sa vielle : donnoit à celui qui n'a point de blanc[1] en l'œil tous consentans, participans, et par la teste d'un petit poisson, qu'il en obtiendroit une monition generale, et peut estre, mais il n'en disoit mot pour l'heure, et pour cause un beau *significavit* de Rome, que c'estoient les gens de ce temps, si elle eust esté d'argent autant en eussent ils fait : et par la quenoille de la Royne Pedangue[2] de Tholose il leur monstreroit, toutes chambres assemblees, qu'ils tuoient à se faire jouer. Ha! ma gente vielle, criailloit le pretendu predicant Prelat, vielle gentille et invincible, où es tu maintenant? au moins si dom Jean Gautier de Tremerel en savoit faire une pareille : mais nenny, il n'y a plus de bons ouvriers par terre. Ces longues, et plusieurs fois repetees acclamations et interjections dolentes, me firent soubçonner, ou

---

1. M. Fr. Michel pourra ajouter ce passage à ceux qu'il cite dans lesquels il est fort difficile de se rendre compte de la signification et de l'étymologie de ce mot : *blanc*.

2. La reine Pedauque n'est pas facile à déterminer. Suivant les uns ce serait Berthe aux grands pieds, mère de Charlemagne. Le Bœuf dit que cette reine aux pieds d'oie est la reine de Saba. Mabillon et Montfaucon veulent que ce soit sainte Clotilde ; Baillet enfin croit que c'est Berthe de Bourgogne, femme de Robert Ier. Le *Magasin pittoresque* a résumé ces diverses conjectures et donné une gravure de la statue du portail de Sainte-Marie de Nesle dans son volume de 1838. On en connaissait d'autres images à Dijon, à Nevers, à Saint-Pourçain. Il faut y ajouter Toulouse d'après du Fail et Rabelais, *Pantagruel*, liv. IV, c. XLI.

plustost croire qu'il revoit, comme les songes survenans aux grands sur le finissement de la nuit, se resolvent volontiers, comme dit Artemidorus, en quelque avanture de haute lice : mais l'oyant continuer de fievre en chaud mal, r'aportant les pieces du soir à celles du matin, je fis mon conte d'avoir eu du vielleur pour mon argent. Et pour lui oster tous moyens et occasions de contester, et me faire recevoir une honte honteuse, je luy dis, sortant de la chambre, Hau ! compaignon debausché, il n'y a rien perdu, tout est sous le lit. A ceste voix le paillard hausse d'un ton ses injures, criant, au voleur, au larron : et moy de fuyr avec son manteau sur les espaules, lequel pour estre poisant, à cause de plusieurs pieces de drap dont il estoit radoubé[1] et de deux besaces et grandes pochettes des deux costez pleines de bribes, et autres utensiles, j'estimois estre le mien, pour estre fort mouillé et trampé : et en ce point me presentay à ceux vers lesquels estoit mon addressé, qui furent près à me faire donner des coups de baston, me prenans pour un espion : jusques à ce que le jour plus haut je me trouvay emmantelé en ceste pompeuse robe de Palais. Je retourne chez mon hoste, lequel en riant dit que je m'estois lourdement mesconté, prenant Paris pour Corbeil, le haut galetas, que jà pieçà il avoit loué à un vielleur, pour une chambre accommodee de l'oree d'un lit : mais patience, et que par avanture il m'en seroit de mieux une autre fois. Le vielleur de sa part investi et saisi

---

1. Raccommodé, terme de marine.

de mon manteau, commençoit à demarcher, se prelingant¹ sur le sueil de l'huis, pour estre veu : et ja delogeoit, pour faire une course sur les Liegeois et ses autres subjects et vassaux, quand nostre hoste fit hola, et nous accorda, au moyen d'un pot de vin, qui fut promtement et sans recreance² tiré, et envoyé au logis ordinaire. Les biens prins furent respectivement rendus, fors et reservé quelques munitions de galeres, et graine de poux, qui demeurerent en mon pourpoint, pour mes dez et chandelle. Il s'en trouve, dit Polygame, bien souvent de prins à telles fausses rencontres : comme à l'Abbesse qui à la haste voulant prendre sœur Friande sur le faict, print au lieu de son couvrechef de nuit les brayes d'un Cordelier sien amy spirituel³. Ou au valet ivrongne, lequel beut l'urine de son maistre, mise en un verre, sur un buffet, pour congnoistre par la residence et hypostase, son mal de gravelle, dont il estoit tourmenté. Ou bien de la bonne femme qui desroba le bissac de Jolivet, bourreau de Rennes, où y avoit la teste d'un Gentil-homme voleur, qu'il portoit attacher sur la porte de Guingamp, pensant la bonne Damoiselle que ce fust la teste d'un veau. Ou encore mieux du mesme Jolivet, qui changea ses souliers tous neufs avec ceux d'un condamné estre fouetté, entre les semelles desquels il juroit avoir cousu six escus : mais

1. Se prélassant. Le mot est dans Rabelais avec le sens d'écuyer tranchant, dégustateur.
2. Retard.
3. La Fontaine, le *Psautier*, a repris ce conte dans Boccace qui l'avait trouvé dans le *Renard contrefait* (xv⁰ siècle).

Jolivet, quelque remission qu'il eust faict, quelques pas mesurez, et à la Spondaïque qu'il fit entre deux et trois enjambees, ne trouva que le lieu où les pouvoir mettre : perdit en consequence ses souliers beaux et bons, fut mocqué des compagnons du berlan[1], son droit de rampeau[2] confisqué par trois jours francs, qui est à dire jour et nuit courans, chacun jour de vingt quatre heures. Le condamné par la faveur de ses souliers quite du hoqueton et de la halebarde : et Jolivet outre comme l'un mal suit l'autre, qui ayant gaigné la verole d'une garse qu'il avoit chouiee et espargnee en la fouettant, (car en ces cas ils ont la remission, à pendre ils n'y peuvent rien) fut condamné en une bonne amende, dont il fit assignation sur les premiers venus. Beaucoup, dit Lupolde, voirement y ont esté trompez, sous ces *qui pro quo* d'Apoticaire, et fausses rencontres : comme quand deux begues ne se congnoissans, chacun estimant estre moqué de son compaignon, commencerent à jouer des cousteaux (car Hector pour estre begue estoit hardy) sans un Gentil homme qui sachant l'imperfection de tous deux, les accorda. Ou bien d'une Damoiselle, qui en un grand festin, à laquelle un medisant dit que l'Abbé auquel elle vouloit boire, qui à la vérité avoit en ses jeunes ans perdu ses deux tesmoins instrumentaires, appellez en Grec couillons en descendant d'un bellocier (c'est un prunier sauvage) s'appelloit

---

1. Brelan, jeu de dés.
2. Le mot est encore employé chez les écoliers, *faire rampeau*, c'est gagner la totalité des enjeux.

Monsieur de *non sunt*, laquelle d'une voix pointue, le verre en la main, s'eslevant un semblant [1], Monsieur, Monsieur, Monsieur de *non sunt*, à vostre bonne grace, s'il vous plaist. Beuvez donc tout, respond l'Abbé, Madamoiselle jusques au cul.

XIX.

Musique d'Eutrapel.

Pyrrhus, ce superbe et heureux guerrier, dit Eutrapel à Polygame, visitant les temples, ne demandoit autre chose aux Dieux, sous le masque desquels le peuple estant abusé, Satan faisoit mille singeries (comme nous sommes pronts à courir aux choses creées, au lieu d'avoir son seul refuge à nostre Seigneur le Createur) que la seule santé. Pythagoras en la superscription de ses lettres usoit de ce mot *santé*. Les Florentins, ce qui est entendu par toute l'Italie, y adjoustent disans en leurs saluts santé et gain : ainsi, Monsieur, je vous desire, souhaite, et procure à mains haut eslevees, et par toutes devotes acclamations, santé, tant du corps que de l'ame : ne ressemblant en ce au roy Louys onziesme, lequel, comme recite Seissel [2], dit au Prestre qui avoit dit la Messe à son intention, devant l'image Sainct Eutrope, et à la fin adjouté, que ce bon patron eust pitié tant de la

---

1. Un peu.
2. Claude de Seyssel, ambassadeur au concile de Latran, archevêque de Turin où il mourut en 1520, a écrit entre autres livres les *Louanges du roy Loys XII*.

santé de l'ame que du corps du Prince : Mon bon amy, je ne veux tout à un coup importuner le Sainct de tant de choses, c'est assez de la santé du corps pour ceste heure. Nous devons, disoient les anciens, avoir soin de trois choses principales, de l'ame, l'honneur, et la santé : laquelle ne pourrez mieux entretenir, que joyeusement mettre en cholere et aux champs vostre Lupolde, duquel savez bien tirer plusieurs plaisirs et profits, voire en choses petites et legeres : ainsi faut rabaisser les cas aventureux de ce miserable monde, et roidir contre les fortunes humaines, et accidens qui nous vont meurdrissant. Saint Hierosme dit un beau mot, Que celuy deprise volontiers les choses de ce monde, qui songe une fois le jour qu'il faut mourir, n'entendant pas [1] ces profonds discours, cheutes et precipices vehemens et perpetuels ès cogitations et pensees melancholiques de ce monde : car si ainsi estoit, nous ne ferions que plorer, et abuserions des choses belles et delectables qui y sont mises et ordonnees pour signes de beaucoup plus hautes et magnifiques pareures, que nous aurons en ceste seconde vie, que l'œil (dit le Prophete) n'a point veu, ne l'ouïe ouï : Ains veut dire, comme l'Eglise chante, Seigneur gardien de ceux qui esperent en vous, et sans vostre aide n'y a rien de saint, ne qui se puisse soustenir, augmentez et multipliez sur nous vostre misericorde, afin qu'estans menez et guidez par les biens temporels et caduques, nous ne perdions les celestes et perpetuels. Je ne pensois

---

1. Et non *par*.

pas à ce matin estre si bon theologien, mais vous voyant tout pensif et harassé, j'ay dressé une partie au bon homme Lupolde, qui vous sert de vinaigre, et resveille-matin en tous vos deportements : de laquelle, à mon jugement, vous recevrez grand plaisir, car industrieusement et tout à propos j'ay mis une fleuste à neuf trous, en lieu où par necessité il passera tel, je le congnois vray naturel des musiciens que le priant d'en sonner, il n'en fera rien du tout : mais seul escarté je trompe ainsi ses despits. Il visitera, nettoyera, et embouschera sa fleuste, et se jettera triomphant sur quelque letabonde ou chanson triste et elegiaque. Il y avoit un Advocat à Rennes, dit Polygame, bien de cest humeur, car il estoit si actif et corrosif, (car il se faut abandonner en telles choses bien peu (*a*), et jusques à la semelle du pied seulement,

Et certare solent, et simul cænare Patroni.

Les Advocats se grondent, et si boivent ensemble) qu'il s'en retournoit tousjours du Palais tout fasché, rechigné, et l'une des cornieres de son bonnet eslevée en pointe sur son front, à la Romanesque, pour amortir et adoucir lesquelles choleres Palatines, sa femme les savoit très bien modifier, mettant en l'allee, par laquelle son Monsieur alloit en son Estude, deux ou trois pelotons et remusseaux [1] de fil et la devidouere, à la veue de laquelle toutes ses fascheries et traverses s'en alloient en fumee et à vau l'eau :

a. Var. : (*il se faut abandonner à...*)

1. Echeveaux.

et de là ne se fust pas remué le travers d'un ongle, pour tous les demandeurs et deffendeurs de la ville, que prealablement [1] (cest adverbe fait retentir et bien enfler une Audiance) il n'eust achevé devider son fil, huchant à sa femme et chambriere qu'elles eussent apporté le reste, *unico contextu*, pendant qu'il estoit arollé [2] et la corde au puis. Voyez, continuoit Eutrapel, comme Lupolde, ce vaillant musicien, assis sur une paire de roues, les jambes croisees, follastre mignonement de sa fluste, la touchant il la regarde, puis se promenant, frappe du pied contre terre, signe infaillible de menacer quelqu'un, ou peut estre, comme disoit Pompee, faire sortir d'icelle un million de gendarmes, pour venger ses injures : mais à ceste heure qu'il rit, se grattant le bout du menton, y a apparance qu'il a pardonné à ses ennemis. Ho ! combien en la cervelle d'un homme seul y a de circuits et chemins traversans. Donnez vous de garde, disoit Seneque, à un promenant seul, que vous ne parlez à quelque mauvais homme. J'eusse volontiers cuidé que les seuls Socrates ou Archytas Philosophes entre les premiers eussent joué de telles eschappees, saillies à ravissement d'esprit par leur secrette musique, mais ce vieux Grammairien semestral fait rage de chanter force mettres [3], abondance de letanies, et longue et copieuse suite de lais, virelais, et chants Royaux, qui sont estoufez et esteins depuis

1. Ceci nous donne la date de l'introduction de cet adverbe dans la langue.
2. Enrôlé, attaché à la besogne.
3. Vers.

trente cinq ans : Tenez, comme il y mord, comme il s'y opiniastre, et comme en croisant les doigts sur sa meschante guiterne, il tord la gueule avec un exorbitant et des-reglé mouvement de maschoueres. Lupolde ayant l'aureille au vent, escoutant les hausses-bec [1] et admiratives d'Eutrapel, le babil duquel il craignoit et experimentoit assez mal advantageusement, jetta sa fluste et guiterne bas, et un quartier de sa robe longue sur son espaule, se planta droit, et en face de Polygame que vous en semble, dit il ? Ouy dea, une musique ne veut estre ainsi valettee [2] et publique, comme toy, Eutrapel, l'as tousjours pretendu : mais solitairement, en lieux obscurs et reverans, comme cestuy où je recree l'ennuy de ma vieillesse, rememorant la figure et le vray de ma sotte et inexperimentee jeunesse, où je te voy à deux doigts près de la raison retenu et empestré, badin en cramoisi que tu es, là je refais et console mes esprits, autrement debauschez et troublez en mes particularitez et affaires : je romps et estouppe le cours à mille fantasies qui se vouloient loger et placer en mon estomach : mon chant est voué aux cieux, mes prieres et invocations à l'Eternel Jehovah, par le moyen et intercession de son Messias nostre Seigneur Jesus-Christ, non pas comme toy, qui ne regardes qu'à tes pieds et choses terrestres : un sifflard, un criard, avec tes rebecs, violons et cornemuses. Là fit Eutrapel une sesquipedale [3] et fort bien metrifiee reve-

1. Caquetages.
2. Prostituée.
3. *Sesquipedalia verba.*

rence, se tenant droit comme un jonc, n'aiant la teste avancee et le cul à deux lieues loin à la monachale, posant en toute fraternité une once de fine graine de Fougere, poids de marc, en l'escarcele de Lupolde, en laquelle il falloit tousiours mettre quelque chose, comme au loup de la jambe Marbandus, pour participer aux suffrages, et s'entretenir en la bonne grace de l'Advocat. Mais Polygame, comme maistre qu'il estoit, interrompant par une certaine douceur leurs propos, qui montoient par eschelons, de degré en degré, jusques au siège de la colere, proposa que la musique de laquelle Lupolde avoit si hautement parlé, se pouvoit raisonnablement et à bon droit appeller medecine presente, et allegement des barbouilleries et fascheries qui picotent et cavent le meilleur de nostre vie, et capable d'arrester l'esprit, en plus doux et saint repos, tiré peut estre ailleurs en autres diverses affections et parties. C'est la mesme musique, jointe à l'instrument de corde, par laquelle, comme disent les Rabbins, l'homme peut de clin en clin d'œil penetrer et courir sur tous les lieux et espaces du monde : car il n'y a que Dieu seul qui en mesme instant voye et cognoisse tout cest univers, et qui remplisse ceste tousjours presente ubiquidité[1]. Puis, dit Eutrapel, que vous avez forjuré la ligue de[2] Lupolde, et rendu son partisan, j'aime autant me declarer icy, et m'y despouiller, comme auprès du feu : n'estimant de ma part plus vehemente et fruc-

---

1. Nous disons aujourd'hui seulement *ubiquité*.
2. Vous vous êtes allié à...

tueuse musique qu'un beau traquet de moulin, battant joyeusement la mesure, jouxte et au comportement de l'eau rejaillissante par les efforts et combats du tour de la rouë : si on ne veut dire que trois dets assis et instalez selon leur forme et teneur : (chantez les boiteux, vous clocherez ; hantez les chiens, vous aurez des puces, il souvient tousjours à Robin de ses flustes, voilà que Lupolde appuié sur le coude dit par entrecoupeure et parentese) coulans le long d'une table bien polie, s'entre suivans comme beaux petits moutons de Greve [1], trotans comme pelerins joieux, craquetans entre les mains, puis coup à coup, entre bont et volee, reserrez sept ou huit fois, culbutez et testonnez, cela est harmonie, et accord à cinq octaves, ignoré de l'Aretin [2], et de toutes les escadres des Philosophes. Je vi, disoit il continuant, un fol fanatic, un Triboulet de la Tribouliere en Triboulois, plus sage d'un pied que Sibillot [3], chez lesquels d'ordinaire repose une fureur divine, qui donna un grand coup de poin au maistre d'une compagnie de chantres, disant qu'il avoit commencé la noise, qu'auparavant ils estoient bons amis sans luy, qui premier avoit mis la campane [4] au chat. Ils ne se fussent ainsi injuriez, entre ab-

1. Les éditions qui ont copié celle de 1603 mettent *moutons de Grèce*. Je ne comprends pas cette correction si c'en est une.
2. Guy d'Arezzo, l'inventeur de la gamme.
3. Triboulet et Sibillot étaient deux fous de cour. Triboulet sous François 1er, Sibillot sous Henri III.
4. Nous avons déjà rencontré cette locution sous sa forme la plus habituelle : *attacher la cloche au chat*.

boié, et crié au renard l'un sur l'autre, comme ils faisoient : les plus petits chassans, pausans, souspirans : autres s'entre rompans les aureilles à fine force de criailler : les plus derniers hurlans et grondans comme grosses mousches enfermees entre deux chassis et la verriere : monstrant par sa melancholique fureur, qui est une branche de sapience, que telles compagnies de chantres ainsi assemblez, et chantans diversement, deplaisent aux choses plus celestes. Et ainsi fut jugé en la grand' Chambre des fols à S. Maturin, quand Roger, Procureur General au Parlement de Paris, allant trouver le grand Roy François à Fontainebleau, pendant que son disner s'apprestoit, alla faire ses prieres en l'Eglise et Temple dudit lieu, où de cas fortuit Messieurs les fols s'estoient deschainez, tandis que leurs curateurs et bien vueillans estoient à banqueter : et ne se pouvans accorder, conclurent que Monsieur Roger estant de genoux, chanteroit pour tous, sur les espaules duquel coups de poin pleuvoient dru comme gresle jusques à ce que, leur obeissant par force, il s'accoustra en Prestre, pour dire la Messe, et falut, bon gré mal gré, qu'il chantast. Cela fait, ils luy firent sonner les cloches en toute forme d'obligation, tant que à ce tribalement de Saints (car ainsi s'appellent ils, pour le baptesme qu'on leur donne, *Inde Toquesaint* [1]) leurs gardes accoururent, qui les batirent et renserrerent (a)

a. Var. : *renferrèrent* (éd. de 1603 et suivantes).

1. Cette étymologie bouffonne de *tocsin* n'est pas celle que donne H. Estienne dans la *Precellence du langage fran-*

très bien, et entre autres Monsieur le Procureur General, qui tant plus alleguoit ses titres et capacitez, plus estoit battu : voicy encore le plus maistre fol de la bande, disoient ils, qui est devenu Procureur General tout d'un saut : et ja commençoient le mettre au roole des placets, et luy appliquer les manottes [1], n'eussent esté ses gens, qui survindrent, comme les autres de la ville, au bruit des cloches non accoustumé, qui le degagerent et osterent de leurs mains : information precedente que c'estoit luy mesme en personne, autrement il eust eu beaucoup à faire : Ce peut penser comme ce bon et grand Prince en rit. Et sans m'esloigner (poursuivoit Eutrapel) quand estant esgaré en la forest de Liffré, qu'il pleut, tonne, vente, et gresle, j'oy ceste grosse horloge de Rennes [2] (car c'est une femelle, comme orrez) sur la plomberie de laquelle, si haute qu'homme de nostre aage n'y pourroit atteindre, celuy grand de corps et de nom Roy François y escrivit d'un poinçon, l'an 1522, ce mot *François*, qui y est encore : quand je l'oy, di je, sonner, et de son impetueux esclat fendre et ouvrir l'air, cela me rasseure de ces vaines peurs nocturnes, et remet au droit chemin : il est escrit tout à l'entour,

Je suis nommee Dame Françoise,
Qui cinquante mille livres poise.

çais. Elle méritait cependant d'être signalée.

1. Menottes; *manotte* est plus près du point de départ : main.

2. Rabelais a connu l'horloge de Rennes. V. *Pantagruel* liv. II, c. xxvi.

*Et si de tant ne me croiez,
Descendez moy, et me poisez.*

Et de faict une cornemuse, quelque chose qu'en dist Alcibiades, un fifre, un tabourin greslier [1], une trompette, un hannissement de cheval, toutes choses servantes pour la guerre, ou pour dresser et encourager les preparatifs et effets d'icelle, sont mieux receus entre les poursuyvans braves et hautes executions, et entremetteurs d'affaires notables : de façon qu'Athias Roy des Scythes, voyant ce grand sonneur (comme ils l'appelloient) Ismenias, jugea avec l'opinion de l'armee, que beaucoup mieux aymeroit ouïr hannir un fier et courageux cheval, penadant de travers et à sauts, ruades, et bonds redoublez, que telles voix artificielles, et de guet à pans gringottees. Comment recompenseriez vous un homme de bien et de valeur, disoit Archidame à son pere, quand de ce galant, monstrant un harpeur racourci et panchant sur les cordes de son instrument, vous faites tant de cas ? L'excellent joueur de fluste qui fust en Grece, fut jugé et estimé nyaiser assez bien, sans qu'on l'honorast de titre plus qualifié : qui monstre bien que telles brouillees et confuses chansons avec leurs voix tremblantes et acerees, ne sont au monde que pour les fols, les femmes, et autres gens du pays d'imperfection oysive et de relais. O, disoit Chauveliere mourant (près la maison duquel se donnoient aubades, et oyant

---

1. Greslier vient sans doute de grêle. Le tambourin étant battu à coups précipités pouvait donner l'idée de la grêle tombant abondamment sur un corps sonore.

d'autre costé Milort, ce gentil et expert valet de taverne de Rennes, qui heurtoit et lavoit ses pintes, les faisant resonnantement claquer et tinter) combien doucement ceste belle et harmonieuse sonnerie de pots conforte mes esprits abatus et languissans : et que telles bedonneries [1], fanfares, et musiques cordées me deplaisent. Polygame alors, Vous debatez, dit il, choses plus divines pour ainsi les conclure et refondre, plus par forme et espece de victoire et opiniastreté, que de raison et modestie, qui sied si bien en tous discours et pourparlers. Monsieur, luy respondit Eutrapel, qui jamais ne le pouvoit faire entrer en contes s'il ne luy jettoit un apast et aguillon de demie cholère : parce que la grace de ma parole libre et volontaire n'est accompagnée de l'authorité et poids que peut estre vous y souhaiteriez, il ne doit estre prins pour content qu'elle soit, avant estre cogneuë plus amplement ; ainsi jugée et retranchée me semble, pardonnez à ma juste defense, que pour un philosophe et homme ne prenant party aisement, comme vous devriez, treuver toutes disputes, toutes opinions bien ou mal rencontrées, bonnes, sauf à les amender et adoucir par parcelles, ainsi mesme que Platon commandoit, à savoir que tout le negoce et affaire, non la nue simplicité du propos fust ouy. Eutrapel, dit Polygame en hontoyant, les anciens en leurs disputes, dialogues, et escholes ont tout à propos entremeslé, par une honneste familiarité, plusieurs gayes et facetieuses maniés de parler, fust à contredire

---

1. V. plus haut *bedondon* pour tambour.

l'autruy, ou confirmer le leur, ou pour n'embrasser l'une ou l'autre opinion. Ce qui a tant gaigné sur moy, que defendre la musique contre les jugemens de tous deux, qui me semblent petitement recherchez et non assez entendus, l'un tient d'un flageolet, l'autre d'une cornemuse : tout cela est bon, mais aussi il me sera permis prendre et choisir un tiers avis : que pleust à Dieu qu'en la concurrence de deux opinions diverses ou contraires l'on print de chacune d'icelles les bons morceaux et meilleures pieces, afin que de ces discords se fist un bon accord. Cela soit dit en passant, pour le regard de plusieurs points qui sont en ce jour grandement disputez et debatus : mais, ô bon Dieu ! qu'il faict bon ouyr David trois fois grand Prophete et harpeur le plus hautain, decochant de sa divine corde un million de prieres et louanges infinies à sa saincte Majesté, tirees tantost du profond des mers, à ceste heure du plus dernier des cieux, chantant lors une issue et assemblee populaire, se consolant gratieusement, avec action de graces en sa captivité : jusques là, d'avoir affranchy et ramoli, la fureur de Saül son ennemy, et qui plus est, tiré par ceste harmonieuse musique en son amytié celuy qui peu auparavant le poursuivoit l'espee au poin : joignant ce grand ouvrier au tremblement de sa corde, et la voix et la parole, qui en demy silence redoubloient sous le son nazard [1] de ceste harpe, flechissant et maniant par telle proportion, multiplication d'accords et rencontres

---

1. Nasonné, nasillard.

de musique ainsi repartie, les plus rudes et opiniastres affections. Un Iopas [1] tout chevelu, avec sa longue robe, fendue par les costez, pour n'avoir la main serree et empeschee, ains en toute liberté et ouverte, le pied gauche avancé, chantant sur son violon la structure et bastiment du Ciel, les erreurs, chemins, et espaces de la Lune, envenimant par telle haute et delicate musique, et ravissant les passions amoureuses de la miserable Dido (si toutesfois cela fut) faisoit rester et demeurer les hommes comme rochers, larcinant [2] et ostant tout sentiment, ainsi que feroit un Æolides [3], ce subtil tonnere qui auroit succé et humé la plus affinee et deliee substance d'un corps. Timotheus [4] avec ses fredons roulez [5], et par intervale mariez et joints à la parole, poignit [6] et piqua tant vehementement le courage d'Alexandre, que tout furieux saisit ses armes, se courrouça, gronda. Et sans aller si loin, quand nostre Mabile de Rennes (mais la verole et le vin l'emporterent) chantoit un lay de Tristan de Leonnois [7] sur sa viole, ou une Ode de ce grand Poëte Ronsard, n'eussiez vous jugé que cestuy

---

1. V. Virgile, *Eneide*, chant Ier. Iopas chante sur la lyre d'or pendant le repas que Didon offre à Enée.
2. Enlevant; de larcin.
3. Fils d'Eole.
4. Timothée de Thèbes, qui vivait à la cour d'Alexandre le Grand.
5. Chants et roulades.
6. Saisit. Notre mot *empoigner* pour émouvoir violemment a à peu près la même force.
7. *Histoire du très-vaillant, noble et excellent chevalier Tristan, fils du roy Meliadus de Leonnois*, roman imprimé vers la fin du xve siècle, mais qui est plus ancien.

cy sous le desespoir de sa Cassandre [1] se voulust confiner, et rendre en la plus estroite observance et hermitage qui soit sur le Montferrat : et l'autre laissant son Yseult [2], se fourrer et jetter aux depiteuses poursuytes de la beste Glatissant. J'ay leu qu'à Thebes l'image de Pindare ne s'y vid, trop bien celle de Cleon musicien, qui par Alexandre ruynant la ville fut reveremment defendue et gardee : et tant d'autres que nous tenons pour cogneus, tous enfans d'Apollo et des neuf Sœurs, ainsi maistrisans les volontez, les passionnans quand bon leur semble, ne faisant estat pour ce coup de ceux qui esmeuvent en chatouillant seulement les grosses et lourdes aureilles, n'esbranslans en rien, ny tastans le vif d'un esprit bien reposé, ne la capacité d'une ame saintement affolee de l'amour et cognoissance du plus haut. Cela, dit Eutrapel, doit aller et estre entendu de temps en temps, d'age en age, et de posterité en posterité : car le peuple de jadis s'estonna, et eut en horreur et estonnement tout esmerveillable, les premiers seuls traits de musique et chansons, qu'il ouyt ravauder sur deux meschantes harts d'osier, tendus au rond de quelque vieille teste de cheval, au moyen duquel nouveau plaisir se laissa conduire un je ne say quel Orpheus, qui se vantoit par telle harmonie, trainer mesmes les roches après luy. Et se dit qu'aux enseignes de

1. C'était la maîtresse de Ronsard. V. les *Œuvres complètes* de P. de Ronsard, publiées par M. Prosper Blanchemain dans la *Bibliothèque elzevirienne*.

2. Yseult est la belle de Tristan. Le comte de Caylus à la fin du xviiie siècle a remis à la mode Tristan et Yseult.

sa harpe, il entra aux Enfers, et y fit bonne
chere, trompa et endormit le portier (les Diables
estoient encore à leur Donat [1], sans estre eman-
cipez) et avec les non ouyes chansons acheta,
puis bastit mille immortalitez à sa memoire,
jusques aux derniers des hommes. Sa harpe à
à la vérité, et au sens allegoric, estoit de quelque escorce de cerisier, et deux ou trois filets et
cordeletes de queuë de cheval, ou sept pour le
plus, ainsi que Boece en ses musiques [2], et
Macrobe aux reveries de Scipion [3] le tesmoignent.
Est à croire que par tel et nouveau fretillement
d'esprit il menoit telles vieilles bandes d'hommes
subornez et persuadez du premier jugement et
veue de telle marchandise meslee, branlans et
vivans encore de gland et battans les noyers à
outrance, cuisans des pommes aux cendres, et
gambadans à esteinte de chandelle sous les
arbres : comme font nos gueux, vrais nourris-
sons, patrons, imitateurs, et singes de ceste antique oysiveté, et *jacientes* (comme disoit maistre
Jean l'Anglois, qui vingt fois l'an lisoit l'Insti-
tute à Angers) *canes post lapides*, quand nos
Bretons ont descouvert premiers la terre de
Canada [4] (les Portugais se veulent faire croire

1. A leur premier livre, écoliers. La grammaire latine de
Donat était comme notre Lhomond.
2. Le *De consolatione philosophiæ* de Boëce a fait complétement oublier son traité sur la musique qui se trouve
cependant dans la seule édition complète de ses *Œuvres*,
Bâle, 1570.
3. *In Somnium Scipionis expositio*, le principal ouvrage
philosophique de Macrobe.
4. Le Canada a été exploré par Jacques Cartier à deux
reprises ; mais contrairement à l'opinion de du Fail, il n'a

le contraire, mais ils se trompent) qui est hors la Ligne des anciens Cosmographes, illec pour leur plaisir battans un bacin, ou quelque meschant tabourin (faut il point tambour [1], suyvant la reformation derniere?) ceste barbare et nouvelle gent, et tels nous appelloient ils aussi, regardant ce son non accoustumé d'un œil estonné et hagard, s'est cachee derriere un pied d'arbre en demye veuë, pour entendre que c'estoit : les autres grimpé et monté sur une haute roche, couchez à dents et sur le ventre : autres plus hardis entre crainte et demie amytié se sont presentez sous la portee de l'harquebuse, qui est de cent pas ou marches, (comme vous, Seigneur Polygame, le fistes esprouver en la prairie sainct Georges de Rennes, mil cinq cens cinquante sept) de façon que ce venerable frapeur de bacin leur est en ce jour comme un autre Orphee, et en orrez à cent ans d'icy (je vous y convie) de belles et bien joyeuses Moralitez : se diront les Princes et Seigneurs d'icelles terres issus du sang de Jaques Cartier [2] Breton : et Robert Val [3] Gascon, entrepreneurs d'icelle

point été découvert par ce malouin célèbre. Ce ne serait pas davantage par les Portugais, mais par les Italiens Giovanni et Sebastiano Gabotto, appelés par nous Cabot, que cette découverte aurait été faite. L'étymologie portugaise *aca nada*, ici rien, n'a aucune valeur.

1. Notons encore cette date comme extrait de naissance du mot *tambour*, qu'on disait jusque-là *tabour*.

2. Malgré ce que nous avons dit dans une note ci-dessus, Jacques Cartier n'en fut pas moins le premier qui visita sérieusement ce pays. Il a écrit un *Brief récit et succincte narration de la navigation es îles de Canada, Hochelage et Saguenay*, Paris, 1545.

3. Robert Val, ou Roberval, autre navigateur dont Car-

premiere navigation, comme nous faisons, allans faussement chercher nostre race et descente en la damnée trahison et perfidie d'Antenor, desavouans par telle et grossiere ignorance la succession naturelle de nostre pays, et du bon Prince Brittan, arriere neveu de Dis, Roy des Gaulois, que les Grecs appelloient Celtes [1]. Et à ce propos, j'ay leu en bon autheur, ce n'est mie Fabliau, c'est Ogier le Danois [2], qu'un vielleur à Montpellier chantant la vie de ce preux Chevalier, on l'appelloit Duc, menoit et ramenoit les discours et pensees du peuple qui l'escoutoit, en telle fureur ou amitié qu'il forçoit les cœurs des jeunes hommes, renflammoit celuy des vieux à courageusement entreprendre tels erreurs et voyages que le bon Ogier avoit faits, et qui est enterré à sainct Pharon de Meaux. Et quand, hau, nostre feal Lupolde, vous entonnez si tristement et par tripla [3] sur vostre fluste enroüee la bataille des Trante, ou la journee de Marhara [4], ne vous prend il envie y retourner? car bien qualifié, y estiez vous, pour le moins vous promeniez les chevaux des enfans de ceux

---

tier parle dans sa relation.

1. Ce sont là des origines aussi douteuses que celle que combat du Fail, le prince Brittan vaut Francus. Dys était le dieu de l'enfer des Gaulois.

2. Ce n'est pas un fabliau, mais c'est un roman. La différence est mince.

3. A trois temps. Littré écrit *triplat*.

4. Rabelais parle aussi dans un Prologue du livre IV de *Pantagruel* de cette bataille des geais et des pies, près la Croix-Malchara. MM. Burgaud des Marets et Rathery qui s'en sont inquiétés n'ont pu découvrir cette localité qu'ils croient être la *Lande aux Oiseaux*, près St-Aubin du Cormier.

qui y avoient esté : et recharger vostre brigandine rouillee sur vos bonnes femmes d'espaules, happer vostre braquemard, faire quelque exploit et apertise d'armes, ou une brave composition entre les Pies et les Geais, qui s'y pelauderent [1] tant brusquement : parle compains [2], et me respons liement [3], *quid juris?* çà, un trihory [4] en plate forme, et le carole [5] de mesme à trois pas un saut, sur ceste belle rade. Polygame alors, pour defendre la danse du Trihory, *saltatio trichorica*, et l'honneur de long temps acquis à sa basse Bretagne, combien que par une jalousie les escrivains voisins l'ayent rayalé et celé : Ce que vous pouvez avoir d'ancien, dit il, est de nous, jusques au fond et racine de vostre langue, de laquelle nous est demeuré le vray original. En quoy se doit remercier la diligence de Messieurs Ramus, Rhenanus, Cujas, Hottoman, et dernierement d'Argentré [6], ce docte President à Rennes : très grands personnes de nostre temps, qui ont monstré evidemment le vieil langage des Gaulois en la partie que Cesar appelle Celtique, et Pline, Aquitanique, estre celuy dont nous usons en nostre Basse Bretagne, qui mesme est

1. Pelauder veut dire au propre se prendre au poil.
2. Compagnon. On écrit aussi *compaing*.
3. Gaîment ; de liesse.
4. Danse spéciale à la Bretagne où étaient, dit des Perriers, « beaux danseurs de passepiedz et de trihoriz, beaux luiteurs... »
5. Branle ; *carol* en bas breton représente une danse en rond.
6. Président au Parlement, auteur d'une *Histoire de Bretagne*, 1582, Rennes, et commentateur d'une édition des *Coutumes* de Bretagne.

entendu en la plus grand' partie d'Angleterre : et avez esté si pauvres menagers (je parle à ceux qui nous disent descendus des fabuleuses navigations des Troiens) que d'emprunter d'ailleurs ce que vous avez chez vous mesme en vostre propre naturel : en tout quoy nous attendons aussi le jugement de ce docte Chopin [1] Angevin, et du Sieur de la Croix du Maine [2], ce curieux et grand rechercheur de livres et doctrines. Mais à la musique, tout ainsi que le nombre de trois est venerable entre ceux qui ont fureté et fouillé aux secrets de la Theologie, aussi la dance du Trihory est trois fois plus magistrale et gaillarde que nulle autre : n'en deplaise aux Spondees et mesures graves, par lesquelles Agamemnon essaya retenir la chasteté de sa Clytemnestre, vos Branles de Bourgongne, Champagne, passe-pied de la haute Bretaigne, la Standelle d'Angleterre, la Volte et Martrugalle (a) de Provence (je m'esgare en trop de coings) resoluëment, et pour le dire en brief, quand la voix et le mot sont par entrelaceures, petites pauses et intervales rompus, joints avec le nerf et corde de l'instrument, la force de sa parole et sa grace y demeurent prins et engluez, sans esperance de les pouvoir separer, pour demeurer un vray ravissement d'esprit, soit à joye, soit à

a. Var. : *martugalle*.

1. René Choppin, né près de la Flèche (1537-1606). Ses œuvres latines forment quatre volumes. Elles contiennent, entre autres, un *Traité du domaine*, et un *Traité de la police ecclésiastique*.

2. Nous avons parlé dans l'*Introduction* des rapports de du Fail et de la Croix du Maine.

pitié. Comme par exemple, quand l'on chantoit la chanson de la guerre faicte par Jannequin [1]

[1]. Jannequin a fait plusieurs chansons sur la *bataille de Marignan* ou la *défaite des Suisses*. L'une d'elles a reparu dernièrement dans un concert rétrospectif. Je ne puis juger de la musique que je n'ai pas entendue et qui n'a pas dû être exécutée sans quelques modifications nécessitées par la distance, mais voici un échantillon du texte. C'est la quatrième chanson intitulée : *la Guerre*.

>   Escoutez, escoutez
>   Tous gentils gallois,
> La victoire du noble roy Françoys,
>   Du noble roy Françoys;
> Et orrez (si bien escoutez)
>   Des coups ruez
> De tous costez, de tous costez
> Des coups ruez de tous costez.
>
> Soufflez, jouez, soufflez tousjours,
> Tournez, virez, faictes voz tours
> Phifrez, soufflez, frapez, tabours,
> Soufflez, jouez, frapez tousjours,
> Tournez, virez, faictes vos tours,
> Phifrez, soufflez, frapez tabours,
> Soufflez, jouez, soufflez tousjours.
>
> Tournez, tonnez, brayez, tonnez,
>   Gros courtault et faulcons,
> Pour resjouyr les compaignons,
> Pour resjouyr les compaignons,
> Les com, les com, les compaignons.
>   Von, von, von, von,
>   Von, von, von, von,
> Paripatoc, von, von, von, von, von, von,
> Paripatoc, von, von, von, von, von, von,
>
> Farira, rira, rara, lale
> Farira, rira, lala, lala, lale,
> Farira, rira, lala, lala, lala, lale
> Lalala, lalala, lalala, lalale
>
> Pon, pon, pon, pon, pon, pon·
> Masse, masse, ducque, ducque, lala, lala,
> Lalala, lalala, lalala, lalala,
> Donnez des horions, pati, patac
> Tricque, tricque, tricque, tricque
> Trac, tricque, tricque, tricque,
> Chipe, chope, torche, lorgne,
> Chipe, chope, serre, serre, serre.

devant ce grand François, pour la victoire qu'il
avoit euë sur les Suisses; il n'y avoit celuy qui

  Aventuriers, bons compaignons
  Rendez soubdain, gentilz Gascons,
  Nobles, sautez dans les arçons,
  Armés, bouclés, frisques et mignons,
  La lance au poingt, hardiz et prontz.
    Donnez dedans,
    Frappez dedans,
    Soyez hardis
    En joye mis,
    Chascun sa saison !
    La fleur de lys
    Fleur de hault prix
    Y est en personne.
  Alarme, alarme, alarme, alarme,
    Suyvez tous le roy
    Françoys !
  Suyvez la couronne,
  Sonnez, trompettes et clarons
  Pour resjouyr les compaignons (*ter*)

    Refrain.
    Au fan feyne
  Frerelelan, fanfan, feyne
    Frerelelan fan,
  Frere le lan fan, feyne fan !

     I
    Boutez selle,
    Boutez selle,
    Boutez selle,
    Boutez selle !
    Avant, avant.
   Gens d'armes, à cheval,
   Gens d'armes, à cheval,
   Gens d'armes, à cheval,
  Tost à l'estendart, tost à l'estendart,
    Avant, avant !

   Fan, fan, fan, fan,
   Fan, feyne, fan
  Frere le lan, fan, feyne,
  Frere lan, fan, feyne, fan (*ter*)
  Farira, rirera, lala, farira ri,
    La, la, la, la.
  Tricque, trac, tricque, trique, trac
  Patac, tricque, tricque, trac,
  Patipatac, patipatac

ne regardast si son espee tenoit au fourreau, et qui ne se haussast sur les orteils pour se rendre plus bragard et de la riche taille. Et au contraire lors qu'en ceste belle voûte d'Église à Saint Maurice d'Angers, on chantoit cest hymne funebre de *Requiem* en grosse et plate Musique, approchant du faux bourdon, vis à vis de ce riche tableau du bon René de Sicile, où il est peint mort rongé de vers, couronné, et tenant un sceptre en main : il n'y avoit si contronglé [1] et dur cœur qui ne se retirast à la contemplation

> Alarme, alarme,
> Choc, choc, patipatac, patipatac
> Escampe toute frelore
> La tintelore frelore,
> Escampe toute frelore
> La tintelore frelore.
> Escampe toute frelore, bigot ! *(ter)*

J'ai tenu à donner cette chanson tout entière. Un seul couplet eût pu prêter à rire. Il me semble qu'en la lisant on est comme entraîné à l'accentuer et à la scander d'une façon qui rend bien compte de l'effet que lui attribue du Fail. Je l'ai empruntée au *Recueil de chants historiques français* de M. Le Roux de Lincy.

On trouve dans les *Galanteries des rois de France* cette histoire de Mlle de Limeuil, fille d'honneur de Catherine de Médicis : Quand l'heure de sa fin fut venue, elle fit appeler son valet Julien. « Julien, lui dit-elle, prenez votre violon et sonnez-moi toujours jusqu'à ce que vous me voyiez morte, car je m'y en vais, la Défaite des Suisses. Et quand vous serez sur le mot : *Escampe toute frelore*, sonnez-le par quatre ou cinq fois le plus piteusement que vous pourrez. » Ce que fit Julien et quand ce vint : *Tout est perdu*, elle réitera par deux fois et, se retournant de l'autre côté du chevet, elle dit à ses compagnes : *Tout est perdu à ce coup*. Et à bon escient car elle décéda à l'instant.

Frelore est le mot allemand *verloren*, perdu, et *bigot*, *bei Gott*, par Dieu.

1. Fermé, de *strangulare* et de *constringere* réunis?

de la caducité et vanité de ce monde. La Musique et chansons ont cela propre et naturel, que transmuer et faire passer en elle nos conceptions et volontez. Le nocher rame plus mesurément et à force mieux compassées, quand le tour[1] et maniement du corps s'alonge ou racourcist à la mesure et note de sa chanson. Et ainsi Grysogone accordoit dextrement sa voix avec celle des forçats aux galeres. Ainsi trompent les laboureurs l'opiniastreté et le plus dur de leur travail, et mieux s'approche l'heure du repos par les chansons que leurs voisines aux soirs à mesme feu et chandelle leur donnent. Ainsi un pauvre et languissant malade s'endort à la voix basse et demy enfermee d'une jeune garce ouvrante de l'eguille sur ses genoux. Somme que j'ay tousjours estimé la Musique qui declare et esclaircit la grace, la gravité, l'amour, la peine, et le feu du mot où elle est couchee, estre chose pour convenir avec les Cieux. Autrement ces rapétasseurs, et Theriacleurs de Branles, Gaillardes, et vendeurs de vent à la livre, lesquels, par la vieille coustume de nostre Bretaigne, estoient infames, ne pouvans tesmoigner, me sont un neant, un rien entre deux plats, et un nerme, comme l'on dit à Orléans. Vous (dit Eutrapel begayant, et travaillant de cholere à gouster telle brieve resolution) n'estes vulgaire, ains trop racourcy et Laconic. En quoy vous n'avez contenté Lupolde, non plus que moy, et tous deux, je le vois bien à sa contenance, avons belle envie faire comme les Can-

---

1. Et non *tout*.

diots, lesquels comme recite Plutarque [1], estoient ordinairement en grosses querelles et partialitez, mais lorsque les ennemys communs leur venoient sus et assaillir, ils se mettoient et rangeoient tous d'un costé. Et ainsi en firent les peuples Sudraques [2], et de Malian [3], lesquels estoient en guerre perpetuelle : mais soudain qu'Alexandre le Grand essaya les combattre, les separant, il se les trouva tous contre luy et sur ses bras. Au fort, je ne m'en soucie pas, si, comme dit Aristote (mais il se trompe) tout est opiniable, et disputable, j'estime le jugement de cest affaire indifferent, et sujet à circonstances, pour m'apprendre à choisir le party plus equitable, et moins subject à reprehension et syndicat. Tu as bien faict, dict Lupolde, d'acquiescer au plus sain et entier advis : car enfin et pour neant m'avois tu couché en ta partie, et de ton costé, mais telles gens comme toy, sousteneus seulement et se faisans forts d'un petit babillard et courtisan jugement, se meslent ordinairement d'acrocher quelque bonne et saincte opinion, afin (disoit Plaute) d'estre veus estre quelque chose, en quoy (dit Saluste) ils sont seulement loués par les ignares de leur sorte et calibre, qui par leur impudence non debatue cuydent avoir bien triomphé, et dit chose qui en vaille la peine. Eutrapel se teut, car il n'avoit que tenir, aussi qu'il se voyoit desavoué en sa presence : qui est le fruit que remportent ceux qui s'enga-

---

[1] V. *De l'amitié fraternelle* dans les *Œuvres morales*.
[2] Les Oxydraques.
[3] Les Malles. Pour ces deux peuples, V. Quinte Curce, livre IX.

gent trop avant aux affaires de leurs voisins, sans charge et consentement : occasion que Lupolde ne voulant user de sa plaine victoire, ains jetter la truye au foin¹, et escarter et tourner ailleurs ce qui s'estoit passé, dit qu'on ne s'esbatoit plus comme l'on faisoit de son temps, et n'entendoit rien à gouverner le monde, que tout alloit de travers. Lors Polygame voulant relever Eutrapel, desarçonné et terrassé par Lupolde, qui espioit et estoit tousjours aux escoutes pour enferrer le pauvre Eutrapel, libre et volontaire parleur, dit qu'on se jouoit et esbattoit autant ou plus que jamais : mais Lupolde, mon bon amy, on ne nous y appelle pas, c'est le malheur : car nous estimons (trompez que nous sommes en l'abus de nostre vieillesse) avoir plus faict que nos jeunes hommes, nous en vantons, en attisons nostre feu, et telle est nostre profession et condition, mais on ne nous y appelle pas. Et pour les contenter tous deux, adjousta, que le vrai chant et propre à tout bon chrétien, qui croit la Saincte Trinité, la resurection et renouvellement des corps, le Jugement horrible de nos œuvres, et de ce que nous aurons bien ou mal fait, la misericorde et la Justice divine, la vie eternelle et à jamais, estre celui des Pseaumes de David : car toutes autres chansons je n'en excepte une seule, sont vrais filets et pieges pour donner le saut² et faire tomber à la renverse la pluspart des femmes et filles, qui les chantent ou escoutent : merveilleuse invention

---

1. *Tourner la truie au foin*, c'est changer de discours.
2. L'assaut.

du Diable, pour souiller et contaminer ces pauvres corps, que l'Écriture Sainte appelle temples de Dieu, lorsqu'ils sont entiers, purs et non vitiés, sinon par le moyen de ce sainct lien de mariage. Eutrapel voyant que Lupolde ne pouvoit avaler et moins digerer telles pillules de Psalmes, qui curoit ses dents avec un fer d'Esguillette, *juxta illud* :

> *De quatre choses Dieu nous gard*
> *Des Patenostres du Vieillard,*
> *De la grand' Main du Cardinal,*
> *Du Cure-dent de l'Admiral,*
> *Et la Messe de l'Hospital* [1] :

dit que pour tout certain le sophiste l'avoit perdu à fond de cuve, estoit sans replique, n'avoit que produire, forclos et eternellement [2] ; mais

---

1. On a dit aussi : « Dieu me garde de quatre maisons : de la taverne, du lombard (prêteur sur gage) de l'hôpital et de la prison » mais ici le vieillard est le connétable Anne de Montmorency qui suivant Branthome, *Vie des grands capitaines français,* profitait du moment où il disait ses patenôtres pour donner ses ordres et ne s'interrompait que pour commander : Allez-moy pendre un tel.... Taillez-moy en pièces tous ces marauts, bruslez-moy ce village, mettez-moy le feu partout. » Les deux autres points roulent sur l'influence du cardinal de Lorraine, Charles de Guise ; et sur l'habitude qu'avait Coligny de mâcher un cure-dent lorsqu'il était engagé dans une affaire grave. Enfin le quatrième a trait à l'accusation d'hérésie dirigée contre le chancelier de l'Hôpital que l'on trouvait trop faible vis-à-vis des calvinistes.

2. Était exclus du débat ; la phrase précédente signifie : n'avait aucune raison à avancer. Ceci fait comprendre que la forme de 1732 : « n'avait que produire des forclos éternellement » est fautive. Elle a amené M. Guichard à rendre forclos par : réponses évasives.

le paillard de Lupolde, qui onc ne se laissa vaincre, qu'il peust seulement hausser le doigt (*nam turpe est vinci*) fust à nier pour son plaisir les choses plus cognues, ou maintenir opiniastrement toute espece de faux, comme les Advocats font quand il leur plait : dont est venu ce mot, de Bon Advocat, mauvais Juge, marmotoit, minutoit et forgeoit un plein sac de responses et contredits : mais voyant la force et vehemence du continu et perpetuel langage d'Eutrapel, qui le recommandoit à une paire de diables de chambre et my-creus, se retira, protestant ne boire plus avec lui. Non de l'eau, dit Eutrapel, mais au cas que, devant souper je ne le mette les quatre fers contremont, après avoir beu, selon l'exigence du cas, marché nul. Je cognois le paroissien, qui, pour son vin de coucher entonne volontiers en franc-fief et nouvel acquest, un pot de vin tout comble, mesure de Becherel, sur sa precieuse et devote conscience, sans y appeller parent ne amy qu'il ayt, et sans autre decret ou autorité de Justice, ne convocation d'États. Ho! Vertu-Dienne, c'est un homme que Dieu nous devoit, il n'a pas le nez decoupé (*a*), comme l'autre avoit : et sur cette assurance je vous donne le bon soir.

XX.

De trois Garces.

Ceux qui entendent (je croy que tous, sans exception) combien il est dur accomplir le

---

a. Var. : *d'estain*.

vœu de continence, pour estre un don rare et à
bien peu communiqué, ainsi que dit l'Ecclesiastique [1], à un homme principalement bien nourry,
qui ne faict que peu ou rien, et l'opposition que ce
vieillard prestre Paphnutius forma au Concile de
Nice [2] le premier, soustenant que les gens d'E-
glise doyvent estre continuez en leur possession
de mariage, comme chose legitime et ordonnee
de Dieu : jugeront aisement qu'une pauvre garce
abandonnee, de laquelle je vous veux faire le
conte, n'estoit sans partie [3], et qu'on luy fit bien
et loyaument gaigner ses despens, lors qu'elle se
trouva dedans un Convent je ne say de quel ordre
où les habitans et bourgeois d'iceluy estoient,
principalement les moins qualifiez, affamé de
cest apetit et desir de taster à la chair, où ils ne
touchoient qu'aux grand's festes, et à la desrobee.
Trois bonnes pieces de telle marchandie, pour
vous dire que c'est [4], devisoient de plusieurs
notables choses, et s'enqueroient l'une l'autre,
lesquels de ceux qui les avoient embrassees, estoient plus gentils compagnons, et experimentez
en ce mestier : La premiere dit, que si tous ceux

1. Cette difficulté qu'a l'homme de garder la continence
est telle qu'il a fallu que les casuistes s'ingéniassent à
trouver des procédés, pour combattre même l'incontinence
involontaire. Ils eussent mieux fait de suivre l'avis de
Paphnutius, mais ces procédés démontrent au moins
l'étendue de leurs connaissances physiologiques. On pourra
s'en rendre compte en consultant, à la page 162, le *De
rebus venereis ad usum confessariorum* auctore D. Craisson,
édité en 1870 chez Poussielgue frères.
2. Nicée.
3. Seule, dédaignée.
4. Pour en venir au fait.

qui luy avoient faict son paquet s'entretenoient par les mains, ils pourroient bien dancer depuis Caresme prenant jusques à Quasimodo, c'est-à-dire, depuis Paris jusques à Lon-Jumeau. La seconde soustenoit, que si elle avoit lors de son decès de chacun à qui elle avoit presté son noc, un *De Profundis*, s'asseuroit, quelques affaires qu'elle eust eu avec le monde, ne passer par les destroits brulans ¹, ni estre flambee, et qu'il en demeureroit bel et bien aux coffres et bahus de superogation. La tierce et derniere articula que le plus brave et galant tabourdeur ² qu'elle eust onc veu en telles matieres, s'appelloit *Frater Fecisti* : et interrogee dit, qu'un soir, environ les cinq heures, estans joignant le pilier devant nostre Dame, lieu seur et infaillible de toutes bonnes advantures et assignations, comme les saints lieux sont prophanez, survient un quidam enfroqué, ayant la charge d'esteindre les chandelles, et chasser les chiens hors l'Eglise, qui l'ayant à diverses fois aguignee ³, chevalee ⁴, et faict les signals propres à tel jouet, l'auroit faict entrer, et conduire par tant et tant de circuits et longues allees, qu'elle se trouva en une chambre reculee, où il me fit *mirabilia*, me menant du trot au galop, et à toutes restes : car à la voix d'un qui disoit assez bas, *Frater Fecisti*, il me rempoignoit de plus belle, et vous en aurez, n'avoit pas loisir le bon Gentil-homme relever ses chausses, que ce

---

1. L'enfer. Détroit avait souvent le sens de lieu, de territoire, d'espace.
2. Rabelais préfère *taboureur*.
3. Lorgnée.
4. Suivie.

Diable de *Frater Fecisti* ne revinst : et à ce drap cousturiers ¹, et de pelauder, c'estoit tousjours à refaire, à recommencer : tant que lassee, rompuë et barbouillee, fut à moy luy dire, Monsieur *Frater Fecisti*, je vous prie me laisser un peu en paix, vous estes enragé ou ladre ², ou bien avez devoré ce qu'il y a de mouches cantharides aux fresnes de Lusart, et n'y a dix voire douze femmes, tant haut huppees puissent elles estre, praticiennes où autrement, tant en Cour laie, qu'ailleurs, qui peussent soustenir si furieux coups et chocs umbilicaires, et si en ay veu et experimenté de toutes races. Messalina, dit Polygame, bien lassee, et non saoule d'hommes se retira. Tu crois mal, dirent les deux autres, ma pauvre sœur, qu'un seul homme fut si grand persecuteur de femmes : vois tu, *Frater fecisti* ³ cousin entier de Frere Fredon, (j'ay couché avec les clercs, j'entens Latin) veut dire que les devotes gens alloient l'un après l'autre se consoler, et matter ceste Diable de piece de chair, qui nous fait vivre en ruinant la plus part des hommes, et s'esbatre en la vallé de Concreux prés Nantes 4, où l'on tient que le tort vainquit

1. Comme nous dirions : à l'ouvrage !
2. Les ladres ou lépreux ont toujours été considérés comme très salaces, à cause du prurit que leur occasionne la maladie dont ils sont atteints. Quant aux enragés, c'est un fait reconnu qu'ils présentent souvent du satyriasis.
3. Ce mot qui prête si bien à rire n'a pas été employé par du Fail seulement. Il parut en 1599 à Nîmes une farce sous ce titre : *Comédie facetieuse et très-plaisante du voyage de frère Fecisti en Provence, vers Nostradamus, pour savoir certaines nouvelles des clefs de Paradis et d'enfer que le Pape avoit perdues.* Réimprimé en 1829 chez Guiraudet, à Paris.
4. Je ne trouve dans aucun dictionnaire géographique

le droit [1], et y prendre le plaisir penitential, selon l'ordre et rang de leur reception. Que si quelqu'un par avanture ne bandoit son arbaleste bien viste, comme l'eau n'est tousjours au canal pour faire moudre le moulin, qui est un advantage que nous avons sur les hommes : et qu'il ennuyast au prochain habille à succeder, il seroit appellé *Frater fecisti, quasi diceret,* Mon doux frere, as tu fait, je suis icy bandé et esmorché, toy bien à ton aise *Tu Tytire lentus in umbrâ. Et nos flendo ducimus horas.* Lupolde lors se print à rire d'un beau procés entre un jeune homme et une chambriere de la rue Vasselot à Rennes : elle concluoit qu'il luy payast deux Carolus, pource qu'il avoit sans desarçonner ne autrement debrider son courtaut, respandu double semence, et estaint sa chandelle par deux fois, au lieu d'une, contrevenant à leurs accords et conventions, par lesquelles il devoit par chacun coup d'estrille payer un Carolus. Il se defendoit, disant que c'estoit *unicus actus,* un seul exploit, de soy individu [2] et inseparable : dont il prenoit droit par ce grand et solemnel paragraphe *Cato,* requerant estre absous, avec adjudication de despens. Mais pendant le procés se bastit un accident notable : car la toute vive garce devenue grosse, subjoignit à sa premiere conclusion, que le

---

l'indication de cette vallée.

1. On trouvera dans les recueils du xviiie siècle, attribuée indifféremment à Robbé, à Rousseau, à Grécourt une épigramme ayant pour trait une autre équivoque à propos de *droit* et de *fait* :

> Quand il est droit, il n'est pas fait, dit-elle,
> Quand il est fait, il n'est plus droit.

2. Indivis.

galant eust à luy faire provision competante d'alimens. Il se defendoit de pieds et mains, que par l'accord il ne devoit payer qu'un Carolus pour chaque fois qu'ils joueroient des basses marches et de la navette, qu'onc ne fut parlé et moins songé lors de leur marché à la façon d'aucuns enfans : si le lait a caillé, *sibi imputet*, à son dam, elle ne devoit pas mesler ses pacquets avec les siens, et frotter son lard de si près au sien : il faut regarder ce que les parties ont voulu faire et negotier, et s'il faut combattre de choses jugees en semblables et propres termes. La Courtisanne Libia ayant vendu par quartiers les heures de jour et nuit à certains Peres de Rome, s'adressa solidairement *actione in factum* contre les tous, pour la nourriture d'un enfant qu'elle gaigna en ceste expedition, dont elle fut deboutee à la Rotte [1], son recours sauf vers Marc Forir, defenses à luy reservees. Je ne say qu'il en fut jugé, mais je say bien que l'autre jour une Dame de ceste ville demanda à nostre maistre Fourel par envoiseure [2] et par gabois [3], comme disent les vieux Romans, si on leur coupoit l'instrument, que les sucrees, faisans bien le petit bec, n'osent nommer, lors qu'on les mettoit en Religion, ainsi qu'elle avoit ouy dire à chacun personnage fort congneu. Ouy certes, respondit le saint homme, vray, afin de ne mentir, car le feu se prendroit à mon froc, qu'on nous en laisse demi pied et qua-

---

1. La *Rota*, tribunal romain composé de douze auditeurs partagés en trois bureaux devant lesquels doit passer successivement l'affaire à juger comme par une sorte de roue.
2. Plaisanterie.
3. De *gaber*, railler.

tre doigts, pour faire nostre eaue [1], seulement donnez l'aumosne au frere mineur, et vous ferez justice. Une autre femme, laquelle pour avoir fait fils et fille, et consequemment, dit le livre des Quenoilles [2], licentiee de tout dire, pressoit fort un bon compagnon Cordelier de luy faire un conte, attendu qu'il estoit en reputation d'estre fort recreatif et de bonne compagnie. Madame, respond l'innocent, sans faute il n'y a que le Roy seul qui puisse faire des Comtes : mais s'il vous plaist, je vous feray un beau petit moine, dont la façon ne vous coustera rien [3]. Lors Eutrapel dit que nagueres en la maison d'un Gentil homme de ce pays se trouva un jeune *Frater* Cordelier, salutatif, mondificatif [4], et plus humble qu'une pucelle de vingt-cinq ans, au demeurant frais, dispos, alaigre, remuant, et qui ne ressentoit son moine que par l'habit, lequel faisant la queste des bleds, vins, lards, beurres, et autres dons *charitatis* [5], fondez seulement sur ce bon homme *Peto* mar-

---

1. Voici un des bons exemples de l'inconvénient qui résulte de la confusion du *v* et de l'*u*. Il a suffi d'un premier *e* imparfait dans l'édition de 1603 pour que celle de 1732 et après elle M. Guichard missent ici *cavè* — ce qui est profondément ridicule — au lieu d'*eauè*.

2. V. *les Evangiles des Quenouilles* et y chercher cette règle que, pour mon compte, je n'y ai pas trouvée.

3. La même anecdote se trouve dans Tabourot qui, du reste, j'aurais dû le rappeler déjà, se rencontre souvent avec du Fail. Comparez, entr'autres, au tome premier, la page 164 des *Baliverneries* (le Musnier le fait par où l'eau saut) et la fin du chapitre des *Entends-trois* dans les *Bigarrures*.

4. *Mondicatif* dans l'édition de 1842.

5. *Charitatifs* dans les éditions de 1732 et de 1842. Je suis celle de 1585, et l'italique indique bien qu'il s'agit là

chant d'Orleans, contre ce qui est escrit, *Tu vivras du labeur de tes mains*, faisoit une infinité de joïeuses mais lucratives presches : car s'il entroit en chaire, il menaçoit les femmes, celles principalement qui chopoient, et qui faisoient hon de la teste, de luy donner à disner ou souper; s'il n'y avoit que les enfans ou femme à la maison, lors qu'il alloit en queste, il estoit si subtil et affetté croque lardon, qu'il en avoit cuisse ou aile, ressemblant ces jeunes chiens, qui, acculez et faisans bonne mine devant un petit enfant, tenant un lopin de pain et sa beurree, le regardent faisans autant de tours de teste, qu'ils voient de morceaux avalez, puis alongeans petit à petit le museau, prennent doucement et du bout des levres seulement le pain de la main du petit, auquel pour sa naïve imbecilité semble qu'il n'y a point de mal : mais le fin et rusé mastin (car le levrier, comme trop genereux, ne le feroit) aïant bien fait ses aproches, tout d'un coup hape, engoule et s'enfuit quant et quant, laissant ce petit enfançon bien esperdu, et par avanture tancé par sa mere d'ainsi s'estre laissé aller [1]. Càr ces gens de bien, qui s'appellent devorateurs et mangeurs des pechez du peuple, faisans leurs questes et visites aniversaires, par chacun an deux et trois fois, savent si dextrement endormir ces pauvres femmes principalement (car les hommes commencent à savoir de quel bois ils se chauffent, aiant eu bon terme, d'environ deux cens soixante ans [2]

---

d'un mot latin et non d'un néologisme conscient. Du Fail n'aurait pas pris la peine de le signaler.
1. Peut-on mieux peindre ?
2. Les Cordeliers ont été établis par saint François d'As-

que telles gens sont venus au monde, de s'en
enquerir) qu'il n'y a andouille à la cheminee, ne
jambon au charnier, qui ne tremble à la simple
pronontiation et vois d'un petit et harmonieux
Ave Maria : la bonne femme a beau dire, Jean
ou Gautier n'y est pas, il est au marché à Bain,
a porté les clefs de tout : car ce fin renard qui a
tant esté battu de telles eschapatoires, croit ce
qu'il en veut, gripant ce qu'il peut, avec toutes
les honnestetez que son guide et porte poche luy
a seu apprendre, et peut estre guignant sous son
capuchon à la pauvre femmelette, luy demandant
d'un ris courtisan cinq sols à prest, sur un gage
naturel. La Damoiselle de l'Hostel, pour revenir
à nos moutons, encore des bonnes femmes, pria
nostre maistre se retirer aux soirs, après avoir fait
sa queste et telles perquisitions de meubles, chez
elle, en une chambre bastie exprès pour loger les
bons Religieux et autres gens qui ne regardent
que par un trou [1]. Ce qu'il ne refusa, et d'abondant troussé comme un vandangeur, remonstra
fort pertinemment que telle bonne et louable coustume leur estoit propre et continuee de race en
race en leur noble maison, ainsi mesme que n'a-
voit pas longuement il avoit leu au livre de leurs
bienfaiteurs, où elle et les siens predecesseurs estoient escrits et immatriculez des fins beaux premiers, en lettre rouge : à ce que, selon l'ordre
d'escriture, ils fussent, comme il estoit raisonnable, des prochains participans aux bonnes et

---

sises en 1223. Du Fail commet donc ici une erreur de
près d'un siècle.

1. Par celui que forme devant leur tête le capuchon.

saintes prieres Conventuelles : et que ceux qui seroient les derniers, et auroient esté nonchalans et paresseux de donner, en eussent s'il en demeuroit : qu'en tels cas il se faut haster, la chandelle qui va devant, esclairant beaucoup mieux que celle de derriere et qui va après. Tels estoient les artifices et langage fardé de ce bon Chevalier en l'endroit de ceste simple Damoiselle aussi malitieuse que un oison, et qui eust bien voulu par devotion se donner elle mesme, et tout ce qu'elle avoit à telles prudes gens, en remission de ses pechez. Ce que son mary, revenu de la chasse, ne trouva de bonne digestion, allegant un vers d'Homere à ce propos,

Qui veut tenir nette maison,
Ne loge Prestre, Pigeon, n'Oison [1].

Ce sont les fruits et productions des defenses de mariage. *O quæ mala,* disoit le Cardinal Contarein [2] au Seigneur de Velly [3] Ambassadeur à Rome, *attulit in Ecclesia cælibatus ille.* Et que Aeneas Sylvius, depuis Pape Pie second avoit dit que *bona fortasse ratione matrimonia Presbyteris interdicta erant, sed majori restituenda esse.* Ce fut pour neant, si fallut il pour ce soir avoir agreables et authoriser telles conventions mo-

---

1. Attribuer ces vers à Homère, c'est peut-être un peu trop se moquer du monde. Nous en avons donné une autre version t. I, p. 294.
2. Gaspard Contarini, légat du pape à la diète de Ratisbonne.
3. Claude Dodieu, sieur de Vely, diplomate, évêque de Rennes, mort à Paris en 1558.

nachales [1], où messire goupil [2] se trouva chargé de butin en face rouge et Seraphique : et avoir bien soupé *in modo et in figura*, n'avisa autres plus aisees et religieuses prieres, que d'espier le lit d'une jeune nourrice veuve, couchante en un arriere cabinet, non trop loin de sa chambre, auquel sur les onze heures du soir, où (tous ensevelis de somme et vin dormoient) suivant ses erreurs, il entre alongeant le museau, et haussant doucement une jambe, comme on voit un Satyre peint qui veut happer une Nymphe parmy les roseaux : et de fait, il procedoit à l'execution reelle, mais la veuve de peur ou autrement, hucha et cria à la force sur ce mignon qui va de nuit. Auquel cri et hola, le maistre, ses serviteurs, et tout son peuple survindrent, qui prindrent et se saisirent du sire fradre [3], lequel, pour la peur conceuë estant esperdu et transporté, n'avoit peu regaigner sa chambre, pour forger un *alibi*, et je n'y estois pas : la complaignante aussi toute effraïee, et ses tetins desarmez, tremblotoit à la veuë de ce Moine Consistorial, appellant à *minima* en plus de trente articles, regardant en pitié [4] tantost l'un tantost l'autre, tout contrit et repentant. Le Seigneur sans avoir egard à ses invo-

1. En 1732 et naturellement en 1842 on a écrit *monácheles*.
2. L'édition de 1585 porte *Coupil*. C'est évidemment une erreur. *Goupil* est l'équivalent de renard.
3. Frère, moine, toujours, mais cette fois dans une langue inconnue, en patois angevin ou poitevin, probablement.
4. Encore une locution qui a complétement changé de sens. Elle veut dire ici : regardant d'un air piteux, cherchant à apitoyer.

cations, juremens, et prieres, le vouloit escourter[1], et couper les pieces fondamentales de sa droite intention, gisantes et reposantes au fond du fond de ses braies : mais aiant mesuré et masché certains advertissemens et remonstrances d'un sien parent sage et reformé en vie et mœurs, se retint, et refroidit sa fureur à l'aide de laquelle et de ceste troublee vengeance, il eust fait un bien mauvais traitement à ce Cagot, afin de purger l'honneur de sa maison, essaiee estre diffamee par cest hoste reverend, lequel en l'instant il adjura ne mentir un seul mot de ce qui s'estoit passé entre luy et la nourrice, qui le mouvoit d'entreprendre ce combat singulier, pourquoy, comment, et à quelle fin il entendoit conclure : qu'il eust à l'instant et vistement à se resoudre, prendre party, et se bien esclaircir, sur peine que nos maistres couillonibus et pays adjacens en respondroient en nom privé. Le pauvre Diable : car il y en a de toutes qualitez et façons, comme tient la Theologie, mesmes de si pauvres, qu'au Royaume de Suede beaucoup d'eux sont contraints tenir hostelerie pour vivoter, n'aïant le plus souvent que donner à repaistre à leurs hostes, mais bien des querelles et debats assez : Donc ce pauvre Diable voiant que là estoit l'endroit où il falloit desploier le meilleur et plus fin de sa Rethorique, vola et desroba par un certain croisement de bras et les yeux en haut tournez, tout le mal talent contre luy conceu, s'attachant de paroles aigres et rigoureuses à la nourrice, disant qu'elle estoit les quatre causes de tout le mal,

---

1. 1603 et 1732 mettent *escouter*.

et l'une des plus mauvaises et affettees garces qui fust en Clais, que par une infinité de fois en le pinsant, elle l'a appellé moine gras de lait, moine douillet, fripon, et qui feroit bien cecy et cela, s'il trouvoit le pot descouvert, et autres petits quolibets attractifs, tendans à son jugement, au fait de l'incarnation et ancien mestier, qui m'a poussé par occasion, necessité, ou autrement, me lever ceste nuit, allumer la chandelle, ouvrir l'huis de la chambre où elle dormoit : et illec voiant deux grosses cuisses rebondies, jambe de çà, jambe delà. Hola, hola, dit le Gentilhomme, demeurons sur cest article. Merci Dieu aussi, dit la nourrice, si tu en disois davantage, je t'effacerois le visage[1], gardeur de chemins fermez que tu es. Le Moine asseuré que la cholere, qui plus le pouvoit endommager, cessoit et estoit rabatuë et qu'il n'y alloit de sa vie, comme il avoit esperé[2], suplia le Seigneur, la Dame, la nourrice, et l'enfant, qui plus y avoit d'interest, pour avoir esté resveillé à ce tintamarre, luy remettre et pardonner ceste pretendue offense, afin que ce dernier peché, disoit il, soit moien me rappeller à la droite voie de salut, sage et raisonnable satisfaction. Et pour cest effect, nourrice, m'amie, j'offre, s'il est trouvé bon, vous espouser, vivre et user mes jours avec vous par un saint et salutaire lien de mariage : je ne suis Prestre, mort, ne marié, au demeurant il n'y a homme deçà les monts qui mieux dresse et accoustre un jardin que moy,

---

1. Equivalent d'arracher les yeux.
2. Comme il s'y était attendu. *Espérer*, dans ce sens, est encore employé en Normandie.

et qui plus gentiment travaille en telles choses :
je cognois mon infirmité, et que hors le mariage,
je ne cesse me perdre aux contemplations claustrales, qui pour estre bien nourri, et au fort de
ma jeunesse me font ordinairement esgarer et
trebuscher aux charnelles, avec une privation
manifeste du salut de mon ame, Seigneur, à
quoy[1] le celeroi je ? Or dit ly contes[2], que l'affaire mis en deliberation, et chacun en aïant dit
sa ratelee, le mariage fut fait, celebré, consommé,
et executé reaument et de fait, et de present estre
le meilleur mesnager qui soit d'icy à trois pas et
un saut. Polygame frotant et alongeant sa barbe,
monstroit par sa contenance que tels contes, qu'il
appelloit ords et sales, et offensans toutes saintes
aureilles, ne luy plaisoient en façon quelconque,
et que par le tesmoignage de Saint Paul, prins[3]
de Menander Poëte Grec, tels propos desordonnez corrompent les bonnes mœurs. Mais Eutrapel, pour garantir et sauver ce qu'il avoit proposé, dit qu'il n'y avoit rien laid en nature, pourveu que l'usage en fust legitime : en vouloit
croire la lecture des sainctes lettres, où bien souvent se trouvent des mots, je ne dy point lascifs,
mais qui feroient rougir les bien honteux, s'ils ne
les prenoient en bonne part, et hors lesquels les
Prophetes mesme n'ont peu s'expliquer et depestrer, sans ceste vive expression de mots, pour
signifier et faire entendre à la posterité, leurs volontez et conceptions. Que si on regardoit aux

1. Pourquoi.
2. Vieux langage : le conte.
3. Et non *print* qui a obligé M. Guichard à mettre *prit* quoique ce soit un non-sens.

autres disciplines, comme la Jurisprudence, Medecine, Histoire, Poesie, et Mathematiques, se trouvera qu'elles demeureront seiches et flestries, si elles se veulent priver et forclore des propres mots significatifs de l'imperfection ou laideur des choses humaines. Et qui voudroit oster l'impieté et dangereux termes contenus aux livres de Plotin, Porphire, Lucrece, Lucien, et autres qui ont guerroié nostre Christianisme, les heresies et contracditions à iceluy, les polices de Platon et Aristote permettans tant de vilaines copulations; chastrer[1] un Martial, comme quelqu'un a fait, un Terence, Suetone, Bocace en son Decameron, Poge Florentin, les contes attribuez à la Roine de Navarre : à vostre avis ne seroient tels livres de vrais corps sans ame, un banquet de Diables, où il n'y a point de sel, et dont le profit, qui est contraire au mal, ne se pourroit autrement tirer[2]. Me souvient avoir ouy ce bien parlant Latin Jacques Sylvius lire *de usu partium* de Galen, au College de Treguier à Paris, avec un merveilleux auditoire d'escholiers de toutes nations : mais lors qu'il deschiffroit les parties que nous appellons honteuses, il n'y avoit coin ny endroit qu'il ne nommast en beau François par nom et surnom, y adjoustant les figures et pourtraits, pour plus ample declaration de sa leçon, qui eust esté illusoire, sans goust ne saveur, s'il eust passé par auprès, et fait autrement. Je luy ay veu apporter

---

1. Et non *chastier*. Il avait paru en 1535 un *Martial* expurgé par Fr. Dubois d'Amiens.
2. Tout ceci est une défense assez solide de la liberté de parole que du Fail lui-même a cru devoir conserver après de tels modèles.

en sa manche, car il vescut toute sa vie sans serviteur, tantost la matrice d'une chevre ou brebis, et tout le bas du ventre ; tantost la cuisse ou bras d'un pendu, en faire dissection et anatomie, qui sentoient tant mal, et puoient si fort, que plusieurs de ses auditeurs en eussent volontiers rendu leur gorge, s'ils eussent osé : mais le paillard avec sa teste de Picard, se courrouçoit si asprement, menaçant ne retourner de huit jours, que tous se remettoient en leur premier silence[1]. Que peut on respondre à ce docte livre de Joubert [2], puis peu de temps presenté à une grand' Princesse, où il deschiffre si bien en gros et en detail les lieux naturels passementez de ces (a) pauvres femmes. Lors que Sylvius triomphoit, aussi faisoit nostre maistre de Cornibus [3], grand et celebre Cordelier, lequel pour donner les œufs de Pasques à ses auditeurs de Saint Severin, raconta qu'au Caresme prenant passé qu'il avoit

a. Var. : *des.*

1. Cette simplicité des mœurs professorales antiques est bien curieuse, et le souvenir qu'en a conservé du Fail montre bien qu'il ne se vante pas quand il se présente à nous (p. 142, t. Ier) ayant « force livres de médecine en mains ». Il ne faisait pas que lire, il suivait les cours.
2. Ce livre dédié à Marguerite, reine de Navarre, est intitulé : *Erreurs populaires et propos vulgaires touchant la médecine et le régime de santé,* Bourdeaux, Simon Millanges, 1578. La dédicace attira à Joubert des ennuis dont il parle dans la seconde édition (1579). C'est, en fait, un excellent livre dont le regretté bibliothécaire de la Mazarine M. Ch. Daremberg me recommandait la réimpression quand je publiai les deux premiers (et uniques) volumes de mes *Singularités physiologiques.*
3. Sur ce Cordelier, consulter la *Satyre Menippée* et l'*Apologie pour Hérodote.*

gelé à pierre fendre, son valet lui portoit un bon et gras chapon entier, *quod est notandum*, car il faut regulierement qu'il en demeure une portion à celuy ou celle qui garde la chambre. Passons outre : Ce chapon, peut estre, de Cornouaille, estoit porté modalement¹ entre deux plats, pour le souper de Monsieur avec deux autres Docteurs de Sorbonne ; mais parce qu'il estoit nuit, le pauvre gars heurta en la rue un gros estron de grand calibre, à la façon et geniture duquel celuy ou celle qui en avoit fait le premier gist, n'avoit pas les mains derriere le dos : si fut il deplanté et deraciné, et plats, chapon, et escueles par terre, et le porteur des presentes de chercher et tastonner, qui, par (*a*) avoir l'onglee aux doigts, amassa ce noble estron, estimant estre son mets, le mit entre ses deux plats : et, arrivé au Conclave Doctoral, le posa ainsi couvert qu'il estoit, vis à vis du feu, à la chaleur duquel s'estant dissout et destrampé, se fit bien congnoistre pour tel qu'il estoit, nonobstant les grosses questions quodlibetaires, qui eussent ja fait monstrer le cul à deux ou trois bouteilles, attendant vuider les autres et plus nerveuses difficultez. Pour conclusion, si nos discours et contes sont despouillez de ces belles et salees meslanges, qui sont leur pareure et enrichissement, et par lesquelles se trie et separe le pur d'avec l'impur, l'aigre d'avec le doux, nous resterons aussi morfondus et glacez que ceux qui passent le mont Cenis : et comme les Pedans Perroquets, et batteurs de chaires, qui parlent

a. Var. : *pour*.

1. Gravement.

lanternes assez, mais ils ne plaisent point. Tesmoins en seront nos Maistres, qui se disent porter les clefs de la Theologie et de nos consciences, qui se savent si dextrement vesperiser [1] par leurs attacques et soubriquets, tirez du fin fond de la braiette, tant que les poules en tomberoient du nid, et en fraperoient la Pie en l'œil, leur eust elle la queuë tournee. Tesmoin aussi sans reproche, ceste affettee chambriere de Paris, laquelle interrogee qui ainsi battoit à la porte (c'estoit un homme de robbe longue, appellé Couillard) respondit, c'est Monsieur ô [2] quoy l'on fait cela. La sucree n'eust osé dire Couillard [3], mais bien par periphrase, circumlocution, et long assemblage de mots, l'oustil auquel volontiers elle eust dit bon jour et bon soir tout ensemble. Si elle eust hanté l'Eglise Saint Maurice d'Angers, ou il y a vingt cinq ou trente jeunes Prestres, qui par un nom sacré et mysterieux s'appellent Couillauds [4], elle n'eust esté tant scrupuleuse d'endommager sa pretieuse et delicate conscience.

---

1. Moquer, réprimander.
2. Avec.
3. Est-ce Antoine Couillart, sieur du Pavillon, avec lequel Clément Marot était en correspondance ? Ménage, dans ses *Origines de la langue française*, raconte comment ce même nom fut changé pour un maître des requêtes en celui de Hauteclair.
4. Il devrait être parlé de ce fait dans les *Dits facétieux, satiriques, proverbes et actions joyeuses qui ont esté et sont en Angiers et pays d'Anjou*, manuscrit de Bruneau de Tartifume, mais nous n'en connaissons que ce qu'en a publié M. Leroux de Lincy d'après M. A. de Soland dans son *Livre des proverbes français*.

XXI.

Remonstrances d'un Juge à un Meurdrier.

N'a pas long temps qu'en un proces pendant entre certains personnages de marque et qualité, se trouva un pauvre laboureur, qui tesmoigna et dit la verité du fait, où il fut enquis, selon sa religion et conscience, comme tout homme de bien doit et est tenu faire, s'il a tant soit peu de sentiment et congnoissance de la verité, qui est Dieu, et du Diable, qui est le mensonge. Et d'autant qu'il chargeoit par sa deposition et tesmoignage la partie accusee, il fut contraint tenir la maison, et n'aller plus aux foires, marchez, ny à ses autres affaires, comme de coustume, estant menacé de ce qui luy arriva : car inopinement et sans y songer fut rencontré par celuy qui luy vouloit tout le mal, lequel en douces et emmielees paroles (les gentils Chevaliers font le contraire, fiers à l'aborder, et paisibles sur la fin) luy dit, Mon pauvre petit tesmoin, mon mignon, mon petit maistre, que je suis aise t'avoir trouvé, que tu sois le bien venu, chapeau pointu, sont les mots de l'information. Le laboureur ne pouvant fuir la rigueur de ce monsieur implacable, et impitoiable plus que Juno avec ses quatorze Damoiselles instruites à la jalousie, essaya tous moyens faire entrer la misericorde ou pitié en l'estomach de celuy qui le poursuivoit à mort, et le faisoit mourir à petit feu, et à longues pauses (*a*),

---

a. Var. : *pensées.*

se jettant à genoux, luy baisant les pieds, accolant l'oree de son manteau, avec offres repetees de mille sacrifices de sa vie pour son service, conjoignant et amassant infinis pleurs et lamentations qu'il degorgeoit à gros sanglots pour trouver pardon, en chose toutesfois où il n'avoit aucunement peché. Jamais Dom Joan d'Algares Espagnol ne protesta tant entre les mains de Brossay Saintgrave à la bataille de Dreux[1] (qui le sauva neantmoins) qu'il seroit *Loutheranos, diablos*, ou tout ce qu'il voudroit, pourveu qu'il ne mourust. Telles offrandes ne pitiez ensemble entassees n'eurent aucun poids ny effet pour amolir et fleschir la dureté et le courage felon de sa partie, qu'elle ne luy donnast du poignard cinq ou six grands coups d'arrachepied dedans la gorge. Dieu qui par sa sainte providence a coustumierement vengé et puny l'effusion du sang innocent et injustement respandu, obscurcit et aveugla de telle sorte l'entendement de ce miserable meurdrier, qu'il se laissa aisement prendre et attraper entre les mains de la Justice, quelques fuites et eloignemens qu'il eust auparavant fait. Le Juge qui l'interrogea, l'advertissoit comme la grandeur et proesse d'un brave et hardy Gentil homme gisoit à pardonner aux petits et abbaissez, nommement à ceux qui viennent à la misericorde et la cherchent. Luy allegua, d'autant que l'accusé

---

1. La bataille de Dreux eut lieu le 19 décembre 1562. Ce que dit ici du Fail de la conduite d'Algares confirme l'opinion de la *Satyre Menippée* à propos des troupes envoyées par le roi d'Espagne : « *bisognes ramassez* qui jamais ne voulurent combattre à la bataille de Dreux et se couvrirent des chariots du bagage. »

avoit autrefois estudié, et qu'il y avoit bon nombre de jeunes gens presens et spectateurs d'un interrogatoire si prudent, que les louanges attribuees à Hercules sont fondees principalement en ce qu'il ne souffroit près ou loin un mauvais garçon, et perturbateur du repos public : car les riches et qui ont dequoy ne se mettent pas volontiers en la meslee, pour crainte de perdre le leur, encore qu'ils voudroient bien entrer en quelques ligues et partialitez, qui est un secret politic et conservateur de l'authorité du Prince : et qu'au reste il estoit très bon voisin et amy aux gens de bien et vertueux. Quant à pardonner et remettre les offenses, disoit le Juge, cela nous est de commandement, et tient de nostre Seigneur en son Sacre saint Evangile. Les Payens avoient bien ceste doctrine qu'ils avoient puisee, voilez et bandez d'un frontal d'ignorance, comme dit Tatianus [1], des livres des Hebrieux : car Jule Cesar gaigna ce point [2] de Grand entre les Romains, pour avoir pardonné à Marcus Marcellus, et autres bourgeois de la Ville, qui avoient prins les armes contre luy, qui eternisa sa memoire à jamais de tel saint nom et beau titre, à savoir, Qu'il luy souvenoit et avoit la memoire de tout, fors des injures passees et torts qu'on luy avoit fait [3]. Et n'y a point long temps qu'une Dame Florentine cacha en un sien hostel celuy qui

---

1. C'est Tatien de Mésopotamie et non Tatien le platonicien. Il écrivit une *Harmonie des Evangiles* dont on ne connaît que la traduction latine due à Victor de Capoue. Il vivait au ve siècle.
2. Surnom.
3. C'est le mot de Louis XII.

avoit tué son fils, et qui s'estoit venu rendre et engager sous sa mercy. Me voicy (dit Crataloras, chef des voleurs d'Espagne, à l'Empereur Auguste) payez moy vingt cinq mille escus que vous avez promis à celuy qui me presenteroit devant vous : de faict luy fut pardonné et la somme payee. Ne se trouve rien qui plus approche de la participation et communication des choses celestes, que la misericorde, quand elle est poursuyvie et requise. Ce grand Roy François[1] voyant son peuple de la Rochelle de genoux plorant, criant, et demandant misericorde pour la rebellion que les pauvres malavisez avoient faicte ne se peut contenir de larmoyer, leur pardonnant de bon cœur, et outre boire et banqueter avec eux, acte certainement heroïque et digne d'un Roy de France. Tels propos, et autres dignes paroles que ce bon et savant Juge seut joindre, et accommoder au fait present, et le lieu qu'il tenoit, firent et ouvrerent[2] tellement à l'instruction et jugement du procès, que ce miserable prevenu, contrit et beaucoup repentant, eut la teste tranchee, accusant sur l'eschaffaut, comme est la façon de telles gens abandonnez, de prescher et jargonner de belles remonstrances en l'eschelle et à reculons, sa mauvaise et trop licentieuse nourriture[3], la desobeissance aux commandemens et admonitions de ses pere et mere, et sur tout la frequentation de jeunes gens des-

---

1. François Ier, après une révolte de la ville contre sa garnison à propos d'une ordonnance du gouverneur de la province qui allait contre les priviléges municipaux.
2. Travaillèrent.
3. Manière de vivre.

bauchez et farcis de certaines maximes endiablees,
et venues d'Italie, avec plusieurs autres sciences,
comme de se venger en quelque sorte que ce soit,
et haïr perpetuellement, sans occasion bien legitime et approuvee, car haïr est chose joincte et
annexee à nostre nature depravee, mais pour remede nous est donné l'Evangile, qui nous commande prier pour ceux qui nous ont offensez, à
ce que nostre Seigneur leur donne et communique son esprit de repentance et reconciliation,
pour requerir pardon, et en ce faisant venir d'un
grand debat à une belle et religieuse concorde.
Le mesme juge, dit Eutrapel, me cuida je ne say
quand prendre par le bec, lors qu'on m'accusoit,
à tort et sans cause toustesfois, de quelque petite jeunesse. Quelle jeunesse ! s'escria Lupolde,
mais d'une bonne volerie, dont tu estois notablement chargé et convaincu, si tu eusses failly
à te tourner. Eutrapel fit semblant n'avoir rien
entendu, destournant le coup à gauche, crachant
à quartier, comme si l'aureille qu'il ouvroit de ce
costé là eust esté estoupee : car, à dire tout, autrefois avoit il esté interrogé et passé par sous la
main de ce Juge, lequel luy voulant faire esvanouir
et perdre son privilege Clerical, luy avoit presque
fait croire qu'il estoit au jugement des Capitaines
l'un des plus experimentez soldats qui fust en
l'armee et aux bandes. Mais Eutrapel, comme fin
et bien avisé, seut bien repartir, prendre le chemin de Niort [1], et maintenir qu'il estoit d'un trop
couard naturel, et ne parloit de la guerre qu'aux

---

1. Nier. Cette expression n'est plus guère usitée que dans l'argot des voleurs.

bonnes femmes, en cuisant des chastaignes aux cendres, par le moien de quelques livres imprimez, comme plusieurs sont. Est il bon, dit Lupolde, que le Juge s'efforce par petites subtilitez et interrogatoires exquis, arracher ainsi une espece de verité, d'un prisonnier assez affligé d'ailleurs? Sembleroit qu'il faut aider et favoriser, entant que la justice, l'honneur, et la conscience le permettent, la calamité d'un homme tourmenté et en peine, luy ouvrir les moyens d'attenuer et appetisser les trop rigoureuses et violentes poursuites de son procès, se souvenir d'estre homme, c'est à dire, pitoyable, et faire honestement plaisir aux enserrez[1]. Il n'en va pas ainsi, dit Polygame, principalement aux crimes enormes ou commis de guet à pans : et tels Juges qui se dispensent favorisans les meschans, encore qu'il y ait quelque apparence de compassion, sont responsables devant Dieu, comme soustenans le glaive au meurtrier, les troubles et renversemens du repos des bons, et l'inquietude(a) du meschant en sa vie dereiglee et irreguliere. Vous n'aurez point, dit l'Eternel, regard en jugeant, ny au pauvre, ny à la veuve, faictes justice droitement et equitablement : car, disoit un ancien, on ne peut sauver la loy et l'homme tout ensemble. Nous avons veu des Juges, mais la race en est tarie, car à la pluspart sont en ce jour pour l'accusé, ou pour l'accusateur, pour l'appellant, ou

a. Var : *iniquiétude* (1603).

1. C'est la même thèse qu'on a reprise dans ces derniers temps, surtout M. Prévost-Paradol, contre le rôle de l'avocat général.

pour l'intimé, sous la jurisdiction desquels il n'y avoit si belle teste ou gosier, fust de ces Gentils hommes de nom, et vilains par effet, Prestres, Moynes, ou autres soy disans privilegiez, qui ayans forfait hors leur habit religieux, au delit commun, ou privilegié, et sans autre degradation, ne passast pour un homme de son pays, et pendu et estranglé. De faict un Prince souverain n'est Juge et Magistrat qu'à demy, et est manchot d'une main, s'il ne cognoist, ou son Officier de tous delits indifferemment et absoluement entre toutes personnes, de quelque grade, dignité, qualité, et condition qu'elles soyent, comme plus amplement il fut mis en deliberation à la Diette de Wispurg : mais le Breviaire le gaigna pour ce coup, non pour disputer le fond, mais les formalitez, et fay luy peur, qui estonna les entendemens non assez bien fondus. Par la serpe de bois, dit Eutrapel, je crains ces Diables de Juges volans [1], comme la peste : car du temps que nous estions Escholiers à Paris sur Petitpont, Touaut (à present Proconsul de Tremerel, et grand Auditeur des mathebus [2]) print la charge, lors que nous allasmes en voyage à sainct Jean d'Amiens, estre nostre maistre d'hostel, asseurant estre menager competent, savoir acheter, vendre, et compter, payast qui pourroit, fronçant les yeux, que nous avions bien affaire de son industrie, et tel homme que luy : faut penser que par telles riches prefaces il vouloit eschantillonner et gaigner ses despens, mettant plusieurs

---

1. Ambulants, comme on le verra tout à l'heure.
2. ?

difficultez en avant, nommement qu'en ceste Picardie on ne fournissoit de rien aux hostelleries, et convenoit tout acheter au marché et à la denree. La commission luy fut accordee sans debat, ne figure de procès, et pour icelle executer plus rondement, nous devança environ une heure pour donner ordre à tout, et faire provision necessaire : mais le pauvret ne fut eloigné de nous de beaucoup, qu'il ne fust grippé, comme le More Comic [1] (ceux qui savent l'histoire, entendront bien la source de tel proverbe et mot de rencontre) par un certain Juge de campagne, Prevost des Mareschaux, rouant et escarmouchant les restes et reliques des gens de pied retournans du camp, lesquels, comme en la queuë gist le venin, sur ceste decoction de guerre voloient par terre et brigandoient, non si cruellement et barbarement qu'ils font aujourd'huy (cela soit dit pour ceux qui retiennent leur soulde, et qui y doivent pourvoir) mais toutes fois petitement, *more Romano competando*, et suyvant l'ancien stile, par lequel les derniers en tels affaires, font les grands coups, et s'en vont ô merde et ô linceux [2] : je dirois bien, parlant reveremment, mais je ferois tort à la liberté de parler. Touaut interrogé, respond estre Escholier, qu'il va tout

1. Je soupçonne ici quelque allusion à une farce où un More, un noir, comique, remplissait un rôle approchant de celui de notre arlequin, mais je n'ai pas de preuves de cette opinion. Je sais seulement que nous sommes très-voisins par les dates de l'époque où les comédiens italiens introduisirent les arlequinades en France.

2. Avec les draps et ce qu'ils contiennent souvent. M. Guichard a eu tort de croire ici à une exclamation. Nous avons plus haut rencontré cet *ô* pour *avec*.

pelerin à Sainct Jean d'Amiens : mais le Prevost trouva nostre homme fort estonné et nouvelet, pour estre un vray Escholier Latin, j'entens dire babillard près le feu, et badin hors la classe : et, pour l'achever de peindre, se trouverent en ses chausses (car au pays des Mareschaux on fouille par tout) un jeu de Cartes, une bale [1] de dez, le petit flageolet pour faire ripaille [2] au soir, comme ils parlent en Anjou, et resjouir les compagnons : finalement le captif estant au bout de ses finesses, mit pour toutes peremptoires et defenses, que la troupe composee de tels et tels, venoit après, les nommant par nom et surnom, avec entiere description et estat de leur accoustrement : et en ce disant aperceut ceste notable societé qui aprochoit, mais assez lentement jouans à Cornichon va devant, courans les uns après les autres, folastrans et s'entre jettans des mottes, en ces belles estendues et rases campagnes. Le Prevost vif et pront vouloit trousser et pendre à un arbre là près messire Touaut, la justification duquel il tenoit pour fable, voyant la compagnie aleguee, qui ne marchoit en pas et gravité Augustale, comme appartient à gens devots et bien penitens : et tempestatif comme il estoit, et rehaussant de colere, car il perdoit ailleurs, estoit sur le point de brancher [3] le prisonnier : et ja le Prestre espluchoit et sassoit [4] au gros crible les plus larges

1. Un jeu.
2. S'égayer. Tout le monde connaît l'étymologie officielle de ripaille et le château de ce nom d'Amédée de Savoie, anti-pape.
3. Pendre aux branches du premier arbre venu.
4. Et non *faisoit*. Echantillon de l'inconvénient des *s* longues.

tranchees de sa conscience : le bourreau d'autre part, qui aguignoit ses chausses presque neuves, et boufantes de tafetas, comme lors en estoit la mode. Mais bonnes nouvelles, voicy survenir les compagnons oportunement et à la bonne heure, qui revindrent (a) tout bien à point : car s'ils eussent tardé encore tant peu soit, comme ils vont niaisans, begaudans ¹, et s'amusans par les chemins, ils eussent trouvé leur providadour ² pendu comme une andouille, et adieu Fouquet, il en fut quitte pour une once de la peur de sainct Valier ³ : mais un soldat estant aussi prisonnier, qui avoit tué un berger, et à grands coups d'espee à deux mains haché tout ce qu'il avoit de moutons, n'en eschappa à si bon conte : car au jugement mesme d'un grand Seigneur passant et courant la poste, detestant telle cruauté, fut pendu, après luy avoir esté les deux mains coupees. Polygame dit lors avoir autrefois reprins bien aigrement un jeune pretendu Gentilhomme, qui se delectoit et prenoit plaisir à donner coups d'espees aux chiens qu'il rencontroit par les rues. Cela estant mis sur le tablier et au bureau ⁴, fut

a. Var. : *remisdrent* (1603-1732-1842). M. Guichard traduit ce mot par *rétablirent*.

1. N'est-ce pas le même mot que *baguenaudant*.
2. Approvisionneur.
3. La peur ou la fièvre Saint-Vallier ou de Saint-Vallier est expliquée par Gaignières dans ses *Proverbes français*. M. Leroux de Lincy a reproduit cette explication. Il s'agit de messire Jean de Poitiers, seigneur de Saint-Vallier, condamné à mort en 1523 et gracié sur l'échafaud. La peur qu'il avait eue à ce moment terrible lui donna une fièvre qui l'emporta quelques jours après.
4. Pris comme sujet de la conversation.

dit des uns que ce jeune fol estoit avoué fils d'un fort homme de bien, mais que sa mere s'estoit autrefois oubliee avec un boucher, duquel il retenoit encore la cruauté et façons sanglantes : comme la Pie ressemble de la queuë à sa mere. Aussi que le naturel passe bien loin et au travers de plusieurs suites et successions d'annees, comme l'on dit de Niceus Poëte Grec, lequel après trois generations nasquit tout noir, parce que son ayeule s'estoit accouplee à un Ethiopien [1]. Les autres estoient d'avis que la nourriture y aportoit ces laides et detestables effusions de sang et carnage, comme l'on tient de ce meurtrier, sanguinaire, perfide, et massacreur Caligula, les tetins de la nourrice duquel estoient ensanglantez, pour l'accoustumer et luy apprendre la cruauté [2]. Les autres disoient que telles insolences brutales estoient beaucoup à reprimer, outre le cry espouventable de ces pauvres bestes qui sont creatures de Dieu pour nostre service, qui passionnent toutes honnestes et politiques oreilles, et estre d'avis les armes devoir estre baillees aux Gentilshommes

---

1. Nous appelons aujourd'hui ces faits singuliers des phénomènes d'atavisme.
2. Il semble que du Fail va ici un peu loin. On accuse Caligula d'avoir mordu le sein de sa nourrice et c'est peut-être à cela que Tibère reconnut les dispositions qu'il aurait un jour ; mais qu'il ait été élevé pour être le « serpent du peuple romain » avec de tels raffinements, par son aïeul adoptif, ce sont des choses qui n'ont de place que dans les pamphlets comme ceux de Suétone. Et d'ailleurs une pareille nourriture n'aurait pas l'effet qu'on en attendrait. C'est toujours, du reste, la même idée qui fait croire que pour avoir du courage il faut manger du cœur de lion et qu'on perd la mémoire quand on mange de la cervelle de lièvre.

seuls, privativement à tous autres : et ce en pleine assemblée et convocation de parens avec interposition du Decret et Ordonnance judiciaire, avec ample information precedente de leurs mœurs, conditions, et gouvernemens : pour estre declarez capables du service du Roy, defense du pays, et honneur, sans en abuser : et que tel moyen serviroit à la jeunesse d'un grand contrerolleur, et n'aviendroit ce que l'on dit communement, mettre le cousteau en la main du furieux : que mieux ne sauroit l'on tromper un larron familier, que luy bailler la bource à garder [1] : et que ceux qui entendent l'honneur des armes, n'ont aucunement bonne opinion de celuy qui ainsi souvent met l'espee au poin : duquel on dit par gaudisserie, Qu'elle ne peut avoir grand lait : pour estre tiree trop souvent. Et de fait l'espee, comme un cousteau sacré, ne doit estre desgainee, fors en cas d'importance, ou pour la defense de sa vie et honneur. Je ne ferois point ainsi, dit Lupolde, ains suivrois le jugement des Areopagites, qui firent pendre par le col un certain debauché, ayant crevé les yeux par folastrie à un Corbin [2] privé, qui se promenoit par les rues : argument necessaire, comme dit Quintilien, et infaillible par telle cruauté, que le reste ne vaut rien du tout. Voire mais, dit Polygame, quels contredits avez vous contre ceste assertion et proposition tant mirifique de Sannazar [3] Poëte Italien, qui afferme ceux estre couards qui n'ai-

1. Du Fail a déjà dit cela, notamment t. I, p. 168.
2. Corbeau.
3. Né à Naples en 1458, mort en 1530. Je ne sais dans quel ouvrage il a émis l'opinion qui lui est reprochée ici.

ment voir respandre le sang ? De très pertinens, dit Eutrapel, pour avoir l'Italie perdu, à la pluspart, leur naïve et ancienne generosité, au lieu de laquelle a esté transplanté et s'est insinué le sang Gothique et barbare qui tant longuement y a fait fons et jetté ses racines : aussi que ceste maxime est prinse, ou plustost empruntee de la doctrine de Satan, appellé en la saincte Escriture, meurdrier, tueur, esprit sanguinaire et cruel. Car tout homme qui de sens rassis prent plaisir à faire ou voir faire mal, a choisi une très dangereuse eschole : et ne se trouva onc vaillant et brave Chevalier qui de sang froid et après le combat general, tuast un ennemy, et nullement les bestes, fors celles qui font mal, ou à la chasse. Encore se sont veus de nostre temps plusieurs Princes et grands Seigneurs qui ont sauvé la vie non seulement aux Cerfs qui se venoient rendre à eux, la larme à l'œil, comme est leur coustume, estans pressez : mais aussi à d'autres estans entre les toiles [1], pour avoir couru alaigrement, ou fait quelque gentille ruse, avec la marque d'une sonnette penduë au col, ou peut estre l'aureille coupee, pour dire, N'y retournez pas. Et se dit qu'aux Ardennes fut prins un Cerf ayant un collier d'or, où estoit escrit, *Hoc me donavit Cesar*[2].

1. Filets.
2. Buffon rappelle à ce propos qu'Aristote, se fondant sur le temps de la gestation et de l'accroissement du cerf, dit avec raison que ces signes n'indiquent rien moins qu'une longue vie. Il ajoute : « Cependant, malgré cette autorité qui seule aurait dû suffire pour détruire le préjugé de la longue vie des cerfs, il s'est renouvelé dans des siècles d'ignorance par une histoire ou une fable que l'on a faite

Il vous peut souvenir, dit Eutrapel, de ce gentil renard que nous prismes vif aux garennes de Chasteau-letard, auquel, pour avoir bien defendu son fort, fut au jugement mesme des femmes, ausquelles il avoit mangé quelques poules, donné la vie pour ce coup, avec un billet de parchemin attaché au col, où son procès estoit escrit, et la cause de son eslargissement : il fut quasi prest à passer le pas, ayant attendu le canon, car toutes les peles des Chasteliers et de la Simonnerie y avoient beché : mais on disoit qu'il estoit defendeur de bonne foy, et que la maison est à chacun une seureté publique.

XXII.

Du temps present et passé.

Du temps du grand Roy François on mettoit encore en beaucoup de lieux le pot sur la table, sur laquelle y avoit seulement un grand plat garny de bœuf, mouton, veau, et lard, et la grand'brassee d'herbes cuites et composees ensemble, dont se faisoit un broüet, vrai restaurant, et elixir de vie, dont est venu le proverbe, *La soupe du grand pot, et des friands le pot pourry*. En ceste

---

d'un cerf qui fut pris par Charles VI, dans la forêt de Senlis et qui portait un collier sur lequel était écrit, *Cæsar hoc me donavit*, et on a mieux aimé supposer mille ans de vie à cet animal et faire donner ce collier par un empereur romain que de convenir que ce cerf pouvait venir d'Allemagne, où les empereurs ont, dans tous les temps, pris le nom de César. » *Histoire naturelle*, article *Cerf*.

meslange de vivres ainsi arrangee, chacun y prenoit comme bon luy sembloit, et selon son appetit, tout y couroit à la bonne foy : ne se presentoit, comme en ce jour : une certaine graine d'hommes qui ambitieusement departissent les morceaux, faisans les rangs par les premieres distributions d'iceux, mescontentans et tirans les conviez en diverses jalousies, tous y mangeoient du gras, du maigre, chaud ou froid, selon son apetit, sans autre formalité de table, sausses, et une longue platelee de friandises qu'on sert aujourd'huy en petites escueles remplies de montres seulement[1] : Aussi nos hommes ainsi vivans, de fumees, discours, baise-mains, et reverences, ne sont que demy hommes, longuets, gresles comme sang-sues, dissimulez comme renards, et affettez comme l'eguille d'un peletier. N'a pas longuement qu'un mignon ainsi effeminé, refrisé, enchiffré, godronné, faisoit la guerre par gausserie à un vieil Capitaine, l'appelant gros tripaut, ventre de Suisse, bandoulier de cuisine, tripier d'Amboise, moustardier de Dijon, et saucice de Nantes[2], et que le Roy estoit bien servy de ces grosses panses. Ha ! beau fils mon amy, petit Perroquet mignon, luy respondit il, je ne dy pas que par petites subtilitez Espagnoles, et ruses de montagne toy et tes semblables ne puisse harasser une armee, avec ta petite lance, ton petit cheval, ton petit pistolet : mais au cas que trois mille hommes de cheval que je choisiray bien encore en

---

1. Remplies seulement de choses légères et sans valeur nutritive.
2. Tant d'injures pour un peu trop de tissu adipeux !

France, estans du bon temps avec leurs quenouilles et flustes d'onze pieds et demy [1], je ne te passe par sur le ventre, et à tous tels estradiots que toy, qui tiennent les places des gens de bien, je consens estre appellé Huet. Il ne faut qu'un brave et hardy Capitaine pour donner cœur à toute l'armee.

..... *Desidesque movebit*
Tullus in arma viros :

Sous l'enseigne à Tullus les coüards fraperont. Tu n'as force ne vertu que d'un merle plumé, et si tu es impuissant d'engendrer autre chose que des huistres en escaille, ou des vessies de porc, pour ne manger qu'à demy, et viandes spirituelles et delicates, contre l'ordre du climat de ce beau pays, qui regarde et tire beaucoup sur le froid et Septentrion [2] : conclusion, si tu avois spermatisé en ma souppe, je n'en mangerois ja moins. Tous qui vouloient, continuoit Lupolde, rians et jouans sans trahison et dent de chien, alloient laver leurs mains au puis, à la pierre duquel aiguisoient leurs cousteaux, pour, à qui mieux, couper de longues et larges lesches [3] du gras jambon, ou grosse et tremblante piece de bœuf salé, et icelles trancher sur le bon pain bis faictis, et en donner aux assistans plus honteux, à chacun son lopin, pour rabatre les premiers caquets de la faim, qui pour

---

1. C'était la dimension des lances de combat, au bon temps.
2. On trouve déjà ici trace de la doctrine physiologique qui démontre la nécessité d'aliments plus copieux et plus azotés au nord qu'au midi.
3. Tranches.

revanche versoient en hauts verres de fougere à
chacun sa fois à boire de beau citre, faisant sur
le haut une infinité d'escumeuses pointes d'aiguilles pour humecter et rafreschir le foye, et
ramolir les duretés du ventre, les plus agés s'asseans au beau milieu de la table, aprés avoir prié
Dieu par la bouche d'un petit enfant : puis la
jeunesse se pesle-meslant sans ordre, sans ceremonie, sans envie, sans grands respects, ja evacuez et perdus par ce beau patron de l'humilité
des anciens, triomphoit de bien mordre, et griffer
de bon apetit ; chacun disant le mot, comme tout
est compagnon à la table et au jeu. Quelque espace de temps graces dites, et les napes et tables
ostees, les bonnes gens prenoient plaisir à voir
dancer en toute modestie ceste jeunesse, au son
de Lenard tabourineur, laquelle après faisoit
partie à jouer au palet, tirer la barre, une longue
paume : les autres defendoient un fumier assailly
à belles longues perches, et furgons mornez[1] et
couverts de foin ou paille, sans aucune contention
ny debat. Voyla une partie de la vie et exercices
des Gentils-hommes d'alors : leurs habillemens
pour les jours de festes, comme le pourpoint de
satin, chausses boufantes et rempliees de tafetas,
le bonnet de velours, la plume blanche bien atifee, la cappe de drap ou frise[2], et l'escarpin bien

---

1. Le *furgon* ou *fourgon* est le bâton dont se servent les boulangers pour remuer la braise dans le four. Nous disons encore fourgonner pour tracasser le feu. Le fourgon morné était celui dont la pointe avait été émoussée ou, comme le dit du Fail, enveloppée de paille ou de foin. On appelait *morné* ou *lance courtoise* une lance émoussée.

2. La frise est un drap plus grossier.

faict et decoupé : aux jours ouvriers je ne say quoy de moins. Dedans la sale du logis (car en avoir deux cela tient du grand) la corne de Cerf ferree et attachee au plancher, où pendoient bonnets, chapeaux, gresliers [1], couples et lesses pour les chiens, et le gros chapelet de patenostres pour le commun [2]. Et sur le dressoüer ou buffet à deux estages la Saincte Bible de la traduction commandee par le Roy Charles le quint, y a plus de deux cens ans [3], les quatre fils Aymon, Oger le Danois, Melusine, le Calendrier des Bergers, la Legende doree, ou le Romant de la Roze. Derriere la grand'porte, force longues et grandes gaules de gibier, et au bas de la sale sur bois cousus et entravez dans la muraille, demie douzaine d'arcs, avec leurs carquois et flesches, deux bonnes et grandes rondeles [4], avec deux espees courtes et larges, deux halebardes, deux piques de vingt deux pieds de long, deux ou trois cottes ou chemises de maille dans le petit coffret plein de son [5], deux fortes arbalestes de passe, avec leurs bandages [6] et garrots [7]. Dedans, et en la grand'fenestre sur la cheminee trois hacquebutes (c'est pitié, il faut à ceste heure dire, harquebuses,) et au joignant la perche pour l'espervier, et plus bas à costé les tonnelles, esclo-

---

1. Et nón *gressiers*. *Gresle* ou *graile* était le nom de la trompette.
2. Qui n'avait pas de chapelet à soi.
3. Par Nicolas Oresme, évêque de Lisieux, dit-on; mais Brunet ne cite pas cette traduction.
4. Boucliers, comme rondache.
5. Pour les garantir de la rouille.
6. Cordes.
7. Traits, comme carreaux. V. Du Cange : *quadrellus*.

toueres, rets, filets, pantieres, et autres engins de chasse [1]. Et sous le grand banc de la sale large de trois pieds, la belle paille fresche pour coucher les chiens, lesquels pour ouïr et sentir leur maistre près d'eux, en sont meilleurs et vigoureux. Au demeurant, deux assez bonnes chambres pour les survenans et estrangers, et en la cheminee de beau gros bois verd, lardé d'un ou deux fagots secs, qui rendent un feu de longue duree. Estoit en la puissance du Gentil-homme chevaucher cent lieuës, sans qu'il luy coustast pas la maille, et se tenoit bien heureux celuy qui le hebergeoit et logeoit, vivoit hors ceremonie du faitis de l'hostel, sans raconter les fautes et imperfections qu'il eust peu voir ailleurs, prenoit l'arquebuse ou arbaleste, après avoir veu (*a*) le coup, et les chiens ou oyseau d'autre part, raportoit le canard, le levraut, le ramier, et autres ferremens de cuisine : estoient lors incognus ces mots maquereaux et lubriques, serviteur, maistresse, m'amour, les baisers mouillez [2], les amours d'Orphee, chevilleurs, noüeurs d'eguillette, assassins, empoisonneurs, et telles meschancetez et drogueries, qui ont fermé la porte à ceste tant belle et saincte hospitalité, chacun estant en ce

a. Var. : *beu.*

1. Tous ces mots indiquent en effet des engins de chasse ; les *tonnelles* étaient les filets à perdrix ; les *esclotouères* des filets qu'on traînait et qui étaient usités pour le gibier comme pour le poisson ; les *pantières* se tendaient verticalement pour prendre les oiseaux.

2. S'il n'était pas inconvenant de faire preuve d'érudition en ces matières nous dirions que ces baisers sont ceux qui se sont appelés aussi à la florentine ou colombins et qui ont donné l'occasion de former le verbe *enlangager.*

jour en perpetuelle deffiance de son compagnon et voisin, sans charité, sans amitié, autre que feinte, aguetante, et en continuel soubçon, envie, et jalousie. Que si on veut mettre en jeu le train et conduite des armes, se trouvera que le Prince de ce pays mettoit sus, et en moins que rien, douze cens maistres bien montez, et couverts de ces grosses et fortes cuirasses, telles qu'on void au Chasteau de Nantes, (place autant bien armee, qui soit en ce Royaume) et plus de six mille autres de cheval, et trente mille hommes de pied, menez et conduits par les Cadets et puisnez, ausquels, comme entre les Suysses, estoit permis tuer sur le champ celuy qui eust tant peu fust branlé et fait contenance de fuir. Aux montres des arrierebans estoient les Gentilshommes d'ancienne race, separez et à part, qui pour mourir n'eussent souffert que les ennoblis, ou autres ayans permission acquerir fiefs nobles, qui estoient en autre bande et regiment, se fussent joints et approchez d'eux au combat, afin et pour ne confondre la vaillance des uns avec le bas cœur et inexperience des autres. Ce qui a fait qu'en ce jour les arrierebans composez de valets des nobles qui dedaignent, peu exceptez, marcher avec ces sentans encore la charrue et boutique, ne valent plus qu'à doubleure, comme ne rendans aucun combant[1] : ce que nous avons veu arriver de nostre temps. Les roturiers, bourgeois, et autres du tiers estat, vivoient en la beauté et liberté de leurs trafiques, ouvrages et

---

1. Faut-il lire combat, comme M. Guichard ? Je ne crois pas. Je proposerais combattant.

negotiations, sans estre foulez, et moins accablez
de daces¹, et autres tailles que celles qui estoient
d'un commun consentement accordees au Prince
pour ses pressez et urgens affaires, selon les traitez
jurez et privileges du pays. Qu'Eutrapel à ceste
heure avec ses moustaches cordees apporte icy
ses contredits accoustumez, je croy qu'on parlera
à luy, et à sa cornette, avec les grosses dens.
D'où vient cela, dit Eutrapel, que ces coquins de
vieillards sont tousjours en leur histoire, sur les
triomphes et magnificences de leur temps passé?
Lequel j'ose afermer, et sera ainsi trouvé, n'estre
en rien comparable à celuy de present, de quel
costé qu'on le vueille prendre. Car si vous regardez l'estat de la guerre, il y a aujourd'huy
plus de Ducs, Comtes, et Marquis, qu'ils n'y
avoit lors de Chevaliers de l'Ordre : plus de
Chevaliers, que n'aviez de Capitaines, et plus de
Capitaines, que n'estoient lors de soldats : plus
de gens lettrez et doctes de la moitié, et qui savent au vray et sans sophisterie discourir et grater
le fond de toutes disciplines, desquelles vous en
vostre beau temps n'aviez decouvert que la
crouste et superfice². Et pensez qu'il faisoit bon
voir y a soixante et dix ou quatre vingts ans,
comme j'ay ouy conter à l'hoste de l'Escu de
France d'Orleans, qu'en icelle ville n'y avoit
qu'un seul sergent royal, exploitant : lequel pour
ne gaigner que peu ou rien, mouroit de faim en
son estat, fut contraint apprendre nouveau mestier, ayant neantmoins sa gaule ou baguette

1. Impôts. *Dace* signifie proprement don, de *datio*. Le *dacier* était le collecteur des tailles.
2. Pour superficie.

pendue à sa boutique, pour ne manquer à estre destitué de tel precieux joyau. Et tout de mesme quand le Seneschal de Rennes, seul Juge, tenoit ses plaids botté et esperonné, la perche joignant sa chaire, pour y attacher son espervier : ainsi que racontoit ce venerable Michel Chanviry l'avoir ouy dire à son pere. Je me rens certain que en ce Royaume y a plus de vingt mille Juges et Sergens Royaux, sans y comprendre les Advocats, Greffiers, Procureurs, et autres personnes illustres et d'honneur, qui foüettent, trainent, et galoppent la Justice à toutes mains, en nombre de plus de trois cens mille. Quant aux marchans, bourgeois, et autres du tiers estat, le velours et satin qu'eux et leurs femmes portent, et les beaux, polis, et riches meubles qu'ils ont, valent mieux que tout l'avoir de ta regrettee saison. Quant aux grandeurs et pompes Ecclesiasites, semble que depuis le Pape Leon 10. elles s'apetissent et amortissent : toutefois elles portent et se promettent une grande esperance de refleurir plus que jamais. Au demeurant vostre noblesse qui ainsi alloit vicariant[1] et belistrant[2] par les maisons, sans rien paier, à la mode de nos vieux Chevaliers errans, representoit en tout et par tout le pourtrait et image de vrais gueux et espions : brief il est plus d'escus, qu'il n'y avoit en vostre beau siecle de testons. Polygame print la parole, confessant que ceste sainte antiquité congnoissoit bien peu la soie, draperie excellente, autre que celle de la laine de ses bestes, dont ils se

1. Se promenant.
2. Mendiant. C'est le vrai sens de bélître.

trouvoient fort bien, et feront tous ceux qui ont la teste bien faite, sans toutefois bannir ne forclore la bien reiglee et honneste moderation du port des habits convenables et propres à la vocation où nous sommes appellez. Et entant que touche la valeur des choses, abondance d'argent, et comparaison de l'une à l'autre saison, tout bien debatu, se trouvera qu'il n'y a rien dissemblable, pour ce regard : car du temps de Lupolde ce qui coustoit cent sols, vaut ce jour dix livres, ce qui est à cause des pays nouvellement trouvez, et des minieres d'or et d'argent que les Espagnols et Portugais en apportent[1], qu'ils laissent finalement en ceste miniere perpetuelle de France des bleds et ouvrages, de laquelle ils ne se peuvent aucunement passer. C'est l'erreur de celuy, qui ayant fait une fosse, demandoit à son voisin où il mettoit la terre qu'il avoit osté en creusant : qui luy respondit, qu'il falloit faire une autre fosse : ouy bien, disoit le fossoieur, mais où se mettra la terre de ceste seconde fosse ? -il en faut faire une nouvelle, repliqua le voisin. Ainsi en disant que aiant lors cent sols en sa gibessiere estoit autant, que dix francs d'aujourd'hui, c'est tousjours retomber sur soy, et remettre les choses à mesme pris : vrai que tout nostre or et argent tiré par tant d'alambics et moiens, passe fort

---

1. Il est toujours curieux de retrouver les mêmes questions à l'ordre du jour. La discussion à laquelle nous venons d'assister n'est-elle pas actuelle ? Expansion du bien-être, consommation plus grande, métaux précieux plus communs par la découverte des mines d'or, par suite enchérissement de tout et cependant progrès. N'est-ce pas exactement la marche des choses aujourd'hui comme au XVIe siècle ?

subtilement de nos bourses en celle du Roy, dont il ne revient, et de là se va fondre en ce grand monde et Roiaume de Paris, d'où nous vient de la marchandise et manufacture assez, mais pas un liard, pour nous en venir conter et dire des nouvelles ; et se peut dire qu'il n'y a piece de monnoie en toutes les dix sept Generalitez[1] de France, qui ne face une fois l'an son quartier en ceste infinie et très puissante ville, et par advanture garnison perpetuelle.

XXIII.

D'un Gabeleur qui fut pendu.

L'an mil cinq cens cinquante et trois, fut establie en ce pays de nouveau une gabele fort estrange et malaisee à porter, par la sollicitation et memoires de plusieurs personnages fiscaux, qui ne tendent qu'à rendre le Prince odieux à ses sujets, et eux mal affectionnez à son service : et pour icelle effectuer se peut penser quelles gens y estoient convenables et plus duisans[2], car les pires y estoient les meilleurs. Entre autres y fut des premiers enrolez un appellé Chauvel, port'-enseigne des plus debauchez et abandonnez garçons du pays : où il besongna si saintement et en homme de bien, que pour ses concussions, voleries, et malversations, il fut très bien pendu. Lors qu'on faisoit

---

1. C'était le nom des circonscriptions financières entre lesquelles la France était divisée. Leur nombre alla toujours en augmentant. Il y en avait 32 en 1789.
2. Propres.

son procés, luy fut entre autres presenté pour tesmoin une fort honneste femme, de la ville d'Entrain : le Juge n'oublia rien de l'ordonnance, qui est requise en tel cas : demanda à Chauvel s'il la veut croire, s'il la veut reprocher [1]. Je m'en estonne, respond le prisonnier, j'ay bien de quoy la payer. Elle ne sachant que les accusez en ce cas forgent toutes sortes d'injures qu'ils s'entre-aprennent et tiennent eschole par-ensemble, pour jetter à la face des tesmoins qui leur sont confrontez, fut bien estonnee de ce que le paillard avoit dit : et encore plus, quand riant et tirant la langue, il la regardoit entre les deux yeux attentivement, et sans dire mot, pour luy faire par telles sottes et badines gesticulations recevoir une honte, et luy tirer quelque once et espece de cholere, à fin qu'elle eust fait une faute et pas de Clerc en sa deposition et tesmoignage. Elle d'assez haute taille, agee d'un trente cinq ans, avec sa robe à grand'manches (a), femme de bien et d'honneur, peu instruite en tels exploits, luy dit : Et bien, grand begaut, m'as tu regardé assez ? me veux tu acheter ? en veux tu faire une au patron de moy ? car la veue trop arrestee sur un sujet, est une marque infaillible que les esprits et puissances naturelles travaillent, soit à bien, ou mal. Monsieur, s'escria Chauvel, faites escrire, s'il vous plaist, de quelle grace et contenance elle parle à moy, là ! je ne dy mot : cela me sert. Et bien, dit le Juge, passez outre à la reprocher [1], si bon vous sem-

a. Var. : *Grandes manges.*

[1]. Récuser.

ble : car par cy après n'y serez aucunement receu. Je le say bien, dit le prisonnier, j'entens le pair et la couche, j'ay assez passé par telles piques. Où, et quand, dit le Juge ? Je le diray en temps et lieu, fit Chauvel : or escrivez donc, que ce fut d'une dague don [1]. Tout premier elle me hait mortellement et capitalement à cause que cest Esté dernier, comme les Seigneurs de tel et tel lieu (il disoit cela pour faire du galant) et moy boulions [2] en partie par ces chemins là, nous trouvasmes ceste belle beste icy, (voyez quelle troigne elle fait) yvre, tombee, en un fossé, tirant du foin aux chiens à grandes goulees, le cul contremont et descouvert, dont mes compagnons ne firent que passer outre, et s'en rire : mais moy, cuidant bien faire : et survenir à tous accidens et infortunes, comme est ma coustume, luy jettay plein mon chappeau de poudre dedans son carrefour, pour couvrir partie de sa pauvreté : qu'elle lors s'esveillant, prenant ceste courtoisie et charité en mauvaise part (ce sont les grands mercis d'aujourd'huy) luy avoit dit mille pouilles : entre autres que fust ou ne fust, elle diroit quelque matin contre luy choses qui le feroient pendre, que le grand reaffle [3] peust rompre le col à celuy qui l'avoit besoignee plus de deux ou trois fois : au demeurant, la plus honneste garce du pays. Le vilain, en ce disant, estoit si pasmé de rire qu'il en chanceloit sur la selette. La femme d'autre part,

1. A cause d'une raillerie.
2. Jouions à la boule.
3. Ce mot doit signifier *diable*, mais je n'en ai pas de preuves certaines.

les mains sur les hanches, merci Dieu ! que tu as eu affaire à moi ? tu as menti, meschant, bourreau, gabeloux que tu es, si j'eusse pensé j'en eusse bien dit davantage : ce disant, donna un beau soufflet à Chauvel. Mais luy, qui estoit souple, agile, et isnel [1], encore qu'il eust de gros et pesans fers aux pieds, sauta sur elle, qu'il eust lourdement offencé, sans les assistans, qui l'empescherent. Les Juges voians ce procès, s'esbahissoient, estans si près de sa fin, ce qu'il savoit très bien, comme il s'amusoit à niaiser, et prendre plaisir en telles vaines sornettes, et vouloir rire quand il devoit combattre les ennemis qui estoient à la porte, c'est à dire Satan, qui n'objecte en ce lieu que desespoir et finale impenitence, qui sont couvertes en la grace de nostre Seigneur. Eutrapel dit, que par la bonne annee (à propos des gabeleurs) se trouva tant de vin au pays d'Anjou, qu'en plusieurs endroits de la ville d'Angers on en donnoit à qui en vouloit aller querir pour rien, encore en estoient ils remerciez, et qu'ils retournassent [2] le plus viste que ils pourroient : messire Jean Flostulet nostre hoste, *ut adderet aliquid in convivio*, et pour dire, je suis plus habile que les autres, s'advisa aussi user de la mesme liberalité et largesse, faisant crier par gros Jean, qui demeuroit près la poissonnerie, que ceux ou celles qui voudront aller querir du vin à son hostel, en disant *Pater noster* et un *Ave Maria*, en auront tant qu'ils voudront : Chauvel lors archicoupeur

---

1. Vif, prompt ; probablement de l'allemand *schnell*.
2. Revinssent.

de bourses, associé de portefais et gueux de la ville, n'eust si tost avec le commun peuple, ouy ce cry, que tous ne criassent et huchassent au gabeloux, ô le meschant ! qui met une gabelle sur le vin, et la charge d'un *Pater*, et autres gros subsides : il le faut trainer à escorche cul dedans Madame de Sartre [1], comme furent les gabeloux et sauniers du Croisil, qui après estre exenterez [2], estrippez [3], emplis de sel, et le ventre cousu, furent par la truandaille du pays, envoyez au fin fond de la grand' Jument Margot, qui se bride par la queuë. Polygame lors dit, que par les gens expediens les appellations criminelles au Conseil de Bretagne, auquel fut supplanté le Parlement ordinaire le second jour d'Aoust 1554, furent deux Officiers accusez, et depuis convaincus de pilleries, et concussions, et condamnez à la mort. Ce qui leur estant prononcé, le plus ancien recourut aux desolations et complaintes que font telles personnes affligees, besoignant et examinant en ce peu de temps qui luy restoit, le fond de sa conscience. Au contraire le second, comme s'il eust gaigné sa cause à pur et à plein, appella le Geolier, le priant rondement et apertement qu'ils eussent calculé et regardé comme ils avoient vescu, lequel restoit detteur l'un à l'autre : à quelle raison, et depuis quel temps ils avoient conté, et qu'il exhibast son papier d'escroë [4] : le priant luy faire marché raisonnable.

1. La Sarthe.
2. Eventrés.
3. Vidés, comme on dit d'un lapin.
4. D'écrou.

Le papier, gettons, plume, et ancre aportez, commencerent à batre fort et ferme sur leur compte, et principalement en quelques diners et colations que luy mescontoit le Geolier, ainsi qu'il disoit. Le geolier se defendoit de l'ordonnance des prisons, par laquelle la serviette tient le lieu et place des absens. Le condamné repliquoit cela avoir lieu seulement aux hosteleries, lors qu'on a dit au matin qu'on viendroit disner ou souper : Il ne rabatoit point les gibiers que sa femme luy avoit envoiez. En tout evenement, Messieurs, parlant aux Commissaires, qui luy avoient prononcé l'Arrest de mort, y eschet compensation : mes heritiers n'ont que faire de telle dispute, je ne veux point qu'on crie sur mes actions quand je seray mort. Tandis le bourreau estoit derriere, qui luy chatoilloit le collet de sa chemise, luy attachant une corde au col, avec plusieurs oraisons et suffrages, dont il solicitoit ce pauvre contable à remercier les saints et terribles jugemens de Dieu. Ha vertu sans jurer [1], dit il, monsieur nostre maistre, que tu m'as fait grand' peur avec tes mignardises. Mon amy, disoient les Commissaires, laissez telles folies, pour recongnoistre vos fautes, les accusez devant ce haut Dieu, qui est pront à pardonner, pourveu qu'on y procede sans feinte, et en saine conscience, avec la restitution des biens mal acquis. Comment? Messieurs, disoit le condamné, nous ne sommes en debat de cela : je demande que mon hoste le geolier cy present paie pinte, pour avoir conté sans vin, contre les

1. Pour ne pas dire *Vertu Dieu* qui eût été un juron.

statuts de toutes prisons et hostelleries, et avoir esté de tout temps immemorial ainsi observé, gardé, et jugé en jugement contradictoire. Resolution, il fallut qu'il beust, et escrivit encore trois ou quatre paires de lettres, qu'il ferma, cacheta, et recommanda au messager, comme s'il eust attendu la responce : et disoit aux petits garçons qui couroient, et le conduisoient au supplice, *Infantes* ne vous hastez ja, aussi bien ne ferez vous rien sans moy[1] : voiez l'asseurance melancholique, et digne estre adjoustee au chapitre huictiesme du troisiesme livre de Valere le Grand. L'on dit que Cneus Carbo[2], l'un des lieutenans de Marius, prins en Sicile, et comme on le menoit au gibet, demanda congé d'aller à ses affaires. J'eusse chié en mes chausses, dit Eutrapel, et puis eusse dit que ce fust esté Lupolde. Seneque aussi dit lors que Cavius Julius escoutoit sa sentence de mort contre luy, donnee par Jules Cesar, il jouoit aux eschets avec un sien amy, auquel il dit, Savez-vous que c'est, n'allez pas dire quand je seray mort, que vous m'avez gaigné : et me serez tesmoins, (parlant aux assistans) que j'ay plus beau jeu que luy.

XXIV.

D'un apothicaire d'Angers [3].

En la ville d'Angers y avoit, dit Polygame, un Apoticaire nostre voisin, qu'on appelloit

---

1. Que de fois cette anecdote a été reproduite !
2. Tué par ordre de Pompée, l'an 80 av. J. C.
3. Reproduit par M. Louandre dans les *Conteurs français avant La Fontaine*.

maistre Pierre, et par fois Pierre maistre, parce qu'il prenoit fort grand plaisir estre maistrisé et qualifié : et si ne pensoit, l'homme de bien, qu'il eust à la journee d'un cheval, voire deux, un plus habile, ou qui le secondast[1] en son mestier : combien qu'il n'eust seu dispenser ne mettre quatre simples ensemble, et le plus beau de son mestier, estoit à faire l'hypocras, et louer des accoustremens de masques. Toutefois pour demeurer ordinairement sur la besoigne quarré et asseuré en sa boutique comme un neurtrier, sonnant dessus son mortier la Mouliniere de Vernon, ou la Deffaite d'un pain de seigle, à quatre personnages, et autres carillonmements empiriques et spagiriques, entra en tel credit et si haute reputation du commun peuple, qu'il n'y avoit chambriere, qui ne s'estimast bien fiere d'avoir marché avec luy, menaçant sans cesse les marier, et qu'il savoit bien leur fait, en avoit desja jetté quelques mots à la volee et en passant : mais qu'il falloit un peu attendre, que les ponts de Cé ne furent faits tout en jour, que tout iroit bien, et que l'on verroit beau jeu, si la corde ne rompoit. S'il vendoit pour un double d'huile ou raisin, il menoit un bruit, comme s'il eust vendu autant de drogues en gros, que les Pepoli de Raguse, ou les Pihiers de Couetils à Melesse[2], à l'ouir se haut-

---

1. L'égalât.
2. Melesse est un gros bourg du canton de Saint-Aubin d'Aubigné. Les Pihiers étaient des négociants des environs. Le couëtil était une mesure que je ne connais pas. V. aux *Mémoires du Parlement de Bretagne* un arrêt du 30 mars 1555 qui réforme un jugement par lequel Bonnabes Pihier

louer, et raconter ses sens, literature, et preud'hommie et experience, comme il avoit demeuré à Saumur, et travaillé à Nantes : mais qu'il n'y avoit gueres esté, attendu les harens frais du port Briaud Maillard : vous eussiez aisement et sans autre forme ne figure de procés jugé que ce n'estoit qu'un sot. L'un de nos compagnons appelé Gringalet, voulut un jour descouvrir plus au long l'impudence de ce galant, comme les bons esprits font perpetuelle guerre à l'ignorance, et à la gloire sa compagne : et passant et se promenant à pas mesurez et esloignez vis à vis sa boutique, ce maistre aliboron ne faillit incontinent, comme font les fripiers de Paris, qui sont à la plus part Juifs, à tirasser Gringalet par la manche de son manteau, et que vrayement estant homme d'apparence il gousteroit de son bon vin. Le marché fut aisé à faire, et Gringalet et ses associez, lesquels de la rue il retenoit tout exprès, avoir mangé quelques olives et beu le coup, arraisonnent maistre Pierre (car le mot de sire ne luy estoit encore convenable, pour n'estre que garçon, et non marié) louans et magnifians l'assiete de sa boutique, et l'heur que c'estoit à ceux de la rue, d'avoir un tel voisin qui avec son mortier regaillardissoit tout le quartier, y sonnant et jouant toutes especes de chansons, aussi bien ou mieux qu'à Saint Thomas du Louvre à Paris : et pensez vous, se tournant vers ses compagnons, que les medicamens ainsi pilez et battus musicalement n'en soient pas de meilleure opération. Ho ma foy, respondit l'Apo-

avait été taxé à tort « à 10 sols par chacune charge de couëtils achetés hors la ville de Rennes. »

thicaire, avec un demi-ris fourchu, et enveloppé entre les moustaches, sauf vostre grace. Nos laquais, disoit Gringalet, avec lesquels il n'y a que perdre, car c'est argent contant, ne sauroient plus commodement, et, quelque chose qu'il en soit, avec moindre despense, aller querir figues, raisins, et autre marchandise Latine [1], que ceans. Item qu'un marchand sorti [2] et equippé de tout comme vous, ne peut au long jamais demeurer en arriere, et faillir à faire son profit. Pensez vous, repliquoit le vaillant homme, grossissant et enflant sa voix, crachant à quartier d'un accent pointu, que j'aie perdu mon temps, comme j'en congnois qui, par maniere de dire, ne sauroient avoir donné de droit fil, ne en ligne directe, un clistere, un Anditotarim, Mellusine, la Legende Vigo [3]. Vous avez, dit Gringalet, de la droguerie autant que marchant de deçà d'outre, et vos boëtes bien peintes par dehors : avez-vous point de famillie *herciscande* [4]? un simple fort excellent, ainsi que mon hostesse (c'est icy près la Trinité) m'a dit pour avec un peu de *finium* (a) *regundorum*, bien destrempez ensem-

a. Var. : *Frujum*.

1. Fruits secs. C'était l'Italie qui était alors l'entrepôt des marchandises tirées de l'Asie mineure, comme les figues, et de la Grèce, comme les raisins secs.
2. Assorti.
3. Du Fail fait dire ici à son apothicaire ignorant des sottises. Il faut donc conserver *anditotarim* au lieu d'*antidotarium*, *légende* de Vigo au lieu d'*onguent* du même, Mellusine au lieu de quelque autre chose que je ne vois pas très-bien. La plaisanterie se continue dans famillie herciscande, qu'il croit comprendre, dans Hipocras pour Hippocrate, etc.
4. *Familiæ herciscundæ*, partage de biens.

ble, guerir une colique en l'instant. Si j'en ay, respond l'Apothicaire, ouy *perdiem*, du plus beau, et du meilleur qui fust à la Guibrai[1] dernierement : et n'y a pas longuement (ce disant il montoit en l'eschelle de sa boutique pour chercher) combien y a il, hau Jean, que tu en vendois à Perigaut de la Guerche pour un bel escu ? il m'est advis que nostre maistre Hippocras ou je ne say qui, je n'estudie plus gueres, les affaires detourbent tout, en a escrit sur les elegances de Roland et Olivier. Allez vous y frotter, dit Lupolde, et vous submettre à la miséricorde de ces maistres fols, avec leur *qui pro quo*, dont ils abusent le peuple et sa bource : car ce qui vaut cinq sols ils le vendent vingt, sans estre controllez ne policez[2] sur leurs marchandises. Faut croire que ce venerable, à fin de ne bourder, et estre recongneu pour estourdi et ignorant qu'il estoit, eust mis au lieu de ces beaux mots du droit Civil, significatifs de la maniere de deviser et partager les heritages, quelque vehement diagrede[3] et laxatif, et puis, adieu Fouquet. Car les Apoticaires en sont venus là, qu'ils ne veulent souffrir que les Medecins voient les ingrediens de la medecine ordonnee, disans qu'on leur feroit tort, si on ne s'en fioit en eux : Mais ils ne savent qu'ils di-

---

1. A la foire de Guibray, grand marché pour l'ouest de la France pendant le moyen-âge et la renaissance. On n'y vend plus que des chevaux.
2. Surveillés.
3. C'était le nom de la scammonée et des préparations purgatives dont elle formait la base, associée au jus du coing, à celui de la réglisse, ou aux vapeurs du soufre.

sent, et errent en cela, comme aussi aux plantes et graines nouvelles qu'on leur apporte, leur attribuant facultez et puissances admirables, où ils ne trouvent rien du tout. Tesmoin un Droguiste de Lyon, qui envoya à feu Champenois docte Apothicaire de Rennes, un fardeau de bled noir, appellé en aucuns lieux froment noir ou Sarrasin, avec entiere description de ses qualitez mirifiques, et le prix, qui estoit d'un escu la livre. Mais la piperie congneue, on luy renvoya son paquet, et que s'il en vouloit envoyer querir, il luy en fourniroit dix mille charges de cheval, à un escu piece. Car à la verité, sans ce grain qui nous est venu depuis soixante ans [1], les pauvres gens de ce pays auroient beaucoup à souffrir, combien qu'il amaigrisse fort la terre. Vostre maistre ou sire Pierre, dit Eutrapel, fut depuis marié, et ceux qui s'en meslerent, la luy baillerent belle, mais quand la Cour vint à Angers, et qu'un Grand fit convier les femmes de la ville, entre autres la sienne, estant des premieres au brevet [2], pour aller le soir au bal, qui estoit dressé en la grand' sale de l'Evesque : Il fut bien estonné, sachant assez que par tel adjournement et assignation on y danceroit la dance du loup la queuë entre les jambes, et le bransle, *Tant vous allez doux, Guillemette.* Ce fut à luy aller au devant par derriere [3], contre

---

1. Le blé noir n'est donc cultivé en Bretagne que depuis le commencement du XVIe siècle. Il venait d'être introduit en Europe, venant d'Asie, à la fin du XVe.
2. L'une des premières sur la liste d'invitation.
3. Jolie expression pour dire : parer au danger par des moyens détournés.

ceste embuscade, et y pourvoir en diligence, comme il fit de galant homme, et nullement lourdaut, ainsi mesme que depuis il fut jugé par les auteurs de l'assemblée. Dire, elle n'y ira pas, il n'eust osé, venant la priere, qui est un commandement, de trop haut : joint que ma Dame l'Eschevine la Quichie, ainsi nommee à cause d'une closerie appellee Quichy, du nom de laquelle son mari se souffroit appeler, et un autre grand' liste de madames y seroient, c'est la façon de prendre un cheval farouche, que d'amasser tous les vieux chevaux du village. Mais voici le bon tour : M'amie, dit il à sa femme, je veux bien que telles et telles invitees comme vous, sachent outre estre la plus belle et agreable de toutes, vous soiez davantage jugee estre femme d'un brave Apothicaire, qui entend les parfums, afin que si quelque Seigneur vous baise : vous aiez l'haleine plus douce et soëve [1], que pas une de vos compagnes : et sur tout, gardez bien la trape d'embas. A quoy elle obeit très volontiers : car qu'est ce que les femmes ne feront pour estre dites et veues belles : et avala trois petites pillules, bien odoriferantes, mais des plus laxatives de la boutique, baillees si à propos, et les heures et espaces de leur operation si dextrement mesurez et compassez, que sur les neuf à dix heures du soir, comme elle dansoit en la main d'un Grand, qui luy contoit des nouvelles de la Cour : *Scholasticus*, disoit Balde, *loquens cum puella, non præsumitur*

---

1. Au masculin *soaf*, *souef*, *soé*, doux, agréable, que nous rendons par *suave* qui a les deux genres.

dicere Pater noster, commença, changeant de contenance, à gehenner ¹ et estreindre les fesses, car la taupe bechoit tant, que finalement le sac fut deslié, le tonneau defoncé, et belle merde, *Gallicè loquendo*, par les places, tous s'estouppans le nez reaument et de fait, et non imaginairement et par fantasie, comme un certain Conseiller, qui regardant sur le bureau la figure d'un privé, dont estoit cas au procés, s'estoit bousché le nez : ou bien d'un President de ce temps (mais c'estoit par galanterie, et trait de bon esprit) qui dit à l'Advocat du Roy, plaidant un port d'armes ², et pour le rendre plus criminel, faisant contenances et gestes des mains, comme s'il eust voulu tirer d'une arquebuse : Gens du Roy vous blecerez quelqu'un, haussez vostre harquebuse. Il y en eut en ce vacarme merdeux de bien trompez et d'abusez, et fut (la verité de l'histoire bien connue) d'oresnavant maistre Jean appellé Sire, à pleine bouche, et estimé l'un des plus advisez de tout le pays. Vray que les femmes le regardoient de travers en passant car il avoit accordé avec la sienne, par une transaction qu'il portoit au fond de ses chausses : mais il ne s'en soucioit pas, alleguant le Concordat,

> *Maudit soit il qui fit amours,*
> *Qu'il ne les fit durer tousjours :*
> *Et ainsi va le monde,*
> *Quand l'un descent, l'autre monte.*

1. Serrer.
2. Dans une affaire de délit de chasse.

XXV.

Des Escholiers et des Messiers.

Dictes nous verité mon neveu, mon amy (disoit un Gentil-homme à un sien parent, revenant des Escholes de Paris) ne mentez point, avez vous tousjours estudié, c'est à dire aucunesfois, au moins deux ou trois heures le jour ? comme est il allé de vostre procés avec les Messiers et gardeurs de vignes ces vendanges dernieres ? l'on nous a rapporté (mais ce sont hommes qui se jouent ainsi, et qui ont envie de parler) que vos Offices et Partitions de Cicero y estoient demeurees pour gages, et qui pis est, je ne le puis pas bonnement croire, c'est qu'ils vous avoient renvoié, sans haut de chausses, et le chapeau perdu et confisqué. Monsieur mon oncle (dit le jeune homme, en hontoiant et rougissant, marques et intersignes d'un bon naturel) si je n'ay estudié et satisfait à mon devoir, comme j'y estois tenu, à tout le moins j'ay fait ce que j'ay peu : C'est assez, disoit un ancien, d'avoir voulu et essaié choses hautes et difficiles. Au regard des Messiers, je vous en dirai rondement et à la bonne foy ce qui en est, encore que, peut estre, il se pourroit faire mieux ne s'enquerir tant curieusement de plusieurs petites choses, qui se passent parmy la jeunesse, et qui, pour estre la plus part mal rapportees, troublent aigrement l'entendement de nos parens. Verité est, qu'un jour de Jeudy (ouy, dit Eutrapel, car

In die Jovina nunquam fit lectio bina [1]) nostre maistre nous permit aller esbatre et jouer aux champs, confinant neantmoins et designant les voyes et chemins que nous devions tenir, parce, disoit il, que vous estes à Paris, lieu estrange, où il vous faut traiter et gouverner sagement avec grand' mesure et en enfans de bonne maison. Vous avez affaire à un bon peuple, et qui vous aime : mais gardez sur tout à ne le tromper en ceste honneste familiarité où il vous reçoit. Ce que vous ferez, vous jettans en leurs vignes, desrobans leurs raisins, faisans plusieurs degasts, debausches, et outrages, comme les enfans mal instituez et nourris ont accoustumé faire : et en ay connu, disoit il, de tellement mal nais, qu'ils aymoient mieux avoir quelque chose par une malicieuse finesse, que le poursuyvre honnestement, et avec estat, vos études sont là resolus et arrestez : pour autre chose n'estes icy envoyez, et ne vous aporte autre profit la lecture des livres, que pour aprendre n'estre mal faisans, haïr le peché, et informer vos ames et esprits d'une bonne et sainte pasture d'actes genereux et de vertu. Donc me fiant de cela, voire de plus grande chose en vous, je me pourmeneray icy au long des Chartreux [2], avec autres mes coëgaux et compagnons, tandis que vous prendrez là et ailleurs aux environs vos petits esbats et passe temps. Nostre inten-

---

1. Justification des vacances de l'après-midi du jeudi. On lit dans plusieurs éditions *sit* pour *fit*.
2. Nous sommes ici dans les vignes du sud de Paris, en avant des faubourgs Saint-Marceau, St-Jacques et Saint-Germain.

tion et deliberation estoit telle, mais l'un de nos compagnons nous faisant les affaires d'autre volume que nous n'esperions, nous fit tous entrer en une grande vigne là près, pleine de beaux et murs raisins, où en l'instant nous fusmes prins et saisis par cinq ou six gros ribauds de Messiers et Sergens qui nous espioient, couchez sur le ventre, et lesquels se ruans sur nous à grands cris et hurlemens espouventables, nous menerent en toute solennité devant le Juge de Saincte Genevieve, ayans la teste liee et entortillee de branches de vignes, et plusieurs autres attachees à nos ceintures, et les manches de quelques uns plaines de raisins liees par le bout : et (a) ainsi qualifiez et equippez nous entreregardions, plorans, ressemblans à ces peintures de Bacchus, accusans la faute de luy qui nous avoit conduits en ce bel exploit, et qui avoit bien seu gaigner le haut ; adjoustans pour nostre justification, qu'il nous avoit donné à entendre que les vignes estoient à un sien oncle, et que tout le surplus estoit l'ancien patrimoine de l'Université et Escholiers, lesquels par une longue succession d'annees, par souffrance et honneste patience s'estoient laissé ravir et perdre les droits qu'ils y avoient, comme son hoste du Porc-espy lui avoit conté plus au long. Au moyen desquelles volontaires et franches declarations et confessions, les Officiers qui bien savoient de quel bois on se chauffoit en ce pays Scholastic, nous renvoyerent à nos maistres. Voila, Monsieur mon oncle, ce que je vous puis dire de ce qui

---

a. Var. : *et qui.*

se passa en ces premiers ans : mais si j'osois vous rechercher de vostre jeunesse, on y trouveroit des coups d'espee, et une longue liace de folies, et vous m'accusez avoir mangé du raisin, qui me fut bien cher vendu. Qui n'auroit eu pitié de ma jeunesse, dit l'oncle, il y a long temps qu'il ne seroit nouvelle que de ma mort funeste, lamentable, et honteuse : et seroit un merveilleux deluge, si tous ceux qu'on envoye aux Escholes, en revenoient doctes et savans. Tesmoin la bonne femme, qui demanda si une grand' troupe d'Escholiers qu'elle voyoit se pourmenans et jouans aux prairies d'Orleans, seroient tous Advocats : Mon Dieu ! dit elle, si cela est, tout est perdu et ruiné, nous n'en avons qu'un en nostre village (c'est trop de la moitié) qui nous fait plus de mal, que tous les quatre Mendians ensemble. Comment, dit Eutrapel, fut ce toute la revanche que vous autres seigneurs Escholiers eustes de telles et si audacieuses braveries ? De mon temps, dit Polygame, il en alla bien autrement, lorsque ce très docte Grammairien Turnebus[1] lisoit au College Saincte Barbe le troisiesme de Quintilien : Car une bande et compagnie de bonnetiers du faubourg S. Marceau, joincts et adherez à ces beaux Messiers et gardeurs de vignes, nous ayans empoigné et

---

[1]. Adrien Turnèbe ou Tournebœuf, né aux Andelys (1512-1565), professeur à Toulouse et à Paris, directeur de l'Imprimerie royale pour les livres grecs. Nous avons déjà cité deux vers de Ronsard où il est nommé. On trouvera dans le même poète une pièce *sur le trespas d'Adrian Turnèbe*, lecteur du roy, l'honneur des lettres de son temps. T. VII de l'édition de M. Prosper Blanchemain.

prins sur le faict, prenans et pillans comme Estourneaux des raisins, outre ce que l'Escriture saincte en permet, qui est honnestement et discrettement, nous y batirent et froterent très bien nos espaules, quelques remonstrances que seussions alleguer, que par nos chartres et titres estans aux Mathurins tous les vignobles et pays adjacens de Vauberd [1] fussent à nous et propres à l'Université. Jamais à la bataille de Cerisoles, où je fus sous la charge du Capitaine la Mole, qui y demeura, ne furent trouvez tant de corselets, harquebuses, piques, morions, et halebardes des Imperiaux esparses cy et là : comme l'on vit à ceste grosse rencontre de vendanges (il la faut ainsi appeler, et non bataille, d'autant que le canon ne joua) de Terences, *de octo partibus* [2], de Pelissons [3], *pro Milone*, de Bucoliques de Virgile, et escritoires là delaissees, à ce chaud alarme. Mais devant le mois estre passé l'Université, toutes les chambres assemblees, avec bastons ferrats, et non ferrats, soustenuë d'un Regiment d'Imprimeurs tous hauts à la main, se jetta sans autre recognoissance, sur ces maistres bonnetiers et associez, qui renversez et rendus fugitifs, tous leurs outils, chaudieres, broches, et autres instrumens furent cassez, brisez, et abatus : qui a donné occasion aux

1. On a dit plus tard Vauvert et c'est ainsi que l'écrit l'édition de 1732. On connaît le diable Vauvert et les légendes à son sujet. L'emplacement des vignobles cités était celui sur lequel s'est bâtie la rue d'Enfer vers Montrouge.
2. Petit ouvrage extrait de la Grammaire de Terentius Varro.
3. J. Pellisson abrégea la Grammaire latine de J. Despautère.

chapeliers de se faire subroger aux droits des bonnets, l'usage desquels est bien endommagé. Lupolde dit se souvenir qu'en la maison de Basoges en ce pays, y a un fort beau et grand bois de haute fustaye, dans lequel y avoit un Corbin y faisant tous les ans son aire, signification et note de l'antiquité du bois où tel oyseau veut naturellement habiter, avec un grand ayse et plaisir aux laboureurs voisins, parce qu'il chasse et fait vuider les Corneilles et Chouëttes d'alentour les champs prochains et ensemencez. Mais quelque longue possession que ce Corbin peust alleguer, et se fust maintenu, si trouva il un beau matin, au retour de sa commission, son aire rompue et brisee par une infinité de Corneilles : tellement que se voyant deniché, et ses ennemys impatronisez et faits maistres de la place, se retira on ne sait où, avec ce qu'il avoit de poisson prins. Le Seigneur de l'hostel, homme recognu et plus regretté pour ses louables vertus et grandeur, dont il egaloit les premiers de sa saison, fut grandement fasché de la perte de son Corbin, essayant en toutes sortes, mesme à force de harquebuzades, chasser ce maudit bestiail, mais en vain, car tant plus il les tourmentoit, plus y abondoient : ce qu'il laissa, et fut contraint de quitter tout. Mais ne tarda un mois que ce maistre Corbin, accompagné de plus de cent autres, fut veu un beau matin brouillant, tracassant, jettant les œufs de ses parties adverses par terre, rompant leurs nids, et faisant un terrible mesnage sur icelles à coups d'ongles et de bec : si bien que la pluspart y demeurerent mortes sur le champ, et les blecees pendues aux hayes et buissons. Dequoy les renards, qui estoient sur les ailes, et aux escoutes, *fecerunt magnum festum*, et de bons repas, et ainsi fut reintegré ce pauvre spolié en ses premiers grades et libertez, aussi bien que vous autres Messieurs les Escholiers.

XXVI.

Disputes entre Lupolde et Eutrapel.

Tu sais bien, dit Lupolde à Eutrapel, que je te menay premier à Paris, et tel y a esté, qui ne sait pas decliner *Paris:* tel en a veu les murs, qui ne sait pas decliner *domus*. C'est rimé joyeusement et les pouces à la ceinture, dit Eutrapel, qu'en arriva il ? les vignes pour tout cela furent elles gelees ? Le me contestes tu (poursuyvoit Lupolde, qui estoit long en ses repliques) as tu un *alibi* bien cordé, coarcté [1], et bridé ? veux tu proposer payement par argent, quittance, erreur, ou autrement ? parle, si tu es de par Dieu. A ce drap cousturiers (rioit Eutrapel, s'addressant à Polygame) une Iliade et pleins paniers de Chiquanerie, que celuy qui souffle au fond de mes chausses, te puisse servir de cache museau, beau sire : si ne veux je pourtant entrer en aucun soupçon d'ingratitude, en l'endroit de ce maistre papelard icy, confessant qu'il cuydoit bien besoigner : Il me conduisit à Paris, à la veuë de laquelle onc Tityrus en Virgile, ou Pâris Alexandre

1. Lié.

faisans leurs premieres issues de leurs bordes [1] et cases champestres, ne furent tant esmaiez et esbahis. Lupolde me disoit, Voila les grosses cloches de nostre Dame et la venerable statue de maistre Pierre Cugnet : icy est cest horrible mange-chair le cimetiere sainct Innocent, *ecce montem acutum* [2], où jadis nostre maistre Antoine *Tempestas* [3] : tonna si topiquement voicy le domicile de *Majoris* Sophiste, s'il en fut onc : icy est le lieu où Dom Jean Margoigne fit sa tentative : et plus bas où Caillard ce docte Grammairien d'Amaulis accorda Maudestran et Tartaret debatans s'il faut prononcer *michi* ou *mihi*. O Université, qui autrefois empeschois à tous propos les Ordonnances du Prince, sortant hors les gonds de ta fondation, si tu n'y avois apposé ton contrescel et la main peinte du *sigillum Rectoris*, Dieu ayt l'ame de maistre Jean Frigidi, et sa voisine la Pragmatique Sanction, c'estoient d'honnestes gens : comme aussi estoit Guillaume Hervé de Clays, lors qu'il harangua à plate cousture, contre les premieres et secondes intentions enclamees (*a*) au haut bonnet de la sophisterie. Mais la plus grande estocade que je receusse, fut quand m'amusant à contempler les enseignes pendantes aux ruës, je m'ouy appeller Jean le Veau, Martin le sot,

---

a. Var. : *enclouees* (1603).

1. Maison isolée, petite métairie.
2. Le Mont Aigu. Le collége de Montaigu se trouvait en haut de la montagne Sainte-Geneviève.
3. Pierre Tempeste, régent du collége. « Tempeste fut un grand fouetteur d'escoliers, » dit frère Jean au c. XXI du livre IV de Pantagruel.

Turba gallochiferum ferratis pedibus ibat.

Galoches pieds ferrez y couroient à grand' bandes : et autres injures qualifiees de monnoye courante, et du grand party. Mais depuis que j'eus hanté les lieux d'honneur, la place Maubert, les Hales, l'Eschole de la Greve, la Pierre au lait[1], les Docteurs complantatifs[2] d'icelle, couru tous les basteleurs de la ville, et assemblees des enfans perdus et Matois : je fus un maistre galant:

Quantum mutatus ab illo !

Et combien au lieu d'une honneste modestie et assez bon commencement aux lettres que j'avois apporté, furent en peu de temps transmuez en debauches, dissolution, et corruption de mœurs. Je trompois le bon homme (a) Lupolde, qui portoit la bource, et qui hapoit par toutes les lectures le plus qu'il pouvoit, luy donnant à entendre l'achat des livres, habillemens, de chausses, souliers, et qu'il falloit quelque chose pour la paume, et pour hanter les bonnes compagnies: ce qui autrement me rendoit honteux, entre autres en l'endroit d'un jeune homme fort docte, et bien instruit, demeurant au faubourg saint Germain, apellé Gonin Turin : lequel pour estre mon compagnon d'estude, et de grand'maison, je ne pouvois honnestement frequenter sans argent. Lupolde se plaignoit de si cousteuse frequenta-

---

a. Var. : *de.*

1. Dans le centre de ce qu'on appelait alors *la Ville*, quartier de Saint-Martin-des-Champs. La rue s'est appelée Pierre Allart, Olard, Aulard, au Lard, au Rat et enfin au Lait.

2. N'y a-t-il pas là une équivoque sur *contemplatifs*.

tion, que je n'en bougeois soir ne matin, et qu'il n'y avoit argent qui ne s'y en allast. Mais voicy le trebuchet où je fus prins : car le jour saint Yves, jour fatal, et devot pour nous autres Bretons[1], Lupolde ne fut des derniers avec les autres Pedans, Regens et Fesseculs de la nation à banqueter et boire à la mode du pays, et puis continuans la rubrique, à jouer à belles cartes, au flus[2], à premiere[3] : où Lupolde regardant les cartes, trouva son Gonin Turin, qui est un valet de Treffles : O per Dieu, dit le preudhom, parlant à ma barrette, voicy vostre compagnon, client, que vous visitez si souvent, bien, bien, il faut cocher sur la grosse taille. Une autrefois nous promenans sur les fossez Sainct Jaques, passans devant la porte où y avoit une garce en mue, accoustree en garson, je demanday à un laquais estant à la fenestre : Maistre Jean est il là ? ouy : et que faict il ? elle file, dit il. Sang-bieu de bois, dit lors ce Sophiste, que tu as d'intelligences et cognoissances par pays, asseure toy que tu n'auras argent desormais que par le petit fausset[4]. Ce maistre Monsieur icy (dit Lupolde, qui estoit bien ayse se voir contrefaire) me demandoit sans cesse si son pere avoit deliberé de le marier, ainsi que luy avoit dernierement dit le messager : et de faict, comme la jeunesse se persuade toutes

---

1. Saint Yves était breton et patron des avocats et jurisconsultes.
2. Pour gagner, au *flux*, il fallait avoir la plus grande suite de cartes de la même couleur.
3. Même jeu que la *prime* qui se jouait à quatre.
4. Le moins possible, comme le vin tiré au fausset vient en petit jet.

choses fausses, aymant par fantasie mesmes les bastons coiffez, et embrassant les nues, fit tant par ses menees, que me laissant (car j'estois Boursier au College du Plessis) s'en retourna à ses parens. Cela est vray, dit Eutrapel, dont je me suis repenty depuis plus de cent fois, mais

Fol ne croit, tant qu'il reçoit :
Après le fait sage Breton.

Je fus deux ou trois jours caché devant me monstrer, mais assez benignement recueilly, après quelques prefaces et rabrouemens, et advertissemens en Droit, fut tout à propos dressé un festin pour savoir et entendre de mes estudes, et comme j'avois profité : lieu propre pour bien recognoistre la grace, la contenance, et tout ce que fait un jeune homme. Les chappeaux n'estans encore beaucoup en usage, avois le bonnet quarré, la robbe à haut colet, la chemise froncee, l'escarcele sans beaucoup de ce qu'on met dedans, sur la hanche, et ladite dague tout joignant de peur des mouches. Les cheveux broüillez et refrisez : et tout honteux avec une reverence courbee à la Franciscane [1], saluay la compagnie, me laissay plusieurs fois commander me seoir : finalement joignant une multiplicité d'excuses aux importunitez, demeuray taciturne et bien niais, jettant bassement ma veuë d'un costé et d'autre, mettant la main au plat comme de guet à pens, et à grande cognoissance de cause : que pleust à Dieu, disois je en moy mesme, estre avec les compagnons d'Iservay au petit cabaret des trois

1. Comme les moines franciscains, mendiant.

Poissons au faubourg Sainct Marceau de Paris à ce bon vin d'Orleans. Polygame dit lors, que les amys d'un Poëte de nostre temps luy avoient trouvé une fort riche veuve pour femme, et parce qu'il avoit la teste poëtique et gaillarde, l'avoient averty faire bien du sage à la table, et que pour prendre telles bestes, il faut beaucoup dissimuler, et estre rusé à plus de cent pour cent. Il le promit, mais si n'en tint rien : car au beau milieu du disner qu'on parloit du temps passé, et de la fertilité de l'annee, afin de n'estre veu oisif, mis trois ou quatre morceaux de pain, l'un après l'autre, en sa main gauche, frapant sur icelle de la droite, encoffrant et engoulant ce pain coupé qui sautoit du contre coup joyeusement en sa gorge, disant, Brifaut à moy si tu faux : et ainsi fut le marché despecé. La farce gastee, et la veuve quitte pour ce qu'il luy avait cousté : le Poete aussi delivré d'un grand faix qu'il se voyoit preparé, et de n'ouïr point, Helas ! le defunct n'eust pas fait ainsi, que pleust à Dieu, je ne dy autre chose. Se trouva toutefois une babillarde, bien rebrassee, galoise (continuoit Eutrapel) qui hardiment me consola en tels essais, disant qu'il se falloit un peu resveiller, estoit bien seant et honneste d'estre honteux, signal de bon naturel : mais aussi qu'il estoit requis s'egaier et s'ouvrir aux compagnies, qu'il me falloit marier, et qu'elle avoit ouy parler de deux ou trois belles filles, qui par avanture n'estoient trop loin de là. Cependant tout Escholier et badin je trepignay cent fois par sous la table, mis un pain en plusieurs lopins et morceaux, alongeant parfois et filant mes jeunes moustaches, et faisant une infinité de grimaces physicales, et bien chafaudees. Mais le bon Petrutus des Martingales, pour me soulager, et mettre en mon jeu, me fit plusieurs et divers interrogatoires sur les Colleges, sur les leçons, cherté de vivres,

Multa super Priamo rogitans super Hectore multa,
M'interrogeant sur Hector et Priam :

Et en passant, que valoit la douzaine d'esteufs au tripot de la Caille. Je vien lors, me sentant appuyé et secondé, entrer en matiere fort avant, à tors et à travers, en conter bien espois, et me faire juger par toute l'assemblee, notable et souverain esventé et impudent. Mais iceluy Seigneur de Martingales, qui avoit passé les mesmes destroits, ayant hanté (a) pour tous deux, me retira, pour nous aller promener, et croy que vingt fois chemin faisant, il me tença et reprit, comme il est des plus accorts, de ce qu'à tous propos rehaussois mon bonnet, mignardois mes cheveux poinçonnez et longuets à l'Egyptiaque, me frotois le haut du front, branlois puis de l'un puis de l'autre costé, pour donner meilleure cadence au contour de ma robbe, m'arrestois en pleine rue, là sur le bout des doigts accordant, à me voir, tous Docteurs ultramontains avec ceux de par deçà. Resolution, je m'en retournay à Paris, poussé principalement à ce par des Martingales, qui se plaignoit de nous autres Bretons, qui commencions assez bien nos estudes, mais que nous n'avions qu'une pointe, sans aucune perseverance et continuation. C'est mon, c'est mon, dit

---

a. Var. : *honte* (1603).

Lupolde, tu y revins voirement, mais ce fut pour me derober, avec trois ou quatre autres pauvres Pedagogues, qui avions espargné et reservé quelque escu, pour prendre nos degrez, dont toy et tes compagnons Mattois nous empeschas bien. Ce fut bien employé, dit Eutrapel, car l'avarice que toy et les tiens blasmez si demesurement, fut cause de ton malheur : joint, que nous n'eussions pas eu un rouge double à prest de ces Maistres aux arts icy. Occasion, qu'on leur aprint, à leurs despens, le jeu de la Selle, dont Rablais, ce hautain esprit, n'a fait aucune mention en son Catalogue. L'affaire donc va ainsi : Le petit Lorrain, le Moine, Meruet, sainct Salvadour Gascon, maistre Jean Mery de Pire et Antoine Chrestien Lionnois, tous suppostes de l'Université, et des premiers Eschevins de la Pierre au lait, ayans seu de nous autres leurs disciples, le peu de voisinage qu'il y avoit entre nos maistres et nos bourses, nous promirent, estans à moitié de gain, qu'il ne leur demeureroit un seul liard en leurs gibbessieres pour passer l'eau. A cest effect l'un de nous condamné payer sa bien venuë, et faire la morfe[1], invita aussi Messieurs nos maistres, où tous ensemble en une belle Sale à faire festes, fut faict *gaudeamus* et grand'chere. Comme tous estions assis à une table, voicy Sainct Salvadour et Chrestien qui se mirent à boire à une autre prochaine table : puis ayans bien fermé la porte, s'adresserent à tous, nous disans avoir trouvé en la rue un jeune marchant chargé de plus de deux

---

1. Un repas. Nous avons déjà vu *morfier*, manger. V. du Cange au mot *morphea*.

mille escus, duquel en leur corps defendant, ils en avoient à la carte virade[1], gagné bien trois cens, qu'ils jetterent sur la table, monstrans par un jeu de cartes qu'ils avoient en main la maniere et finesse comme ils l'avoient trompé. Le Moine, Meruet, et le petit Lorrain estans aussi survenus, raconterent comme, malgré eux, ce jeune homme avoit bien perdu contre eux deux cens escus. Antoine Chrestien disoit craindre fort sa conscience, et que volontiers il luy rendroit son argent, pour estre vray semblablement quelque enfant de riche marchand, qui aura desrobé son pere : en quoy et au blasme de tel larcin il n'entendoit encourir, ny estre compris. Sainct Salvadour et les autres au contraire, qu'il valoit mieux que bons compagnons, gens de bien comme eux, eussent cet argent, que quelques ruffiens ou gueux, et que aussi bien il perdroit tout. Comme cest article se disputoit : voicy un grand jeune homme, vestu d'un assez bon casaquin et chausses, frapant à la porte de la sale. Meruet plus pront va entr'ouvrir icelle, et l'ayant refermee, Messieurs, dit il bassement et en l'aureille, c'est l'homme de quoy nous parlions, qui nous cherche pour jouer, que vous en semble ? ouvriray je. Antoine Chrestien, qui avoit faict le difficile et conscientieux, jugea que ouy, puis que tout estoit à perdre. Le voicy entrer, regardant et niaisant par la chambre : Ha, dit il à sainct Salvadour, qui s'estoit emmuselé et caché de sa cape, c'est vous qui avez gagné mon fait : çà, tenez moy bon. Ce disant, il mit sur la table un

---

1. Rabelais cite ce jeu, tout près du lansquenet.

plein sachet d'escus, et en descousit autant de son pourpoint et chausses. Lupolde que voici, et ses compagnons sollicitez par nous et ces beaux survenus, voyant y avoir à gaigner, sans rien hazarder plus qu'ils ne feroient en vingt-ans à battre le texte et la chaire, descousirent aussi de leur part, leurs petits pochons, où reposoit leur argent mignon. Chrestien faisant le Sur-intendant : Et bien mon amy, dit il à ce jouvenceau, voilà cent escus, couchez en autant : ce qu'il fit à grandes poignees, sans autrement conter, et autant en l'endroit des autres, mesmes des Regens, qui avoit par ensemble boursicoté jusques à six ou sept vingt escus, que ils mirent aussi en contrepoids de bien six cens escus, jurans par les œillades que ces bons supposts leur faisoient, y en avoir autant, et qu'ils ne voudroient aucunement tromper. Chrestien disoit, fie toy en moy, comme en ton pere : ce disant et guignans et s'entremarchans sur les pieds, voulans dire, Il est à nous, il est prins : puis aiant Chrestien, après avoir enveloppé et mis tout l'or et l'argent en une serviette, et semblablement comme ce badin regardoit en la rue, renouvellé le jeu, et monstré comme il falloit suposer une carte au lieu de celle qui se devoit deviner, dit ainsi, Mon ami si vous perdez, consentez vous pas que cecy soit nostre ? ouy ouy, respondit il en badinant, et se jouant de sa ceinture : et vous, Messieurs, du pareil, s'il devine bien, voulez vous pas de mesme ? Ha ! mon Dieu ouy, respondirent ils, abboyans ce gros monceau d'or bien lié et garotté en ceste serviette : et cependant enfermez en la table des deux costez, de peur qu'ils ne se remuassent.

Les cartes ouvertes, fut tiré un As de cœur, (il m'en souviendra toute ma vie) et sur iceluy mis une autre carte : mais le paillard d'affronteur va choisir et deviner ce bel As : et s'estre quant et quant saisy de la serviette, descend plus viste que le pas, chacun se regardant en pitié. Les galans qui tenoient les deux bouts de la table, jurans et maugreans, que ce joueur estoit attitré et apposté par Lupolde et ses complices, eux au contraire protestans ne l'avoir onc veu : et ainsi l'assemblee rompue, nous tirasmes, selon nos marchez, bien cinquante escus pour nostre part, lesquels ne nous firent longue compagnie : car deux ou trois jours après les perdismes chez un Provençal, demeurant en la rue sainct Antoine, contrefaisant le devin, ayant femme et enfans, mais c'estoit une grosse maquerelle, et cinq garces accoustrees en chaperons de velours, lesquelles sous couleur d'Astrologie, on alloit visiter, et jouer à tous jeux : y avoit une chambre pour la Prime [1], où les nouvelets estoient mis du costé de la muraille, en l'entredeux de laquelle, derriere une tapisserie percee en certains endroits y avoit un regardeur du jeu, lequel marchant sur pedales, qui respondoient sous le pied des joueurs de l'autre costé, leur faisoit entendre les points de partie adverse : où mes compagnons et moy ne durasmes gueres, et estre bien vray, Farine de Diable n'estre que bran, et choses mal acquises devenir à neant. Et ainsi Lupolde, mon bon amy, fut de nostre ruyne payee ton extreme

---

1. Où l'on jouait à la prime ; le flux et la prime sont les deux premiers jeux cités par Rabelais.

avarice : et ainsi ce grand Dieu se vange de ses ennemis, par ses ennemis : mais tu sais combien de fois je t'en ay demandé pardon, et recompensé en maintes sortes. De ce pas m'en allay aux bandes des gens de pied en Piedmond, où j'eu du mal comme un jeune Diable bachelier et botté. En retournant et revenant en çà, dit Lupolde, avois tu pas le bras gauche plus long que l'autre de demy pied, ratiocinant et haranguant par ces villages, aux bonnes femmes, leur contant tes infirmitez ? Tu es un habile homme, repliqua Eutrapel, et bon sonneur de Rebec, quant à toy, tu fusses demeuré à garder les oyes : mais moy qui ay l'experience de la Deesse Necessité, fis si dextrement mes insinuations et cognoissances, que je ne retournay point en belistre. Vray qu'au bout de la carriere, c'est à dire, quand je fus au bout de mes finances et finesses, je visitois les escoles, où je fessois maistre Laurens Valle[1], et Epistres de Cicero, pour deux ou trois jours, n'oubliant, non plus que les mendians, me recommander et attraper monnoye : qui me rendit sain et sauf jusques à l'hostel, avec l'espee et dague, bien en point : non pas comme toy, qui vendis dès Palaiseau ton braquemard, revenant de Paris, lors que la peur s'y vint loger, à l'enseigne[2] de l'armee de l'Empereur Charles le quint[3]. Je ne

---

1. Laurent Valla (1406-1457), poète et philologue. L'ouvrage que *fessait* ou étudiait Eutrapel était sans doute le *De Elegantia linguæ latinæ*.

2. L'annonce.

3. Cette panique a sa place dans l'histoire. Les troupes de Charles-Quint avaient refoulé l'armée française jusqu'à Meaux et à Lagny ; les Parisiens commençaient à fuir vers

puis comprendre cela, dit Polygame, par y avoir une race d'hommes naturellement Rois, vivans d'un certain Empire et fief dominant, et qui ne se rendent jamais, voire qu'ils soient desarmez de toutes occasions se pouvoir refaire. Ceux qui se meslent joindre et accorder les regards et influences celestes, rapportent telles pieces à l'assiette, faveur, ou disgrace des corps superieurs. L'on dit que Denys le Tyran, nonobstant avoir perdu son pays et ses forces, tenoit l'eschole à Corinthe : signifiant par tel acte, et luy aussi s'en vantoit, que tousjours vouloit commander, là part où il fust, le tout, en despit de ce qu'il apelloit Fortune, et sans flechir sous la grandeur de son naturel. Georges Cleray [1] n'avoit garde aux Jeux et Comedies de Saint Thomas jouer autre personnage que d'un Roy, d'un Empereur, ou de quelque prologue. Que s'il eust voulu en sa negociation et marchandise se charger de *Donats, Cato pro pueris* [2], lequel fut composé par un Moyne de Clervaux, comme il se verifie aux Memoires de Fouque l'Abbé, Capitaine de Fougeres, de Rudimens, et Despauteres, et autres petits et menus livrets, comme faisoient ses voisins, il

---

la Loire lorsque Charles-Quint offrit la paix qui fut signée à Crespy le 18 septembre 1544.

1. D'après ce qui suit, c'était un libraire qui jouait à l'occasion dans les *mystères* donnés par des confrères de saint Thomas analogues aux confrères de la Passion.

2. Les distiques de Caton pour l'enseignement de la morale ont inspiré beaucoup de publications. L'attribution de l'une d'elles à un moine de Clairvaux peut donc être soutenue, mais nous ne savons quels sont les mémoires de Fouque, l'abbé; et nous ne croyons pas qu'il puisse être ici question de Foulques le Grand, abbé de Corbie.

eust bien davantage profité qu'en la vente des Amadis, Lancelot, Tristan de Leonnois, Ponthus, et autres Chevaliers errans Bretons, la lecture desquels me met le cueur au talon : desquels sa boutique estoit autant bien garnie que autre deçà les monts. Il me souvient, dit Eutrapel, que vous, Seigneur Polygame, sollicitant l'heur et honneur des lettres, qu'entre autres commoditez mettiez en avant, s'il arrivoit une soudaine et debridee irruption et venue de quelques gens affamez, comme ce meschant Attila avec sa vermine de bas Alemans, qui concluoit hypoticairement, *Aut cedas, aut solvas*, quittez vos foiers, ou nous tuez : et que la contrainte voudroit que poussez de ceste barbare gent, nous irions habiter nouvelles terres. Vous vous donniez (il en souviendroit bien à Lupolde, mais il a le derriere de la teste peu large[1]) à tous les harquebusiers d'Enfer, mariez ou autrement, que feriez maistre d'eschole, disiez qu'un demi Prebendé en une Eglise, qui n'est obligé aux magnifiques ceremonies du chœur et debats capitulaires, un Prestre negotiant en une maison, un Gendarme en temps de paix bien paié, un Conseiller raporteur seulement de quelques defauts ou legers incidens, un maistre d'eschole tenoient rang solidairement, et chacun pour le tout, aux plus braves assemblees et com-

---

1. Cette localisation de la mémoire dans la partie postérieure de la tête n'a point été acceptée par nos modernes phrénologistes. Mais c'était le sentiment des anciens qui plaçaient l'imagination dans la partie antérieure du cerveau, la raison dans la moyenne et la mémoire dans la postérieure. Dionis, dans son *Anatomie*, rappelle cette opinion en la combattant.

pagnies populaires. S'il y a noces, Monsieur le maistre y sera : un mortuaire, il y chantera : commeres, il y friponnera : un fuseau tombé, il s'y transportera : et par tout honoré : comme le maistre, et aiant sans cesse quelque chose à redire, controller, examiner sur les actions d'autrui. Ne permettiez sur toutes choses, que deux magisters se trovassent en mesme compagnie, *simul et semel, et in eodem prædicamento* : ainsi que grands Princes (disoit de Commines) pour ne recevoir autre et nouvelle opinion, qu'ils ont ja de chacune part imprimee : et pour conclusion, qu'à un homme libre, de bon entendement, et bien nay, rien ne luy peut defaillir, des biens assez. Lupolde se faschoit, luy qui avoit travaillé toute sa vie, encore ne pouvant vivre, et nouer au bout de l'an les deux bouts de sa serviette [1] ensemble. Mais Polygame pour le reconforter, j'enten, dit il, à peu pres les contes d'Eutrapel, mais qu'il vive, et qu'il passe son temps joieusement, il est content, ne se souciant beaucoup ne du temps, ne de la Seigneurie : mais lors que comme nous autres menagers, il aura donné à manger au chien et au chat, il ira bien de sa Philosophie en fumee. Il ne fait cas ne conte de biens, non : car il n'en a, ne le moien, et qu'au jour la journee. L'Empereur Adrien, à qui un Poetastre [2] avoit escrit, qu'il aimoit mieux estre Florus que Cesar, respondit, J'aime mieux estre Cesar, et courir l'espee au poin jusques aux der-

---

1. Nous avons oublié la fin de ce dicton et nous ne disons plus que : *nouer les deux bouts*.
2. Mauvais poète.

niers Alemans, ou essaier la victoire chez les Bretons, qu'un pouilleux et coquin de Florus, marchandant toutes occasions de vivoter aux marmites de Rome, et faire la cour au maistre d'hostel, pour arracher une lippee franche en la cuisine. Et de vray, aucuns de tels Philosophes remettans tout sous la vie journaliere, tiennent escholes, et maintiennent *Avoir* estre un grand peché, qui nonobstant ne sont les derniers à crocheter benefices, et autres moiens advantageux, pour à l'aise du ventre et religieusement philosopher. Innocence [1], qui depuis fut Pape, raconte d'un qui preschoit, et reprochoit la multitude des benefices, et franchement et sans honte la condamna : mais en estant chargé et farcy à outrance, et luy mis sus, qu'en rien sa parole et l'effait ne se sembloient, respondit, qu'au commencement il en parla sans experience, et non instruit du fruit et plaisir qui en vient. Autant en dit Diocletien à un Philosophe, poursuivant exemption de certaine taille, et que sa requeste estoit diametralement contraire à sa profession, qui est de souffrir et patienter toutes choses. Et ainsi Eutrapel avec deux ou trois doigts de liberté, dont il idolatre, se gabionne, fait la guerre à nous autres pauvres gens, qui travaillons jour et nuit, à tirer nostre penible vie, des bouillons et recharges [2] où elle est empestree et arrestee. Mon savoir, dit Eutrapel, eslargissant sa cappe, et se retirant deux pas en arriere, ne despend de la faveur commune : mais d'icelle saincte providence et

---

1. Innocent.
2. Boues et ornières.

benefices de ce grand Dieu, par lesquels les meilleures et plus saintes ames savent et entendent.

Je say des Elemens et l'espece et la source,
Le chaud, le froid, aussi l'une et l'autre Ourse,
Le flus des mers, l'arc qui est peint en l'air,
Le Ciel fasché qui vomist un esclair,
Avant-coureur du bruit qui sort des nues,
Flambeaux de nuit, Cometes chevelues,
Les monts bossus, les roches, et les plaines,
Et de l'or roux les semences certaines.
Et toy, Soleil, qui par douze lieux tornes,
Et tes erreurs, ô Latone et tes cornes,
Je vous cognois, et par vous on aprent
Temps de semer, de cueillir, et comment
Les ports des mers se peuvent bien laisser,
Ramer sans peur, ou voiles abaisser.

Lupolde faisant un grand signe de croix, et voulant rompre à bon escient avec Eutrapel, luy dit, Pecheur indiferent, que tu sais de bien par les livres mais quand ce viendroit au bon de faire, y a danger bien apparent qu'avec tant de sciences, tu n'en seusses par une à la fin; et peut estre, rien du tout. Je say du Latin assez, disoit Georgeaux, ce gentil notaire, mais si j'ay affaire d'un simple mot, voire des plus foibles et laxatifs, il m'est impossible d'en fournir : d'autant qu'ils se pressent à la sortie, s'entrempeschans. Comme j'ay veu à l'issue des farces de ce gentil, docte, et facecieux badin, sans beguin, masque, ne farine, Martinville[1] de Rouen, soit qu'en mesme

---

1. Est-ce celui qui a donné son nom à un faubourg de Rouen?

chambre il eust si dextrement contrefait messire Maurice, disant son Breviaire au fin matin, cependant faisant l'amour aux chambrieres qui alloient au puits tirer de l'eau : ou le cousturier, qui fit une cappé au Gentilhomme d'un drap invisible, fors à ceux qui estoient fils de putain : ou bien qu'il jouast aiant un couvrechef de femme sur sa teste, et le devanteau ou tablier attaché à ses grandes et amples chausses à la Suisse, avec sa longue et grosse barbe noire : une jeune garce allant à l'eau, interrogeant sa compagne nouvellement mariee, sur les points et articles de la premiere nuit de ses noces. Et onc ne vi, poursuivoit Lupolde, vieil que je suis (tu y coleras et joindras, peut estre, ce mot de Reveur, je te cognois bien) ces sachans tout et coureurs de sciences et affaires du marché, ne s'arrestans à une seule doctrine, qui ne demeurassent, et fussent delaissez. Martial se rit d'un Fort-à-tenir, et Passe-par-tout comme toy, qu'il appelle Attalus [1]. Jupiter en Homere dit à Venus, Ma mignonne ce n'est pas à vous, ne charge qui vous appartienne, vous soucier et empescher du fait et conseil de la guerre, mais bien de faire la mignarde, dancer, vous atiffer, et savoir finement mener et conduire vos yeux, la vraie lancette pour delicatement percer le sang et sens des hommes, laissez tel soing à la docte Pallas et à Mars. Ainsi un grand et amirable Philosophe enseignoit en son Eschole d'Ephese, et preschoit en sa chaire le devoir d'un grand Capitaine, et comme la guerre se devoit faire : Hannibal, qui escoutoit, dit avoir veu plu-

---

1. *Epigrammaton*, lib. I, 80.

sieurs vieux et anciens hommes fols, insensez, et qui ne savoient qu'ils disoient : mais que cestuy cy, parlant si asseurement et en maistre, d'un mestier duquel il n'avoit l'experience ne l'usage, et où il n'entendoit que le haut Aleman, et du tout rien, et comme clerc d'armes, les surpassoit de bien loin, en toute folie et inexperience. Polygame dit lors n'estre defendu aux gens de lettres traiter non seulement les affaires de la guerre, mais aussi des politiques et estat commun. Plutarque parle de plusieurs grands Capitaines, qui plus estoient doctes que guerriers, et qui neantmoins ont fait de très belles choses, et hauts faits d'armes : car les disciplines et sciences qui nous font tant voir de choses en peu de temps, sont liees et enchaisnees d'une telle bourgeoisie et amitié, que nullement ne se peuvent disjoindre ou separer, bien sachant que la moindre science rendue à sa perfection, est capable retenir les ans des plus vieux. Mais en ayant les trois premieres et principales, la Theologie, Jurisprudence, et Medecine, il est facile à chaque professeur de l'une d'icelles y adapter et aporter le plus beau et fructueux des autres, pour en revestir et enrichir celle qu'il poursuit, et à laquelle il s'est donné. Je ne puis, dit Eutrapel, vous accorder en tout ce que vous dites, sans y faire distinction : car les histoires, les authoritez, les beaux et sententieux mots qu'on allegue, se doivent poiser, mesurer, et raporter à la qualité, estude, et vacation de celuy qu'on fait parler, et qu'on met en avant Quand Amphitruo en Plaute dit, que les serviteurs sont autant d'ennemis, le faut il pour ce croire, et en faire jugement universel ? Nenni :

Amphitruo estoit courroucé, lequel en la personne de l'un qui l'avoit offensé, condamnoit le reste. Quand vostre Hannibal blasmoit Phocion, il faut entendre et savoir que tout luy desplaisoit, ayant esté nouvellement rompu de fait, et perdu son terrible nom de Capitaine, enseveli en la victoire des Romains, et banni, et en exil volontaire, chez Antiochus, qui le luy vendit bien cher : au demeurant si abbatu, que tout ce qu'il oioit et voioit, luy estoit ennui et renouvellement de douleurs perpetuelles. C'est ce qui rendit si aspre et dur Advocat Monsieur Pepin Seigneur de la Barbais, des plus doctes de sa saison : car lors que l'Advocat contraire le pressoit et battoit de quelque Loy, principalement du Code, qui ne sont que requestes respondues, non comprises les cinquante Decisions de Justinien, ou d'un arrest, soudain de pront et vif esprit repliquoit et destournoit le coup par la difference des qualitez, des ages, des personnes, et autres circonstances qui, rejettoient bien loin, et amaigrissoient les froides allegations et raisons de partie adverse. [Mais vous le Seigneur de la Garrolaye, combien de fois vous ay je veu plaider et gaigner causes deplorees, mal conduites, s'appuyans les Juges (desquels vous avez esté depuis l'un des premiers) sur vostre grande litterature et experience, jusques à donner proverbes : vous obtiendrez, puis que Garrolaye est vostre Advocat. Toutesfois vous estes retiré de nous peut estre necessairement, comme aussi vous le Seigneur de Langle[1]

1. Conseiller, comme du Fail, au Parlement de Bretagne, a publié en 1577 : *Jani Langlæi, regii in Senatu Britanniæ celticæ Consilarii, Otium Semestre*, in-folio.

avec vostre esmerveillable erudition tesmoignee par vos beaux Livres et escrits. Or vivez contens ames illustres et genereuses, et nous regardez folastrer, allegeans et consolans la misere et infirmité de nos membres.]

XXVII.

Gros Debat entre Lupolde et Eutrapel.

Lupolde s'advisa un jour dire à Eutrapel, qu'il n'estoit rien qu'un petit mignon de couchette, un muguet, un tiers opposant, passe volant, un saluta libenter, un godronné, et je ne say quel petit cocardeau [1] couvert d'un tas d'habillemens, desquels il ne savoit le nom, et qu'il eust à y deliberer sur le champ, et respondre positivement, sans esperer plus long delay : alongeant, en ce disant, le nez sur le pauvre Eutrapel, qui fasché d'avoir perdu son argent à trois dez, essaioit un Epigramme, lequel se promenant et mordant ses ongles il avoit fait et refait plus de dix fois, et volontiers pour ne respondre, se fust deschargé de telles impatiences. Mais se tournant court, il choisit ce venerable Praticien, rien ne disant, fors que attentif et sans se mouvoir, le regardoit avec un soubris entr'ouvert, composé de deux vieilles dents rouillees : qui le meut à ne prendre en payement un haussement d'espaules, que Lupolde avoit joint à ses autres mines Pedantesques, voulant se retirer, et laisser à Eutrapel telles

1. De *coquard*, sot.

issues et demie cholere en douaire, et avoir une
atteinte sur luy. Il semble, dit il, à ce vieux Sortes[1]
que son gris menton, et bonnet à croppiere luy
servent de telle prerogative et defense, qu'on
n'oseroit combattre ses affirmatives, non plus
qu'un oracle Delphic, ou le procès de Jeanne la
Pucelle, et qu'on ne le pourroit contrarier : se
donnant à travers les maschoueres, comme tous
vieillards font, d'une certaine insolente et bastarde authorité, rechaussee d'un ris d'hoste et
aprentif, avec un demy desdain, favorisé de deux
ou trois mouvemens de pied alternatif et de fausse
esquierre : visage d'un faux teston, à la face
toute pleine et remplie d'envie et belle jalousie.
Non, non, *magister noster nostrande*, il n'en ira
pas ainsi, de rien ne serez creu, parlerez, direz
pourquoy, prouve moy en bonne Logique que
bonnet en teste tu aie : je te nie ta tonsure et
privilege Clerical, j'offre moiens de nullité contre
ta robe à dos d'asne. Sais tu qu'il y a, Sophiste
modal, je te renvoiray et banniray categoriquement à la cuisine, pour au coin de la cheminee
défendre les marmites pots des alarmes du mastin, et là conter des races et genealogies de tout
le pays : à la charge ne te trouver doresnavant
en rang de gens de bien, pour vouloir transplanter
ton vieil arbre en un terrouer nouveau, et te faire
croire que tu as encore quelques restats[2] et traits
de ceste honneste jeunesse, de laquelle tu as seulement ouy parler à travers pays, et ouy le son

1. De la répétition de ce mot quelques pages plus loin, on peut conclure que c'est un nom propre ; mais il faudrait plus ample information.
2. Restes.

de bien loin. Si t'attacher à quelque suite d'un bon propos je te trouve, que au prealable (il me plaist quelque fois pragmatiser avec toy, et payer en la monnoie de ton mestier) tu ne sois deuement et canoniquement purgé de calomnie et conseil, et judiciairement licentié de ce faire, je te mettray aux mains de nostre maistre le Provincial des Diantres, pour illec estre ton procès fait et parfait en toute ceremonie et chambres assemblees, tousjours yvre seras, rioteux[1] et chagrin en consequence, et cruellement crotté, et grondant perpetuellement contre la biennee et instituee jeunesse, tousjours combatant et calomniant les affaires d'autruy, t'enquerant et furetant sans cesse les actions de tes voisins, pour les digerer en mauvaise substance dans ton estomach plombé, interpretant tout au rebours, le Dieu-gard qu'on fait aux Dames : rien ne trouvant bon, s'il ne part de ta boutique et que tu ne sois de la partie : En somme, avec ta superbe et audacieuse vieillesse, sot en bosse et plate peinture, comme un nouveau marié, ou un Advocat le jour qu'il a juré l'assise et presté le serment de son aprentissage. Ici monstra Polygame un tour de vieille guerre, ne voulant mescontenter Lupolde, qui faisoit bien le quant à moy, revoquant tout cest advantageux et furieux discours en injures : ni desplaire à Eutrapel, qui, pour nourri à la Cour des Grands, ne savoit dissimuler l'aigreur des propos de Lupolde: lequel aussi de son costé entroit trop en affaires, et avoit esté plus aspre et cruel amy en ses remonstrances et admonitions et l'autre trop pront

---

1. Disputeur.

à les rejetter. Disant qu'à la verité les anciens firent une excellence de ceux qui seurent joindre et marier leur naturel avec celuy de tous, et faire leur profit du bien, du mal, vertus et imperfections d'autrui : joieux entre les raillards, et plorard chez les tristes et melancholiques, comme Hermogenes vieil entre les plus aagez, et folastre parmi la jeunesse, un Socrates, qui ainsi et de mesme en faisoit, et Ulysses en Homere, Alcibiades en Plutarque. Lequel d'une singuliere dexterité d'esprit et en toutes heures gossoit aux cabarets d'Athenes : avec les compagnons disoit le mot de gueule, disputoit et y piquoit chevaux, en Sparte se faisoit tondre à leur mode, avec les Thraces escrimoit et s'enyvroit. Qui a fait juger par les evenemens que tous grands entrepreneurs ont, comme dit Plaute, en leurs executions et charges autant deguisé leur volonté, que Prothee changeoit et prenoit de visages : et bien souvent se sont rangez et asservis aux reiglemens que le populas[1] ordonne en ses babils communs. Et deviez, Capitaine Eutrapel, destourner la truie au foin, et le tout prendre en bonne part, pour vous aider et fortifier de telle magnanimité, en lieu plus à propos. Je say assez (advisageant Lupolde) que nostre temps et vieillesse ne tiennent tel rang et reputation, qu'on y puisse faire grand fond, et bastir une authorité. La jeunesse de ce temps a le moien fort exprès de composer plus politiquement et mieux son ame. Que si pour nos ans nous sommes reverez, aussi par iceux sommes nous difficiles, malaisez, fascheux, et intrai-

1. Populaire.

tables, et ja en cest aage ou Aristote dit que la force de l'esprit se pert et esteint. Occasion qu'à l'advenir et tous les jours nous convient faire monstre et revue de nostre vie passee, en dresser estat, et se resoudre au plus pront accident de mort, dont par avanture nous serons prins et emportez sans y songer. Pensant, disoit le bon vieillard Terence Varron, qu'il me faut haster, pressé du nombre d'ans, je prepare et fais mes pacquets, delibere passer le plus heureusement et moins fascheusement que pourray, ce peu de temps qui nous reste. Et deviez, M. Lupolde, estre moins vehement à reprendre les fautes que vous recognoissez en Eutrapel, et luy monstrer où doit prevaloir l'experience de l'antiquité, qui veut qu'en matiere d'advis et conseil, il faut estre prié et non poursuivant et s'offrant le donner et en departir : comme l'on dit de Vitruvius Pollio, qui ne vouloit qu'un bon ouvrier cherchast la besoigne : Fautes entens je celles qui blecent l'honneur, et endommagent la conscience, non pas que j'y comprenne les actes indifferens, et qui de soy ne sont bons ny mauvais, où toutefois la plus part se trompent lourdement au jugement d'icelles, à veue de pays, à la traverse, et sans y adviser de près, ressemblans aux moutons qui à quelque hazart que ce soit, suivent le saut du premier, qui se sera lancé et jetté du haut en bas. Cas advenu à ce propos : Titius [1] qui de tout temps est partie formelle de Sempronius, va

---

1. Voici la fable du *Meunier, son fils et l'âne*, commençant comme l'exposé d'une question dans un *Dictionnaire des cas de conscience*. Empruntée aux *Fabulæ* de Faerne et aux *Facéties* de Pogge.

en voiage, mene son fils jeune garsonnet, et la jument, pour tant les porter, que leurs hardes pelerines : faisans chemin rencontrent au pont de Pacé une troupe d'hommes couchez sur le ventre au Soleil. Comment mon amy (dirent ils) vous allez à cheval, et ce pauvre enfant est à pied, qui n'est aucunement raisonnable et bien seant. Titius à ceste reprehension descent, et fait monter son fils, tirans outre. Mais en l'endroit de ce meschant chemin de la maistairie de Meaux, se trouva autre bande de censeurs, qui au contraire soustint que c'estoit un moqueur, et sans entendement, vieil, qui (*a*) est souffrir un jeune galand, frais, et alegre estre de cheval, où n'y avoit propos ny apparence. Sainte Marie ! dit le bon homme, voiant que tous essais, consultations, instructions, et entreprises desplaisoient, je m'en cheviray[1] bien, car il laissa sa jument aller seule sans aucune charge, suyvans luy et son fils. Mais estans à la Communaie ouirent certains joueurs de paume, disans, combien vous estes pauvres gens, travaillez et las que vous estes, laisser reposer vostre jument, qui aisement vous peut porter tous deux. Infortuné, s'escria Titius, en chose si mal accordante que ferai je ? Il faut remuer toute pierre : lors luy et son fils montent sur sa jument. Mais vis à vis le Pot-d'estain leur fut prononcé, comment ? n'avez vous point de honte : est ce honnestement fait d'ainsi fouler ceste pauvre beste ? vraiement vous l'avez desrobee. De façon que, sujet à la sotte et vulgaire devotion du

a. Var. : *Vieil qu'il est.*

1. Je réussirai.

peuple, ne sachant plus de quel bois faire fleches, fut contraint se loger et heberger au mieux qu'il peut. J'ay dit cela, afin que par cest exemple, la raison et suite de mes repreneurs fust de plus embellie et illustree, voulant dire que l'une des plus grandes resveries qui se puisse forger, demeure à s'enquerir curieusement, se soucier, s'empescher, hucher, et se tourmenter aux affaires de ses voisins, et où l'on n'est appellé. Il y a en Martial un certain Ollus, le plus terrible soucieur[1] et enquesteur de ce qui se passe en la ville, qu'on puisse voir, et qui a tousjours quelque chose à remordre. Est estrange que Paul Jove trouve mauvais que le Pape Adrien preferoit le merlus, qui est un poisson de petit prix, à tous delices et mangers : c'estoit son goust, son appetit, où il avoit esté nourri. A Louvain du temps que Sortes[2] couroit, et Plato disputoit, que *solvebat et legebat*, Poiet et Liset[3] commençoient à manier le tric-trac du Palais, falloit qu'à la conscience de Jove il changeast sa façon et reiglement de vivre, que tant religieusement et clerc à simple tonsure il avoit institué : voulant ce flateur historiographe chausser tous hommes à la mesure et forme de son pied. Tels jugemens à contrepoil naissans d'un certain amoureux sentiment,

---

1. Curieux. *Souchier* veut dire proprement être inquiet.
2. Qu'est-ce que ce *Sortes* que courait Adrien ?
3. Nous avons déjà parlé de Guillaume Poyet, chancelier de France. Quant à Pierre Lizet (1482-1554) il fut premier président du Parlement de Paris. Ses rigueurs contre les protestants ont motivé la satire de Théodore de Bèze : *Epistola magistri B. Passavanti responsiva ad commissionem sibi datam a venerabili D. Petro Lyseto.*

ou privativement à tous autres, nous nous estimons parfaits : comme l'on dit de Chrysippus, qui onc ne pensa homme digne de l'institution et nourriture de son enfant, fors luy : ou de Caton le jeune qui fut notté et durement rechargé en ces vers.

Tout seul il sait, le reste ce n'est qu'ombre.
Ille sapit solus, volitant alii sicut umbræ.

Tel mal provient des humeurs et dispositions des corps mal faits et demesurez : *Ab homine signato*, dit l'on, *Libera nos Domine.* Donne toy garde d'un homme marqué et fait au rebours des autres : ou bien, qui est la plus saine opinion ; au mespris et contemnement de la prudence et sagesse commune appellee Philosophie. Le peuple, dit Seneque en son Hippolite, hait, loue, blasme, rit, plore inconstamment et sans jugement : car les affections, imaginations, phantasies des hommes se contrarient elles mesmes sans proportion, et de nul ordre tousjours rien : n'accordans, debatans, querelans, blasmans tout en particulier : et moy, en disant cecy, je tombe au mesme erreur. Est venu par tel desdain que les sciences mesmes, quelque liaison et amitié qu'elles aient ensemble, se repugnent et opposent par la captivité de nos ames ainsi enfermees et prisonnieres, qui ne tiennent qu'un petit filet de leur beauté, entretien, et alliance divine, dont premierement elles furent enrichies et ornees. Socrates disoit qu'une bonne ame est de facile accord et traitable en toute composition : et les Stoiques, qu'un mauvais homme monstroit par regards malins et

couverts d'un ris trahistre[1] et desloial, l'envie et
la jalousie, par lesquelles il denigre et ravale l'a-
grandissement et bonne conduite de son voisin :
sans cesse se formalisant, rechignant, et s'ac-
coustrant de quelque Philosophie bridee, et à
part, dont Eutrapel captivera, et retiendra (je
l'ordonne ainsi) une bonne moitié de sa liberté,
la retirant de son naturel trop remuant et esveillé,
pour la former en une habitude de bonnes conditions qu'il a. Mais un semblant trop libre et
abandonné, obeissant au temps et lieux, et prenant à patron la vie, coustumes, et mines de quelque galant homme, pour les ensuyvre, et auquel
il voudroit bien ressembler. Et Lupolde, pour
estre moins misericordieux qu'honneste, ne s'a-
vancera desormais s'entremettre et parler des
affaires d'autruy, sans y estre appellé. Monsieur,
dit lors Eutrapel, je me sens forcé à peu près,
sous la grace de vos advertissemens, où je ha-
zarderois volontiers tout ce que Dieu m'a mis en
main, pour vous complaire et obeir, n'estoit la
crainte d'offenser la foy, par moy sainctement
obligee à ma liberté qui me retient dissimuler ?
Bon Dieu! et que diroit on de ma profession et
vie passee ? Cela tient en tout et par tout de
l'impossible, et n'estre en ma puissance faire autrement que ce que ma mere nourrice, la Philosophie, m'a apprins. J'ay chanté quand il m'a
pleu, beu quand j'ay eu soif, resvé et solitairement
entretenu mes pensees et souhaits, lors qu'ils se
sont presentez : et, comme disoit le Seigneur du
Grippon de Normandie, me suis tousjours retiré

1. Traître.

des compagnies demie heure auparavant qu'il me
deust ennuyer : dit librement et consulté ce qui
bon me sembloit, traité reveremment la grandeur
du Roy et des Princes, ausquels, s'ils le m'ont
demandé, je n'ay rien dissimulé. Car quelques
deguisemens et feintises dont vostre Alcibiades,
Theramenes, Ulysses, et Cicero ayent usé, faisans bien les fins et habiles courtisans, si n'ont
ils apporté autre fruit et marque, quelque chose
qu'il en soit, sinon qu'on ne se fioit point en
eux : jouxte le vieux mot, qu'on ayme bien la
trahison, et non pas le trahistre : qui vous
pourra donner le mesme trait qu'il a fait pour
vous. Et plus des Anciens fut loué l'entier et
rond estomach de Nestor, qui disoit hautement
et en verité ce qu'il en pensoit : que l'universelle et tournee à tous vents parole d'Ulysses.
L'on dit que Neptune, Pallas, et Vulcan (après
bons vins, bons chevaux) disputoient lequel d'eux
trois estoit plus gentil compagnon, grand clerc,
et meilleur ouvrier : Neptune fit un taureau,
Pallas une maison, et Vulcan un homme. Momus
qui de la gent supersticieuse fut adoré, comme
President en la Cour des mocqueurs, gardoit les
gages, comme arbitre à juger la piece la plus
parfaite : et ayant par grand artifice affusté[1] ses
lunettes, meurement examiné, et encore plus diligemment deliberé et dechifré par le menu les
fautes et imperfections des ouvrages faits par
Neptune et Pallas, s'attacha vivement à l'homme
du boiteux Vulcan, disant le tout sous correction
et meilleur advis, estre assez bien basty et estoffé,
fors pour le regard de l'estomach, lequel à son
jugement, devoit estre ouvert et à boutons : afin,

1. Mis.

disoit il, de voir à l'œil les pensees, projets,
et fantasies qui bouillent et se remuent au fond
et creux d'iceluy, dont naissent et sont engendrez
ces effets, comme dit Lucian, de tirer ses moustaches, mordre ses levres, cracher à quartier,
accoustrer sa barbe, et en haussant le menton,
nourrissant et couvant à ce moyen la vengeance,
colere, et haine secrette, qui fait dire l'un, et
penser l'autre, saluer bien bas d'une façon joyeuse
et comique, et cependant au milieu de l'entendement graver infinis pourtraits de trahisons et meschancetez. De ma part j'ay tousjours estimé que
la plus grande finesse qui puisse estre en ce
monde, estre, aller rondement à besongne, vivre
comme l'on entend d'un esprit joyeux et non
troublé, ne jurer en l'ame (comme l'on dit) de
personne, et ne se fourrer que bien peu, et embrasser trop opiniastrement les affaires d'autruy,
estre homme veritable, et tenir fermement sa parole, regardant deux, voire trois fois à ce qu'on
promet, de peur n'y faillir, et consequemment se
rendre infame, menteur et deshonnoré aux gens
de bien et honneur, la response trop songearde,
comme font ces faiseurs de mines à cheval : autrement et faisant le contraire, tournant ainsi à
toutes legeretez et conseils, on demeureroit assez
perplex, confus, et academié pour ne rien entreprendre. Comme de Timon, cest insigne et
beau haïsseur d'hommes, qui tant envieusement
mangea son pain seulet. Conclusion, la devise
d'un grand Juge de nostre temps, *Ha bonne grace,
fay ce que tu dois, arrive ce qui pourra* [1] : et celle
de Paracelse,

1. *Fais ce que tu dois, adviegne que pourra* était déjà proverbe au xvᵉ siècle.

Alterius non sit, qui suus esse potest,
Ne soit point à l'autruy qui peut estre à soy-mesme :

Et faut donner ordre que tout ce que nous dirons, ferons, et penserons soit reiglé au Commandemens de nostre Seigneur, et par tout veritable, sans flaterie, ne dissimulation. Vitruve à ce propos dit que Ptolomee Philadelphe après avoir dressé cette admirable Librairie en la ville d'Alexandrie, pour y avoir amassé sept cens mille volumes, il introduisit aussi des jeux solennels à tous les ans, en l'honneur d'Apollo et des Muses, avecques de grands joyaux [1] establis à ceux qui auroient le mieux fait et composé en Poësie. Il y avoit sept Juges pour cest effet, les six desquels furent d'opinion que ceux qui avoient mieux dit et chanté au gré du peuple, eussent les dons : le septieme, appellé Aristophanes, ayant eu longuement la charge de ceste somptueuse Bibliotheque et Librairie, adjugea le prix à celuy qui avoit depleu au peuple. De laquelle opinion furent grandement indignez et le Prince et les autres Juges, jusques à ce que Aristophanes estant en pieds et debout, prononça hardiment qu'iceluy auquel il avoit donné sa voix, estoit vray et naturel Poëte, que les autres n'avoient chanté que vers estrangers et empruntez, et qu'ils n'avoient composé. Ce qu'il verifia promptement et sur le champ, par la conference des livres de la Librairie. Quel jugement ainsi sans dissimulation bravement donné, et soustenu de mesme,

---

1. Prix.

fut occasion que les autres six, qui avoient jugé par courtoisie et pour gagner la faveur du peuple, perdirent leurs ambles, furent moquez de ceux dont ils esperoient grand loyer [1], avec declaration d'infamie perpetuelle, et Aristophanes, pour avoir librement et sans crainte d'offenser opiné, honoré et recognu de plus riche et haute recompense qui luy fut faite.

XXVIII.

De la Verole.

Les uns disoient que la Verole n'avoit en ce jour tel credit et puissance qu'elle eut au commencement, qui fut au voyage du Roy Charles huictiesme au Royaume de Naples : car lors pour y avoir songé, l'on estoit happé. Tant estoit ceste maudite maladie vegetative et productive, et la corruption de ce petit monde, nostre corps [2], tant cruelle, qu'elle passoit aux enfans des enfans, et en longues generations et lignees, dont y en a assez de souillez et contaminez, et qui ont degeneré en belle ladrerie, perdant tantost un bras : autres marquez au visage, et contraints user et manger toutes les viperes [3] de

---

1. Salaire, ou plutôt ici : louange.
2. Qui était considéré comme l'abrégé et l'image de l'univers sous le nom de microcosme.
3. La chair de vipère entrait dans la composition de la thériaque. On en faisait aussi des bouillons. Elle guérissait l'éléphantiasis comme la syphilis en purifiant, croyait-on, le sang.

Mirebeau, qui y sont plus cheres, que ne sont les Lamproyes en Fevrier, pour une cure et guerison qu'ils appellent palliative, demeurans le fons et racines empoisonnez et infectez, qui est languir et mourir à petit feu, aujourd'huy une partie du corps, et à trois jours d'icy une autre bien endommagee. Disent les uns telle contagion estre venue d'Afrique, et tels pays chauds : autres de sang de certains Ladres meslé par les Espagnols au vin de Naples, dont nos François en ayant beu, estoient tous gastez : qui puis après paillardans avec les femmes du pays, en laisserent la graine à ceux qui leur avoient dressé telles embusches. Et pour n'estre telle maladie avouee, nous en ont donné le nom de Naples ou d'Espagne, et ceux là, comme font deux joueurs de paume, la nous renvoyent, l'appellans le mal François [1]. Tant y a que les anciens jusqu'alors n'en avoient ouy parler : et estre, au jugement plus seur et uniforme, punition divine pour chastier l'intemperance des gens de guerre, et presque de tous hommes, desquels y a grand et effrené nombre, detenus et prins de telle maladie (car elle se cache et couve mieux au corps des femmes) que de dix s'en trouvera tousjours un, principalement aux villes, atteint, frapé, et con-

---

1. L'origine de ce mal n'est pas encore bien éclaircie. Plusieurs bons auteurs, Astruc entre autres au XVIIIe siècle (*De morbis venereis*), ont cru que les anciens le connaissaient. Il paraît cependant certain qu'après les voyages de Colomb en Amérique et ceux des Portugais à la côte d'Afrique, après le grand mélange de peuples qui se fit dans les guerres du XVe siècle, il y eut comme une explosion dont chacun se renvoyait la responsabilité.

vaincu, ou de ses accessoires. Ce n'est plus rien aujourd'huy, dit Lupolde, pour avoir esté la semence d'icelle tant alteree, changee, et tracassee par leur vif-argent, bois de guaïac, d'esquine, salse-pareille, et qui vaut mieux que tout, par la preparation bien faite d'antimoine, non vitrifié, que les bons compagnons ne s'en daigneroient presque coucher, non plus que d'une simple fievre tierce, de laquelle est escrit,

De tertiana nunquam pulsatur campana,
Car de la fievre tierce on n'en voit point mourir.

Ressemblans aux complans apportez des parties lointaines, qui estans transplantez en autre et contraire terroüer, retiennent à la longue le naturel du dernier[1]. Et à dire vray, il vous en souvient bien, Seigneur Polygame, car Eutrapel que voicy, estoit encore dans les reins et haut de chausses de son pere, ceste grande Gorre[2] de Vérole, ainsi baptisee par ceux de Roüen[3] sur son commencement et à l'ouverture du livre, estoit tellement punaise que Theloges de la paroisse du Bourbarré, tabourineur, pour avoir seulement embouché le pipet[4] d'un autre son-

---

1. « ... C'est un mal plus legier que n'est la ladrerie et même que c'est un mal étrangier, qui s'en va diminuant de peu à peu : tellement qu'à la longue il se perdra du tout, ou il ne sera plus qu'une simple rogne. » L. Joubert, *Des Erreurs populaires au fait de médecine.*
2. Truie.
3. « Là je vis un jeune parazon guarir les verollez, je dy de la bien fine, comme vous diriez de Rouen. » *Pantagruel*, livre V, c. XXI. « Vérole de Rouen et crotte de Paris ne s'en vont jamais qu'avec la pièce. » Proverbe.
4. L'embouchure du biniou.

neur, nommé le Bourguignon, en perdit le nez : Dom Jean Simon dit Sortes [1], de la paroisse de sainct Erblon avec sa sophisterie, pour avoir pissé après Dom Guillaume Trubert, y laissa la plus belle de ses oreilles. Maintenant qu'elle a passé et esté alambiquee par tant de vaisseaux, il ne faut pour en guerir, qu'un peu de treffle à quatre feuilles mystiquement enveloppé en une procuration à resigner *purè et simpliciter*, pendue au col, et au reste se tenir sur ses gardes, suer, et faire que la femme, lors que se fait l'assemblee et concurrence des semences, ouvre la bouche, et ne retienne son haleine : d'autant qu'elle vous communiqueroit, fust elle bien saine, ceste belle marchandise, jusques au fin fond de la moüelle des os. Eutrapel en voulut estre, disant qu'estant soldat à Turin, lors que le seigneur de Brissac y estoit Lieutenant pour le Roy, survint une autre et nouvelle maladie, pire cent fois que la verole, plantee et apportee par une Padouane, belle au possible, mais tellement infectee de verole compliquee et assemblee à la ladrerie, et de laquelle le bruit estoit avoir esté appellee et loüee par deux ou trois coquins et affamez barbiers, que l'ayant attouché *unico vocis oraculo*, et de près, ne se trouvoit autre et plus promt remede, que se faire vistement couper le bout du laboureur de nature : autrement en douze heures le reste du membre estoit estiomené [2] et perdu : et au raport de Pacuvin medecin, et du Capitaine

---

1. Encore ce nom comme surnom donné à un sophiste ou pédagogue. Nous pouvons donc le considérer comme celui d'un grammairien qui a écrit pour la jeunesse.

2. *Esthiomène* : ulcère rongeur.

Launay Perraud, fut seu que plus de deux cens y avoient laissé partie, la teste de l'instrument, le tout, ou la moytié, ainsi qu'ils avoient prins la succession et à mesure de leur argent : s'en voyoient les huys aux chirurgiens cousus et parementez, comme les portes des chasseurs des pieds de Cerf ou de Sanglier. Je cuyday avoir le baut et estre du guet d'après minuict : Mais un pendart de valet barbier mit sur mon pauvre tribart[1] de la poudre qu'ils appelloient de Mercure, m'enjoignant sur tout ne dormir demie-heure après, se faisant payer en bourreau, et garnir la main, paravant rien faire : bien sachant, pour l'extreme douleur que je souffrirois, comme il arriva, que je l'eusse infailliblement estranglé, s'en alla. Ha! par la barre sainct Just, je n'avois garde de dormir, ceste belle poudre me donna du passe temps pour mon argent, et tout mon benoist saoul, demye-heure durant, que je m'allongeoye, rechignoye, frappoye la terre du pied, et du mesme pied la terre, dansant, escrimant, et disant, comme Mechinot ancien poëte Nantois,

Il n'est nulles laides amours,
Pour un plaisir mille doulours.

De presque semblable accident, dit Polygame, fut assailly un grand Seigneur de ce Royaume : car ce sainct et venerable mal s'attache à toutes robes, courtes ou longues, de velours ou de toile indifferemment, et sans y regarder autrement, estant ce Gentil-homme poyvré (car le premier

1. Proprement : bâton court.

et plus advantureux titre d'un Roy ou Prince de son sang, est d'estre appellé Gentil-homme [1], la noblesse ayant faict, choisi et esleu tout tel qu'il est, comme son gouverneur et commandant) et blecé d'un coup de faux-con au bas du ventre, disant s'estre mal mis en courant la poste, pour couvrir à sa femme les arrerages de sa longue absence, aperceut en la Cour du Louvre un poursuivant l'estat de president, lequel pour avoir le visage rouge, il estimoit estre un medecin marqué de mesme, luy disant en passant, qu'il n'eust failly le venir trouver au soir à son coucher. Le pretendu President ayant souppé à la serviette, pour estre plus expedié et pront à deschiffrer l'estat de sa poursuite, se tenant bien fier avoir esté ainsi familierement appellé du seul mouvement de ce grand personnage, alla faire la cour et cracher sa pituite à l'huys de la chambre d'iceluy ; où sur les onze heures du soir il fut introduit par un valet de chambre, qui luy dit, Monsieur entrez. Ce qu'il fit fort pompeusement, et avec une grande robe de damas, qui frisoit le pavé, passa à mesurees et graves enjambees, au travers la chambre, jusques à la garde-robe, où ce Seigneur avec un sien Chirurgien seulement diablassoit, rechignoit, et tordoit les maschoüeres, comme un tourneur de bottes : Ha ! maugré de la putain : si jamais : conjurant, protestant, et blasphemant contre toutes les hierarchies et jargon des femmes, qui ainsi l'avoient accoustré au petit point. Ha ! Monsieur mon amy, dit il au

---

1. Il paraît bien ici que du Fail veut parler de François I*er*.

President, luy monstrant son baston pastoral tout rougeastre et enflé, voyez la pitié, que ferons nous là ? Le poursuyvant descouvert estoit tout attentif, rien ne disant, estimant qu'il se moquoit de luy. Le Seigneur de son costé voiant n'avoir aucune response, ains une statue de chair devant luy, impatient comme un beau diable ou deux, le voulut frapper et cramponner. Mais le Chirurgien qui voyoit la faute et erreur de tous deux, dit, Hee ! Monseigneur, c'est un President. Lequel d'eux receut plus grand coup, il en faut disputer au parquet : quant à moy, et quant à vous, j'estime que ce fut le Barbier, qui porta tout le faix, ayant pitié de son maistre, et honte pour le President, qui en recompense, et pour avoir bon bec [1], fut incontinent depesché, et ses affaires bien faites. J'ay, dit Eutrapel, cognu ce maistre Chirurgien, bon raillard, et qui aimoit autant la femme de son voisin comme la sienne, et n'avoit en tout Paris, en son quartier, (car il y en a seize) autre nom que maistre Jean. Ce fut luy, qui pour avoir presenté des chandelles à la representation et statuë du Roy Charles huictiesme, estant à S. Denys en France, fut accusé en cest article de religion comme idolatre : et respondant, confessa le fait, disant, que c'estoit l'homme de tout le monde, auquel luy et ses compagnons Barbiers estoient plus attenus et obligez, pour avoir mené tant de François au Royaume de Naples, où il avoit puisé et rapporté ceste benoiste Verole : sans laquelle ils n'avoient que tenir, et fussent

---

1. Pour lui fermer la bouche.

morts de fain. Que tant plus il y songeoit plus
estoit il deliberé faire honneur à sa memoire :
ce qu'il fera, tandis [1] qu'on l'appellera maistre
Jean, et non plus loin.

XXIX.

Propos de marier Eutrapel.

Polygame venant de loin, se souvenant des
honnestes disputes cy devant entre Lupolde
et Eutrapel, avoit accueilly et prins ce rond et
masse de savoir en merveilleux contentement,
disant que de toutes parts ils avoient tres bien
profité et employé leur temps : luy sembloit estre
le but où devoit pretendre toute bonne ame, et
qu'ainsi se dresserent et façonnent les plus heu-
reuses vies, tenant pour asseuré, disoit il, qu'une
bonne part des hommes tels qu'il les voit et puis
pratiquer, estre fort esloignez de ces bien-faits
et saincts commencemens. Car pourveu que Monsieur du village soit en fin fond de taverne, yvron-
gnant aux despens du bon-homme, et avecques
mille insolences populaires, appellé Monsieur :
outrageusement tirant ce nom de Gentilhomme
en mille offices de cruauté il est, a son fol jugement, un petit Cesar, un Monsieur de trois au
boisseau, ou trois à une espee, comme en la
Beauce. Je ne say comme vous l'entendez, dit
Lupolde, toute reverence premise, mais jamais
mes affaires ne vont bien et à droit, si elles ne

1. Tant.

sont maniees et arrestees en belle taverne, où repose ma memoire locale, beaucoup mieux que celle dont Cicero, Quintilien, et depuis (mais d'un autre biays) par Raymond Lule, et là accessoirement se rencontrent bons loppins de plaidoiries, bonnes pratiques, et au soir et à la chandelle bien yvre : que voulez vous ? Somme, je maintien que toute la rime d'Eutrapel, pourveu que j'aye Juge competant, pardonnez moy, s'il vous plaist, n'est *de pane lucrando* : et qu'on n'auroit pas un verre d'eau de tous les Sonnets et Epigrammes qu'il a avec tant de frape-menu de pied, et morsures d'ongles, fait et refait depuis sa derniere confession. Un homme retiré aux champs (continuoit Polygame) gouvernant et reiglant ses sujets en amiable et gracieuse police, ressemble un Saint ou Prince philosophe : il sait, il estudie instruisant et conseillant son lourd et grossier voisinage, le retenant en paix, et sans procès ne troubles : il parle entre les doctes, et d'iceux est receu avec beaucoup plus d'authorité que s'il exerçoit la profession mesme : se contentant des biens que ses devanciers luy laisserent, sans demeurer ny s'obliger aux passions communes, qui sont joindre et accumuler ceste piece de terre à l'autre. Pline à ce propos escrivant à son amy Fabatius maintient rien en ce monde n'estre tant dangereux que donner lieu à telle fantasie, par laquelle on cuide que l'estat des uns soit meilleur que le sien. De là vient, dit il, que la meilleure partie des hommes ayme mieux atteindre et ravir l'autruy par travail, que jouyr du leur en repos et en seureté. Et certes quiconque essayera, et se resoudra en telles choses, aprendra que son esprit, vie, et deportemens seront de mieux preparez et composez pour aprocher ceste perfection celeste et d'enhaut, que tous souhaitons. De ma part pour estrangler et chasser toutes passions et volontez dereiglees et fretillantes, qui tant expressement nous mangent et tourmentent, je ne cognois autre et plus presente medecine, que s'accoustrer et user de la Philosophie et leçon d'icelle, contenue en la sainte Escriture, qui aprend le mespris des choses qu'avec grands merveilles et excessives peines nous courons et poursuyvons : et nous appuyans d'icelle, le surplus et reste que tenons en prix et reputation, nous est un rien, et vray songe : soit, comme disoit Horace, que le ciel devienne terre, et que les quatre Elemens se vueillent encore mesler en leur premier billon [1] et confusion. L'erreur et ignorance desquelles doctrines ont jetté et ensevely aux plus dernieres ruines le vray titre et occupation d'aucuns nos Gentils-hommes, dont a esté engendré la piteuse defaite des bonnes races, et original de la Noblesse que nos peres inviolablement garderent en leur entier et grandeur, remettans tout aux biens et à l'argent, sans avoir le soin de nostre posterité et enfans, qui en sont moquez et monstrez au doigt, à longues successions d'annees : et ont esté contraints tels qui dedaigneusement despiterent les lettres, eux ou leurs enfans, se marier à la fille de leur fermier, laquelle tout le cours de sa vie est en perpetuel martyre, mespris de son mary, avec une bale d'injures. Petite vilaine, mastine, debout

---

1. Alliage.

decousue, Madamoiselle de la boutique, d'une aune de velours, et de cinquante pour cent. Et ayant dit cela pour servir de rempart au mariage d'Eutrapel, qu'il bastissoit peu à peu, pour ne gaster le mystere, s'adressa à luy d'une face pleine de majesté et contenance Royale, la liberté duquel il essayoit une fois le jour esbranler pour tousjours le tenir en haleine, et en le veillant et guerroyant, le rendre et tel façonner, qu'il le peut asseurer en toutes places, pour un brave et entier donneur de resolutions et responses. Je vous voy, lui dit il, en continues et joyeuses querelles vous et Lupolde, et tant industrieusement savez eschaper sa cholere, et estes tellement methodic et reiglé en vostre parole, que de luymesme, les armes au poin, rend et offre toute victoire. Et tout ainsi que d'entree et à la premiere veue tous animaux mis ensemble, d'une hagarde et contenance estrange se vont halenans[1], sautans, grondans, et faisans la rouë, jusques à avoir accoustumé leurs naturels ensemble : Ainsi entre vous deux s'est passé de mesme, dissimulans neantmoins de toutes parts, et conduisans, comme advisez, vos humeurs et conditions par divers respects. Si est ce que cognoissant vos forces, je souhaiterois, pour l'aise et contentement de nos esprits user le reste de nos jours ensemble, joyeusement et sainctement, comme l'avons assez bien commencé : Mais Lupolde que voicy et moy sommes mariez (Dieu mercy et vous, dit Lupolde) et vous en vrays et pertinens termes de l'estre ou jamais : voyez si par

1. Flairant.

mes moyens je puis quelque chose en cela et ailleurs, où je m'employeray bien affectueusement: Lupolde de son costé y travaillera : voulez vous estre marié? Vous avez autrefois veu un singe folastrant et en toutes ses gayetez, et quelqu'un secretement et par-sous le manteau, poser doucement une tortuë, à la veuë de laquelle, pour l'inimitié et antipathie qui est naturellement entre ces deux bestes, il crie, brait, trepigne, court, se cache, alongeant peu à peu le museau, cu*r* appuyé, et en l'ombre de quelque chose, la voyant marcher si lentement et à l'aise, essaie avec le bout du doigt la toucher. Mais tremblotant, esbahy, et pauvret tressaut en arriere en son premier cry. Ainsi Eutrapel à ceste noble proposition de mariage alloit de l'un pied sur l'autre, alongeoit sa barbe, mettoit sa cappe en deux ou trois sortes de replis, regardoit si son espee tenoit au fourreau : puis reculant et flechissant les jarrets, Que vous ay je fait ? dit il en voix basse et demy enroüee, de quelle mort me haïssez vous? je say avec longue experience, que le plus de mes telles quelles fortunes depend de vostre liberalité, tousjours et perpetuellement vostre serviteur, voire pour y surpasser le plus, fust qu'il y deust aller de la vie. Et toutefois pour recompense, vous m'avez desjeuné et salué de ce haut et terrible mot et grand Ocean de mariage ; à la simple ombre duquel toutes les plus asseurees et maistresses intelligences humaines tremblent et bondissent, comme un cheval premierement esperoné par le maquignon; mot infini, comme celuy trois fois grand entre les anciens, espouvantant, comme celuy de Hannibal, les pavez de

Rome, celuy d'Alexandre à Neron, Lancelot aux Chevaliers de Cornouailles et Tempestas au College de Montaigu :

Que ne l'attend il, Que ne l'attent an,
  Car Andrelot vian.

Comment Monsieur ? à la requeste de ce vieux mastin alternatif, embeguiné de Lupolde, me voulez vous perdre ? Là n'estoient mes remises ne attentes. Lupolde à toutes fins protestoit, et publioit ses bulles, excuses, innocence, demandoit acte et instrument de tout, pour luy servir en temps et lieu, imploroit en tout et par tout le noble office de Polygame : et, entant que mestier estoit, offroit consigner. Mais Eutrapel piqué et atteint d'une tant soudaine nouvelle, vouloit prouver par bons et concluans argumens, que ce n'estoit à un tel galant, et ne luy appartenoit ouvrir, et moins disputer de tels et si consequentieux propos, lesquels il falloit traiter reveremment, y accommodant discrettement toutes circonstances. Si faut il, dit Polygame, que ceste deliberation soit à trois, et plus nous aydera Lupolde avec ses experiences et pratiques en tel cas, que tous les Canonistes en leurs distinctions. Puis que l'avez entreprins, et qu'il vous plaist (dit Eutrapel) faictes du pis que pourrez, sans aucunement entrer sur les marches de ma, ô divine liberté, laquelle expressement je reserve où seulement y avoir songé je resterois perdu, et n'aurois membre sur moy qui ne se decousist, pour entrer au tombeau. Encore y auroit Lupolde regret, bien entendant qu'il n'est que les vieux amys, et lier son doigt de l'herbe qu'on cognoist. Rien, rien, dit Lupolde, je te fourniray un mariage, libelle auquel tu respondras dedans tiers jour, te banniray, et en cas d'opposition, jour et chere lie, au bout de la carriere. Ne disoit de Commines, dit Eutrapel, que bien matin se fust levé, qui eust prins au lit un ancien Orateur et Ambassadeur Anglois, sans estre garny et pourveu d'une Prophetie de Merlin [1] : qui trouva aussi Jabolenus des Jabolaines, qui cy est, sans une longue hottee de chiquanerie, et yvre à la relation du conseil. Je me submets aux censures des Moynes du Tronchet, qui s'en vont à un. Pour la derniere occasion, dit Polygame, il a meilleur et plus sain estomach, et le cerveau mieux en point, que lors qu'estant delivré de sa charge accoustumee, il se void plongé et confiné en une certaine cuisante et seiche melancholie, par laquelle estant à jeun il vous sait aigrement poindre et faire la guerre. Bonosus[2] plus estoit sage, yvre, et l'esprit plus fertil qu'autrement, se chargeant volontiers, estant bien imprimé, et bon compagnon, d'entretenir les ambassadeurs de ses ennemis, boire d'autant avec eux, dont il tiroit et crochetoit leurs conseils plus secrets : Qui a fait dire à plusieurs, que pour debattre et resoudre les choses plus importantes et difficiles, estre besoin effacer

1. *Le premier et le second volume avec les prophéties* de Merlin. Paris, Verard, 1498.

2. Quintus Bonosus, dont Aurelianus disait : *Non ut vivat, natus est, sed ut bibat*, et qui, favori de Probus, et ayant voulu le supplanter, fut battu et pendu. Quand les soldats le virent ainsi ils prétendirent que c'était une outre et non un homme.

et oster la crouste et superfice de nostre naturel trop endormi et solitaire, à l'occasion de nos cerveles trop aquatiques et flegmatiques, en ces seiches et froides regions, matiere de haut appareil. Au conte, serez vous marié ? Monsieur, respond Eutrapel, belle, bonne, et riche. Autre chose n'aurez vous de moy. La parole fait le jeu s'escria Lupolde, comme notaire de Ramussac, j'accepte pour le sujet de ces trois perfections. En cas hazardeux, et qui n'emportent aucune ny asseuree prevoiance humaine, dit Polygame, au premier rang duquel il me plaist coucher et employer cestuy cy, il y faut tout aveuglé, et sans autre notable formalité ou consideration, conclure vistement, et donner à la desbandade, la teste baissee, comme en un bataillon de gens de pied. Jules Cesar pensif, sur le fleuve Rubicon travaillant à se resoudre quelle entreprise, d'entrer armé en Italie, ou non, conclud tout d'un coup ne laisser les armes, disant, le dé est jetté : monstrant qu'en affaire douteux il faut sans trop longuement consulter, prendre parti, et vivement et brusquement après executer. Puis que vos ans ont passé le midi de bien loin, et vous commandent asseoir l'institution et progrès de vostre vie je serois de premier advis que seriez marié : sauf que j'ay aprins laisser aux hommes qui n'ont point l'entendement cornu et mal fait, à presider au conseil et determination des choses qui leur touchent : et que vous mouriez d'une belle espee [1], et entre les bras d'une gentille et hon-

1. C'est aussi un mot de M. de la Maisonfort, mari de la sœur de Ruvigny et qui, comme dit Tallemant, « s'ennivra de son tonneau et de telle sorte que quand on luy dit qu'il

neste garce de femme, sans attendre la misericorde de vos valets et chambrieres, qui vous voians en extremité, gripperoient et desroberoient tout ce que vous auriez : et encore vivant vous osteroient, comme ils font à leurs maistres gens d'Eglise, la coüette de sous vous, pour sur belle paille toute fresche, vous laisser disputer contre les mousches, et tirer à git[1] la mise et recepte de vostre conscience. Plutarque, comme chose divine, conferoit le mariage, *pleno jure,* à la seule jeunesse, et selon Herodote, n'estoit permis aux personnages de petite qualité y aspirer, comme volontiers plus pronts à souiller et enlaidir chose tant recommandable et precieuse. Me souvient qu'aux loix establies aux Atheniens par Solon, estoit prescrit la forme du mariage au menu peuple, de volonté ; et aux Nobles et autres tenans rang en la Republique, de necessité. Lycurgus aussi renommé donneur de loix, commanda aux Prestres et Capitaines Lacedemoniens estre mariez, affermant que les veux d'iceux sont plus agreables aux Dieux, sans ainsi estre vagabonds et courir sur toutes amitiez. Belle, bonne, et riche sont choses trop esloignees, et hors termes de raison, c'est assez pour trois mariages : car tant de perfections amassees en un sujet, au tesmoignage mesme de Sainct Hierosme, ne se trouvent : prenons la bonne. Et bien bien, dit Lupolde, il vous semble que vous estes à choisir sur beaucoup, passez outre. Polygame continuoit disant que Socrates argumentoit et syllogisoit

---

y prist garde il respondit qu'il falloit mourir d'une belle espée. » *Historiette de mesdames de Rohan.*

1. Examiner, compter. V. du Cange au mot *gita.*

ainsi sur la beauté : Ce qui est bon, est desirable : ce qui est aimé, est beau : de maniere que une bonne femme est plus à souhaiter. Lupolde vouloit entrer et se fonder en Logique jusques au coude, mais Polygame ne voulant, tant peu fust, s'eslongner du premier argument, solicitoit brachialement [1], et le plus qu'il pouvoit, Eutrapel entendre au fait et termes de mariages. Je voudrois, respondit il, estre Cordelier pour trois mois à Sesambre [2] près Saint Malo : aussi bien, quelque malheur qui m'ait jamais menacé, je me suis tousjours reservé à garder les Reliques, et esteindre les chandelles en quelque Convent, et par tant asseuré de vivre sans rien faire. Bien donc, puisque c'est un faire le faut, j'en veux une, mais tu n'as que faire d'en rire, chiquanoux griphonnant, je la veux belle. Aux beaux corps belles ames, disoient les anciens. Jacob aux Sacrees Bibles choisit la plus belle, et par service borné de sept ans acheta et sa femme et sa beauté tout un prix. Beauté est gravee et escrite au grand roole des vertus et felicitez : par laquelle Phriné, putain de haute gresse, et renommee vainquit l'arrest de mort contre elle donné, en se despoüillant toute nuë, monstrant les doux et solacieux traits de sa face blanche, et delicate chair, bien estofez et compassez, et sur icelle deux petites boules assises s'enflans doucement, au mouvement de son odorante haleine. Beauté entre la sagesse des vieux est nombree, au plus

1. En gesticulant des bras ou en prenant Eutrapel par le bras.
2. Ile où a existé en effet un couvent, mais où il n'y a plus d'autres habitants que des lapins et un garde-côtes.

haut et approchant sentiment de divinité. Philopœmen grand Duc et Capitaine Grec envoia ses fourriers, pour loger chez un riche homme, en la ville de Megare, où de fortune il arriva le premier : l'hostesse le voiant laid et mal vestu, luy commanda fendre du bois, et buscher des astelles[1]. Mais l'hoste survenu sur l'execution du commandement, tança et blasma bien roidement sa femme. Philopœmen au contraire excusant le tout, je fay, dit il, penitence de ma laidure. Aux beaux corps (disent les Platoniques) reposent les plus belles et heroiques ames. Si, dit Lupolde, elle est ainsi belle, donne toy de garde. Je refuse donc la lice, dit Eutrapel, et renonce de bonne heure à maistre Mariage, et à ses pompes. J'accorderay en cecy quelque chose à Lupolde, dit Polygame, pour n'avoir onc esté bonne chanson chantee selon l'advis de Plutarque aux livres de mariage, se marier par les yeux. Tousjours y a debat (disoit la desolee Oenone, ayant perdu son bien aimé Paris, pour la survenuë de la belle Helene) entre la chasteté et la beauté : response à tout ce. *Quid juris*, dit Lupolde, il faut aider aux pauvres. Eutrapel, lequel pensoit par un simple adjournement avoir perdu sa cause, ayant assez leu et fueilleté de livres, sans avoir apprins l'art de patienter, et attendre le temps, par lequel toutes choses s'attiedissent et meurissent. Donc il fut, n'a pas long temps, à Vennes[2], ancienne ville, et sur le plus beau rivage de l'Ocean, un bon compagnon cordonnier, auquel on rompoit la teste à

---

1. En empiler les morceaux.
2. Vannes.

force d'aubades et letanies amoureuses : n'eschappoit gueres nuit, que pour l'amour de sa femme, qui estoit belle, il n'eust la venue [1], et les oreilles rompues : elle au demeurant disant ne savoir que c'estoit, et qu'il y avoit plusieurs voisines de plus grand lieu qu'elle, à qui cela se pouvoit adresser, et que par son cotillon verd, hem : il la tenoit tousjours en ses caquets et jalousies. Le galand oiant encore une nuit ceste musique, et en dernier edit et assignation de forban [2], se met à la fenestre en chemise, l'executeur de la basse justice en main, saluant et donnant le bon soir à la troupe paillarde, qui cabrioloit et dansoit vis à vis de sa porte, les adjurant, en faisant regimber les canaux et conduits caverneux, outre le sort principal de sa chere et bien aimee venaison, que le plus habile de tous eux monstrast autant de chair fresche, et lors il quitteroit la partie, les licentieroit en toute forme d'obligation, avec expresse renonciation à l'autenthique *habita*, de faire du pis qu'ils pourroient, et sans despens : qui fut le seul et grand moien de chasser les renards de la garenne. Et bien, dit Eutrapel, je voy bien qu'il me la faut laide : et par là j'auray dès le fin matin mon infortuné presage près moy : ainsi que l'Empereur Severus, qui connut sa mort prochaine par avoir, sortant de sa chambre, rencontré premier un Ethiopien. Ainsi ma laideron me signifiera et pronostiquera dès la diane [3] mille

1. Sérénade.
2. Comme dernier argument. L'assignation de forban avait pour but l'exil, le bannissement de l'accusé.
3. Le réveil.

laides ombres et songes creux, puis mon demon du midy : me voila accoustré en dix huit façons. Vesiel ce notable marieur, et maquignon de telle marchandise, m'en vouloit l'autre jour donner une : elle n'est pas riche, disoit il, mais c'est un beau vaisseau pour porter enfans : outre, avoir, *sub eodem tecto*, et mesme couverture, deux bons moulins, l'un à eau, et l'autre à vent. Et bien, Monsieur, à ce que rien ne soit trompé, marché nul, voila mon denier à Dieu, et arres que je vous rends quittes. Il s'en alloit : mais par Saint Quenet, dit Lupolde, on ne s'en va pas ainsi de foire, comme de marché : ouay.

XXX.

Suite du Mariage.

Faisons voiage entier, dit Polygame : ainsi sont dangereux et pirement ordonnez tous propos, dont on ignore et la source et la raison, où les vieux en plusieurs endroits de leurs superstitieuses et obscures doctrines, vuides de toute proprieté, pour n'estre declarees ny sans nom bien asseuré, ne congneues et esclarcies, ont par longues annees et infiniment travaillé les uns : comme Numa Pompilius avec sa garce Egeria, ont sous couleur et pretexte de quelque saincte revelation que leurs Diables fournissoient et d'une opinion illegitime et bastarde, establi loix, basti villes et forteresses, composé et adouci la grosserie [1] populaire, et par telles entrees ves-

1. Grossièreté.

tues de songes, il trompa religieusement les premiers Romains, tellement qu'il y seigneuria, s'y fit le maistre, et leur commanda. Autres ont caché et obscurci la verité des hautes et entieres sciences par mots inconnus, indeterminez et confus : et toutes fois ne voulans tel thresor estre perdu : laissoient envieux qu'ils estoient, à la posterité, sous estrange et douteuse couverture le nœud et point de la difficulté, pour estre cognu et desveloppé, à ce qu'on en eust arraché le mieux du peu [1], et fait son profit de telles choses rares et precieuses. Laquelle incommodité venant en avant, se sont trouvez les arts qui enseignerent la naturelle alliance du plus riche et secret individu, qui soit sous la voute du Ciel, tant brouillé et espars, sous les yeux d'Argus, pomes des jardins Hesperides, et voiage de Jason en Colchos, et autres enormes et indissolubles difficultez, que le tout est couvert et emmasqué de fausses et vaines doctrines, pour ce regard, jusques à la perte du vrai fond et nerf d'icelle magistrale science. Je forme, dit Eutrapel, opposition de l'Extravagante spondant [2]. Mesmes profonds et sacre-saints secrets, continuoit Polygame, entrerent et furent receus en la Cabale, semblables observations chez les Druides et aux lettres Ephesenes et caracteres Hierogliphes et telle fut la plaidoirie des Romains. Car qui deliberoit adjourner et mettre en procès son voisin, estoit tenu de reveremment et en humilité prendre son buletin et forme au livre d'actions tant soigneu-

---

1. Le plus qu'on pouvait.
2. De *spondere*, promettre ?

sement gardé : tous et toutes plaidoient, rien en telle saison que procès, pour estre les frais et despenses ceremonieuses autant qu'en ce jour on fait en une requeste civile ou moyen d'erreur, qu'on delivre clos et seelez[1]. Monsieur lors, ce qu'il a continué par tout, faisoit bien l'empesché, plus de tapisseries, de tableaux, d'entrees tristes et melancholiques ouvrans la plus serree et fermee gibeciere. Ceste farce ainsi jouee, appelloit le peuple à ceste noble et ingenieuse procedure, qui fit pancher et desordonner l'Estat Romain : jusques à ce qu'icelui beau livre fut desrobé par Cneus Flavius, monstré à tous, à tous copie adjugee : et la verité descouverte par ce costé, les contentions et noises lors jettees par terre, et foulees aux pieds, ayans seu que tels brevets cachetez n'estoient que pure badinerie : comme en l'Idole des Egyptiens, où ne fut trouvé qu'un gros chat acculé, qui sortit en veuë, se lançant sur le peuple, avec telle risee, que l'asne Cuman[2], qui s'estant vestu, et accoustré de la peau d'un Lion, fit peur au commencement, et bien le mauvais garson : mais estant descouvert pour estre luy mesme, sans autre, fut battu à mesure de la mine. Il y avoit autant de mystere (dit Lupolde, qui soustenoit estre un grand secret, faire bonne pipee) comme à retirer ses lettres et pacquets d'avec Meriane messager de Maine à Paris, paravant l'establissement des Juges Presidiaux : car arrivé qu'il estoit à la Rose rouge, au bas de la rue Sainct Jacques, chez ce bon homme

1. *Seel*, sceau.
2. Fable d'Esope et de La Fontaine : *l'Ane vêtu de la peau du Lion.*

Thempé de Queper, qui si finement avoit espousé sa maistresse, par des escus empruntez qu'il feignit vouloir employer en grosse marchandise. Là ce messager s'enfermoit au petit cabinet, se rembarroit, et par une fenestre à demy treillissee delivroit à cestui son sac, à l'autre son pacquet, et à plusieurs separez par rangs et ordres, du beurre, chappons, langues fumees, et quatre ou cinq pochees de falsitez [1], et appellations comme d'abus de gorron [2] : que longuement après ceste Jurisdiction Presidiale, il eut beau loisir se rafraischir et porter au Palais, sans importunité ses procès : lequel pour ce nouvel desmembrement tant s'en faut qu'il desenflast et appetissast, que, comme dit l'Escriture saincte, pour estre le nombre creu, tout alla de pis en pis, comme nous voyons, miserables que nous sommes, delaissez de Dieu, le mal s'accroistre et agrandir d'heure à autre. Polygame alors asseura telle estre la condition des hommes, desquels il parloit comme le moindre et plus grand pecheur, ayant ferme foy, que ne tenant rien de l'autruy, il estoit sauvé et delivré des pattes du Diable, par le saint seul mystere et passion de nostre Seigneur Jesus Christ, qu'elle ne pouvoit en ce terrestre monde et habitation louagere [3], estre soustenue, que par raisons cachees et peu congneues du vulgaire, lequel mesprise et ne fait pas grand cas de ce qu'il apprehende aisement, et

1. Faussetés.
2. Cochon. Les deux mots faussetés et appellations comme d'abus rapprochés du dernier signifient sans doute des pièces de charcuterie sans valeur.
3. De louage, passagère.

pour tout vray (ce qui est trop clair et descouvert) n'estant peint de quelques cerimonies et secrets portans admiration, n'est recherché et en grande reputation, en l'endroit du peuple : sur lequel celuy à qui appartient le soin de telles choses, qui est le Roy, doit incessamment avoir l'œil. Et partant, Seigneur Eutrapel, discourant ainsi à travers pays, je veux parvenir vous faire entendre ce qui pour le plus vous doit mouvoir d'estre marié, et savoir combien l'aune en vaut : Et pour vous en dire, en iceluy y a telle Idee, telle chose en l'air, et infinis pourtraits de consultations et imaginations, que celuy qui jour et an entier n'y a esté actuellement et de fait, n'y peut rien comprendre, et moins concevoir. Quel nom ainsi inconnu fors aux consacrez, et ja aians fait le temps de leur profession en tel service, est collateralement assis avec les secondes intentions : et qui des mariez attenteroit ou songeroit reveler tel et sacre-sainct secret, souffriroit telle peine que Plotin, qui, pour avoir contrevenu à la foy juree ne reveler les secrets deffendus par son maistre Ammonius, fut mangé des poux [1]. Et si par telles disputes et surprises dissimulees, l'on cuidoit tirer ceste Philosophie matrimoniale, se pourroient aisement encourir les peines fabu-

---

[1]. Plotin s'était en effet engagé comme les autres élèves d'Ammonius Saccas à ne pas révéler les principales doctrines de son maître, mais il tint sa promesse mieux que les autres. S'il fut mangé des poux, ce ne fut que momentanément et peut-être parce qu'il ne voulut jamais s'astreindre à donner à son corps les soins les plus indispensables et qu'il ne prit jamais de bain. Plotin a été le spiritualiste le plus conséquent en refusant toujours de tenir compte de sa « guenille ».

leuses de Promethee, ou les vrayes de Theopompe, lequel, pour translater les saintes Bibles peut estre trop prophanement, et sans y joindre les remonstrances mystiques, fut fait aveugle, et privé de ce don de veue. Vous disant tel grand secret n'avoir autres definitions et accoustremens, que n'estre entendu, fors par demonstrations trop esloignees, et syllogismes peu resserrez : de façon que telle curiosité nous est beaucoup plus fascheuse, que la difficulté n'en donne de plaisir. J'ay dit, an et jour, pour la perfection et comble de la revolution et nombre annal : où nos Praticiens Jurisconsultes ont tant gambadé et fait des leurs. Car à l'Abbaie Saint Melaine, près Rennes, y a, plus de six cens ans sont, un costé de lard encore tout frais et non corrompu: et neantmoins voué et ordonné aux premiers qui par an et jour ensemble mariez ont vescu sans debat, grondement et sans s'en repentir. Platon dechiffra par longs et eloquens traits philosophant à sa mode, son Androgyne, de laquelle on pourroit tirer de belles choses, pour la descouverture de ceste admirable et terrible cognoissance. En quoy se pourroit dire mieux qu'affermer d'Origene et Amon, parlans de ce grand Sacerdot et Prestre Moses[1], interpretans l'amitié, liaison, et descentes de ces mots *Adam et Eve*, les particularitez et interieur de leurs ames. Mais rien qui approche et qui face à propos, pour bien declarer l'espece et naive signification de cest ineffable nom de mariage. Et par ce moyen vous qui tant sagement voulez esplucher et entendre dès

1. Moïse.

le fond et la source, l'occasion des choses, mariez vous, pour avoir part en ce riche butin : et ayant gousté au bien et fruit que vous en tirerez, serez tout courroucé d'avoir tant fait le long, et tardé d'entrer en ceste Confrairie. Vous ayant ouy assez prolixement, et sans entendre où pourroit tomber le coup de vostre long discours (dit Eutrapel) qui ne peut ennuier, pour estre si bien cousu et cimenté : autre chose par ce secret tant venerable ne se doit entendre, que le Saint Greal [1], ensevely et envousté [2] sous le perron Merlin, en la forest de Brecillian, en Bretaigne : ou, qui doit estre la meilleure et saine opinion, ce terrible et exorbitant vent [3] de la chemise, duquel vous autres mariez faictes tant de cas, allegoriquement extrait de ce que Jamblichus disoit de sa Sibylle Delphique, qui, pour recevoir ses esprits Profetics, seoit sur un aixeul de charrette, trainant les pieds en l'eau : autrefois

---

1. Les pérégrinations du saint Greal, c'est-à-dire du vase dont le Christ se servit le jour de la Cène, ont fourni la matière de beaucoup de romans de chevalerie. Du Fail en a cité souvent déjà. On voit que cette littérature lui était familière. Elle ne l'est plus à personne de nos jours. On en trouve les traces dans les petits livres de la *Bibliothèque bleue* qui ne se réimpriment même presque plus.

2. Mis sous une voûte.

3. Il ne serait pas impossible qu'il fût ici question de quelque superstition du genre de celle que nous rencontrons dans l'*Evangile des Quenouilles* 3e journée, c. xii : « Je vous dy, mes voisines, que quand on met blancs draps en un lit, l'angèle de Dieu s'y repose jusques à ce qu'on y fait ou pet ou vesse. — *Glose*. — Marion Ort-trou dit à ce propos que tantost que l'angèle s'est departis du lit, le dyable puant y entre, dont souvent en sourt grande noise entre homme et femme. » Je mets la virgule après *chemise*, au lieu de la conserver après *vent*.

sur un trepier, puis tout à coup sortoit de sa caverne un sifflement horrible, par lequel se jugeoient les bonnes ou mauvaises vaticinations. Or en la bonne heure, entrons en affaires, je vous prie, indigne et coulpable pecheur que je suis, qu'au plus tost que faire se pourra, car je brusle et suis amoureux, sans savoir de qui. Je participe à ce tant fructueux, et magnifique secret, et me mariez, de par Dieu. Femmes sont à prix competant, dit Lupolde, quand, disoit François Leheac, je retourne de l'enterrement de l'une de mes femmes, m'essuiant les yeux, et travaillant à plorer, chacun me dit, Compere ne te soucie, je say bien ton fait, je t'en donneray une autre : helas! on ne me dit point ainsi, quand j'ay perdu l'une de mes vaches. Au pis aller, le marché en est fait, à treize beaux deniers on fout [1], paiement est receu, voire monnoie rongnee, ce sera à l'antique, à l'essay, comme Nonius Marcellus en injurioit quelqu'un : et ce que nous appellons en ce quartier, fiancer, à la mode de la Guierche, par une conjonction de ventres : mais au pis aller, comme dit Strabo, pour une paire de bœufs. D'avoir femme, dit Eutrapel, que par la vertu resultante de mon amitié, onc ne l'ay entendu, et feray plus : je veux estre acheté, me feray bannir [2], et demeureray à la plus offrante. Ou bien me laisseray voir une fois le jour et en demie veue, comme marchans qui finement,

---

1. J'ai dû rétablir ici le texte de 1585 malgré sa grossièreté. Les éditions modernes mettent *à treize beaux deniers ou tout* (1732), *à treize beaux deniers, où tout paiement est recu* (1842).

2. Tambouriner, annoncer à son de caisse.

pour donner lustre(a) à leurs draps, advancent un bougrain [1] sur leurs boutiques : ou autrement, comme le Negus [2], surnommé Preste Jean [3], le plus grand Prince de la terre, qu'on ne void le plus souvent qu'au travers d'une toile. C'est trop laissé aux femmes la coustume se faire chercher: qui aura affaire de feu, si le vienne trouver. A bon vin, dit Lupolde, il ne faut point d'enseigne; fay seulement bonne trongne, car tu es une assez belle happelourde, et capable d'en tromper une bien affettee : ne te soucie, Robin trouvera tousjours Marion. A la mode antique de Languedoc, dit Polygame, quelque bon pere de famille vous choisira pour gendre, en beuvant, et sur le vin, voiant l'adresse et honnesteté, faisant partie de vos singularitez, que je recognois en vous, pour vertu que vous aurez à donner et verser à boire : puis d'un verre frais et net, bien rinsé, luy faire mille amorces et envies, y remouiller ses moustaches, qui descouvrira l'imparfait ou le bon de vostre naturel. De laquelle experience se servoit et aidoit Denis le Tyran. Que si au commencement de l'escot [4], vostre

a. Var. : *lumière.*

1. Toile épaisse, store.
2. C'est encore le titre de l'empereur ou roi d'Abyssinie. C'était celui que portait Theodoros.
3. Le prêtre Jean a occupé bien des voyageurs et des géographes au moyen-âge. V. *Nouvelles de la terre de prestre Jehan*, in-4° gothique, s. d. ; et surtout l'Appendice de la *Nouvelle fabrique des excellents traits de vérité* dans la Bibliothèque elzevirienne. Sebastien Munster dans sa *Cosmographie universelle* parle encore de ce royaume fantastique.
4. Repas.

futur beau-pere avoit vos conditions moins agreables, à l'issue vous luy serez le plus habile du pays. Ainsi la puissance du vin sait colorer et farder les choses plus petites, tant il est enflé et superbe.

Fœcundi calices quem non fecere disertum ?
Qui n'est savant après avoir bien beu ?

Il sera beuveur pertinent, et sa fille aussi, contre ce que raconte Martial de la fille de Bassus, qui ne beuvoit que de l'eau, et son pere estoit des yvrognes le porte cornette. Et de là mille accolades, et une liasse de beaux contes entrelardez de menus baisers qu'elle vous fera. Bien, dit Eutrapel, l'animal est assez naturellement babillard et entreprenant, sans que d'ailleurs il en soit occasionné. La tortue de Venus que grava Phidias, monstrant que la femme ne doit passer le seuil de son huis, et ne rien entreprendre hors de la maison, le monstre assez, et necessairement se dit ainsi, une femme a fait cecy, ou cela, et bonne en a esté l'issue. Et Lupolde avecques son escritoire a mené cinquante hommes d'armes à la guerre, et cela estre fort relativement prononcé en bonne Logique, et autant de raison en l'un qu'en l'autre. Au fort pour le juste interest qu'à l'ayde du bon Hymen, et la saincte ombre de Junon, je pretens envers les femmes, je souhaitasse qu'elles, et principalement la mienne, se meslassent et emploiassent leurs langues à plaider et deffendre leurs droits, et celuy de leurs voisines, et avoir quelque portion aux voix deliberatives et jugemens politics, pour butiner la moitié du fais que leurs maris portent en telles affaires, sans les envoier aux requestes comme fit ce bon petit fils Papirius Pretextat [1], qui leur apprint à ne s'enquerir des affaires publiques, ce qu'elles ont fait autrefois : comme quand elles pacifierent les Gaulois avecques Hannibal. Mon amy, dit Lupolde, le prejugé de Calfurnia ou Afrania [2], qui plaidant une cause, surmontee de cholere, ne sachant plus que dire, et ayant en plein auditoire monstré eshontement ce que la plus noire nuit ne peut assez cacher, leur fait tort. Quand les lavandieres de Porte-Blanche sont à quia, et au bout du rollet de leurs injures actives et passives, elles n'ont autre recours de garentie, qu'à se monstrer et trousser leur derriere à partie adverse : Ainsi que les anciens farceurs, qui pour la fin de leur jeu, et tirer le rideau, avoient quelqu'un en guise de leurs beaux Dieux, qui pissoit sur les assistans, et poursuivans la prochaine chambree [3]. Le sexe, dit Polygame, (il me plaist quelque fois esbaucher le plus clair de leurs vertus) suyvant les status de Semiramis, est prou empesché et a de la besongne assez taillee à reigler et arrester quels accoustremens elles doivent porter, laquelle doit aller devant, tenir la haute main ou de quel nom, simple ou composé, comme Madamoiselle, madame sans queue, ma grande amie,

---

1. V. Aulu-Gelle, livre I, c. xxiii, et Macrobe, *Saturnales,* liv. II, c. vi.
2. Valère Maxime (liv. VIII, c. iii, n. 2) rapporte qu'une certaine Afrania, femme du sénateur Licinius Buccion, passionnée pour les procès, plaidait toujours elle-même ; non, dit l'auteur, qu'elle manquât d'avocats, mais elle abondait en effronterie. (Note de M. Guichard.)
3. Et ceux qui attendaient la seconde représentation.

ma voisine, ma cousine, elles doivent user, et à laquelle appartient dire, seez vous, et prendre par la main : et autres gros points de Droit qui jadis recitez par Diodore, furent cause, de la cruelle guerre entre les Sibarites, laquelle de leurs femmes devoit sacrifier la premiere, comment hors de tout soubçon et peché de ceremonie, elles devoient aller en litiere, en chariot, sur haquenees, ou en trousse. Par lesquelles doctrines et humans ainsi grand'partie du travail de leurs maris, les pauvres hommes sont un peu deschargez, et en paix : jusques à ce que les procès de dehors soient vuydez. Car en tels affaires, tant dure le baril, tant dure la feste : et surtout, Lupolde, (vous entendez cela) ne monstrez jamais le fond de vos chausses ou de la bourse, à vostre femme, devant laquelle aussi ne louerez la beauté ou vertueuses qualitez des autres. Car cest esprit fantastic et remuant prent tout au rebours et de travers, où je n'entens comprendre à ce qu'elles ne crient au larron et mesdisant sur moy, vous, la simple et prudente parole de celles qui sont en mon roolle, qui, pour dire tout, est bien petit. Mais, Eutrapel, serons nous mariez? Ce gratement d'aureilles, et entortillement de barbe portent la grace et contenance de refus. Quand (respondit Eutrapel, branlant tout le corps, refroignant et haussant ses sourcis) je vous oy blasonner et rembarrer un party, autant me vaudroit estre solliciteur au Parlement et à la Chambre des Contes en mesme temps. Quand j'oy fortifier les raisons contraires, je m'enyvre d'une certaine amoureuse fantaisie, qui me perd et trotte au beau travers de mon entendement, comme rats en un grenier : au moyen dequoy, attendu que la nuit a conseil, prieray temps m'estre ordonné, dedans lequel je me puisse resoudre, et choisir le sort plus advantageux, deliberant sur les courtoisies que Fortune promet à ceux qui plus gratieusement la savent pratiquer et temporiser, selon qu'elle veut : entendant parler de Fortune civilement et honnestement, ne luy attribuant aucune puissance, pour estre toutes choses conduites non par advanture, inclination, necessité, cours des astres, et hazard : ains par la seule prevoyance de Dieu, qui distribue nos affaires selon sa sainte volonté, et ainsi que nous le servons. Je vous diray, dit Polygame, vous devez en cecy, comme en toutes choses, invoquer et prier son sainct nom, qu'il luy plaise vous pourvoir d'une femme, avec laquelle vous puissiez achever le cours de vostre vie en toute paix, douceur, et amitié. Eslisez, disoient nos peres, celle qui sera à vostre gré, et que vous pourrez aymer. Quelques uns sont d'avis, que celuy qui est d'un naturel violent et colere, ne se doit joindre à une brune et noirette femme : ains à celle qui est plus pesante, bonnace, et debonnaire, comme sont les blanches : et ainsi par le contraire. Mais. le tout gist en l'exemple et nourriture qu'elles ont eu. Lupoldè dit que la fille d'une qui en sa jeunesse a esté bonne compaigne, moins apprend les ruses et finesses d'amour, pour estre tenue de court, serree et contrerollee par sa mere, qui a passé par l'estamine, toutefois il ne fut onc Pie, qui ne ressemblast de la queuë à sa mere. Helas! disoit un gendre à son beau pere, faites moy raison de vostre fille, qui court, trote, fait tout plein de belles besongnes hors mon congé, sans que la puisse gouverner : elle danse, masquarade, et mange le pasté aux jardins, en compagnie de deux ou trois vieilles, qui font l'amour aux bouteilles, tandis que la Damoiselle jouë du cropion en un coin en se pourmenant, estant escartee des autres. Et demandant aux serviteurs ou chambrieres, où est elle ? Il y a longtemps qu'elle n'est icy, respondent, estans gagnés et faits au foüet, elle est à vespres gagner les pardons, ou visiter une telle qui est malade, sans pouvoir arracher un seul mot de verité de ceste gent corrompue, combien qu'au long aller tout soit seu. Mon amy, dit le beau pere, tu t'y romprois la teste, fust elle d'ormeau, la cuider changer, attens encore deux ou trois ans, que ce feu soit passé, comme je fus contraint ainsi en faire à sa mere, laquelle est à present assez femme de bien. Lors Polygame blasmant le jugement ainsi generalement donné, par la faute d'une seule, estoit bien d'accord que d'un mauvais arbre ne pouvoit issir aucun bon fruit : toutefois s'il est transplanté, fumé, essargotté, et enté, il changera sa mauvaise nature en une meilleure. Ainsi est il, non seulement des femmes, mais des hommes, lesquels enseignez tant par l'estude, que bon patron et frequentation de personnes vertueuses, deviennent en une franche et saincte habitude de bonnes meurs et conditions. Car, comme dit David, Tu seras saint et innocent en la compaignie de la personne innocente, et meschant avecques les meschans. C'est pourquoy la jeune femme doit fuir comme le feu, le conseil de ces autres, qui instilent et coulent en son aureille,

Merci Dieu si j'estois en vostre rang, je voudrois estre cecy, estre cela, aller à mon plaisir, me donner du bon temps, sans ainsi garder tout le jour à l'hostel. Car si la femme n'a gravé et imprimé en sa teste le commandement de Dieu, qui est, d'obeir et estre subjette à son mary, en tout ce qui luy sera commandé : il n'y a lieu de penser que la vie et menage de tous deux ne soit miserable. Vaudroit beaucoup mieux à tel mary (disoit l'Ecclesiaste) habiter avec des couleuvres et serpens, qu'avec une femme desobeissante, et qui fait au rebours du commandement à elle prescrit et statué. Suffit au mary de bien aymer sa femme, et à elle, l'aymer et honorer, autrement ne faut attendre que contentions, debats, et infinitez d'autres pauvretez. Pour rompre le coup à tels inconveniens, est necessairement necessaire que l'homme et la femme mariez soient vertueux, bien vivans, à l'esquierre de l'Evangile : car rien n'est sous le ciel, qui tant rende la personne aymee, que la vertu. La femme de bien a tousjours la face sur son mary, pour entendre de quel pied il veut qu'elle marche, luy obeir à ses commandemens, et ne faire chose dont on la puisse reprendre et se fascher. Fut dit de longue main, que la femme de bien est la derniere qui le baise et caresse quand il laisse la maison, et la premiere à le recueillir et cherir lors qu'il revient. Donc, Eutrapel, prenez courage, et ne vous faites compagnon de ceux, qui ont transformé, contre l'exprès commandement de nostre Seigneur, l'usage de mariage, qui est sainct, en une vie lubrique, abandonnee à toutes rencontres. Mais. Quel mais? dit Eutrapel. Je te le diray, dit Lupolde, il ne veut que tu charges ceste marchandie, fors aux champs, où les filles ne sont encore enfarinees de ces belles furtives amourettes, et beaux miroirs des villes. Comme fut la response d'un quidam, s'asseurant n'estre point cocu : car il ne se mariroit à Paris, ou autre ville. J'ay encore, dit Eutrapel, un seul petit scrupule, et pierrette en mon soulier, qui me tourmente : si j'estois marié, faut il point en quel temps, quels jours, et heures les fiancees et espousailles se feroient : pour avoir leu que les anciens Romains avoient des jours, qu'ils appelloient Noirs, ausquels n'estoit loisible entreprendre ou executer aucune chose ? Où toutefois ils avoient esté trompez lors que les Gaulois saccagerent leur ville, et Hannibal les deffit à Cannes. Lupolde dit, que si les exemples servent de quelque chose, il sait un beau conte à ce propos. Jean Bedaut et Marie Alaire espouserent je ne say quand, en la parroisse de Noyal entre les mains de Dom Mathurin de Launay, qui ne se soucioit pas qui coucheroit avec la mariee, pourveu qu'il fust du banquet. Au soir les conviez s'estans retirez, Bedaut se deshabillant dit, Mon Dieu ! que nous avons mangé d'un bon merle à disner. Sa femme instruite par ses voisines n'accorder que en droit et raison(ce sont les beaux conseils de ces oisons coifez) dit que vrayement c'estoit une merlesse, et ne vous deplaise. Luy se voyant combatu et desavoüé en chose si legere, estima que ainsi se laissant heurter sur le commencement, il se pourroit faire juger subjet à la quenoüille, repliqua que c'estoit un merle : et tost après l'on eust ouy c'estoit une merlesse, c'estoit un merle : tu as menty, c'est toy, comme un vilain, il ne t'appartenoit pas : A la force, au meurtre, à l'aide, bonnes gens, Hee mon grand oncle, Marion où estes vous ? fin de conte ils furent faits amis comme devant, et blasmez à l'advenant. L'an revolu et passé, estans les bons personnages près leur feu, s'advisa la femme de ce qu'il y avoit justement et proprement un an qu'ils avoient espousé, fait grand'chere, et entre autres mangé d'une bonne et grasse merlesse, pour raison de laquelle, ils s'estoient maladvisez, entre-battus. Tu as menty, belle Dame, dit le mary, c'estoit un merle : et si haut furent leurs contradictions emmanchees, que de plus belle se rempoignerent à grands coups de poin, voire plus joyeusement que l'an passé. Et se dit qu'ils continuerent ainsi tout le reste de leur vie en leur possession à ce jour fatal et desastré. Si bien que Bedaut si d'avanture estoit appellé en tesmoignage, ne savoit designer les saisons, fors par le jour de son mariage, ainsi bien commencé: qui est une marque Legale et de Droit, pour effacer toute suspicion de faux, comme tiennent les Jurisconsultes, et Euripide aussi : et les femmes, qui ne dattent les ans, que par dire, J'estois grosse de Pierre, ou Marguerite. Polygame lors, qui ne souffroit aucunement telles resveries et especes de sorcelerie estre meslees au Christianisme, les rembarra tous deux vivement, et tellement leur ferma la bouche, qu'ils eussent fait trois lieues, paravant la pouvoir ouvrir. Comment ? dit il, estes vous logez à ceste enseigne et vieux fatras, qui tant ont perdu de consciences, pour laisser le chemin que Dieu a monstré et ouvert à ses eleus et predestinez (qui sont tous ceux qui s'asseurent estre sauvez par la seule grace de nostre Seigneur, y aportant, entant qu'en nous est, les fruits de bonnes œuvres) de croire et vous persuader, qu'il y ait des jours meilleurs ou pires que les autres ? N'est il escrit aux Saintes Bibles, que les Gentils croyent et suivent les devinateurs, prennent appuy sur les temps ? mais toy (Moyse) autrement enseigné de moy ton Seigneur. Et en Hieremie, Ne vous doutez des signes des Cieux lesquels les Gentils craignent, et leur font peur. Et dit saint Augustin, en son Enchiridion, suivy par saint Basile, Ambroise, et Chrysostome, estre une pure folie és hommes, de penser que les jours different en heur et malheur qu'il y en ait de pires les uns que les autres, pour bastir, voyager, parler au magistrat, faire la guerre et autres actions humaines. C'est pourquoy sainct Paul tance et reprend aigrement les Galates : J'ay grand'peur, dit il, n'avoir rien faict pour vous, qui observez les jours, les ans, et autres saisons. Zoroastres, lequel ne se peut nier avoir consumé son temps en la cognoissance de ceste vaine science, voire donné le premier commencement, ne peut si bien choisir le jour d'une bataille, que Ninus ne le tuast, et tout ce qu'il avoit de gens. Ce qu'aussi experimenta à son dam Pompee, un autre grand devinateur sorcier, et observateur de jours, duquel, nonobstant ses beaux livres d'augures et devinations, que tant religieusement consultoit, fut l'armee batue, rompue, et saccagee aux champs de Pharsale par Jules Cesar, qui, bien instruit, ne creut, ny prit oncques appuy à telles badineries. Vray que tant par le cours de la Lune, que façons accoustumees de certaines bestes, peut estre cognu le beau ou mauvais temps, et changement de saisons : mais impossible aux hommes, voire au Diable, qui comme dit le mesme Augustin pour estre vieil, experimenté, et savant à marier *activa passivis,* mesler les qualitez contraires est un merveilleux Docteur et ouvrier : impossible, dis je, predire l'avenir, et ce qui doit arriver aux cas particuliers : Dieu s'estant reservé à luy seul la verité de tels accidens et jugemens [1].

XXXI.

Du Gentil-homme qui fit un beau tour au Marchand et de l'Amoureux qui trompa son compagnon.

Il se meut propos de ceux qui font leur profit en tout, hazardans et abandonnans leurs consciences à tous vents, heurts, sans regarder qu'il faut mourir, rendre conte, et payer ce que nous aurons injustement, par mauvais arts, et pratiques, prins de l'autruy. C'estoit donc un marchant, qui adjournoit et aguignoit la mestairie d'un Gentil-homme, en tout evenement vouloit assembler un gros interest de l'argent qu'il luy prestoit, pour tout d'un coup enfoncer et attraper ceste terre sur ce pauvre Noble, autant affamé d'argent, comme le mercadant estoit pront et hastif de prester. Lequel, pour faire tomber ses

---

1. Pour compléter cet excellent chapitre relire les consultations de Panurge, voulant se marier, et si on a le temps les chap. III et IV du Ier livre des *Sérées* de Guillaume Bouchet.

desseins et parvenir à leurs points, disoit, le chappeau jusques sur le genouil, Monsieur nostre argent va et vient diversement, tantost nous en avons, et bien souvent pas maille, qui nous contrainct emprunter : mais pour ne demeurer courts et que faute d'argent ne vous face perdre ailleurs j'ay un balot de laine, sur lequel nous trouverons à peu près ce qu'il vous faut, pour le rendre au temps qu'il vous sera dit, il y aura en la vente quelque perte, mais quoy ? necessité n'a point de loy. Ce balot fut plusieurs fois acheté, puis incontinent revendu bien bas à un tiers, qui en estoit de moytié et de l'intelligence : de façon que par l'issue de telle negotiation, le Gentilhomme se trouva sur les espaules chargé de bien quinze cens escus, et en consequence mis en procès, ses biens saisis, pour vuider (c'est un mot de marchant) les parties et obligations, et où il s'estoit embourbé et engagé, qu'il fallut promptement payer : qui ne furent pas petites, et les interests internes et externes, tels que la Loy *Sterilis* au Digeste a reprouvé. Le Noble estoit bien fasché d'ainsi se voir aboyer, tracasser, terracer, paperasser, par ce marchant : qui, par le contraire, s'enfloit, triomphoit, et s'engraissoit de ce butin usurier, souffroit estre appellé Monsieur, au lieu de ce beau et ancien titre de sire Pierre, sire Fiacre. De nostre ville, dit Lupolde, se sont depuis trente cinq ans retirez et perdus ces beaux et honnestes mots Maistre, pour le regard des gens de Justice : et de Sire, en l'endroit des marchans, se faisans titrer et qualifier du mot de Monsieur, soubs le nom de quelque closerie qu'ils auront, Monsieur du fossé, de la vigne, de capendu, du chappeau verd, de la truie qui file, du blandureau, et autres de telle farine; contrepetans et suivans au grand galop les anciennes marques des Gentils-hommes, que peu à peu ils effaceront, pour y supplanter les leurs : si le Magistrat et Prince ne va au devant, establissant que chacun, s'il n'est noble ou estranger, appellant un autre de ce mot Monsieur, payera pour chacune contravention un escu. Ce mot de Monsieur appartient privativement à la seule Noblesse ou Juges Royaux, et à nuls autres. Pour avoir le roturier et non noble acquis, dit l'Ordonnance de Blois art. 258. un fief noble, si ne sera il annobli et mis au rang des Nobles : ce qui est conforme à l'ancienne coustume de ce pays, comme j'ay dit ailleurs, où aux monstres[1], arriere-bans, et rangs de bataille, les roturiers, bourgeois, et autres non nobles, ne se mesloient aucunement parmy les nobles, ains estoient en leur quartier à part et separez. Le grand Roy François leur voulut bien permettre l'achapt du domaine noble, mais non les droits seigneuriaux et noblesses feodales : n'entendans les pauvres gens que l'achapt de tels fiefs, est l'entiere ruine et desbauche de leur traffic. L'inegalité des droits successifs, qui aux partages appartiennent à leurs enfans, depensement (a), et demembrement d'icelles terres en plusieurs lopins, destinees pour la defense du pays, et sans lesquelles le Prince et tout son Estat ne pourroit subsister. Outre tout

a. Var.: *dépiement*, partage. *Depiés*, de *depitare* (du Cange) signifiant mutilé.

1. Revues.

ce, le mespris de leurs vassaux et subjets, qui les rejettent et n'en font cas, non plus que de valets : Comme n'a pas long temps il se vid aux hommages de Monsieur d'Alençon, où le Comte de Montgommery jetta du haut des sieges en bas un certain marchandeau, auquel à cause d'une belle terre et seigneuriale qu'il avoit achetee, appartenoit veritablement la preseance s'il eust esté Gentil-homme. Quelqu'un de ceste saison tenant une excellente place de judicature souveraine a voulu par ses escrits deguiser le point, et qu'à tous, sans difference, l'achapt et occupation de tels fiefs estoit permise : confondant les qualitez, sans beaucoup les respecter, le prenant des enfans de Noé, ainsi qu'il dit. Mais outre qu'il estoit fils d'un boucher de Mont-lehery, favorisant le party dont il estoit party, il n'avoit gueres bien veu le neufiesme chapitre de Genese, qui est la source des trois estats et ordres qui soustiennent et seront jusques à la fin du monde, en toutes Republiques et assemblees d'hommes, qui sont les gens d'Eglise, de la Noblesse, et du tiers et roturier estat. Auquel chapitre le tiers fils de Noé appellé Cham ou Canaam signifiant marchant, trafiquant, pour s'estre moqué et n'avoir recouvert les parties honteuses de son pere, fut d'un jugement venant d'en haut, par iceluy maudit, et que luy et sa posterité, qui sont les roturiers[1], seroient serviteurs perpetuels de Sem et Japhet, ses deux autres enfans, et de leurs serviteurs. Se taisent donc tels villenots[2] enrichis,

---

1. D'autres ont prétendu que c'étaient les nègres et ont ainsi justifié l'esclavage.
2. Vilains.

et chacun se contente et suyve la trace et chemin de ses predecesseurs : si le Prince en l'anoblissant ne l'affranchist, encore à cent ans après demeurera la cicatrice de telle qualité bastarde et illegitime : Comme n'estant de ce beau et premier sang et race ou racine divine, laquelle se recognoist en un vray Gentil-homme, fust il vestu de toile, au contraire d'un roturier, lequel accoustré fust en drap d'or, tient et sent tousjours les meurs et conditions trafiquantes, sanglantes, en son advantage, couardes, et qui incessamment regarde à gagner, profiter, tromper. Ce marchant, dit Polygame, estant refait et en argent, acheta un gros heritage et mestairie soubs le fief et jurisdiction de ce Gentil-homme : où faisant du compagnon, et abusant de familiarité, fut trouvé fort negligent tant à l'exhibition de son contract, entrer en foy et hommage, que payer les ventes et lots, bailler son adveu et tenue, et faire autres redevances feodales : qui engendra en ce seigneur la revanche, dont vous orrez parler. C'est qu'ayant fait fueilleter et remuer son papier terrier [1], et tant exploité, que par adjournemens, contumaces, et jugemens, le Sire, nonobstant ses exceptions et subterfuges, est condamné, despens taxez, arrerages, fruits, et interests liquidez, et acte executoire delivré. Ce marchant avec ses finesses de la Guibray (qui est le rendez-vous des meschans complots et monopoles de toute la France) se voyant prins et glué, se presente au Gentil-homme, luy remonstre d'un plat de langue bourgeoise et affinee, une longue enfileure

---

1. Titre de propriété.

de bourdes : qu'un pauvre marchant, comme luy, ne sachant la pratique, et moins ayant hanté le barreau, a laissé couler quelques annees pour faire son devoir, le tout sous titre de bonne foy, et sans y adviser, il a esté imprudemment nonchalant recognoistre ce qu'il doit à son Seigneur: que si on prend les rigueurs il void assez sa ruine qui estoit prochaine : mais ce qui le reconforte, est, qu'il a affaire à un brave Gentil-homme, duquel il espere, mais plustost s'asseure qu'il luy fera un bon tour. Le Seigneur se sentant piper vainement d'une harangue marchande et empoisonnee, ayant en sa memoire l'outrageuse et longue usure de laquelle son amy voisin feint et beau parleur, l'avoit ainsi empiété, luy promit que par sa foy, et en parole de Gentil-homme (de Iserma disoit estre le plus estroit seau de toutes les promesses) il luy feroit un bon tour : mais que premierement il vouloit estre juge de ses liberalitez : et à ceste fin, qu'il eust à mettre tout ce qu'il luy devoit, en bloc et en masse, sur le bout de la table, et après qu'il luy feroit un bon tour, et s'en asseurast. Le marchand cuidant avoir tant babillé et fait de reverences equivoques de l'un costé sur l'autre, recommença à niaiser de plus belle, disant que veritablement luy faisant un bon tour, il feroit un grand service au sire, et seroit la boutique à son commandement : promesses et adjurations plus fortes que produise la rue sainct Denis de Paris. Le Gentil homme ayant conté et veu tout son argent, en osts et regimens bien calculez, brouille et peslemesle le tout, qu'il met dans un sac, sous son coude : puis se tournant de l'un pied sur l'autre refit encore le mesme tour fort pompeusement et à toutes mains, disant que tels exploits se faisoient à l'enseigne du balot de laine, et que le seigneur marchant pillast patience pour ce coup auquel il avoit fait un ou deux bons tours bien fournis, et de bonne estoffe, en recompense des bons et aggreables services passez. Trouvez vous dit Lupolde, que ce Gentil-homme fust bien et droitement fondé, tenir telle rigueur à ce pauvre marchant? Nenny, dit Eutrapel: ma raison estre, que pour une legere et pretendue faute, au regard de tant de services, et conscience alongée à faire recouvrer argent, ne falloit le traiter à l'extremité. Aimerois autant ce que dit Pline de Staphilus, qui le premier inventa mettre l'eau au (a) vin (O le meschant! dit Lupolde) : car soudain qu'on y en mettoit, encore que tout au demeurant fust bien, disoit ce banquet estre imparfait et mal ordonné. Ou bien à un jeune Conseiller de Paris, estant à un festin à Vennes lors des grands jours, auquel l'Abbé Colledo, nourri aux voluptueuses delicatesses de Rome, n'avoit rien oublié, jusques aux parfuns, eaux de senteurs, et cassolettes, aux planchers, aux bas, au travers des chambres et sales : lequel interrogé de ce somptueux et superbe souper, dit, que le tout s'estoit assez bien porté, s'il y eust eu des asperges. Mais il ouit pour responce, que ce n'estoit comme à Paris, où il y avoit abondance de cornes, dont issent et proviennent icelles herbes. Faut il pour un verre cassé, perdre vingt ans de bon service? faut il que ce pauvre mercadant

---

a. Var : *en.*

à la conscience rouillee (car quand la bource s'estrecist [1], la conscience s'eslargist) soit ainsi traité, sous l'erreur commun qui est, de faire son profit en toutes façons et endroits ? Je ne dy pas ainsi dit Polygame, et sommes autant esloignez, que les maistresses et chambrieres quand les deux horloges de Rennes ne sont d'accord et ne sonnent ensemble. Monsieur le finet et parjure marchant fait entendre par tant d'artifices et ruses à ce pauvre Gentil-homme endeté et pressé, que les nues sont peaux de veaux, qu'il est perdu s'il ne faict voile aux Iles d'interests à quarante ou cinquante pour cent : que remaschant telle indignité, et l'ayant enclavee sur son cœur [2], le paye en mesme monnoie de meilleur alloy. Tout ainsi Denis le Tyran au raport d'Aristote au joüeur de harpe : le marché estoit que d'autant qu'il sonneroit mieux, et donneroit plus de plaisir, il seroit plus contenté et payé. Le harpeur ayant joué au mieux qu'il avoit peu, demande son salaire. Denis respond qu'il l'a bien payé et satisfait : car s'il a prins plaisir à harper et chanter le mieux qu'il a peu, aussi de sa part a il receu semblable plaisir de l'escouter le plus devotement qu'il a peu. Payez moy, disoit le rotisseur au gueu [3], qui mettoit son pain sur la fumee du rost : ouy vrayement, respond il, faisant tinter et sonner un douzain : c'est du vent que j'ay prins, duquel mesme je vous en paye : *Sic ars deluditur arte,* A trompeur, trompeur et

---

1. Et non : *s'est rétrécie.*
2. L'ayant à cœur.
3. V. le jugement de Seigni Joan au chap. XXXVII du livre III de Pantagruel.

demi : Il n'est que d'aller droit et rondement en besogne : Je voy, et l'ay ainsi observé depuis les cinquante ans derniers, que marchans et autres negotiateurs vendans à plus haut pris de dix pour cent, c'est à dire, qui gaignent plus de dix livres pour cent livres en un employ, deviennent ou leurs enfans pauvres, endettez, et à neant. Les Payens soustenoient qu'on pouvoit vendre à tel pris qu'on pouvoit, mais encore exceptoient ils la fraude : nous autres Chrestiens et toute la Theologie se fondant sur le commandement de Dieu, tu ne desroberas point, condamnons toute espece de vente, qui passe dix pour cent : où en sont doncques ces marchans, merciers et autres vendans en affirmant par grands et enormes sermens, que cecy et cela leur couste un escu, que vous aurez d'eux en fin pour vingt ou trente sols : que si d'avanture on leur en offre quarante ou cinquante, ils commenceront de plus belle, qu'ils y perdent tout le leur, mais qu'il n'y a remede, il faut depescher marchandie, estre estrené : et l'acheteur leur aiant le dos tourné, est moqué, et monstré au doigt, comme aians bien exploité : *ad omnes mille diabolos* telle sorte de gens, disoit Menotus [1]. Je n'ay congneu pour vray et entier marchant, homme de bien (je ne pretens faire tort à personne) qu'un marchant drappier de Rennes, appellé Jamet Jan, il n'estoit pas des amis de Panurge, car il ne prestoit, ny ne vendoit rien à credit : mais il n'avoit qu'un

---

1. Je n'ai pas le texte de Menot sous la main, mais, selon H. Estienne, Maillard vouait aussi certains marchands *ad trigenta mille diabolos*.

bon mot, si raisonnable et de tant bon marché,
qu'il vendoit plus en un jour, que ses compagnons
affettez en une semaine. Eutrapel dit que lors que
maistre Jean Ricaut, Jean Boucher, Jean Reffait,
Caillard, Dom Bertrand Touschais, Dom Jacques
Mellet, tous savans pedagogues, l'envoioient, et
ses compagnons aussi, querir quelques livres
chez Collinet [1], Robert Estienne son gendre,
Vascosan, Wechel, Libraires de Paris, il ne falloit
aucunement disputer ne contester du pris :
car autant en avoit bon marché l'enfant, comme
le plus crotté et advisé maistre aux arts de l'Université,
et estre le vray moien de s'enrichir,
gagner petit et souvent. Sur ce conte, dit Polygame,
je reciteray une histoire, et chose vraiement
arrivee puis peu d'annees, en semblable
trait de revanche, près une forest de ce pays appartenante
au Seigneur Comte de Laval, en son
Comté de Montfort. Il y avoit deux jeunes Damoiselles,
seules heritieres, lesquelles pour leur
beauté, biens, et bonne grace estoient recherchees
de beaucoup en mariage : entre autres se
mit sur les rangs, et s'equipa un de leurs voisins
bon Gentil-homme, mais non trop brusque ny
ouvert, ains un semblant trop grand menager,
retraieur de terre [2], et docte annicheur de poules
au demeurant, de bon entendement pour l'age
estant jeune et bien riche : qui un matin leur
alla dire le bon jour, faisant excuse ne vouloir
passer si près de leur maison, sans leur faire offre
de sa personne, et ce qu'il pourroit de service

1. Simon de Colines.
2. Vivant retiré sur ses terres.

(car ainsi luy avoit conseillé son procureur feindre son jeu, et faire semblant avoir affaire ailleurs: ou, qui estoit le plus subtil, faire comme les Courtisans de Menedallee, qui allans faire l'amour, se laissent cheoir et veautrer en une mare et bourbier, près la maison de leur maistresse, pour avoir occasion se chauffer, seicher, et changer de chemise). Et après quelques honnestes importunitez, dont elles le seurent faire descendre de cheval : tous de compagnie, attendans le disner qui s'aprestoit, entrerent dans les jardins et vergers, devisans de plusieurs choses, entre autres de la conscience, et qu'on ne se pouvoit faire paier du monde, combien que l'annee eust esté competamment bonne : que s'il pleuvoit à la sainct George, les cerises seroient en danger, et par advanture le lin, d'autant que les frimats avoient esté grands aux Advents de Noel. Ainsi en contoient les bonnes personnes, sans mal y penser, reservans peut estre l'amour à l'après disnee, lors que la hardiesse vient saisir et assaillir la honte : mais voici le grand coup de partie, haut les bras : car un autre et nouveau poursuivant survient, frais, dehait [1], et bien rebrassé, huchant à pleine teste : Où est elle, où est m'amie, où est tout le monde ? hau chambriere, si j'empoigne ton gros, diray je ? et bien, comme te portes tu, et toy valeton [2], boute là ta main, beau sire, et cent escus en l'autre, m'as tu tousjours entretenu en la bonne grace de tu m'en-

---

1. Dispos, quoique la plupart des glossaires disent le contraire.
2. Jeune valet.

tens bien ? par le corbieu aussi seras tu de ma livree : et bien où sont ces enragees, qui font tant defferer de chevaux ? Mananda, dit la plus affettee des chambrieres, Monsieur tel vous a couppé l'herbe sous le pied : il les vous pourmeine en ces vergers là, ne demandez pas comme hem ! tout va comme Margot, et Margot comme tout : Si ne vous hastez, les chiens mangeront le Lievre. Dieu gard' la Lune des loups, respondit ce bragueux, c'est là que je paroi, et que ma grandeur triomphe, j'aprendray bien à cest espouventail de cheneviere à se tourner : je m'en vois le faire quinaut, et luy donner un coup de mon fouet. Ce disant, il entre aux vergers cherchant la trouppe par les allees çà et là, et l'aiant rencontré, de pleine arrivee, escrimant et frappant ses bottes d'une petite vergette[1], salua et baisa les Damoiselles, allant de l'un pied sur l'autre, d'un demi mouvement de corps, et la teste nue et bien frisee, s'adressant au premier venu, qui se regardoit voler, luy mettant par braverie la main sur l'espaule : Hau ! compagnon de guerre, qui bruit, qui va ? où en estiez vous demeuré ? je croy bien, se tournant aux Damoiselles, que de froment en grenier, et poules en garnison a il plus que moy, qui pour le present n'ay que l'espee, la cape, et l'escu en bourse, en esperance et attendant de bonnes et grasses successions, qui ne me peuvent faillir : mais d'amitié, de bon traitement, de bien menager le dehors et dedans de la maison, je n'en crains personne : Dieu tousjours donne des biens aux

---

1. Baguette, houssine.

hommes, et non des hommes aux biens. Si j'en eusse eu, et demeuré casanier, et à l'hostel, je fusse sot en corps et en ame, comme, je ne dy autre chose : ha, ha, ha, ha, ha. Le premier, jouant d'un fer d'aiguillette, se voyant ainsi accoustrer, et humer la parole, s'escarta tout pensif, pour se retirer, ne sachant quelle piece coudre à tel jargon ainsi esventé, et jetté en tierce personne, et ne s'adressant droitement à luy. Le second sans ceremonie print les deux Damoiselles sous les bras, et les pourmenant avecques plusieurs gambades, fanfares, et chansons, dont il estonnoit tout le pourpris, meslant en ses contes le ciel et la terre, n'oubliant les bataille de Moncontour, charges de Jasenay, Luçon, et autres advantures, où il ne fut onc que par les livres : regardant de travers son compagnon, se retirant, maschant et avalant telles pillules qu'il ne pouvoit digerer, pour se voir frustré de sa conqueste, et à fer esmoulu moqué. Et ainsi cheminant seulet, apperceut le chappeau du Courtisan sous un Pommier, lequel il n'estima estre là sans cause, et sachant n'estre veu, l'a levé : où il trouva dessous une belle violette de Mars, enfermee et couverte, laquelle, comme vous orrez, estoit vouee à la puisnee de ces Damoiselles. Et parce que tel joyau estoit en l'oree du verger et bien loin il eut bon loisir se destacher, et là decharger son ventre, et bastir un bel et gros estron pyramidal, et fait comme le clocher de la Trinité de Caen, sur lequel il planta honnestement ceste violette, avec le torche cul de belle herbe (il ne fait pas le tour qui veut, dit Eutrapel) tout au joignant, pour l'accompagner. Puis issant en tapinois, s'estant fait amener ses chevaux, se retira autant joieux, que son compagnon corrival fut fasché : lequel, suivant ses coups, faisoit toute demonstrance d'amitié et service qu'il peut adviser, baisant par trois fois le bas de leurs robes, et idolastrant ainsi de la presence de ces Nymphes, où elles ne prenoient aucun plaisir : Au moins (disoit il à l'aisnee, d'un œil haut et contemplatif) si je n'ay cest heur d'avoir part en vostre amitié, sollicitez, de grace, la divine perfection de vostre sœur, la mechante que voicy, à daigner quelque chose en ma faveur, estimant avoir trouvé, entrant en ce vergier, grand presage, et bon commencement de mes affaires, par une fleur qui s'estant presentee à ma veue, j'ay incontinent dediee pour participer à la consolation de l'amitié, sinon de vous, ô ma rigueur, se tournant vers l'aisnee : au moins, s'addressant à la jeune (il avoit bien du mal et se battoit bien à la perche, dit Lupolde) de vous estre perpetuel serviteur, compagnon, et mary. Ce persecuté, ce traineur de civieres d'amour, qui ne pendent que d'un costé, approcha reveramment ceste violette prisonniere, dansant, cabriolant, et troussant le pied de veau elegamment tout alentour : Ha ! gentille fleur, disoit il, commencement de ma fortune, et consommation de ma loiauté, à qui plus saintement appartient ceste nouveauté printanniere (Ho ! et vous poetisez aussi, dit Eutrapel, comme s'il eust esté l'unique de la Paroisse) que à vous Madamoiselle, parlant à l'aisnee, pour moienner en l'endroit de ceste enchanteresse, l'oubli et perte de la memoire de ce sot en cramoisi, estropié de cerveau, à qui j'ay fait quitter la place. C'est donc à vous comme la premiere en beauté, bonne grace, et maintien, à qui j'offre et donne du meilleur de mon cœur, ceste fleur nouvelle et de valeur. Ce disant, et se baissant, comme les femmes qui se courbant, jettent un pied en arriere, pour equarrer à droit plomb, la platte forme de leur derriere et entrefessier, osta et leva par grand honneur son chappeau : mais qui eut belle honte, monsieur secourez moy, à l'aide, au feu, Lupolde, pour la pareille aide moy, encroiez moy. Disoit l'aisnee, aise au possible d'avoir rencontré un sujet pour se courroucer : Monsieur d'un tel lieu, puis que vous aviez à vous moquer, je suis bien aise que c'est en mon endroit, une plus fascheuse le trouveroit bien mauvais. La seconde qu'à bon escient c'estoit se moquer au nez des personnes, et que tel present appartenoit à la truie. Luy de sa part protestoit, juroit, adjuroit, conjuroit, tempestoit, enrageoit, qu'il n'y avoit songé, non plus qu'en sa vieille chemise : estoit aussi estonné de tel inconvenient, que s'il eust perdu un pain au four. Et ainsi, accusant les uns et les autres, combattant l'air et les vents, et essuiant son chappeau, qui sentoit le mestier où il avoit esté emploié, s'escoulerent et retirerent les Damoiselles deschargees, et estantes bien joieuses estre delivrees de cet importun, lequel apprit (si ja il n'en avoit ouy parler) combien il est deffendu se faire croire et prevaloir sur ceux, qui n'estans instruits en l'entregent et frequentation des bons lieux, sont en quelque chose nos inferieurs, où nous les devrions soulager, et accommoder à leur simplicité. Cela est vray, dit Eutrapel, car il est escrit :

> *Tout homme qui porte lance,*
> *Et femme qui porte son*
> *Ne doit moquer son compagnon.*

Si vous mettez *in verbo* Son, un C au lieu de S, vous serez dedans la mortaise et en la vraie quintessance du sens moral, et capable de penetrer tous les destroits, et goulphes [1] non encore bien congnus.

XXXII.

Tel refuse, qui après muse : et des hommes bien vieils.

Je ne me veux estendre (dit Eutrapel) sur l'exemple de tant braves Capitaines, Chefs d'armees, qui ayans refusé l'occasion d'amples et entieres victoires s'en sont puis après repentis : seulement demeurant aux brisees de mes simples discours je vous dirai comme le Seigneur du Plessis (nom, pour estre fort commun, convenable à ceux qui ne veulent estre congnus) devisoit un jour avec une grande Dame de ce pays, entre lesquels pour estre plaisant en rencontres, et elle de fort bon et gentil esprit, y avoit perpetuelle guerre. Elle le blasmoit de ce qu'elle avoit entendu, et ne s'en enquit davantage, qu'il alloit au change, faisoit de bons petits passages [2] à sa femme : laquelle encore, sotte qu'elle estoit, le pensoit et medicamentoit d'une plaie qu'il s'estoit

1. Golfes.
2. Tours.

faite revenant de coucher avec une sienne chambriere : et vous promets sur mon honneur, se haussant un peu de colere, si vous eussiez esté mon mary, vous eussiez trouvé une autre chirurgienne. Une vieille Dame d'atour dit que par la mercy-Dieu, si son deffunt mari (ha le bonhomme, je faisois de luy ce que je voulois) m'en eust fait autant, ce n'eust pas esté tout un. Autant en dit toute la tribale et eschole de femmes illec presentes, qui sur le premier rapport prennent tout ce qu'on leur dit, vrai ou faux, pour tout asseuré, et argent conté. Je vous prie, dit du Plessis, estre un tant soit peu ouï, avant faire mon procès comme avez commencé, sans que j'aie trouvé un doigt de place pour ouïr mes defenses et justifications : Vous autres femmes (ne desplaise à l'imperfection du sexe) avez tellement l'esprit prompt et esveillé à recevoir les premieres impressions, que ce que vous vous faites croire, faux ou vray, sort malaisement de vos caboches. La mesme eschole et assemblee se mist à criailler sur luy, et de plus belle, qu'elles en savoient assez, avoit beau dire, et vendre le fin, et qu'il n'en seroit ne plus ne moins. Mais la Dame mieux apprise dit à du Plessis, qu'en jugeant ainsi de pleine volee sur l'etiquette du sac, elles suivoient en ce les hommes, qui si bien sans les ouïr ni appeller les avoient tant blasonnees. Ce qu'elle n'entendoit faire, ains l'ouïr benignement : mais en faute si notable, qu'il en dit la pure verité, sans rien laisser à l'hostel, esperant bien que par l'issue et closture du conte, on luy apprendroit à satisfaire à l'obligation de son mariage, et se purger de telle forfaicture. Or donc, dit du Plessis, se voiant asseuré, destouppez toutes vos oreilles, et vous orrez chanter merveilles du Plessis, qui fut bien grippé, et si vous conteray tout de fil en aiguille, sans rien requerir. Or bas, encore plus bas, hehen, hehen, ma bonne partie m'escoutoit lire les merveilles de Gaudentius Merula[1] où il dit avoir appris d'une brave femme Milannoise, monstrant les medecins n'y entendre rien, que pour engendrer enfans il faut que le mary se couche sur les huit heures du soir après le soupper, la femme bien tost après : laquelle, pour estre froide, il mettra en sa place ja eschauffee, où estant entre les linceux, frappera dedans à petites et serrees collees[2], et que sans difficulté le laict cremera, et bien tost en sortiront les petits pieds et esclats. Fut accordé essayer ceste recepte, mais pour s'estre amusee sur certains incidens de buee[3] et filaces, elle me trouve dormant : si bien qu'estant tourné sur l'autre costé, m'estant resveillé sur les onze heures aiant le baston caverneux roide et enflé, je voulus executer ma commission. Mais point de nouvelles, elle despite comme un chat borgne, feignant ronfler, et faisant bien le chiabrena[4], se tourna de l'autre costé. Sur ceste mine renforcee, que je prenois pour refus, elle s'estant endormie à la longue, je sors du lict, allume la chandelle, et doucement entrant en la chambre des filles, advisay en un lit à part une grosse garce de cham-

1. *G. Merulæ novariensis Memorabilium libri V.* Lyon, 1556, in-8°.
2. Coups.
3. Lessive. D'où vient *buanderie*.
4. Rechignant.

briere, renversee et descouverte, (car en temps
chaud une meschante puce est souvent cause que
les filles s'estans endormies, après avoir joué à
tire linceul, font un bel escart) deux courts, char-
nus, et refaits jambons, jambe deçà, jambe delà,
un bras negligemment et par nonchalance pendant à demy, deux tetins s'enflans et baissans par
un flus et reflus, qui eust bien desbauché la faculté d'une Religion plus reformee : au reste, et
entre telles richesses, un objet tant doctement
refroigné et bouffi, Holà ! dit la Dame, passez
outre. Comment ? dit du Plessis, c'est toute ma
deffence, et principale piece de mon sac, et pour
dire tout, comme je vous ay promis d'entree, je
monte sur le lit, petit à petit, frissonnant, hale-
tant, à petits traits souvent repetez : comme
l'on void ces preneurs de taupes, qui recourbez,
et souslevans un pied pendillent, et douteux attendre leur proie : lors, il ne faut point mentir,
Madame, je luy en mis deux doigts : la garce
dormoit tousjours, *fictione poëtica*, vous n'entendez pas Latin, et puis encore deux doigts, et
encore et encore. Ho, ho ! dit la Dame, se tournant vers ses Damoiselles, voila bien des doigts.
Je ne sçaurois qu'y faire, dit le Plessis, tant y a
que la punaise s'allongeant, remuant, et se promenant sous le fardeau, à coups fourrez, faisant
contenance n'avoir rien veu, et se tournant im-
petueusement sur l'autre costé, me desarçonna
si rudement, qu'elle me jetta hors du lict, où de
la teste d'un clou je m'escarouflay [1] toute la fesse
gauche. Ma bonne femme non plus faschee, car

1. Ecorchai.

le sommeil est un terrible rabateur de coleres et fantaisies, acourt bien viste à mon cri et doleances, m'interroge. Je confesse, requiers pardon et proteste (ne rien valoir à l'advenir, dit une vieille barbuë). La chambriere aussi interrogee respond n'avoir rien veu ny ouy, par sa foy, et qu'elle aimeroit mieux, hen! Sur ces difficultez nos chambrieres sont condamnees doresnavant se couvrir, et ne monstrer leur mau-joint : s'il n'y avoit point de cousteau, ja ne seroit besoin de gaine : le chat seroit maudit, si trouvant le pot descouvert, il n'y met la patte : et cela en bon langage s'appeller, Tendre au [1] larron. Si les hommes n'estoient subornez par la veue d'un tas d'affetteries que les sottes leur monstrent, jamais ny songeroient les pauvres creatures. Je le vous pardonne, mon ami, mais n'y retournez pas : et de ma part je ne feray plus la restive : et ne vous esconduiray jamais, n'eusse je qu'un doigt de vie : et pour accorder, et en recompense, me traita et guerit. Et bien, Madame, fut il jamais mal dit, que le droit à bon besoin d'aide ? j'estois confisqué et bien loin de mon conte, si je n'eusse parlé. Pour tout ce ne cessoient les vieilles marmoter et gronder : et luy, craignant que de main en main ne courust un mauvais vent sur luy, se retirant, leur dit : Dames, voulez vous estre aimees, cheries, et caressees de vos maris, en faire comme des choux de vos jardins, les manier comme il vous plaira, et les retirer des vices et imperfections qu'ils pourroient avoir, et que plus vous craignez : de grace, croyez moy, faites leur

---

1. Tenter le.

bonne chere, bon visage et riant, ne leur deniez choses raisonnables : de laquelle raison vous n'entreprendrez cognoissance ou d'en juger, ni entrer en disputes et contestations avec eux. Souciez vous seulement de vos quenouilles, et menu menage, sinon que par eux vous fussiez appellees à d'autres charges : car si le contraire se fait, et que la poule chante aussi haut que le coq, ce sera un desordre perpetuel, vie malheureuse, et où Dieu nullement habitera. A la table, dit Eutrapel, je le quitte, ventre saint Gris quelles pillules, et decoction de vostre mal necessaire, duquel, après Caton, vous faites tant de cas. Ainsi toutes choses bien prises et balancees, dit Polygame, vous trouverez, Capitaine Eutrapel, qu'il y a plusieurs bonnes, sages, et vertueuses femmes, principalement celles qui ont une bonté naturelle, les bien nourries, et endoctrinees, tant par la lecture des bons et saints livres, que par exemple et frequentation des honnestes femmes, qui n'auroient jamais eu fer à Pie, et mauvais bruit, et fui telles compagnies corrompues et desbauchees. Et pour seconder le conte cy devant, du temps qu'estans à Poitiers, et que Macrobe fut condamné par l'un des Juges comme Lutherien, et livre reprouvé : et que pour la cause d'un sale et ord Abbé de Maugouverne, que nous trouvons beau en ceste folle jeunesse: Il y eut un decret et prise de corps general sur les Escholiers plus notez et chargez, nostre bande se retira à saint Jean de Hauves : retraite lors commune à ceux qui avoient par trop fait leur devoir et estudié, où nostre ancien hoste Jean Pain-clochant nous vint recueillir et bien veigner, selon sa coustume. Nous le cognoissans bon compagnon, sujet aux gabelles et douanes des basses marches soupçonnâmes qu'il avoit esté en dommage, et fait quelque coup extrajudiciel, qui le faisoit boiteux. Par la dague S. Sibard (respond il) mes petits maistres, je tireray du bon, et de celuy d'auprès le mur : mais bon bec, la menagere de chez nous s'advisa l'autre jour, contre sa coustume, et ne say quelle mouche l'avoit piquée, me refuser son baudrier equinoctial, faisant le fi, fi, qu'elle se trouvoit mal, et avoit autre chose à faire pour l'heure. Je seu depuis qu'elle et la femme de Pierre Tourteau, encore qu'elles fussent commeres, s'estoient entrebatues à qui moudroit la premiere : de ma part, venant des anses bon compagnon, et hur le gay, par tel refus non encore ouy, me jettay à corps perdu sur une gueve[1] qui avoit servy les confreres de Hurlep, Madame de quelque lieu, champs d'Albia, la Curcaille, trois Pucelles, Pontrocart, le Chesne verd, Tison, et autres lieux d'honneur, et s'estoit rendue à Baudrouillé, et escartee à la malheure jusques là, où il auroit prins d'avec elle par troque ou autrement, un poulain sellé, bridé, et des poix pour des febves, le bon estre (car sa riche femme avoit creu que c'estoit un rheume et en ceste qualité le traitoit et medicamentoit, jusques à puis deux jours) que ses voisines se seroient moquees d'elle, comme ignorante que les rheumes n'assailloient telles parties, et que par ceste folle croyance elle se faisoit non seulement

---

1. *Guesver* signifiait abandonner. Peut-être faut-il lire ici *gueuse*.

tort, mais à tout leur sexe et ordre : toustesfois si nous voulions tenir ferme, et soustenir que tels lieux se peuvent endommager par des rheumes, celles qui avoient consulté et mesdit au contraire, en pourroient bien tomber beau saut, attendu qu'il avoit de l'aide dedans le village, et messire Jean leur Curé, qui tous luy tenoient bon. Cela fut fait viste comme le vent, les uns disans, j'ay un rheume au talon, l'autre à la hanche, *et sic de singulis* : tant que tout alla si mal, qu'en fin tout se trouva bien. Lupolde aussi de son costé, dit chose presque semblable estre advenue à Guillaume Texier, de la lande d'Ercé, qui estant couché près Perrette sa femme, nature commençant à se jouer et degourdir, dit, tourne toy Perrette : helas ! respond elle, l'enfant tette. Il print cela pour content, et en paiement, ce pendant le batail et manche instrumental se desenfla, et comme dit un Poëte,

Jacet exiguus cum ramice nervus,
Son petit nerf flestry se cache dans la raie.

Perrette ne voulant perdre ceste lippee franche, quelque peu de temps après poussa son Glaume, hau ! l'enfant ne tette plus : *Per diem*, respondit il, *non arrigo amplius*, la veze ne sonne plus, les petits s'en sont allez. Guillemin Colleaux, et Jaquette Ollivaud sa femme n'en firent pas ainsi. Ils estoient à S. Laurens des vignes près Rennes, et tant bons laboureurs et menagers, qu'en quatre ans qu'ils besongnerent à leurs pieces ils eurent sept enfans. Ainsi le champ et la semence estoient fertils, proportionnez, et leur tabulature bien accordante, si bien que ne les pouvans

nourrir, à cause de leur pauvreté firent vœu et
promesse ne s'entretoucher ne coucher ensemble
jusques à quatre ans prochains, et ainsi furent
par longue espace en tresves de fesses, vivans
ensemble fors pour le regard du lit, tant qu'il
ne leur souvenoit plus de rien, si la vache n'est
tiree ordinairement elle se tarist, et ne rend
plus de lait. Un matin qu'il pleuvoit, tonnoit,
gresloit, tempestoit, Guillemin allant au marché
vendre un peu (*a*) de fil, fut contraint s'en retourner à l'hostel, mouillé, harassé, et tout hal-
lebrené, et pour seicher son biaut, gallicelle, ou
sequenie¹, ce m'est tout un, attisoit avec de petites buchettes un ou deux charbons couverts de
cendre, tremblotant et s'amoncelant en rond
comme un peloton : Jaquette sur sa couette de
balle, et bien à son aise, regardoit tout ce mistere,
et son pauvre Guillemin tout morfondu, comme
à la Messe de minuit, souffloit et resouffloit, plus
que ne fit onc Colmont en ses fourneaux, *ubi nil
invenerunt,* et en ceste pitié luy dit qu'il se fust
venu eschauffer et coucher près elle, en son
chaudet², tandis que le temps passeroit, et le
jour venu, elle iroit au bois de la Gailleule ser-
rer³ quelque bois, pour seicher ses draps. Guillemin prend cette condition, se fourre en l'oree de
sa femme, se mussant sous la couverture, et tandis elle le frottoit, couvroit et mignardoit : mais,
pourquoy le celerois je ? le feu print aux estoup-

---

a. Var. : *un petit.*

1. Synonymes de *souquenille.*
2. Lit chaud.
3. Ramasser.

pes : et de là au fenil de sa femme : entre lesquels, sans avoir esgard à leur contract et promesses, comme faites contre bonnes mœurs, se dressa l'escarmouche si chaude, et les semences tant copieusement agencees (je ne veux ici accorder les medecins avec Aristote[1]) que Jaquette en eut tout du long de l'aune, et enceinte de quatre beaux petits enfans garçons qu'elle enfanta au bout de neuf mois, et qui furent baptisez avec toutes les allegresses et joies dont les paroissiens se peurent adviser, chacun donnant et apportant des presens à ces illustres beluteurs et faiseurs d'enfans à la douzaine, où fut verifié ce que l'on dit, Autant despend chiche comme large. Comme va cela, dit Lupolde, que de si peu de chose, comme est le sperme et germe de l'homme non plus gros qu'un petit pois, ainsi que tiennent les nouveaux medecins, se puisse produire tant de corps ensemble ? Ceste question dit Polygame, est vuidee par nostre Seigneur, parlant du grain jetté et pourri en terre, duquel en renaissent plusieurs autres, et d'un peu de levain faisant espoissir et enfler si grande masse et quantité de paste, un presque rien de saffran faisant jaunir deux ou trois pots d'eau chaude. Car quand la semence generative est bien purifiee, elabouree, et dirigee comme il appartient, il faut croire par necessité que les hommes qui en sont bastis et composez, sont plus durs, forts, et leur vie beaucoup plus longue, que des delicatement nourris. Et de fait ceux qui

---

1. On commençait à douter de l'existence de la semence chez la femme et de la nécessité du mélange de ces deux semences qu'admettait Aristote.

en la procreation de leurs enfans y viennent yvres, crapuleux, foibles, courroucez, travaillez et l'esprit empesché, n'engendreront que goutteux, graveleux, petits hommes, coleres et corrosifs, imbecilles de corps, et sans jugement[1] : C'est pourquoy l'antiquité a dit, *Gaudeant bene nati*, Se rejouissent les bien nais. Me souvient avoir ouy raconter au feu Seigneur de la Porte, President en ce Parlement, qu'estant Conseiller, allant en commission, et passant au travers la forest de Catalun, il vit un vieil homme ressemblant de quatre vingt ans, pleurant sur le sueil d'une pauvre maison, couverte de branches d'arbres, entrelacee de genets et bruieres, ayant une buye ou cruche sur sa teste, auquel il avoit fait demander par l'un de ses gens, l'occasion d'ainsi se plaindre : lequel auroit respondu, que son pere l'auroit battu. Sur quoy il seroit descendu de cheval, et tous ceux de sa compagnie, pour voir ce pere, et l'accorder avec son fils, estimant estre une bourde, et que sur tant seroit issu d'icelle maison un autre vieux preud'homme, aagé par inspection et veue de sa personne, de beaucoup plus de cent ans, au demeurant, fort et robuste : lequel interrogé, auroit confessé avoir battu ce gars illec (monstrant le pleureur) qui faict le long, et ne se veut haster aller querir de l'eau à mon pere, que voici au lit malade : Que luy et sa trouppe entrez auroient trouvé un grand homme maigre et deffait, couché sur des fueilles, lequel auroit respondu, que c'estoit la premiere maladie

---

1. Vérité universellement acceptée, surtout en Angleterre où, pour désigner ces enfants d'ivrognes, on les appelle *enfants du lundi*.

qu'il eust eu en toute sa vie : Son mestier et à ses enfans estre, faire des escuelles et cuilliers de bois, n'avoir oncques veu aucun Seigneur de Rohan, et ne savoir que la forest fust sienne, bien avoit il ouy parler du Duc, sans autrement savoir que c'est : ne sauroit nombrer ne datter les ans, fors que pour sa vieillesse il avoit envoyé son fils, ayant bien lors soixante ans, porter de la vaisselle de bois, en l'ost de S. Aubin du cormier. La rencontre ou bataille fut en Juin 1488, et pour lors estoit Curé de sa paroisse Dom Jame, sans le cotter ne signifier autrement : avoir vescu le plus de gasche[1] d'avoine. Et quand iceluy President luy demanda si d'un gros et puissant arc, qui pendoit sur deux chevilles, il n'avoit pas quelquefois attrappé quelque sanglotin[2], le paillard monstrant de grandes dents, et sousriant, avoir respondu que l'arc n'estoit que pour le defendre des Loups qui bien souvent venoient hurler aux environs de sa maison. Si vous ne faites, dit Eutrapel, donner par ce Seigneur President et ceux de sa compagnie, quelque honneste piece d'argent à ces pauvres vieillards, je m'en vay de ce pas leur en porter, tant ils me font une grande pitié. Ouy, ouy, dit Polygame, ils en auront : car tout à l'instant deux beaux escus leurs furent laissez, et une fort bonne provision qu'il leur ordonna sur le Recteur et Paroissiens, avec une injonction au Procureur fiscal de la Jurisdiction, tenir la main à l'execution d'icelle, et d'advertir son maistre du beau tresor et joyau

---

1. Bouillie.
2. Jeune sanglier.

qu'il avoit en sa forest, que par advanture Prince de la Chrestienté n'avoit de pareil[1]. Lupolde dit luy souvenir d'un procès, où le seigneur feodal par force de desherance et biens vacans, avoit et ses predecesseurs avant, jouy d'un heritage par un long temps, et que l'heritier empeschant icelle jouissance, avoit produit pour tesmoin Olivier Macé de la parroisse de Channe, aagé de six vingt sept ans, par l'attestation mesmes de Robin Toutfés, Jean Joullaud, Jean Besenaye, le moindre d'iceux aagé de quatre vingt ans ; et tel de cent dix ans, la deposition duquel commençoit (il y a cent ans) : au moyen de laquelle l'heritier fut ressaisi et remis en son heritage. Eutrapel dit, que le commencement de l'histoire Paole Jove, Que tout estoit en paix, a esté jà pieçà jugé le plus beau front et magnifique rencontre de livre qui se puisse voir, si le demeurant estoit assez veritable. Les premiers 40 ans de ce vieillard Macé (continuoit Lupolde) furent emploiez au mestier de cousturier, et sonneur de fluste qu'il appelloit un Coutre (sont ces flustes qu'on fait à Eroutelles, larges par le milieu, et à deux accords) : il employa les autres quarante à plaider et tracasser, et un très mauvais voisin et ergoteux : le reste, qui revenoit à bien cinquante ans, s'en alla en finesses et faux tesmoignages. Car qui luy eust demandé, s'il eust esté present à la trahison de Roncevaux, bataille d'Azincourt, ou d'Auray, il eust franchi le saut hardiment, et dit qu'ouy : tant il se tenoit seur

---

1. Cette anecdote fait l'ornement de tous les traités de macrobiotique, mais personne ne l'a rapportée à du Fail.

de ce qu'il y a trois sortes de gens qu'on ne peut desmentir, les grands Seigneurs, ceux qui ont fait longs voiages, et les vieillards [1]. Si quelquefois il estoit prins sans verd, et en mensonge, il n'avoit autre defence, sinon qu'il estoit vieil et resveur, ce qui luy servoit aussi contre ces crediteurs, à qui il estoit obligé. Son dernier refuge estoit, d'opposer et empescher les bans de mariage, disant au Curé, fust ou ne fust, que les fiancez estoient parens ce qu'il diroit en temps et lieu : mais ayans accordé avecques luy, et la main garnie, il se desdisoit le Dimanche après, et depuis qu'il avoit songé à sa conscience, qu'on passast outre, pour tout luy, et qu'ils n'estoient plus parens. Mais quelque chose qu'il fust, si n'y avoit il acte public en la parroisse, comme baptistaires, commeres, noces, mortuaires, et frairees[2], que sa portion ne luy fust gardee ou envoyee, suivant sa longue possession et prescription : ce qu'il n'eust pris par forme d'aumosne, tant il estoit encore glorieux : les bonnes gens aussi, pour luy estre presque tous parens, et descendus de luy, et pour ne le fascher, accordoient tout ce qu'il vouloit. Il n'est vieil, qui ne le pense estre, dit Eutrapel : j'en cognois qui sur le soixantiesme an sont en perpetuelle fievre, jusques au soixante troisiesme, qu'on appelle ans Climacteri-

---

1. Il faut toujours, ce qu'on ne fait pas ordinairement, tenir bon compte de cette juste remarque dans tous les cas de longévité prétendue extraordinaire. C'est ce qu'a fait dernièrement un écrivain anglais qui est arrivé à les réduire presque tous à des chiffres acceptables. V. *Human longevity; its facts and its fictions*, by W. J. Thoms. London, 1873.

2. *Frairies*. La Fontaine a beaucoup utilisé ce mot.

ques ¹, qu'ils croyent, ignorans qu'ils sont, leur estre mortels, ou beaucoup d'eux sous ceste fausse persuasion Payenne, et nullement Chrestienne sont demeurez morts : *Petenti nunquam deest*, La mort à qui la souhaite est sur son espaule, Nos jours sont contez voirement, selon ceste grande prevoiance de Dieu, qui sait et voit tout, mais il nous a eslargi des moiens pour iceux entretenir longuement : mesme mis au rang d'un grand heur et felicité, le nombre long d'iceux. Les Septentrionaux, ainsi que disent leurs histoires, ce que rapportent aussi nos marchans de mer ², vivent deux cens ans et plus, à cause de leur simplicité de vie, et sans delicatesse : les Saxons, Escossois, et Anglois, plus approchans de nous, ayans travaillé sans cesse, jusques à midi, ne feront meshuy que manger et banquetter ensemble. Et pour nous Occidentaux, et neantmoins tirans sur le froid et Septentrion, nous est requis pour la conservation de l'humide radical, et alongement de vie, dormir longuement, [et user de laitages et de bon vin sans excès. Mais je suis en un doute sans toutesfois vouloir disputer, ny entrer en competence avec nostre Seigneur, qui est la cause de voir sur terre tant de meschans vieux, et de grand aage. Responce, dit Polygame, Qu'il pleut sur les justes et injustes, sur les bons et meschans esgalement,

---

1. Toutes les années multiples de 7 étaient climatériques dans la doctrine hippocratique mal comprise et entremêlée de superstitions cabalistes, mais plus spécialement la soixante-troisième et la soixante-dixième.

2. Voyageurs. On croit encore à une plus grande longévité des gens des pays froids.

pour nous amener à repentance de nos fautes.
Aussi que les meschans tant vieils sauroient ils
estre, ne vivent pas, ains ainsi languissans en
leur vie detestable et corrompue, meurent à petit
feu, et les bons contemplans incessamment les
grands et esmerveilleux (*a*) faits de Dieu, se rendent
par leur sainte vie et conversation, compagnons
des Anges, avec lesquels leurs esprits retirez des
vanitez de ce monde, commencent][1] à mesnager
et familiariser ensemble, passans de ce siecle en
l'autre, sans bruit, sans peine, delogeans d'une
chambre mal dressee, pour entrer en la prochaine,
triomphamment paree. Et verrions encore si tout
alloit bien, et qu'on fist revivre ces belles fonda-
tions, colleges et entretenemens des anciens Chevaliers, et autres personnes cassees, reflorir ces

a. Var. : *esmerveillables*.

1. « Et *aussi* user de laitages et de bon vin sans *par trop grand* excès. Mais je suis en un doute *fort esmerveillable* sans toutesfois *ne* vouloir *pas* disputer, ny entrer en competence avec nostre Seigneur, qui est la cause de voir sur terre tant de meschans vieux, et de grand aage. *Or donc pour* responce, dit Polygame, Qu'il pleut sur les justes et injustes, *et aussi* sur les bons et meschans esgalement, *or pour* nous amener à *une juste et fort bonne* repentance de nos fautes. *Et parce* aussi que les meschans tant vieils sauroient-ils estre, *ils* ne vivent pas, ains ainsi languissans en leur vie detestable et corrompue, *mais ils* meurent à petit feu, et *parce ainsi* les bons contemplans incessamment les grands et esmerveilleux faits de Dieu, *ils* se rendent par leur sainte vie et *fort bonne* conversation, compagnons des Anges, avec lesquels leurs esprits retirez des vanitez de ce monde, *ils* commencent *alors*... »
Tout le passage entre crochets a été allongé démesurément et au détriment de la marche de l'idée dans l'édition de 1603. J'ai cru devoir montrer dans cette note ce travail malheureux d'arrangement.

vieux Philosophes et Saints personnages, lesquels vivans ensemble après leur priere à ce haut Dieu, achevee, ne feroient que chanter, apprendre, ouïr conter et discourir entr'eux des sacro-saincts et mysterieux ouvrages de sa Majesté, appaisans par leurs devotes oraisons son ire et indignation, lesquelles autrement issans d'un vilain et sale vaisseau de ceux qui tiennent ces belles places, l'irritent et courroucent d'avantage. Et de fait si les anciens Payens nourrissoient, comme disent Plutarque, et Varro, les bœufs, chevaux et mules du public tant qu'ils pourroient vivre : pourquoy nos Princes Chrestiens, suivans le chemin de leurs devanciers, ne feront le semblable aux vieilles gens, qui ont bien vescu et profité en quelque chose à la Republique? mais ils sont morts.

XXXIII.

De la Moquerie.

Polygame qui distribuoit le plus de son plaisir aux honnestes combats de ces deux parfaits amis, escoutoit Lupolde, se plaignant des humeurs melancholiques et fascheuses, dont Eutrapel tout revesche et haut à la main, le recherchoit souvent, et plus encore de ce qu'à tous propos il se moquoit de luy : pardonnant de bon cœur à ce qu'il pouvoit accuser ou deffendre en leurs communs propos, encore qu'il y eust de l'aigreur, et qu'ils ne le quittassent[1] pas aise-

---

1. Qu'ils ne cédassent.

ment l'un à l'autre. Mais quelque chose qu'il y ait (disoit il à Eutrapel) ne te moque point de moy, j'ay veu des moqueurs de toutes races, et à tous carats, beu et negotié en tous bons asteliers avec eux : mais en fin se trouvoit quelque relache, pause, et issue : sans, comme toy, ainsi se rompre d'un mouvement perpetuel. J'ay, disoit l'un de mes voisins, mille inventions de faire parler ma femme, mais pas une seule de la faire taire : ressemblant au Moine de S. Melaine, qui bien savoit faire un moulin perpetuellement moulant, mais il ignoroit la science de l'arrester. Eutrapel en son vilain, pour avoir, peut estre, mal fait ses affaires à la ville, et groignant desdaignoit si foible escarmouche, tournant à passades, et vire-voustant[1] près le bon homme, sans dire mot : mais appercevant sa legereté fondre à la reflexion et[2] reverberation de la dignité que la face de son Polygame representoit, dont il se sentoit infiniment affoibli, revoqua ailleurs ses esprits, conduisant sagement sa contenance, au propos qu'il voioit mettre au bureau. De mesme artifice seut Polygame crocheter et feindre n'avoir prins esgard à ce, enquoy Eutrapel se cuidoit descouvert, desrobant peu à peu d'un illustre et grave branslement de teste, sa veue dessus luy : proposant à Lupolde les conditions du discours commencé plus fortes, afin d'asseurer ceste crainte reverente, en laquelle Eutrapel estoit de bien longue main retenu et embarrassé. Non, non, Seigneur Lupolde, vous n'estes tel, si

1. On a dit aussi *virevolter*, des deux mots *virer* et *volter* qui tous deux signifient *tourner* et *se retourner*.
2. Et non *de*.

ne vouliez peindre l'integrité d'Aristides, duquel l'on ne mesdist onc, qu'on ne se puisse ou doive se moquer de vous, pour estre tous vous autres enchainez et garrotez en une certaine seigneurie, bien souvent imaginaire et fausse, par laquelle en vostre privé et à part vous jugez (par certaines tranchees de Saint Mathurin, qui vous escorchent l'entendement) la jeunesse inexperimentee et de nul savoir. Plutarque en Lucullus trouvoit le commandement aux jeunes d'avoir l'œil sur les fautes des vieux, pour après les accuser, subtil et finement pardonné, et où les bien clair voyans n'eussent deviné la breche. Car si nous sommes ministres et dispensateurs des Loix, pour les rendre au peuple, à sa necessité, sous l'autorité du souverain Magistrat, acquerans par une longue suite d'annees, le rang aux superbes et ambitieuses places : ne se peut croire, d'autant que nous sommes tous hommes, c'est à dire, pecheurs, que nous ne soions quelquefois points et esguillonnez par mots bien dits, sentences mieux rencontrees, et moqueries sagement couchees : jointes aux personnes, aux saisons, et qui servent beaucoup à la façon et rallement[1] de nostre vie, exceptant en cecy une sorte de gens qui ont les mains longues : que si vous en dites bien, vous mentez, si mal, vous en repentez, mais non tous: ains en ont les plus sages Empereurs premier ris, de ce que l'on disoit contre eux, et qu'en une grand'ville franche il convenoit aussi les paroles estre libres : et de mesmes chassant aussi de bien loin ces moqueries piquantes, cousines de

1. Régularité ?

l'amour de nous mesmes, de la jalousie et de l'envie, où nous voyons de grandes peines avoir esté establies. Comme en Genese de Cam, qui se moqua de son pere Noé, et auquel et à sa posterité, qui sont les gens du tiers estat, fut jetté une malediction perpetuelle, de servir à jamais les deux autres ordres de gens : les jeunes gens qui se moquerent du Prophete Elisee : et David juge celuy estre heureux, qui ne s'est point assis au banc des moqueurs. Car si ce jeune marchant, qui si vivement attacha[1] et se moqua d'Octavius, des Princes de son temps le meilleur, en eut autant dit à Neron ou Galba, son proces estoit fait. Ce pauvre gars vint à Rome pour trafiquer, Octavius entendant qu'il luy ressembloit en tout et par tout le fit appeller, luy demandant si autrefois sa mere estoit venue à Rome ? Respondit que non, fort accortement, comme il estoit gaillard et aconché[2], trop bien son pere y estre diverses fois venu marchander. Ce fut à l'Empereur dire, qu'il en avoit d'une, et que trop enquerre n'est pas bon, se restraindre, et songer que les grands qui sont les premiers veus et escoutez, doivent regarder à ce qu'ils disent. Polygame poursuyvoit, mais tirant une œillade obliquement, s'apperceut que Lupolde avoit secrettement prins Eutrapel à la cape : et le prevenant, comme il estoit prudent et reservé, luy en demanda l'occasion, avecques grande instance, ne l'espargner en rien. Je vous

---

1. Attaqua.
2. Mot que Lupolde (v. plus bas) ne comprend pas et qui va donner lieu à une discussion philologique intéressante. Pasquier cite comme néologisme : *en conche* pour *en ordre* ; aconché peut donc signifier : qui a de l'à-propos.

diray, respond le Sophiste, vous avez parlé de je ne say quel accortement et aconché, mots que veritablement je n'entens point, et me pardonnez s'il vous plaist. Eutrapel cognoissant la grande bonté de Polygame, pour n'estre opiniastre aux defenses de ce qui ne se peut soustenir, et moins fasché estre vaincu, par bonnes et concluantes raisons fit excuse de sa liberté, d'estre peu Courtisan et respectueux en son endroit, et n'ay encore apprins si cela est bien fait, changer et invertir les noms de nostre pays, pour en aller emprunter ailleurs et estre notable signe d'estre mauvais mesnager, querir du feu chez ses voisins. Et de fait, les anciens mots et naturels des arts et sciences de ce pays, ont esté chassez de leur authorité et sieges depuis quelques annees, et par un secret consentement de peuple, changez et transmuez en certains vocables estrangers, qui n'apportent pas grand fruict, ains une inconstance et legereté. Lupolde estoit avant-hier sur la lice[1] de Rennes, regardant les monstres de la ville, comme tous pique-papier et chiquanoux se trouvent volontiers aux endroits où vraysemblablement se font distributions de coups d'espee ou de poin, pour arracher les dents à quelqu'un : et voyant une compagnie de gens de pied assez bien en ordre, dit que c'estoient de beaux pietons et advanturiers, mais il luy fut tout court respondu, que c'estoit une brave fanterie : auquel fut de pareil interest repliqué, fantassins, ou infanterie. Il continua, disant n'avoir onc veu plus belles bandes, où il luy fut dit que

1. Place d'armes.

c'estoient escadres et regimens : et pour avoir equivoquement pris tels mots l'un pour l'autre, savoir escardes et reillemens, il fut presque en danger d'estre bien frotté. Jugea semblablement que l'un d'iceux avoit une belle salade, un casquet, un bassinet, un cabasset sur sa (a) teste : à quoy par plus de neuf fut dit, morion[1]. Pecha encore plus lourdement, car d'un heaume[2], luy fut appris un armet, une bourguignotte, un accoustrement de teste : Pour le plumail, luy fut reproché pennache : pour Capitaine, Queytaine : Coronal, Collonel, ou Collumel : pour dizenier, Caporal : Cinquantenier, Cap-d'escouade, et en l'erreur, Lanspessade, reussir : grance, politese, traguet, une armee bien leste, et altese accoustree d'un freon, et suyvie d'un estramaçon[3], se trouverent aussi sur les rangs. Quand Pihourt, maçon de Rennes, monté sur sa jument, botté de foin, ceint sur sa grand'robe, et le chapeau bridé, allant à Chasteaubriand pour l'edifice d'un beau Chasteau, ouyt les grands ouvriers de toute la France illec mandez et assemblez, qui n'avoient autres mots en bouche, que frontispices, piedestals, obelisques, coulonnes, chapiteaux,

---

a. Var. : la.

1. Le morion était un casque léger (un *casquet*, mot qui a fait *casquette*).

2. Ce mot comme ses succédanés représente une calotte de fer pointue, avec treillis devant les yeux. Et. Pasquier se plaint aussi de ces changements de noms : « Ce que nos anciens appelèrent heaume, on l'appela sous François Ier armet ; nous le nommons maintenant habillement de tête. » *Recherches de la France*, liv. VIII, c. III.

3. Tous mots oubliés excepté *estramasson* que Pasquier dit être, à l'escrime, un coup de taille.

frizes[1], cornices, soubassemens, et desquels il n'avoit onc ouy parler, il fut bien esbahy : et son rang venu de parler, attendans quelque brave dessein, leur dit, payant en monnoye de singe, estre d'advis que le bastiment fust fait en bonne et franche matiere de piaison[2] competente, selon que l'œuvre le requeroit : s'estant retiré, fut de toute l'assemblee jugé pour un très grand personnage, qu'il le falloit ouyr plus amplement sur ceste profonde resolution, qu'ils ne pouvoient assez bien comprendre, et qu'il savoit plus que son pain manger. Mais le paillard, demeurant en sa victoire, se retira, disant ne se pouvoir achommer[3] d'advantage, et que les manches du grand bout de Cohue, ne pourroient aller de droit fil sans luy, et selon l'equipolation de ses heteroclites. Ce qui les estonna encore plus, ne sachans qu'il disoit, et de là est venu ce soubriquet, *Resolu comme Pihourt en ses heteroclites.* Polygame consentoit que nos anciens avoient mieux, mais non si rethoriquement parlé que nous, et leur langage plus cler et entendible[4] : en vouloit croire tous les livres de la Table ronde, et des douze Pairs, la lecture desquels est plus douce, familiere et coulante, que ne sont les livres de nostre saison, voire de beaucoup plus. De ma part, je le croy ainsi, dit Eutrapel, mais nos nouveaux s'en moquent, disans estre contes fabuleux : et d'y prendre appuy, et les alleguer,

---

1. Et non *chapiteaux frisés*.
2. Mot forgé pour éblouir la galerie.
3. Perdre son temps, demeurer sans rien faire.
4. A ce mot si simplement formé nous avons préféré la forme latine : *intelligible*.

comme autheurs de mise et bon alloy, estre chose ridicule et de neant. D'estre fabuleux, dit Polygame, je ne le puis croire : car en la grand' Bretaigne, maintenant Angleterre, pour y avoir les Saxons fait grandes conquestes, et en la petite qui n'a point changé de nom, se voyent joints les vieux titres et panchartes, plusieurs sepulchres et tombeaux très anciens, vieilles ruines és forests encore portans anciennes marques des lieux ordonnez pour le combat, fontaines, perrons estofez de grandes pierres ou briques, qui passent bien plus loin que mille ou douze cens ans. Et ay veu un different escrit en Latin sur le doigt [1], appellé *Trespas*, qui est quand l'on passe sur la terre d'un Seigneur, dont se paye le devoir, appellé Coustume, uniformement semblables aux defences que faisoient les Chevaliers errans aux passans sur la terre d'autruy, à beaux coups de lance, et à peine de prison. Ce que le grand Roy François souffrit estre fait en sa personne par les sergens et forestiers de la forest Noire, depuis appellee Lanmur, aujourd'huy de la Hunaudaye [2]. S'ils objectent, pour la confirmation de leurs fables, que les Romans ou livres faits touchant ce, sont trop approchans de nostre langue d'aujourd'huy, pour prouver telle antiquité : Je leur respondray, que le Roy Charles le quint les fit mettre et traduire au langage de sa

---

1. Je crois qu'il faut lire *droit*.
2. M. Alf. Maury (*les Forêts de la Gaule* c. xx) cite cette forêt, entre Lanmor et Lamballe, comme un démembrement de l'ancienne forêt de Brecillian, déjà nommée et où eurent lieu nombre d'exploits des chevaliers de la Table-Ronde.

saison, comme aussi il y fit traduire plusieurs livres Latins. Et qui voudra voir la conference des premiers vieux Romans escrits à la main, dont s'en voit beaucoup à la Librairie du Roy et autres, où l'on ne peut presque rien entendre, avec iceux, ainsi faits agencer par iceluy Roy Charles, jugera aisement que les choses ont esté sans fables. Si quelqu'un aussi se fondoit sur la non verisimilitude[1] de tant d'adventures, enchantemens, de la fluste d'un Roy Oberon, tant de somptueux palais soudainement se perdans et esvanouissans, et du cheval de Pacolet, qui est encore plus en ça, d'une Melusine, de Merlin : Je luy respondray que le Christianisme estant pour lors bien peu advancé aux contrees de par deça, le Diable avoit beau jeu à faire ses besongnes, essayant, entant qu'est en luy, nous empescher et divertir du vray service de Dieu, par ces moqueries et illusions. Et gaignant tousjours pays, allant de pied en pied, a si bien fait cest esprit calomniateur, que d'esteindre en ce qu'il a peu, le nom de nostre Seigneur Jesus Christ, et iceluy obscurcir et cacher aux hommes : nom qu'il craint le plus et sa puissance à luy tellement redoutable, que là où l'Evangile est preschee et receue, le trahistre paillard n'a garde s'y trouver et faire des siennes, comme il fait aux lieux où l'on parle bien de Dieu, ainsi que font les Juifs et Mahumetans, mais non de la Trinité et ce très puissant Messie Jesus Christ son fils, par lequel seul nous avons accés à ceste très haute Majesté de Dieu. Et ne trouveront estranges telles badineries

---

1. Vraisemblance.

Diaboliques, et sorceleries, ceux qui auront leu les histoires des pays Septentrionaux et autres nouvellement trouvez, Saxo Grammaticus [1], Olaus le Grand [2], Spranger [3], Pol Grilland [4], et sur tous ce qu'en a dernierement escrit ce très docte Bodin en sa Demonomanie [5]. Eutrapel dit lors n'avoir soustenu Lupolde, fors pour monstrer, suivant l'opinion d'Horace, que plusieurs choses ensevelies revenoient et renaissoient après en leur premiere vigueur, s'asseurant que d'huy à cent ans (je vous y convie) se trouveront plusieurs Lupoldes avec leurs braquemars ou coustelas, parlans de toutes langues un peu, et oublians en telle confusion la leur propre et maternelle : comme il s'en est trouvé plusieurs de ce volume, et y en a encore assez. Je ne say si tu te penses moquer, dit Lupolde, mais de mon temps les mots de guerre n'estoient non plus estranges que les personnes, et tout alloit bien, pour n'estre service bien seur et asseuré que celuy de sa nation et sujets. Qu'on prenne de chacun clocher

---

1. *Danorum regum heroumque historiæ*. Paris, 1514. La chronique de Saxo datait du xiie siècle.

2. *Historia de Gentibus septentrionalibus*, Rome, 1555. Olaus Magnus était archevêque d'Upsal et souverain de Suecie et Gothie, suivant le titre de la première traduction française, Anvers, Plantin, 1561.

3 Jacques Sprenger, religieux dominicain, nommé comme inquisiteur de la foi en Allemagne par Sixte IV vers 1480, auteur, avec Henri Institor, du *Malleus maleficarum*. Mais son livre écrit en 1487 ne fut imprimé qu'en 1589. Du Fail n'en pouvait donc parler que d'après les manuscrits ou par ouï dire.

4. *Tractatus de hæreticis et sortilegiis*, Lyon, 1536.

5. La première édition de *la Démonomanie des Sorciers* de Bodin est de 1580.

dont il y en a vingt sept mille et quatre cens (prenant chacune ville pour une Cure et clocher) en France, dix soldats : où sont les puissances tant voisines que lointaines qui oseroient attendre la moitié de ceste tempeste[1] ? Escoute je te prie, deux points que j'ay veu le passé entretenir, pour le sujet de cecy : le premier, que pour commander se prenoit un Seigneur de la nation où se faisoit la levee des gens de guerre : car comme pourra un Messer cognoistre la race, vertu, dexterité et recompense d'un François, qu'onc il ne vid et ne sait qu'il est ? Entre les polices violentes il n'est rien si dangereux, soit à la Justice, soit à la guerre, que d'egaler les hommes, les faire tous compagnons, et autant de cas des uns que des autres. Me souvient avoir autrefois ouy dire aux bien vieux, que Talbot, gentil capitaine Anglois, tenant garnison en la basse Normandie lors de la restitution du Royaume de France, faite principalement par Artus de Bretaigne[2] (quelque envie qu'on porte à sa reputation) voyant en habit dissimulé iceluy Seigneur faisant monstre de six cens hommes d'armes Bretons, en la ville de Rennes, dit aux siens retourné qu'il fut, Nous pouvons bien trousser bagage, et faire nostre derniere main, puis que ces diables de Bretons illec s'en meslent conduits notamment par un de leurs Princes naturels qui les recognoist, leurs maisons, leurs merites, jusques au moindre, leur pendant[3], d'une ingenieuse dex-

1. Cette statistique peut passer pour exacte.
2. Arthur III, duc de Bretagne et de Touraine, pair et connétable de France, se distingua en effet lors de la conquête de la Normandie, 1448. — 3. Distribuant.

terité, l'honneur et gloire, par degrez et mesures.
En cela il fut Prophete de son desastre : car au
siege de Chastillon, les François assaillis par
cinq mille Anglois, commençoient à fuir, quand
les Seigneurs de la Hunaudaye et de Montauban [1]
avec les compagnons Bretons survindrent, qui
deffirent les Anglois, et Talbot leur chef, aagé
de quatre vingt ans, tué sur la place [2]. Là n'estoient les Capitaines du pot d'estain, de la corne
de cerf, de la pie qui boit, de la croix verd, et
autres enfans de ville, qui avec leurs braves accoustremens et piaffe ne se trouvent qu'aux voleries et lieux où ils sont les plus forts, estans
naturellement couards, et qui ne valent rien
qu'en compagnie, et sur leur advantage [3]. Le second point, que ce Chef et Gouverneur ainsi institué et pourveu d'estat, fust à la paix ou guerre,
n'y entroit au raport vain et flateur des Courtisans : ains par bonne enqueste et information
d'authorité du Prince par ses pays et provinces,
des capables et dignes de tels honneurs et charges. Et de fait, un poursuivant estats fait deja
courir une opinion fort suspecte contre luy, qu'il
le fait pour son profit particulier. Si faut il, dit
Eutrapel, demander à son Prince, autrement il
s'estimeroit desdaigné et mesprisé. Serapio dit à
Alexandre le Grand, qu'il ne luy jettoit point la

---

1. Montauban (de Bretagne). Le seigneur était alors Jean, chambellan et conseiller de Charles VII, maréchal de Bretagne.

2. Cette affaire de Castillon-sur-Dordogne, où périt Talbot, eut lieu en 1453.

3. Du Fail professe décidément bien peu d'estime pour la garde nationale.

balle comme aux autres ses compagnons : Non, respondit il, car tu ne me la demandes pas. Ceste response va bien loin : car tel estime estre près de ces grandes personnes, qui en est fort esloigné, pour estre compagnons tant qu'il leur plaist. Quand, dit Polygame, Lupolde dit que les offices ne se doivent demander, il entend (à mon advis) ces hauts estats et charges, où le profit et l'honneur y sont grands, lesquels ne peuvent en bonne conscience (où il faut rapporter ce que nous faisons et disons) compatir et demeurer ensemble. Combien que Monsieur Du Bellay en ses Memoires [1], suivant les Stoïques, aie dit celuy avoir l'honneur d'une chose, qui en a le profit,

.....*Nec in una sede morantur*
Majestas et amor.....
L'amour et la grandeur ne logent point ensemble.

Pour le regard des Princes et grands Seigneurs, s'il leur plaist quelquefois descendre un pas de leur dignité, et se rendre familiers, c'est lors que plus devons avoir l'œil au bois [2], pour se gouverner prudemment, et nous tenir sur nos gardes. Antiochus (pour retourner à la moquerie) estoit Prince autant debonnaire qu'on peut souhaiter, toutesfois il fit pendre un pauvre captif en fort grand' cholere, parce que le prisonnier, sur l'esperance certaine de sa vie que les sergens luy proposoient, disans que, estant devant les yeux

---

[1]. Les *Memoires* de Martin du Bellay ont été imprimés en 1569.
[2]. Être attentifs.

du Prince, incontinent il seroit mis à pleine delivrance, respondit d'une melancholique et rustique moquerie, qu'il seroit donc pendu, et en mourroit : car adjousta ce miserable Logicien, il est borgne : donc impossible seroit me representer devant ses yeux. Aussi fut il par son col, car Antiochus portoit fort indignement une atteinte, où ne se pouvoit donner ordre : d'autant qu'il est fort dangereux et defendu, regarder et sous-rire sur choses qui ne se peuvent effacer, comme une imperfection et vice naturel, ou pechez de nos predecesseurs : pardonnans en cela (si pardon y eschet) les honnestes jugemens et moqueries qu'on peut faire sans offencer, sur les petites et legeres fautes des mœurs et de l'esprit, y conjoignans et entremeslans toute modestie. En quoy Platon fut plus Philosophe et hardy quand il dit adieu, et prit congé de Denis le Tyran, aux prisons duquel il avoit esté longuement retenu : Et bien (ce dit le Roy) tu diras bien du mal de moy, quand tu seras de retour en ton Academie et eschole. Ma foy, respondit Platon, nous aurons autres choses à traiter que cela, et où il ne nous souviendra point de vous. Hieron, qui après Gelon occupa Siracuse, cherchoit tous hommes libres, volontaires et gosseurs, conferoit babilloit avec eux, leur permettant l'attaquer, et luy dire tout franchement. Car par iceux (disoit il) j'entens le fons de mes affaires, on ne me cele rien : quand il se rencontre quelque bonne ou mauvaise expedition de guerre, on me la dit rondement, sans y apporter faux et controuvez merites, ou choses qui affoiblissent les fautes de mes Capitaines, me pouvant asseurer de ce qu'en verité, sans fard, et sans menteries s'est exploité. Ce qui meut Demarates[1] (sur ce qu'on luy fit entendre que Orontes, l'un de ses gentils hommes, mal parloit de luy, et la teste levee) à dire que les Princes devoient estre assistez et accompagnez de sages et grands moqueurs, et non de ces flateurs, qui vont genouillant, idolastrant, et bonnetant à l'entour d'eux : insinuans seulement, et faisans valoir les voluptez et plaisirs presens, pour déguiser la verité en mensonge, ainsi que l'on dit d'une maison mal reiglee et ordonnee, où le maistre d'icelle est le dernier qui en sait des nouvelles. En mesmes termes l'Empereur Tyberius refusa à plat une Ordonnance que son Conseil luy presenta, afin d'estre informé en general et particulier contre ceux qui se moquoient et mesdisoient de luy, disans qu'en ces articles y auroit tant de procès, que difficilement pourroit on (a) entendre et passer outre aux affaires de consequence : Qu'il plaise aux Dieux (disoit ce Prince Payen) restraindre le parler des hommes par la bonne justice et traitement que je leur dois, et suis obligé faire. Peu auparavant Antoine, surnommé Triumvir, aiant rechargé les Grecs et Asiatiques d'un gros et nouveau tribut, le revoqua par une simple, mais docte et mieux choisie moquerie, pour retenir les oppressions et forces d'un Prince violant : Sire

a. Var. : *pourroit-on bien entendre* (1603).

1. Demarate, roi de Sparte, et Orontes (et non Demorates et Brontes comme portent toutes les éditions). V. pour toutes ces historiettes antiques Plutarque, *Œuvres morales*, livre qui paraît avoir été pour du Fail, comme pour Montaigne, le vrai miroir de l'antiquité païenne.

(luy dit Hibreas, Advocat des deputez) puisqu'il vous plaist asseoir en un mesme an deux impositions et tailles, faites que nous aions en un an deux Hivers, Printemps, Estez, et Autonnes, pour recueillir double revenu, et lors sera par nous advisé à vous contenter et obeir : Vous supplians de sçavoir curieusement en quels emplois ont passé tant de finances, qu'à très grands travaux nous vous avons fourny en cest an, devant qui et quels Juges on vous a rendu conte. Antoine de vif et chatouilleux esprit, se voyant prins et envelopé en telles et raisonnables remonstrances, fit surseoir la levee des deniers, et depuis entendit de près au fait de ses finances, où il trouva de lourdes et extremes pilleries et peculats : et de là en avant, pour ne perdre rien, faire le bon mesnager, et ne se voir moqué, luy mesme contrerolloit l'estat de sa maison et affaire, du larcin desquels ses thesauriers[1] s'estoient enyvrez, et en derriere se moquoient de luy. François second du nom, Duc de Bretaigne, aima mieux vendre ses riches meubles, engager son domaine, et emprunter aux bonnes bourses, que poursuivre l'execution d'une gabelle par luy mise sus, mesmes du consentement de ses Estats, par une rencontre qu'il estima à moquerie, et qui toutesfois penetra bien avant sa conscience, car ja estoient Officiers establis, departemens et contributions dressees : quand sur le chemin de Rennes il demanda à un bien pauvre homme (comme il aimoit à deviser avecques les bonnes gens) où il alloit : Monsieur, respondit il, sans

---

1. Trésoriers.

antrement le cognoistre, je m'en vois à la ville me deffaire de ces deux bestes, pour payer le Duc : l'une, monstrant sa femme, en souspirant, pour mettre en service : et l'autre, c'estoit son coq, pour vendre. Et de nostre temps s'est veu l'un des plus grands seigneurs de l'Europe, qui acheta une Escarboucle soixante mille escus, pour donner à certaine personne : l'un de ses Gentilshommes entreprit luy monstrer, par un trait de maistre et brave moquerie, l'importance d'un tel achapt, et ce faisant, le fit passer par une chambre où estoit en monnoie icelle somme contee et esparse à grands monceaux, tout à fait et exprez : Comment, disoit le Prince, ceste chambre n'est le lieu de mes finances ? non respondit le Gentil-homme, mais c'est l'argent de vostre bague [1], qu'on veut icy nombrer au marchant. Le Roy, se sentant piqué et attaint au vif, ne dit rien, sinon qu'on cogneut bien à sa contenance, que si c'eust esté à refaire, il n'eust pas à l'appetit d'une beste coiffee [2], fait un tel contract : mais, puis qu'il y alloit de sa parole, il le falloit entretenir. Depuis il fut si bon menager, combien qu'il eust fait et soustenu guerres très grandes, aucunefois gaignant, autrefois perdant, que lors de son decez il fut trouvé en son espargne deux millions d'escus, et sa maison bien ordonnée. Voulez vous (dit Eutrapel) une moquerie, qui rendit un Evesque de ce royaume, Theologien pratic et experimenté plus en demie

---

1. Deux coquilles dans l'édition de 1732 ont fait, de ce mot, *bahuc*, que M. Guichard a dû expliquer par coffre !
2. Pour plaire à une femme.

heure, que s'il eust presché cinq Caresmes sans discontinuation et d'arrache pied. Cest homme de bien ne craignoit pas seulement la mort, mais aussi se courrouçoit et passionnoit aigrement d'ouir dire, un tel est mort : et falloit que ses serviteurs dissent, il est malade, mais il se porte bien. Il estoit sur son retour de la Court, se refraichissant en un sien Chasteau, distant une petite lieue de la ville, où estoit son principal siege : Brusquet reconnu homme de singulier esprit, courant la poste s'advisa eslargir et prester de sa Philosophie à ce Prelat. Et descendu au Chasteau, fait la reverence, gouste le vin, et conte en peu de mots ce qui s'estoit passé en Court, depuis son retour : remercie humblement sa seigneurie, ne pouvoir meshuy demeurer avecques luy, pour avoir le soir à negotier en la ville, priant le maistre d'hostel l'accommoder d'une lettre addressante au Juge, pour luy fournir chevaux frais. Ce qu'estant fait, Brusquet y changea, et l'addresse et le langage, contrefaisant le seing de Monsieur le maistre, qui estoit aisé à faire, pour estre les lettres longues et Gothicques, afin dit Erasme, se moquant aussi, que la Noblesse usant de tels longs characteres, soit veue ignorer les sciences et disciplines, comme chose non à elle convenable. Et arrivé qu'il fut à la ville, presenta ses lettres contrefaites au grand Vicaire, lequel bien estonné, leut comme Monsieur par un desastre d'avoir esté harrassé en sa litiere, sur les chemins ou autrement, venoit à l'heure presente de trepasser d'une apoplexie, sans pouvoir, ainsi que tousjours il avoit souhaité, mourir avec ses bons et devots diocesains. Et d'autant qu'il representoit le chef de l'Eglise, estoit fort raisonnable, aussi qu'il en estoit prié par tous les serviteurs, de la maison, venir au lendemain de grand matin avecques son Clergé en ordre, et ceremonies pertinentes querir le corps de leur bon maistre. Soudain le bruit espars en la ville, cloches de tonner, chapitre de capituler, desployer bannieres, peintres aux escussons et armoiries, menuisiers à la chapelle ardente, allumer torches, vestir de faux pauvres[1], accoustrer parfums, noircir Eglises, tendre la biere et cercueil Episcopal : et Brusquet de rire, et piquer[2] par ces belles garigues[3] de Provence. Et en cest equipage arriva la pompe funebre et mortuaire sur les quatre heures du matin, au lieu où Monsieur l'Evesque dormoit à gogo, et en toutes voluptez. Lequel esveillé en sursaut, et oiant chanter si dolentement à pauses entre-couppees, *In exitu Israël de Ægipto,* appella tous ses gens et autres pretendans droit et interest pour le secourir : Se voua et donna à tout ce qu'il peut de voiages, tant deça que dela les monts, s'il en pouvoit reschapper. Puis courbé et tremblant vid par un treillis, au préjudice de ses vieilles persuasions et desseins, ceste troupe et compagnie noire renforcer de Letanies graves, Hymmes desolees, et tristes Elegies, qui si bien resolurent et abbatirent ses esprits, que l'Evesché estoit vacant, n'eust esté en l'instant le jeu descouvert. Par ma conscience, dit Polygame, puisqu'il ne se pouvoit asseurer

1. Remarquer ce mot *faux* qui n'a l'air de rien et qui signale cependant le vice éternel de la charité des sacristies.
2. De s'en aller.
3. Terres incultes.

de la mort, il devoit visiter les malades, et aussi leur subvenir et aider des biens qu'il occupe pour cest effet, hanter les morts comme faisoit Diomede à ses chevaux, les ensevelir, assister à leurs enterrages qui sont actes et offices d'un vray Evesque. Une autre moquerie dit Eutrapel, et autant expresse que la derniere, vray qu'elle est vieille, mais elle fait notable consequence au caquet des femmes. Ce conte est sans ennuy. Plutarque, aux livres du babil, dit qu'un jour, voire deux, au Senat de Rome ils demeurerent plus tard, qu'ils n'avoient de coustume, pour deliberer une difficulté à fer esmoulu, et de grands poids. La femme d'un Senateur, bonne et honneste femme (femme toutesfois) importunement solicita son mary sur l'occasion de tel et non accoustumé retardement y adjoustant les mignardises dont une femme soucieuse sait paistre la gravité d'un sage mari : lequel estant assez instruit de quel bois se chauffe tel animant, ne luy voulant communiquer chose qui importast tant peu fust, la contenta et paya en monnoie de femme, la faisant, avant toutes choses, jurer sa foy et conscience qu'elle ne reveleroit à personne vivant, cela qu'elle poursuivoit tant honnestement, et dequoy pour dire vray, il se sentoit gratieusement vaincu. Les promesses d'une et autre part conclues, les stipulations mieux arrestees, je le vous diray, travailloit le Senateur, mais vous entendez! Ha! Monsieur, respondit la bonne personne, à vostre femme, mananda j'aimerois mieux, hoon! Et bien donc, luy dit il en l'aureille (encore qu'ils fussent seuls) l'on a veu ceste nuict une Caille ayant le morion en teste, et la picque aux pieds, volante sur ceste ville : aux conjectures duquel presage les Augures et devinateurs sont après et fort empeschez, à sçavoir et consulter que c'est, et de nostre part nous en attendons l'issue, mais St[1], et bon bec. Ce disant et l'ayant baisee, se retira en son cabinet, attendant l'heure prochaine d'aller au Palais. Il ne luy eut si tost le dos tourné que ceste diablesse guignant et espiant s'il estoit point aux escoutes (comme ordinairement elles sont en perpetuelle fievre et soupçon) qu'elle ne s'escriast à la prochaine qu'elle rencontra : Mamie nous sommes tous perdus, on a veu cent Cailles passans armees sur la ville qui faisoient le diantre : mais mot. De là elle voisina tant, caqueta tellement, avecques la multiplication et force que les nouvelles acquierent de main en main, qu'en moins de rien les rues furent remplies, jusques aux aureilles des Senateurs de plus de vingt mille Cailles. De sorte que ce Romain estant au Senat, leur leva et osta la peine où jà ils estoient, leur faisant entendre, non sans rire, le moyen prontement inventé pour avoir la raison, et tromper la sapience de sa femme. Qui fut une moquerie si dignement couverte, que femme haut à la main et rebrassee qu'elle fust ne s'advança desormais s'enquerir des affaires communes et publiques[2]. *Moquatores*, dit Lupolde, *moquabuntur*, les moqueurs sont tousjours moquez : N'y comprenant ceux qui dextrement et gaillardement

---

1. Chut!
2. Comparer avec Plutarque : *du trop parler*, où *l'alouette* ne se multiplie pas en passant de bouche en bouche contrairement aux lois naturelles que La Fontaine n'a eu garde de méconnaitre dans les *Femmes et le secret*.

savent d'une ruade seiche, et neantmoins sans piquer ne offencer dire le mot joieux et pour rire. Je vi aux bonnes cheres qu'on dressa à l'Empereur Charles le quint, passant la France l'an 1539, sous la courtoisie et magnanime bonté du grand Roy François, sans la memoire et sans se souvenir des traverses qu'il avoit attaché à ses terres, une contre moquerie (ainsi faut il appeller) et qui fit honte, et perdre les arsons aux estrangers qui jà butinoient et departoient entr'eux l'honneur qu'ils disoient avoir conquis sur nous autres François, au get de la Pierre de faix [1], commun experiment de la force du corps. Le commencement fut de cinq ou six Suisses de la garde du Roy, qui bien yvres sur le soir jettoient et ruoient un grand quartier de tuffeau, sur le Quay du Louvre à Paris : ausquels s'adjoignirent incontinent multitude d'estrangers, qui n'estoient pas des pires et moindres de leurs Provinces, comme les Princes sont coustumierement accompagnez dn plus beau et du meilleur; aussi se trouverent grand nombre de François, comme à Paris il ne faut qu'un regardeur pour amuser le reste. Ce peuple ainsi amassé jusques au nombre de trois à quatre mil, sçeut tant dextrement s'ouvrir et esclarcir qu'on voyoit aisement les mieux, les plus adroits, et plus forts bras de ces jetteurs de pierres. Le prix et honneur de la quelle demeuroit aux estrangers, quelques efforts que fissent les nostres, et sollicitations qu'ils pussent faire à trouver gens, pour ne se laisser ainsi sur leur fumier, ravir des poins la victoire de ce pesant

1. Jet de la pierre lourde.

fardeau ce qui mesme despleut couvertement¹ à plusieurs grands personnages là presens. Tandis, trois de mes compagnons Bas Bretons et moy, revenans du Croissant, ruë Saint Honoré, boire avecques Cornillet de Pleumeleue nostre messager, passasmes par ceste grande assemblee, nous fourrans pesle-mesle, comme est la coustume des Escholiers, et regardans qui en avoit du meilleur. Où par un Aleman fut presentee la pierre à Tharngen, l'un des nostres, qui s'advançoit un peu sur les rangs, disant iceluy Aleman, luy pensant faire honte et se moquer de luy, qu'il eust à se serrer, ou se mettre en jeu, luy monstrant la pierre et l'oustil dequoy on besongnoit. Le Breton esmeu (car le sang de ceste nation meurt plustost que fleschir et ploier sous une audacieuse et superbe risee) happe et prent la pierre, la tourne sur les quarrez, pour mieux asseurer sa prise, et la branslant de vive roideur passa d'un grand demi-pied, le coup qui se faisoit tant chercher. En quoy nos François, qui plus ne servoient qu'à merquer, et dire, Le coup est franchi, juger la force des bras, reprindrent leur beau teint. Lors Suisses après Alemans se destacher, Anglois de mesurer quants² pas il y avoit (car la force des autres nations gist en leur cervelle) : le plaisir fut les voir comploter et se liguer contre ce Gentil homme, et encore plus le voir enveloper de robes fourrees, le caresser, et appeller restaurateur de l'honneur Parisien bien engagé. Mais pour lever toute opinion,

1. Opposé d'ouvertement : intérieurement.
2. Combien.

qu'il ne fust seul, se virent en l'instant ses deux compagnons en pourpoint, pour le seconder; l'un desquels, me semble, appellé Victor Callo, outrepassa les marques dernieres d'autre demi-pied. Ce fut lors aux vaincus se retirer et desrober de la presse les uns après les autres, se cachans et se faisans apporter tout honteux leurs hardes par leurs laquais, jusques à laisser la place vuide, sans pouvoir dire quel chemin ils avoient prins. Le soir venu comme l'on racontoit tel exploit au soupper du Roy, le Seigneur du Lattay, brave et vaillant Capitaine, Lieutenant de la compagnie d'hommes d'armes de Monsieur de Rohan, pour faire espaule et soustenir sa nation, dit, Sire, il y a trois choses signalees et remarquables en vostre Bretaigne, et qui par avanture ne sont ailleurs en la Chrestienté : car là sont les plus forts hommes, les plus forts chiens, et les plus forts vins qu'on puisse voir. Pour le regard des hommes et levriers de Bretaigne, il en est quelque chose (dit le Roy) mais des vins je ne le puis entendre, pour estre les plus aspres et verds de mon Royaume. Tesmoin le chien de Ruzé, l'un de mes conseillers audit pays, lequel pour avoir mangé une grappe de raisin Breton près Rennes, abboya le cep de la vigne, comme protestant se vanger de telle aigreur, qui jà commençoit luy brouiller le ventre. Cela est de mon conte, dit Lattay; car par le grand Dieu d'Israël (c'estoit son serment) si un pot de vin est sur dix du meilleur de France, si sera il tousjours recognu le maistre, et pour tel qu'il est. Ce bon et grand Prince dit que le Capitaine Lattay avoit tousjours quelque bon mot pour rire. Au demeurant, qu'il aimoit uniquement sa Bretaigne, pour en estre descendu d'un costé, car sa grand mere estoit fille de Rieux, aussi qu'il avoit espousé Dame Claude de France, fille du bon Roy Loys douziesme, et d'Anne de Bretaigne, derniere Duchesse et Princesse dudit pays. Lequel depuis en l'an 1533, à la grande priere et requeste des gens des trois Estats d'iceluy, fut joint, uni, et incorporé perpetuellement et inseparablement à la Couronne de France : comme estant l'une des plus hautes et puissantes aisles d'icelle. Retenant par son antiquité le vray original de la langue Gauloise : car les François estoient encore bien avant en Alemagne, sous la religion Payenne, que plus de cent ans auparavant y avoit Rois Chrestiens en Bretaigne, usans de ce titre souverain et monarchic, *Par la grace de Dieu* : comme ne recognoissans autre que Dieu et l'espee. Il s'est neantmoins trouvé des escrivains disans la Bretaigne estre l'ancien hommage de France, prenans ce fondement de Gregoire de Tours : auteur inconstant, pour ailleurs asseurer le contraire. Ce que mesme Sigisbert[1], et Vincent[2] en son Miroir historial, ont escrit n'avoir onc esté. Le contract de la submission d'iceluy païs à la Couronne de France l'an 1236, par Pierre de Dreux[3],

---

1. *Sigeberti Gemblacensis cænobitæ Chronicon ab anno 381 ad 1113.* — Imprimé à Paris chez Henri Estienne en 1513.

2. *Vincentius bellovacensis Speculum quadruplex, naturale, doctrinale, morale, historiale.* Ecrit à la fin du XIIIe siècle, l'ouvrage encyclopédique de Vincent de Beauvais a été imprimé pour la première fois en 1470 par Jean Mentelin. Verard en a publié la première traduction (par Jean de Vignay) en 1495-6.

3. Pierre Ier, duc de Bretagne.

surnommé Mauclerc, parce qu'il disposoit du bien de sa femme sans le decret et autorité des Estats du païs, porte en termes exprés, *Qu'aucun Prince d'icelle terre n'avoit onc, avant luy, fait tel hommage.* Les fiscaux ce dit du Moulin[1] aux commentaires de Gallus le veulent nier, mais iceluy Contrat que nous avons le porte expressement : Vray que pour mettre un doute, ils ont adjousté, *Prout notoriè dicebatur :* mais tels mots ne sont en l'original. Et de fait, ceste submission est un hommage simple, n'emportant aucune feauté[2] ou ligence[3]. Car comme dit Campegius[4], quand le Roy Charles huitiesme promet au Pape qu'il luy prestera toute obeissance personnelle, ne l'offensera en chose que ce soit, et que si aucun luy fait injure, sera tenu le defendre : ce n'est qu'hommage d'alliance et amitié, non servitude de fief, lequel est exclus et esteint par ces mots, *Par la grace de Dieu :* qui ne furent onc querellez[5] aux Princes de ce païs, fors par le Roy Loys onziesme, qui n'y profita rien. Et font tort au Roy ceux qui soustiennent le contraire, la grandeur duquel est, d'avoir en sa maison, de puissantes et souveraines Couronnes, adjointes et annexees à la sienne. Conclusion, dit Eutrapel,

---

1. *Traicté de l'origine, progrès et excellence du royaume et monarchie des François et couronne de France.* Paris, 1561.

2. Et non fausseté.

3. Et non licence. Ces deux termes *féauté et ligence* sont les mêmes que ceux-ci : *foi et allégeance* que devaient les vassaux aux suzerains. On connaît la locution : *homme lige.*

4. *Italidis,* lib. X. Bologne, 1553.

5. Disputés.

sans ceste moquerie les hommes n'eussent onc esté civilisez, ni arrachez du profond de leur grosse et lourde nourriture. Dantes Poëte Italien se moque du Pape Martin et Pole Jove d'Adrien: parce que cestui ci preferoit le merlus, et l'autre les anguilles de je ne say quel lac, à tous autres poissons. Ces mots Faineant, Proconime, ou Chie en fons, le Court, Grisegonnelle, Barbe torte, Mauclerc, Gippon, et grand nombre d'autres, ne sont qu'adjectifs moqueurs, attachez aux noms des Princes. L'Aleman se vante passer sur le ventre à six Espagnols, lesquels de leur part se font forts de l'apprentissage de guerre à toute l'Europe : l'Italien haussant les espaules, nie tout cela, qu'il est le premier en tout et par tout. Mais l'Anglois atout sa fortification naturelle, duquel on dit, Cruel maistre, trahistre compagnon, et desloyal serviteur, l'appelle subtil couard. Les sciences mesmes et docteurs d'icelles se moquent les uns des autres, qu'ils appellent vesperiser ; de façon que pour faire un bon prescheur, il faut qu'il ait esté solennellement declaré moqueur competant. Tesmoin un bon compagnon Jacopin, qui ce Caresme dernier fit que les femmes ayans fait une taille [1] par entr'elles, à luy fournir je ne say quantes douzaines de chemises et mouchoirs, pour tancer et rabrouer leurs maris : furent en fin moquees de luy, pour avoir les maris prevenu et esté au devant par un bon habit qu'ils luy donnerent avecques les collations de mesme. Car le jour qu'il devoit faire merveilles, il dit s'estre informé secrettement sur

---

1. Souscription.

les plaintes que les hommes et femmes de la parroisse luy avoient fait de chaque part : mais que tout consideré, il trouvoit qu'ils avoient tort et droit et que l'année suivante il leur en diroit son advis. Et ainsi, sans coup ferir, il eut d'un sac deux moutures, comme l'on dit de Marcus Crassus, qui consultoit des deux costez. Et les Advocats ne se moquent ils de leurs parties, quand criaillans ainsi en colere pour elles, ils vont de là banqueter ensemble ?

Et certare solent, et simul cœnare Patroni,
Advocats se querellent, et puis vont boire ensemble.

Mais sur tout, les Juges triomphent à se moquer honnestement, concluans les difficultez et procès en arrests contraires, à corriger et estre corrigez, à reformer et estre reformez.

XXXIV.

Epistre de Polygame à un Gentil homme contre les Athees, et ceux qui vivent sans Dieu.

Vous me rescrivez que je vous aide à soustenir la fureur des questions et alarmes que vous presentent et font certains vos voisins s'embrouillans et confondans, parmy la Nature, luy attribuans le cours, l'estat, et la conduite de toutes choses, ne faisans cas de la religion, sinon entant qu'elle retient le simple peuple en obeissance : mescognoissans Dieu, le seul moteur, et qui fait tourner et subsister ceste machine ronde : et son Messias Jesus Christ, qui est sa parole eternelle, avec son saint Esprit, representez sous cest admirable nom de Trois : Où je n'ay voulu faillir vous dresser ces petits advertissemens, au mieux que j'ay peu, avec infinis regrets, qu'un sujet de telle et si grande importance n'est manié et conduit d'une main plus dextre que la mienne comme d'un MORNAY, qui a sur cest argument fait le plus beau et docte livre, qui ait onc esté, peut estre, imprimé en la Chrestienté [1], et où l'Athee ou sans Dieu, le Juif, l'Ethnique[2] et le Mahometan trouveront qu'ils n'ont que tenir, et leur faut faire joug à ce très puissant et très haut nom de Messias Jesus Christ lequel par l'artifice de Sathan ils ont rejetté, et fait semblant ne le cognoistre. Toutesfois me sentant poussé des deux plus extresmes moyens qui doivent entrevenir [3], et estre conjoints aux recherches et poursuite de l'Escriture saincte, qui sont, la crainte de Dieu, et la cognoissance de la foiblesse de l'entendement humain : Je maintien, comme disoit Ciceron, n'y avoir homme tant esgaré et despourveu de jugement commun lors qu'il regarde et contemple ceste voute et bastiment des cieux, l'ordre et chemin que le Soleil tient, et fait tout alentour,

1. Philippe de Mornay avait fait paraître en 1581 à Anvers chez Plantin : *De la vérité de la religion chrétienne contre les Athées, Epicuriens, Payens, Juifs, Mahométans et autres infidèles*. Ce chapitre est donc, en réalité, l'un des derniers que du Fail ait écrits. Quelques pages plus loin, nous trouverons la date 1585.
2. « Car je voy que tous bons historiographes ainsi ont traité leurs chroniques; non seulement les Grecz, les Arabes et ethniques, mais aussi... » *Pantagruel*, livre II, c. 1. L'Écriture désignait par ce mot les Gentils.
3. Intervenir.

tous les jours, en vingt et quatre heures : la Lune, l'autre et second grand luminaire qui nous apparoist, de quinze en quinze jours avec divers effets : l'an separé en quatre saisons differentes : Qui n'aprehende et juge quant et quant, y avoir une cause et essence premiere, qui a composé cest ouvrage, admirable, le conduisant et faisant tourner par espaces, heures, temps, mouvemens certains et arrestez. Comme il est aisé juger, et se rendre certain et asseuré que la charrette chargee qui roule et chemine, a un chartier et conducteur qui remue tout cest attirail, de sa seule parole et voix sur les chevaux, appellez les secondes causes qui le font aller et mouvoir. Ceste chose ainsi premiere est appellee tant par les SS. Bibles qu'anciens auteurs Payens et prophanes, DIEU : la sagesse, grandeur, bonté, justice, et estat duquel ne se peut dire ou representer par les opinions et fantasies des hommes, fors entant qu'il luy a pleu nous en monstrer par sa parole [1] laquelle de tout temps a esté, est, et sera à jamais appellee Jesus Christ. Et ainsi estant tout parfait, après avoir basty ce terrible instrument et machine ronde, ordonné et disposé les Elemens de certaines et infaillibles proportions mesurees : voulut aussi y establir l'homme, comme une creature, laquelle entre les autres eust cognoissance de son Createur et de ses commandemens : avecques marques et signes corporels, qui luy furent quant et quant ordonnez, pour mieux approuver [2] son obeissance. Les signes

---

1. Son Verbe.
2. Eprouver.

furent les arbres du Paradis terrestre, au fruict desquels gisoit la science de bien ou mal : et partant estoit à Adam, le premier homme, acquise vie et beatitude eternelle en gardant les fruicts sacrez, qui luy avoient esté baillez pour le confirmer en obeïssance, et qu'il n'entreprist rien par dessus le commandement à luy fait. Contrevenant à quoy, et abusant des signes exterieurs, qui estoit d'iceluy fruict manger, comme il fist par la consultation[1] du Diable, luy estoit denoncé mort et condamnation eternelle et à jamais, où il encourut et tombe miserablement ensemble sa posterité : Dieu en cela, faisant et prononçant telle sentence, distribuoit justice telle qu'il avoit dit : et d'autre costé promettant envoyer son Messie Jesus Christ pour satisfaire à sa justice faisoit grace et misericorde, pour la redemption future, et remission des pechez, contre ceste horrible condamnation et jugement. Voila comme tout d'un coup sont issus la justice du souverain, et soudain un pardon misericordieux. Car incontinent il veut que Sathan, par le conseil duquel sa creature tant aimee avoit forfait auroit la teste brisee par la semence de la femme, vray intersigne et signification de Jesus Christ à venir : la foy et esperance duquel il faut apprehender nuëment et simplement, sans nous entortiller en tant de faux et trompeux discours, forgez en nostre cerveau, ja prevenu et occupé par la malice du Diable qui essaye à toute heure nous retirer hors le troupeau et Eglise de Dieu : Nous faisant en longues et curieuses demandes, pour-

---

1. Incitation, conseil.

quoy il permettoit la cheute et peché d'Adam, et autres, lesquelles il faut reserver à l'inscrutable conseil, et próvidence de sa Majesté : Comme très bien l'a dit S. Paul, et après S. Augustin, et se contenter que ceste dispute de predestination implique en soy et nourrist plusieurs contradictions, lesquelles bien prinses et entendues, ne le sont aucunement. Comme si quelqu'un disoit, Puis qu'il est predestiné que je dois avoir des enfans je n'ay que faire me marier. Ce qui est neantmoins très faux et contre l'ordre estably en ceste nature, qui est Dieu : lequel n'est jamais contraire à soy, *et cujus centrum est ubique, circumferentia verò nusquam.* Ce seroit confondre la Justice, avec l'injustice, le bon au mauvais, la liberté à la servitude, et l'obeissance avec la desobeissance, le chaud au froid, le blanc au noir : qui neantmoins soustiennent le cours et ordonnance invariable de cest Univers. Captivons donc à bon escient, et mettons en prison ces hautes et profondes, mais bien lourdes et sottes cogitations et disputes, demeurans sous l'enseigne de la Foy et Esperance, promise par le moyen de nostre Sauveur et Seigneur Jesus Christ : hors lequel nous sommes perdus, ja declarez acquis et confisquez à Sathan, nostre ennemy perpetuel. Lors que ce bon Empereur Constantin fit amasser tant d'hommes de savoir au Concile de Nice, plusieurs Philosophes faisans merveilles de disputer s'y trouverent aussi. L'un desquels, et le plus babillard, estonnoit les assistans par ses fins et cauteleux argumens touchant les effets et productions de Nature : jusques à faire perdre la parole à plusieurs grands personnages Chrestiens. Ce que voyant un bon vieillard, qui onc n'avoit estudié se presenta devant ce Philosophe, disant : Escoute au nom de Jesus Christ, il y a un Dieu qui a fait le Ciel et la terre, et toutes choses qu'on peut voir, et qu'on ne peut voir : le tout par sa parole, et par la confirmation de son saint Esprit. Ceste parole, appellee le fils de Dieu, ayant pitié du genre et condition des hommes, lesquels vivoient en infinis erreurs, voulut naistre d'une femme, demeurer en ce monde, souffrir mort pour nous racheter de la prison où Adam nostre premier pere, nous avoit par sa desobeissance consignez : et retournera pour juger ce que chacun aura fait en sa vie. Ainsi nous croyons très fermement cela, demeurans en ceste foy et asseurance, sans en disputer : ni entrer en autres questions, qui surpassent de trop loin nos pauvres quant à ce, et miserables entendemens. A ce moien, ne te travaille pour neant chercher par demonstrations et apparences naturelles, comme cecy ou cela est possible, ou autrement. En quoy il ne faut apporter que la nue et simple foy : car Jesus Christ et ses Apostres après luy nous ont enseigné laisser tels langages curieux et superflus, comme est la Philosophie, estant leur parler net et pur, laquelle il faut garder en croyant en l'Evangile, et faisant les œuvres contenus en iceluy. Dy moy, crois tu cela ? Ouy, respond le Philosophe, touché et atteint de ceste vive voix : confessant que ta parole m'a vaincu. Et dit l'histoire Ecclesiastique qu'il amena ses autres compagnons Philosophes à la cognoissance et profession de l'Evangile : tant a de poids et vaut la parole d'un homme de bien, et principalement quand il s'agist des points et articles de la religion : où les chiquaneries, sophisteries, et prudences humaines sont froides, superflues, et sans replique. Reste donc monstrer par grands et amples tesmoignages des Escritures, comme toutes les actions de Jesus Christ, et ce qu'il a fait en ce bas monde, lors que de sa presence il l'a voulu honorer, et tout ce qui est escrit de luy aux sacrez saints Evangiles, est peint au vif et designé en la sainte Bible. De laquelle, comme dit elegamment Justin, vos Hesiode, Democrite, Platon, et Pythagoras, ont puisé et apprins leur Philosophie et cognoissance de plus haut, mais couverts et bandez d'un gros voile, ainsi que dit Tatianus. Donc par ceste grande disposition et providence incomprehensible et sans mesure de Dieu, laquelle fait trembler toutes intelligences humaines, fut dit et est escrit en Genese : *Le sceptre ne sera point osté de Juda, ne le legislateur d'entre ses pieds, jusque à ce que Sillo vienne, et à luy s'assembleront les peuples.* Ce mot *Sillo* est interpreté entre les Hebrieux, *son fils* : entre les Chaldeens, *Messias* : entre les Grecs, *celuy qui doit estre envoyé.* Or il est très certain, comme attestent Josephe et Eutropius, que lors que Jesus Christ fut manifesté aux hommes, et au mesme temps qu'il habitoit avec eux, le sceptre estoit bien osté de Juda, quand les Juifs estoient tributaires et sous la puissance des Tyrans de Rome, le pays de Judee et la Syrie joints et assemblez en un corps et Province : Les Sacrificateurs et Prestres estoient commis et deputez par les Proconsuls et Magistrats Romains, à servir un an seulement : combien que par la Loy Mosaïque ils fussent perpetuels. Bref, l'Estat des Juifs transferé ailleurs, et en tout et par tout desordonné et confondu : et au lieu de la loy et ceremonies supplanté le regne de grace et misericorde : et les tourbes du peuple enseignees par Jesus Christ, qui fut incogneu aux prestres comme Messias : suyvant la Prophetie d'Isaye : *Le bœuf a cogneu son maistre et l'asne sa creche, mais Israël ne m'a point connu* : estimans que le regne du Messie fust guerrier, et temporel. Au moien de laquelle ignorance, eux qui estoient jadis le peuple esleu de Dieu, furent separez de l'Evangile et la cognoissance d'iceluy transmise aux autres nations pour effectuer et accomplir la promesse faite à Rebecca, par laquelle Dieu luy dit, qu'elle portoit deux peuples en son ventre figurez par Esau et Jacob : le plus grand desquels serviroit le moindre. Ce qui est conforme au Prophete Michee, quand nostre Seigneur dit : *J'appelleray celuy qui n'est pas mon peuple, mon peuple* : Ceste ignorance, que le Messias devoit estre un grand Prince, triomphant, riche, et grand conquereur, avoit aussi passé, et remué l'entendement des Roys et potentats qui estoient lors : lesquels sçavoient très bien qu'il devoit, selon les Prophetes, issir de la race de David. Qui fut cause comme escrit Philon le Juif, qu'Herodes (lors tenant en fief la Judee sous Auguste, pendant l'Empire duquel nasquit le Sauveur du monde, Jesus Christ) fit tuer en iceluy pays de Judee soixante et dix Juges sortis de la lignee de David : et outre, comme raconte Eusebe, brusler les noms des familles des Juifs, leurs registres et genealogies, pour effacer la posterité de David, et supplanter par tels moyens la sienne, encore qu'il ne fust noble, ains extrait d'un serviteur au temple d'Apollo en la ville d'Ascalonne. Vespasien et son fils Domitien Empereurs, touchez de la mesme peur firent chercher durant les martyres et persecutions qu'ils exercerent contre les Chrestiens, tous les Juifs qu'on disoit et soupçonnoit estre descendus de la lignee de David : disant le mesme Eusebe, qu'on presenta à Domitien par forme de moquerie, deux pauvres hommes, qu'on en disoit estre issus : lesquels interrogez, respondirent que veritablement ils en estoient, outre leur fut demandé s'ils estoient fort riches, dirent que non, et que tous deux avoient seulement de rente, neuf journaux de terre, fort chargez de taille : qu'au reste ils vivoient au travail de leurs bras, monstrans leurs mains qui clairement le jugeoient. L'Empereur demanda quelle opinion ils avoient du Messias, de son Empire, quel il devoit estre et où il devoit regner ; lesquels respondirent que le regne de Christ n'estoit pas de ce monde, ne terrien, ains celeste et d'en haut, qu'en la fin il viendroit en sa gloire juger les vifs et les morts, et rendre à chacun selon qu'il auroit fait en sa vie. Quoy fait, Domitien ne les condamna à la mort, comme il faisoit les autres Chrestiens, ains les laissa en liberté : et de là depescha un Edict, pour faire cesser les persecutions. Mais quelle plus expresse et forte confirmation de ce que dessus, voudroit on demander, que ce que le prophete Daniel a tant clairement et apertement escrit du Sauveur, du temps certain qu'il devoit venir en ce monde, ses actions, sa mort, et sacrifice dernier, plus de quatre cens ans paravant tout ce ? Je sçay bien que les

Juifs d'aujourd'huy, voyans ne sçavoir quelle piece y coudre (car le temps, qui estoit quatre cens quatre vingt dix ans, est en ce jour 1585 passé plus de trois fois) disent que Daniel ne sçavoit pas bien lors qu'il disoit, Blaspheme très horrible, et où les predecesseurs Rabbins n'avoient onc songé : mesme qu'en leur langue ce mot *Daniel* est interpreté : *jugement de Dieu* et est le proverbe entre les Hebreux, *Sage comme Daniel,* voyez le 28. chapitre d'Ezechiel.

Voicy donc qu'il dit au chapitre neufiesme :
« Enten donc la parole (enten la vision) il y a
» septante semaines determinees sur ton peuple,
» et sur ta saincte Cité, pour finir la desloyauté,
» et signer le peché, et purger l'iniquité, et amener
» la justice des siecles, et pour clore la vision et
» la prophetie, et oindre le S. des Saincts. Tu
» cognoistras et entendras depuis l'issue de la
» parole, que Hierusalem soit restauree et ree-
» difiee, jusqu'au Christ le Prince, sept semaines,
» et soixante deux semaines, et derechef sera
» edifiee la rue et la bresche au destroit des
» temps, et après soixante et deux semaines le
» Christ sera defait, et non pas pour soy mais
» pour ses esleus, et le peuple du Prince avenir
» destruira la Cité et le Sanctuaire, et la fin sera
» en destruction et jusques à la fin de la guerre,
» sera ruinee par desolations : mais il confermera
» l'alliance à plusieurs, par une semaine, et au
» milieu de ceste semaine, il fera cesser le sacri-
» fice et l'offerte. Et pour l'estendue des abomi-
» nations, il y aura desolation jusqu'à la con-
» sommation, et ruine determinee distilera sur
» le desolé. »

Or sept semaines, comme il est dit au Levitique, chapitre vingt cinquiesme, valent quarante neuf ans, chaque semaine pour sept ans : au moien de quoy soixante et dix semaines dont parle le Prophete, font quatre cens quatre vingt dix ans, qui est proprement et justement le temps auquel Jesus Christ nostre Sauveur descendit en ce bas monde. Et pour le regard de ceste très grande, mysterieuse, et infinie Trinité : elle est à l'œil escrite au dix-huitiesme du Genese, quand il est dit : « Et voicy trois personnages » se representans devant luy (Abraham) et luy » les ayant apperçeu courut au devant d'eux dès » l'huys de son pavillon, et s'enclina[1] à terre. » Puis dit, Monseigneur, je te prie, si j'ay trouvé » graces envers toy, ne passe maintenant outre » ton serviteur. » Et par tout au mesme chapitre Abraham appelle les trois Anges, Dieu. Aussi devoit Jesus Christ issir de sa generation et lignee, quand au mesme lieu il luy est dit : *Et si en toy* (dit le Seigneur) *seront benistes toutes les familles de la terre.* Et consecutivement, et de mesme à David, quand le Prophete Hieremie dit, chap. 53. *que le germe de David sera le Dieu de nostre justice.* Mais Isaie, que plusieurs anciens ont estimé estre la lecture des mesmes Evangiles dit chapitre septiesme : *Pour ce le Seigneur vous donnera un signe, voicy la vierge concevra, et enfantera un fils, et appelleras son nom Emmanuel.* Ce mot Emmanuel, comme il est sçeu de tous, signifie *Sauveur* ou *Dieu avec nous.* Encore un texte d'iceluy Prophete chapitre neufiesme, pour la suite d'icelle nativité. « Car le petit enfant

---

1. S'inclina.

» nous est nay, et le fils nous est donné, et sa
» domination est mise sur son espaule, et sera
» son nom appellé Admirable, Conseiller, Pere
» eternel, le Prince de paix : son Empire sera
» augmentee, et n'y aura nulle fin de paix. Il
» seoira sur le siege de David, et sur son Royau-
» me, pour le confermer et entretenir en juge-
» ment et en justice dès maintenant et à tous-
» jours. Le zele du Seigneur des batailles fera
» cela. » Et au chapitre onziesme il est dit :
« Mais il sortira un jetton[1] du tronc de Jesay
» (qui en Hebrieu signifie *Qui est*) et un surgeon[2]
» croistra de sa racine : et l'esprit de l'Eternel
» reposera sur luy, l'esprit de sapience et d'en-
» tendement, l'esprit de conseil et de force, l'es-
» prit de science et de crainte de l'Eternel. »
Quant au regne et à la mort de Jesus Christ, le
mesme Prophete l'a si manifestement et evidemment declaré, qu'il n'y a si pauvre et desgarny
d'entendement, qui ne le puisse comprendre.
C'est au cinquante deuxiesme et au cinquante
troisiesme chapitre où il dit : « Qui est celuy
» qui croit à nostre publication, et qui est ce à
» qui le bras de l'Eternel est revelé ? Toutesfois
» il montera comme le surgeon devant luy, et
» aussi comme la racine d'une terre qui a soif :
» il n'y a en luy ne force ne beauté, et l'avons
» veu qu'il n'y avoit point de forme pour estre
» desiré : il est desprisé et debouté[3] des hom-
» mes, homme langoureux et aussi accoustumé
» à douleurs, dont nous avons caché nostre face

1. Rejeton.
2. Une pousse.
3. Repoussé.

» de luy, tant estoit mesprisé, et ne l'avons rien
» estimé. Vrayement il a porté nos langueurs, et
» chargé nos douleurs : toutesfois nous l'avons
» estimé estre navré de Dieu et affligé. Or est
» il navré pour nos forfaits, il a esté blessé pour
» nos iniquitez : la correction de nostre paix est
» sur luy, et (a) par sa playe nous avons gue-
» rison. Nous tous avons erré comme brebis,
» nous nous sommes tournez un chacun en sa
» propre voye, et l'Eternel a jetté sur luy, l'ini-
» quité de nous tous. Il est outragé et affligé, tou-
» tesfois il n'ouvre point sa bouche : il est mené
» à l'occision[1] comme un aigneau, et a esté
» muet comme la brebis devant celuy qui la
» tond, n'ouvrant point sa bouche. Il est eslevé
» de destresse et de condamnation. Qui est celuy
» qui recitera son aage ? car il est arraché de la
» terre des vivans, et est desployé pour le pe-
» ché de mon peuple, et a permis son sepulchre,
» aux meschans, et son monument au riche :
» combien qu'il n'ait point fait d'iniquité, et
» qu'il ne s'est point trouvé de fraude en sa
» bouche, l'Eternel l'a voulu desbriser par dou-
» leur. S'il met son ame pour le peché, il verra
» sa posterité, et prolongera ses jours, et la vo-
» lonté de l'Eternel prosperera en sa main. Il
» verra du labeur de son ame, et en aura joüis-
» sance, et mon juste serviteur rendra plusieurs
» justes par sa science, et luy mesme chargera
» les iniquitez. Pourtant je luy donneray portion
» avec les grands, et divisera les despouilles

a. Var. : *et ainsi donc.*

1. Tuerie.

» avec les puissans : pour ce qu'il a baillé son
» ame à la mort, et qu'il a esté mis au rang des
» transgresseurs, et luy mesme a porté les pe-
» chez de plusieurs : et a prié pour les trans-
» gresseurs. » Et au chapitre precedent, parlant
encore de Jesus Christ, il dit : « Ils ont donné
» mon dos à ceux qui me frappoient, et mes
» joües à ceux qui me buffetoient [1] : je n'ay point
» caché ma face des vilenies et crachats : »
Que Jesus Christ devoit naistre en Bethleem, le
Prophete Michee de longues annees en avoit dit :
« Et toy Bethleem Euphrata, petite pour estre
» tenue d'entre les milliers de Judá, de toy me
» sortira celuy qui sera dominateur en Israël :
» et ses issuës sont dès les commencemens, dès les
» jours eternels. » Au moyen desquelles Propheties, les Mages ou Sages d'Orient conduits et
menez par une estoile, comme il estoit predit au
livre des Nombres, et par David, ayans certaine
asseurance que le Messias et Sauveur du monde,
promis de si long temps, estoit nay en Bethleem,
s'addresserent à Herodes, ce cruel tyran, luy
affermans qu'ils estoient là expressement venus
pour adorer ce grand Messias. Ce qu'entendant
Herodes, cuidant (comme cy devant est dit) que
la surintendence de Juda luy fust ostee, comme
il savoit devoir estre a l'advenement du Messias,
fit tuer les petits enfans masles de la Judee, jusques au nombre (ainsi qu'aucuns ont voulu dire,
le prenans du quatorziesme chapitre de l'Apoca-
lypse de Saint Jean) de cent quarante et quatre
mille, estimant y comprendre, et envelopper la

---

1. Souffletaient.

personne de Jesus Christ. Ceste piteuse et cruelle histoire est, outre l'Evangile, descrite par Philon : et Macrobe autheur Paien, dit que l'Empereur Auguste, entendant qu'Herodes avoit aussi fait massacrer les petits enfans, dit, qu'il aimeroit mieux estre pourceau de Herodes que son fils. Il disoit cela parce que l'usage de la chair des porcs est defendu aux Juifs. Se void donc comme, suivant la promesse et sentence de Dieu, que les inimitiez seroient perpetuelles entre la semence de la femme, qui estoit mystiquement Jesus Christ, et le Diable, les persecutions commencent incontinent après sa nativité, contre luy et son Eglise, par le moyen de l'un de ses ministres et serviteurs, qui est Herode. Pour eviter à quoy il fut, suivant le Prophete Osee, porté en Egypte. Ne se doit aussi obmettre ce que le Prophete Zacharie a tant excellemment, et de si longue main dit, et seu comme Jesus Christ devoit venir en Hierusalem, monté sur une asnesse, disant ainsi : « Rejouis toy,
» fille de Sion : fille de Hierusalem, triomphe :
» voicy ton Roy qui viendra à toy, estant juste,
» sauveur et humble, estant monté sur une
» asnesse. » Le mesme Prophete n'a oublié les trente deniers qui furent baillez à Judas, pour trahir son maistre Jesus Christ. « Et leur dy :
» S'il vous semble bon, apportez moy mon sa-
» laire, sinon, cessez : lors ils poiserent mon
» salaire, trente pieces d'argent, et le Seigneur
» me dit : jette les au potier : c'est le prix hono-
» rable, auquel je suis taxé par eux. » Quant à ce que Jesus Christ devoit souffrir mort, pour satisfaire au payement de la condamnation, où

Adam nous avoit par sa rebellion engagez. J'ay cy dessus dit comme le Diable ou serpent auroit la teste brisee. Et en ceste consequence fut le serpent d'ærain eslevé par Moyse sur un long bois : à ce que ceux qui estoient mords du serpent, en le voyant seulement fussent gueris : figure et tesmoignage très seur pour la remission de nos pechez, et payement entier contre la mort, et le peché par la passion de Jesus Christ, lequel a esté eslevé sur une croix comme le serpent d'ærain, pour accomplir la justice de son pere. Mysteres si hauts et obscurs, que les Egyptiens mesmes en leurs lettres hieroglyphiques, voulans signifier l'esperance de salut, qui devoit arriver, faisoient et gravoient une croix, à laquelle nostre Seigneur après avoir receu toutes les indignitez prophetisees, fut cruellement attaché. Sa robe et vestemens jouez et tirez au sort, suivant la prediction de David, lequel en ses Cantiques et Psalmes ne chante autre chose, que Jesus Christ.

> *Jà ma despouille entr'eux ont divisee,*
> *Entr'eux desja ma robe deposee*
> *Ils ont au sort hazardeux exposee*
>   *A qui l'aura*[1].

Comme aussi font tous les livres de la Sainte Bible, qui ne traitent autre argument que son advenement, la mort, le monde, la grace et remission des pechez aux croyans, et ayans ferme foy et esperance en luy. En quoy ne sera hors

---

1. C'est la traduction de Clément Marot du psaume XXII :
    Deus, deus meus, respice in me.

de propos, de parler de quelques lieux et passages tirez des autheurs Payens et Ethniques, parlans de Jesus Christ. Comme les livres des Sibylles, lesquels Lactance, S. Augustin et Eusebe vraysemblablement ont veu : D'autant qu'ils furent bruslez par Stilcon, du temps d'Honorius et Arcadius Empereurs Romains, qui fut longuement après eux. Il y avoit (disent ils) des vers Sibyllins en Grec, parlans de Jesus Christ, de sa nativité, passion, jugement, et resurrection generale des corps : disans outre, que les lettres capitales d'iceux vers contenoient tels mots : JESUS CHRIST FILS DE DIEU SAUVEUR DU MONDE [1].

Quelqu'un de grande erudition a, puis peu d'annees, blasmé Lactance d'avoir parlé et joint au Christianisme les vers Sibyllins, comme estans faux : mais il devoit auparavant lire Eusebe, le 23. chap. du 18. livre de la Cité de Dieu de S. Augustin, et le docte Commentaire de Vives[2] sur iceluy : car il n'en eust pas parlé ainsi à la volee. Le mesme Augustin, suivy des anciens Peres, escrit que Platon traitant son Timee a par une saincte ignorance parlé hautement de la Trinité, sous ce mot Trois : faisant une merveil-

---

1. Cet acrostiche n'est malheureusement plus vérifiable. Ç'aurait été pourtant une preuve bien topique.

2. Le très-fécond Espagnol Jean-Louis Vivès dont on a publié encore une édition complète en 1782-90 (8 v. in-f°) à laissé comme principal ouvrage : *l'Institution de la femme chrétienne*, mais il s'agit ici de son commentaire sur la *Cité de Dieu*, dédié à Henri VIII, roi d'Angleterre, commentaire qui ne se trouve pas dans ses *Œuvres complètes*, mais seulement à la suite de quelques éditions latines de l'ouvrage de Saint-Augustin.

leuse exclamation, de ce que le mesme Platon a dit au quart livre de ses loix, que Dieu est la proportion et mesure de tout avec nous autres hommes. Et à plus forte et grande raison, si (comme disent les Oracles) il est quelquefois homme, quelle chose, s'escrie ce bon et savant personnage, peut estre plus chrestiennement et divinement dite ? Pausanias, Philostrate, et Laërtius, anciens Payens et graves ont escrit que les Atheniens menez d'un esprit Prophetic, dresserent et bastirent un grand et somptueux autel, au front duquel ces mots estoient gravez : AU DIEU INCONNU, ausquels S. Paul (comme il dit aux Actes des Apostres) dit, estant en leur ville, Le Dieu que vous appellez inconnu, c'est moy qui le vous annonce : c'est Jesus Christ. Orose aussi, grand historien, escrit que le mesme jour que Jesus Christ fut né, l'Empereur Auguste regnant lors, fit defences generales, qu'on ne l'appellast de ce mot, *Seigneur*. Comme Dieu, par les estrangers mesme, autres que de son peuple eleu, fait recognoistre sa hautesse d'une certaine promotion et advancement cachez à nous autres pauvres hommes. Aussi Josephe, qui vivoit quarante ans après la mort et passion du Sauveur du monde, dit ce qui ensuit, au cinquiesme livre de la guerre Judaïque : « En ce
» temps vivoit Jesus, homme fort sage, s'il
» est licite le nommer homme : parce qu'à la
» verité il fit des choses merveilleuses, et fut
» maistre et enseigneur de ceux qui aimoient la
» verité. Il assembla et fut suivy de grandes
» trouppes de Juifs et Gentils, et estoit le Christ.
» Et combien que par après il fust accusé par

» les principaux de nostre foi, et crucifié : si ne
» fut il abandonné de ceux qui l'avoient suivi,
» ains trois jours après sa mort, il s'apparut vif
» à eux, selon que les Prophetes, inspirez de
» Dieu, avoient predit et prophetisé de luy. »
Le mesme auteur parle fort amplement du voile
du temple de Hierusalem, qui se rompit lors que
Jesus Christ souffroit, demonstration certaine
signifiant l'abolition de la loy cerimoniale, pour
entrer au regne de grace. Je desduiray ici par
mesme moyen le double de la lettre que Pilate
envoia à l'Empereur Tybere, prise des recueils
d'Egesippus, comme ensuit : « Il est arrivé
» nagueres que les Juifs, comme je say vraiement,
» se sont eux et les leurs soubmis à une cruelle
» et eternelle comdamnation. Car combien qu'ils
» eussent apprins cela de leurs ancestres, que
» Dieu leur envoieroit du Ciel son Sainct, lequel
» seroit appellé leur Roy, et qu'il devoit issir et
» nasquir d'une vierge, et que le Dieu des He-
» brieux l'eust envoyé lors de mon Magistrat [1].
» Et outre, luy eussent iceux Juifs veu faire
» plusieurs miracles, enluminer [2] les aveugles,
» guerir les ladres, paralytiques, chasser les
» Diables des corps des hommes, ressusciter les
» morts, avoir commandé aux vents, cheminé
» sur la mer, et faire plusieurs autres choses :
» toutesfois les principaux d'eux, parce qu'il se
» disoit estre fils de Dieu : ayans conceu une
» inimitié mortelle contre luy, l'ont prins et mis
» entre mes mains, et chargé de plusieurs

1. Dans le temps de ma magistrature.
2. Rendre la lumière.

» choses fausses : entre autres qu'il estoit en-
» chanteur, et qu'il enseignoit choses contraires
» à leur loy. Quant à moy, je l'ay ainsi creu, et
» après l'avoir fait battre de verges, je le leur
» ay rendu et incontinent ils l'ont crucifié. Et
» puis estant au sepulchre, il luy ont baillé de
» mes soldats pour le garder : et nonobstant
» iceux, il a ressuscité le tiers jour après : en
» sorte que les Juifs ont esté tellement faschez,
» qu'ils ont donné de l'argent à iceux soldats,
» pour dire que ses disciples et autres qui le sui-
» voient, avoient pris et desrobé son corps au
» sepulchre. Mais après avoir receu l'argent, ils
» n'ont laissé à dire la verité : Car ils ont dit
» que Jesus avoit ressuscité, et qu'ils l'avoient
» veu, et que les Juifs leur avoient donné de
» l'argent, pour s'en taire. » Or le jugement et
condamnation, dont parle Pilate est conforme à
l'Escriture saincte, par laquelle malheur, abomi-
nation, et captivité perpetuelle est ordonnee aux
Juifs : comme encore en ce jour se peut voir,
estans espars, jettez çà et là, et traitez en toutes
les miserables conditions qu'on pourroit dire.
La Judee, qui fut autrefois l'un des meilleurs
païs du monde, valant de revenu annuel aux
Romains cinq cens quarante mil escus couronne,
estant aujourd'huy sterile, infructueuse, et de
nulle ou petite valeur. Aussi en Eutrope, bon et
ancien auteur, se lit une epistre de Lentulus à
l'Empereur Tybere, sous l'empire duquel le
Sauveur du monde fut crucifié, où il luy fait entendre plusieurs choses magnifiques et esmerveillables de luy : Entre autres, que le peuple
l'appelloit Prophete, et ses disciples, le fils de

Dieu : au demeurant, qu'on ne l'avoit jamais veu rire, ni plorer, et que sa contenance estoit joieuse-grave. J'ay semblablement pensé estre de mon devoir, vous parler d'une histoire grande et illustre, que Plutarque raconte au livre de la cessation des Oracles : laquelle, au jugement d'Eusebe, Pierre le Chevelu Italien, et Pierre Messie Espagnol, se rapporte et approprie à nostre propos. Il dit qu'un appellé Epithersez navigeoit de Grece en Italie, passant joignant les Isles Eschinades, entre lesquelles et celle de Paxes[1] le vent luy deffaillit : pendant quoy, ceux qui estoient dans le navire, ouirent d'icelle Isle de Paxes, une grosse et forte voix, qui appelloit Thamons : duquel cri tous furent espouvantez. Cestuy Thamons estoit Pilote du navire, natif d'Egypte, lequel ne vouloit respondre : toutesfois importuné de la tierce fois, demanda qu'on luy vouloit. Lors ceste voix plus hautement que auparavant luy dit : Quand tu seras près Pallodes, dy leur que le grand Pan est mort. A ces mots tous furent effrayez, et après avoir deliberé comme ils se devoient gouverner en cela, fut resolu par Thamons, que le vent estant bon, il passeroit outre, sans rien dire : si au contraire, il se trouvoit la mer estre bonne, il feroit sa charge. Estans vis à vis des Pallodes, la mer demeura en un instant calme et sans vent : au moien de quoy Thamons cria sur le rivage, que le grand Pan estoit mort. Après quoy furent ouis une infinité de voix et pleurs lamentables, et n'eust Thamons si tost prins terre, que l'Em-

---

1. Paxos.

pereur Tybere, sous le regne duquel fut crucifié
Jesus Christ, jà prevenu de ladite nouvelle, ne
l'envoiast querir, pour luy en dire plus amplement. Par ce mot *Pan*, les anciens entendirent
non seulement le Dieu des pasteurs, mais aussi
celuy de toutes choses : duquel titre de Pasteur
nostre Seigneur a usé en plusieurs endroits,
nommement en Sainct Jean, chapitre dixiesme,
où il se dit vray pasteur, qu'il cognoist ses brebis,
et qu'enfin n'y aura qu'une bergerie, et un seul
pasteur. Sainct Paul aussi souhaite que le
Dieu de paix, qui a ramené des morts le grand
pasteur des brebis, qui est Jesus Christ : par le
sang du testament eternel, conferme en toute
bonne œuvre, les Hebrieux, ausquels il escrit
et entant que touche le tremblement de terre lors
de sa mort, semblablement de l'Eclipse du Soleil,
et le jour converti en la nuict, tous les Astrolo-
gues, mesmes les Ethniques et Paiens, ont declaré tels accidens avoir esté irreguliers, et hors
le cours et mouvement de la commune nature.
Phlegon, comme disent Eusebe et Origene, a escrit que la plus grande et terrible Eclipse de Soleil qui ait jamais esté, ni qui pourroit estre
veüe au monde, survint l'an quatriesme de la
deux cens deuxiesme Olympiade. A laquelle
supputation et calcul d'annees revient droitement le temps de la mort du Redempteur
du monde : en laquelle mesme saison tomberent
en Asie treize grandes et puissantes villes,
comme dit le mesme Eusebe. Pline parle bien
de la ruine d'icelles, ensemble un terremot[1]

---

1. C'est le mot latin resté dans l'italien *terramoto*.

ou esbranlement de terre, le plus violent dequoy on ait jamais ouy parler. Suidas, auteur Grec, et de grande reputation, dit une chose de Jesus Christ nostre Sauveur digne d'estre leue plusieurs fois, pour la juger et joindre tant qu'on pourra à la verité et histoire de l'Evangile : voicy donc ces propres mots. Du temps (dit il) du bon Empereur Justinien, y avoit entre les Juifs un grand seigneur appellé Theodose, connu et de l'Empereur et de plusieurs autres Chrestiens, au mesme temps vivoit un banquier Chrestien, nommé Philippus, grand amy et familier d'iceluy Theodose. Au moien de laquelle amitié il exhortoit un jour iceluy Juif à se faire Chrestien, et baptiser, disant ainsi : Pourquoy est ce que toy, qui es homme docte, et qui sais les Propheties qui ont esté dites de Jesus Christ, ne crois en luy et ne te fais Chrestien ? Car je suis asseuré que tu n'es point ignorant de ce qui a esté dit de luy aux saintes Escritures, et de son advenement, haste toy donc de garder[1] ton ame, et croy en nostre Seigneur Jesus Christ, et Sauveur, à ce que perseverant en ton incredulité, tu ne sois damné par le jugement eternel de Dieu. Le Juif, aiant entendu cela, loua Philippus, et luy en seut bon gré, disant : Je te remercie de l'amitié que tu me portes, et d'estre ainsi soigneux du salut de mon ame, et pour ceste raison, je te diray devant Dieu, qui sait les secrets des cœurs et des pensees, ce que j'en pense. Car à la verité, je cognois que Jesus Christ est celuy qui avoit esté predit par la Loy et les Prophetes, et le

---

1. Sauver, garantir.

confesse ainsi devant toy, mon loyal et parfait amy : mais qui m'empesche d'estre Chrestien, est une fausse et humaine cogitation, qui m'a vaincu. Car moy estant Prince et grand Seigneur entre les Juifs, je suis en grand honneur, et ay abondamment ce qu'il faut pour ceste vie presente : de sorte que, si j'estois Chrestien, et de vostre Eglise, et qu'il me fallust changer d'estat et condition, je ne serois tant honoré, comme je suis : qui est la raison, combien qu'elle ne vaille rien, que mesprisant la vie future et eternelle, je m'arreste par trop à ceste ci, qui est temporelle et de peu de duree. Si est ce pourtant que je te veux declarer un secret, qui est entre nous autres Hebrieux, par lequel nous sommes acertenez, que le Christ, que vous adorez, est vrayement iceluy Messias, qui estoit predit par la Loy, et les Prophetes. Donc au temps passé, lors qu'on bastissoit le Temple de Hierusalem, la coustume estoit entre les Juifs, instituer et establir autant de Prestres, que nous avons de lettres, qui sont vingt et deux, et y avoit un livre audit Temple, qui contenoit le nom d'iceux Prestres ensemble et de leur pere et leur mere. Et lors que l'un d'iceux estoit mort, les autres Prestres s'assembloient en iceluy Temple, et en choisissoient un, afin de remplir tousjours le nombre. Et estoit escrit en iceluy livre, à quel jour le Prestre estoit mort, le nom de ses pere et mere, et iceluy de son successeur, et qui estoit mis en sa place. Ceste façon de faire estant entre les Juifs, et peu auparavant que Jesus se monstrast et enseignast le peuple, afin de croire en luy, l'un d'iceux Prestre mourut, et les autres s'assemblerent pour en eslire un autre. Les uns tenoient que cestui ci n'avoit pas les vertus et parties requises à un bon Prestre : les autres en blasmoient quelques uns, tous estans bien empeschez et travaillans en ceste election. Occasion que l'un d'eux se levant, leur dit : Messieurs, sur ce que vous en avez nommé plusieurs, vous n'en avez pas trouvé un qui fust à votre gré : à ceste cause, je vous prie me donner congé vous en nommer un, lequel à mon advis, vous sera bon : C'est Jesus, le fils de Joseph charpentier, lequel encor qu'il soit fort jeune, il a de merveilleuses et bonnes mœurs, avec une vie très sainte. Et suis d'opinion qu'onc homme ne fut pareil à luy, soit de parole, ou d'effet : toute Hierusalem le sçait, et n'y a personne qui en doute. A ceste parole, les autres Prestres approuverent telle opinion, et arresterent que Jesus seroit preferé à tous autres, pour estre l'un d'iceux Prestres. Toutesfois il s'en trouva disans Jesus n'estre, comme il estoit requis, de la race de Levi, mais de celle de Juda : mesme qu'il estoit fils de Joseph, qui estoit de la famille et race de Juda : concluans qu'il ne pouvoit estre esleu Prestre, n'estant de la tribu et extrait de Levi. Mais celuy des Prestres qui avoit esté occasion de choisir Jesus, respondit qu'il ne falloit regarder à telle difference : qu'il y avoit long temps que lesdites deux races estoient confondues, et entees l'une dedans l'autre, et à ce moien, d'un commun consentement, Jesus fut esleu. Mais pour ce que la coustume estoit, que non seulement le nom du Prestre choisi, mais aussi de ses pere et mere, fut escrit audit livre : aucuns d'eux furent d'advis qu'il falloit appeller les pere et mere de Jesus, pour sçavoir leurs noms, avoir leur consentement, et si veritablement il estoit leur fils : Ce qui pleut à toute la compagnie. Mais le Prestre Auteur de l'eslection de Jesus, dit que Joseph son pere estoit mort, et qu'il n'avoit plus que sa mere vivante : qui fut cause qu'elle fut appellee en leur Consistoire, où ils luy dirent ainsi : D'autant que tel Prestre est mort, fils d'un tel et d'une telle, et que nous avons resolu mettre en son lieu vostre fils Jesus, et faire escrire en nos registres le nom de ses pere et mere : dites nous, Jesus est il vostre fils ? l'avez vous engendré ? Lors Marie leur dit, Je confesse que Jesus est mon fils, et que je l'ay enfanté, dequoy me sont tesmoins plusieurs hommes et femmes encore vivans, qui ont esté presens à l'enfantement : mais pour le regard du pere, je ne pense point qu'il en ait eu en terre : comme vous orrez. Car estant vierge, et demeurante en Galilee, l'Ange de Dieu me vint dire, estante seule en ma chambre et esveillee, qu'il m'apportoit une bonne nouvelle : c'est, que je serois enceinte du Sainct Esprit, et que j'enfanterois un fils, lequel il me commanda appeller Jesus. Et à la verité, estant vierge, je conceu et engendray Jesus, et après l'enfantement je suis demeuree vierge. Alors les Prestres envoyerent chercher les sages femmes, leur commandant qu'elles eussent à diligemment regarder, si elle estoit vierge, ils rapporterent que ouy. Les Prestres lors luy dirent qu'elle leur dist hardiment le nom du pere de Jesus, afin de l'escrire en leur papier, suivant la coustume. Laquelle leur respondit, que son pere n'estoit de ce monde, et que l'Ange luy avoit dit, que Jesus estoit fils de Dieu. Quoy voians lesdits Prestres, firent escrire ces mots en leur livre et papier : CE JOUR UN TEL PRESTRE EST MORT, FILS D'UN TEL ET D'UNE TELLE : ET EN SON LIEU, DU CONSENTEMENT DE TOUS, A ESTÉ MIS ET SUBROGÉ LE PRESTRE JESUS FILS DU DIEU VIVANT, ET DE MARIE LA VIERGE. Ce livre fut par le commandement des grands de Hierusalem, transporté en la ville de Tiberiade, lors que ladite Hierusalem fut ruinee : et estre ce secret cogneu à bien peu de Juifs. Et quant à moy, je le say pour estre un des principaux Docteurs entre nous autres Juifs, et non seulement nous le sçavons par les Prophetes, que c'est le Christ, que vous autres adorez et fils du Dieu vivant, venu en ce monde pour le salut d'iceluy : mais aussi par iceluy livre, lequel est encore aujourd'huy en la ville de Tiberiade. Alors Philippus poussé et saisi d'une certaine joye, dit qu'il advertiroit l'Empereur de tout cela, afin qu'il envoyast querir iceluy livre en Tiberiade, pour vaincre l'incredulité d'iceux Juifs : mais Theodose respondit qu'il n'estoit besoin en advertir le Prince, et qu'aussi bien il ne s'en feroit rien, et n'en pouvoit arriver qu'une guerre : car les Juifs se sentans près de leur ruine et battus, brusleroient plustost le lieu où estoit caché iceluy livre, afin qu'il ne fust trouvé ni veu. Et t'ay dit tout cecy, mon bon amy, afin que tu sçaches que ce n'est ignorance qui m'empesche estre Chrestien, ains l'ambition et grandeur qui me retiennent. Cela fait, Philippus n'en dit rien à l'Empereur, pour n'esmouvoir une guerre, qui eust telle issuë, comme luy avoit dit le Juif : si est ce qu'il raconta tout ce que dessus à plusieurs, et entr'autres à moy (Suidas). Et de fait pour cognoistre si ce que Theodose avoit dit, estoit veritable, j'ay leu Josephe qui a descrit la destruction et ruine de Hierusalem, et duquel Eusebe fait souventefois mention en l'histoire Ecclesiastique : auquel nous avons apertement veu que Jesus Christ sacrifioit avec les Prestres au Temple de Hierusalem. En voiant que Josephe, qui estoit du temps des Apostres, en avoit parlé si avant, j'ay aussi voulu voir aux saintes Escritures, s'il y en avoit rien escrit : Et de fait, j'ay trouvé en l'Evangile Saint Luc, que Jesus entra en la synagogue des Juifs, et luy ayant esté baillé un livre, il leut une Prophetie, disant : *L'esprit du Seigneur est sur moy, pour laquelle chose il m'a oint et envoyé pour evangeliser aux pauvres, pour guarir les contrits de cœur.* Qui me fait dire, que si Jesus Christ n'eust eu quelque charge de Prestre entre les Juifs, on ne luy eust pas baillé le livre, ne souffert prescher, ny exhorter le peuple : Et mesme entre nous autres Chrestiens, n'est permis lire les livres au peuple, fors à ceux qui en ont la charge. Qui me fait dire, tant par le tesmoignage de Josephe, que de l'Evangile S. Luc, que le Juif Theodose dit la verité à Philippus le banquier, comme à son bon et fidele ami, luy declarant ce que les Juifs tenoient plus secret entr'eux. Sont les propres mots de Suidas : auquel je ne veux ni dois adjoindre ce que Cornelius Agrippa recite de la puissance du mot, JESUS CHRIST, prononcé, ainsi qu'il dit mysterieusement et par foy, selon les registres et livres des Cabalistes : d'autant qu'il m'a tousjours semblé telles sciences curieuses tenir de l'impieté, encore que nous ayons plusieurs exemples familiers et domestiques (comme disent Fernel, Cardan, Vierius, et dernierement ce sçavant Bodin, grands et insignes Philosophes de ce temps) que les Esprits malins et Diables vaincus et adjurez par la parole de l'Evangile, ont dit par l'organe et bouche des hommes et femmes qu'ils possedoient, choses estranges, et hors la capacité de l'entendement humain : comme par divers moiens, nous sommes appellez à la cognoissance de la pureté de l'Evangile : et qu'à ce mot de JESUS CHRIST, les Diables restent et demeurent atterrez, sans aucune puissance. Au demeurant, qui considerera avec jugement, de quels hommes Jesus Christ s'est voulu aider et accointer, lors qu'il s'est exhibé et communiqué aux hommes, trouvera que c'estoient pauvres et simples personnes, tenans les dernieres vocations et mestiers entre le peuple, ignorans et ne sçachans aucune chose qui puisse rendre les hommes admirables et signalez. Toutefois après avoir receu la faveur du Saint Esprit, ont esté les plus grands clercs du monde, renversé les philosophies et sagesses communes, confondu ceux qui en tenoient escholes, estonné les Princes, Potentats, et leurs Conseils : abbatu et mis par terre les ouvrages et entreprises de Sathan, le Prince de ce monde, et contre ses forces et ruses, confirmé et establi en peu de jours, l'Eglise et assemblee des croians en Jesus Christ, par tout le monde universellement. Où les pauvres Philosophes avecques leurs prudences, et sagesses humaines, n'ont sceu en tant d'annees jetter et espandre hors la Grece, qui est une simple Province, leur belle philosophie et doctrine, encore divisee, comme dit Themiste, en plus de cinq cens opinions diverses et contraires. Car pour le regard de la religion de Mahumet, qu'il a prise (ou le Moine Sergius apostat et revolté, pour luy) tant du vieil que nouveau Testament, n'est grand besoin d'en parler, se perdant, ruinant, et confutant[1] d'elle mesme, comme sotte et ridicule qu'elle est, par la seule lecture de son livre ou Alcoran : qui a neantmoins gasté beaucoup de peuples, pour la permission qui y est contenue de paillarder, et autres ordures et voluptez. Si est ce que pour donner couleur à sa force, il advoüe et recognoist Jesus Christ, pour le grand Prophete, et en l'honneur duquel il porte une singuliere reverence au jour du Vendredy. A ce moyen, et pour clorre ma lettre, je vous prie icelle communiquer à ceux qui se sont de tant oubliez, vous tenir tels propos, pleins de blasphemes, condamnation perpetuelle, et privation de ces hauts biens et felicitez celestes qui sont promises aux croians et bien faisans : Ressentans leurs maudites persuasions, de la boutique et doctrine de Diagoras ou Lucien, surnommez sans Dieu : desquels cestuy cy fut mangé des chiens, et l'autre banni d'Athenes, et ses livres bruslez : Ou d'un Julian Empereur apostat, lequel estant frappé d'une fleche ou perche, ne sçachant d'où venoit le coup, et aiant auparavant persecuté

---

1. Réfutant.

l'Evangile, dit en mourant : O Galileen ! (parlant de Jesus Christ) enfin tu m'as vaincu. Donc que vos gens retournent à Dieu, par l'intercession de son fils bien aimé Jesus Christ, seul moyenneur entre luy et les hommes : hors lequel, et sans lequel, nous sommes faits esclaves et enfans du Diable : Qu'ils apprehendent vivement et par foy, sa bonté, grandeur, et misericorde : Qu'ils se rangent à son Eglise, craignans et redoutans les horribles punitions que tost ou tard il nous envoie, pour les fautes que nous commettons contre ses saints et divins commandemens : Qu'ils considerent la fin de ce monde approcher, par les signes qu'il nous en donne, notamment par les guerres des Princes Chrestiens, et querelles des particuliers, de l'envahissement general que ce monstre Turc et Ante-Christ Mahumetan bastist contre nous, et par nos propres ruines : Qu'ils songent aux douleurs et assauts de la mort, qui n'offencent et ne troublent en rien les consciences deschargees du bien et offenses d'autruy, et qui ont ferme foy et asseurance aux promesses qu'il a faites aux siens : Finablement, qu'ils changent leur vie toute pleine de dissimulations et figures, que leur ambition, avarice, paillardises, seditions, et tumultes, soient convertis en simplicité, aumosnes, chasteté, paix et charité, les uns avec les autres : et facent comme dit Saint Paul, que ceux qui estoient vilains et salles, soient nettoyez et purgez de tous vices, se souvenans et aians en la bouche ordinairement les vers qui ensuivent, prins du second Psalme de David, parlant de Jesus Christ.

> *Faites hommage au fils qu'il vous envoie,*
> *Que courroucé ne soit amerement :*
> *Afin aussi que de vie et de voie*
> *Ne perissiez trop malheureusement.*
>   *Car tout à coup son courroux rigoureux*
> *S'embrasera qu'on ne s'en donra garde :*
> *O combien lors ceux là seront heureux*
> *Qui se seront mis en sa sauve garde*[1]*!*

A la charge, s'ils refusent vos exhortations et remonstrances, de les laisser, comme semence de Sathan, forclos et excommuniez de toutes compagnies Chrestiennes, et du tout voüez et consacrez au feu eternel, lequel, comme incorrigible et impenitent, leur est preparé, avant la constitution du monde. Car il est escrit qu'il n'y a communication ni amitié en rien de justice avec l'iniquité, de la lumiere aux tenebres, du bon au meschant, de Christ avec le Diable, ni de celuy qui croid avec celuy qui ne croid point.

XXXV.

La retraite d'Eutrapel.

Eutrapel comme tout pensif et fasché, dit à Polygame, qu'il se vouloit retirer, et le laisser avec ses plusieurs femmes : Je prens congé de vous (dit il) me laissant aller et entrer au point où mon humeur et naturel me conduisent et où je me sens, à mesure que mes ans peu

---

1. De la traduction de Cl. Marot.

à peu s'en vont et se desrobent, couler. C'est à ma maison aux champs, que j'ay accommodee par ces annees, et rendue au terme[1] d'une vraie habitation philosophale et de repos : à l'entree et au front de laquelle Janvier, ce gentil maçon de Saint Erblon a gravé ces mots :

> *Inveni portum, Spes et Fortuna valete.*
> *Adieu le monde et l'espoir, je suis bien.*

Je l'ay bastie d'une moïenne force, pour faire teste aux voleurs, coureurs, et à l'ennemy, si Dieu me vouloit chastier en ceste partie : sous le credit de quelques petites eaux qui l'environnent, avecques les pourpris, bois, jardin et verger. Aux vergers me trouverez travaillant de mes serpes et faucilles, rebrassé jusque au coulde, couppant, tranchant et essargottant[2] mes jeunes arbrisseaux, selon que la Lune, qui besongne plus ou moins en ces bas et inferieurs corps, le commande. Aux jardins y dressant l'ordre de mon plant, reiglant le quarré des allees, tirant ou faisant decouler et venir les eaux, accommodant mes mouches à miel : distillant les herbes, fleurs ou racines, ou, qui mieux vaut, en faisant des extractions d'icelles, et les rendant en liqueur espoisse : et me courrouçant, d'un pied suspendu en l'air, et attentif, contre la taupe et mulots qui me font tant de mal ; semant diverses et estranges graines : mariant et joignant le chaud au froid ; attrempant le sec de la terre, advançant les derniers fruits, et contre-

---

1. Comme doit être.
2. Taillant, émondant.

rollant par doctes artifices, les effets et ornemens de Nature que le vulgaire ignore. Aux bois faisant rehausser mes fossez, mettre à la ligne mes pourmenoirs et cependant outre cent musiques d'oiseaux, une batelee de contes rustiques par mes ouvriers : desquels sans faire semblant de rien, j'ay autrefois extrait et recueilly en mes tablettes le sujet et grace, et communiqué leur propos, et mes balivernes au peuple, prenant l'Imprimeur et renversant mon nom de Leon Ladulfi. Aux rivieres, amusé et solitaire sur le bord d'icelles peschant à la ligne, alongeant souvent le bras pour cognoistre au mouvement de la ligne, quelle espece de poisson vient escarmoucher l'appast, ou bien tendre rhets ou filets aux lieux et endroits où le cours de l'eau a vraysemblablement fait plus belle passe. Quelquefois aussi avec deux levriers et huit chiens courans me trouveray à la chasse du renard, chevreau [1], ou lievre, sans rompre ou offenser les bleds du laboureur, comme font plusieurs contrevenans aux ordonnances et à la Justice commune, ne faites à autruy ce que vous ne voudriez vous estre fait. L'autrefois avec l'Autour [2], oyseau bon mesnager, quatre braques et le barbet, avecques l'harquebuse, deux bons chevaux de service, et un pour les affaires de l'hostel. Vous disant qu'après telles distributions et departemens des heures, ayant premierement fait les prieres à ce haut Dieu, que la journee se puisse passer sans l'offenser ni le prochain, et

1. Chevreuil.
2. L'édition de 1732 porte *aurour*, que M. Guichard traduit par *aurore*, qui devient ainsi un oiseau.

employé quelque heure à la lecture des livres, il ne me faudra au soupper, qui doit estre plus copieux et abondant que le disner, les sauces Athiacques [1], ne le breuvage d'Æschylus pour dormir. Adieu donc Monsieur j'appen à ceste cheville (comme Vejanius, ce vieux soldat, attachant et vouant son corselet au temple d'Hercules) mon petit chappeau enplumé, ma cappe avec son grand capuchon, mon pourpoint embourré, mon marcher de travers à hanche deslouee, le baise main, ma braverie, ris dissimulez, trahistres saluts, jalousies, envies, larrecins des biens, advantages, et honneur d'autruy, querelles, l'amour, et telles constitutions et rentes hipotequaires, dont les Cours des grands et villes trafiquent et font mestier ordinaire. Je suis tout perdu, mon naturel qui estoit bon tout changé, et alteré, ma conscience trop obligee à une fausse liberté, qui ruine et destruit la meilleure part des hommes : Feray (car la meschanceté des vivans le veut) present de mon haut de chausses au beau Jupiter Ammon, comme fit le laquais à Buridan son maistre. Buridan, Gentil homme de nostre pays, mais insigne menteur, s'il en fut onc, donna un haut de chausses à son laquais, à la charge, lors qu'en ses contes il l'appelleroit pour tesmoin, il n'eust à faillir de l'acertener et asseurer, et dire bravement que ce que son maistre avoit dit estoit vray; et jurer s'il en estoit

---

1. Je suppose qu'il est ici question des sauces délicieuses à l'ail et à la moelle dont Plutarque dit que certains entrepreneurs régalaient les matelots athéniens. Mais Athiacques paraît être dérivé d'Athos et je ne sais rien des sauces de cette île.

besoin. Mais une fois que Buridan estoit sur le haut, mentant comme un President, ne pouvant passer en ligne de conte, ceste horrible menterie, se deschaussant tout bellement mit iceluy haut de chausses sur le bout de la table, disant en plorant Monsieur reprenez vostre haut de chausses, je n'en puis plus endurer. Ainsi, Seigneur Polygame, voilà les clefs, je me consomme en vos Cours et villes, où n'y a rien entier, ne qui en approche. Vos loix, polices, et tout ce qui s'y faict et negotie, est à deux envers et bigarré, et où les bons et advisez n'entendent rien. Au demeurant si avec ma deliberation et issue, je rencontre une femme bien instruite sous l'aisle de sa mere, de ma condition et estat, douce, paisible, et qui n'entreprenne rien hors les affaires domestiques, en toute obeissance, ce sera lors que Dieu m'aura donné accomplissement certain de mes prieres et invocations que je luy fay ordinairement. As tu achevé de babiller (dit Lupolde), tu n'auras pas esté huit jours en tes champs, que tu ne vousisse[1] estre icy de retour avec nous. Hee ! pauvret, combien avons nous veu de tels fols melancholiques se promettre, et ainsi forger une divinité champestre s'en repentir aussi tost qu'ils en avoient senty les fumees, peché aux boüillans[2], et taté[3] aux incommoditez d'iceux. Et outre te peux asseurer qu'il n'y aura si petit Gentil hommeau que ne te brave et

---

1. Voulusses. Je ne comprends pas très-bien cet emploi de l'imparfait du subjonctif.

2. S'il y avait *bouillons*, ce que je préférerais, cela voudrait dire *pataugé dans* les bourbiers.

3. Et non *tenté*.

face la nique et les paysans qui te traiteront en petit citadin, car tu voudras faire de l'habile homme, leur en conter, et prendre les reverences qu'ils te feront pour argent conté, et non receu, combien qu'ils se moqueront de toy, et en tireront ce qu'ils pourront, sans jamais rendre s'ils peuvent, fors à beaux coups de baston, qui est la marchandise qu'ils cherchent. Ou bien, qui est le plus seur (car le roturier se punist mieux par la bource) de leur envoyer des nouvelles, par un homme qui a le nez fait comme un sergent. Croy tes amis, puis que tu as rencontré Sparte, comme dit le Proverbe, tien y toy, demeure là et acheve le reste de tes jours en la vocation et estat, où Dieu t'a appellé. Fais profiter le talent qu'il t'a mis entre mains : il n'est que les vieux amis, quelque opinion contraire que toy et tes semblables ayez. Y a plus, qu'une petite adversité ou traverse que tu recevras aux champs (si tu n'es armé du mespris de ce monde, comme j'estime que tu n'en es pas beaucoup garny) te fera plus d'ennuy et de mal, qu'une douzaine en la ville, pour y trouver, de moment en moment, remedes, amis, et conseil. Si tu es seul (comme dit l'Escriture) et tu tombes, qui te relevera? as tu pas entendu que la perte de quatre cens escus que l'Empereur Charles V avoit caché, et lesquels un sien frere de Religion luy desroba en la Hieronime de son Valdoli en Espagne [1], où il s'estoit retiré, après avoir quitté

---

[1]. Le couvent de Saint-Just dans lequel Charles-Quint se retira l'avait depuis longtemps attiré et il disait que c'était un lieu où Dioclétien eût aimé à planter ses laitues. Il appartenait à l'ordre de Saint-Jérôme. Il était près de

l'Empire, luy fit plus de mal au cœur (car il en cuida mourir) que la rupture de ses camps et armees de Provence et d'Alger, ou sa vaine entreprise de Mets. Lieux obscurs (beaux amis) les deserts, les solitudes, sont les palais et habitations bien souvent de ce meschant Sathan. Donne toy garde (disoit quelqu'un à un seulet se proumenant, et faisant plusieurs gesticulations, marmotemens et grimaces) que tu ne parles à quelque meschant. Polygame lors, qui mesuroit, comme homme prudent, toutes choses par poids et circonstances, dit : que Lupolde, pour un homme experimenté qu'il devoit estre, se rendoit trop pront en son jugement et advis. Dequoy vous sert, dit il, la longue pratique et usage des affaires de ce monde, si vous n'avez appris quant et quant, en traitant et jugeant quelque sujet et argument que ce soit, d'iceluy conduire par les moderations et extremitez qu'il appartient ? qui est de sçavoir que c'est, comment il est, quand et où il est[1] : examinant ainsi en toutes choses, on ne peut faillir y rencontrer bonne et seure issuë. Car Eutrapel, pour prendre les moyens de son dessein et deliberation, n'eut onc que mal, tracassant et barbouillant, tantost aux affaires publiques, et par autres fois aux domestiques et privees, tant pour soy, que ses amis : Où je vous

Placencia dans l'Estramadure et non près de Valladolid, mais c'est à Valladolid que l'empereur se sépara de ses deux sœurs, les reines de Hongrie et de France, qui voulaient l'accompagner dans sa solitude.

1. Du vers technique dans lequel les rhéteurs ont rassemblé ce qu'ils appellent les *circonstances*.

Quis, quid, ubi, quibus auxiliis, cur, quomodo, quando.

laisse penser quant et combien d'alarmes et assauts il a receu en ce long cours d'annees, tant en son corps, ame que conscience : il se void pressé de quelque nombre d'ans, et autres considerations qu'il a meurement et longuement projettées en son entendement. N'est donc raisonnable anticiper ne enjamber sur icelles, pour les amener et reduire aux nostres, qui sont à la pluspart dissemblables. Les villes certainement ont quelques beautez en nostre France, mais de nulle commodité, que pour les gens de Justice, marchans, et artisans, et se peut hardiment dire et asseurer, quand l'on void un Gentil homme aux villes, qu'il y est appellant ou intimé, demandeur ou defendeur, pour payer ou prendre terme de quelque dette : ou emprunter argent à gros et enormes interests : ou se desbaucher, puis donner un coup de baston ou espee, entre ses murs, à quelque petit glorieux et rustre de ville, qui l'aura voulu braver : de là trainé et mangé en prison. Quant aux Courts des Princes, il les faut (pour parler et apprendre de tout) avoir veuës, et savoir de quel bois on s'y chauffe : mais s'en retirer au plus tost qu'on peut. Jamais homme, disoient les anciens, ne revint meilleur à sa maison, pour avoir esté au loin. Combien de fois ay je ouy dire telles et pareilles choses à vous, Girard de Bernard, Seigneur du Haillan, l'honneur de nostre France ? Qui me fait dire que tous deux avez raison, la prenant generalement, et par divers respects. Car vous, Lupolde, qui dès vostre jeunesse avez esté nourri aux villes, y plaidant et vivant des querelles d'autruy, n'estimerez jamais une retraite et vie champestre, pour n'avoir fait fonds ne provision des choses et appareils qui y sont requis. En vos villes la plus belle Theologie et science qui s'y exerce, gist à qui plus finement sait desrober et attraper argent de son voisin, quelque frequentation, feinte amitié, et bon visage qu'ils s'entreportent. Si l'un croist et l'autre s'advance, soudain il sentira les operations et effets de l'envieux et calomniateur : s'il a quelques particularitez et choses plus grandes parsus les autres, soit de qualitez ou charges publiques, ce sera à qui le heurtera par moyens sourds et obliques, ou autrement fera les ongles, et racourcira le progrez et advancement de son honneur. Aux villes, les despenses tant en habits que festins, et jeux sont excessives : autrement vous estes en mespris du commun, et contemptible [1]. Et combien que les honnestes personnes et bien vivans ne facent grands contes de tels jugemens vulgaires, si est ce qu'il y faut bien souvent ployer, mais non pas beaucoup. Ce qui a perdu premierement les marchans, et autres roturiers, lesquels prenans exemple sur les plus riches et qualifiez, sont la pluspart accoustrez de soies, leurs femmes encore plus, et leur pot civilisé de quelque lopin de lard aux choux, vivans ainsi de bonnes mines et contenances : Jusqu'à ce que quelque lourdaut et esgaré aura acheté d'eux, par leurs mensonges et faux sermens, de la marchandise pour six escus, qui n'en vaut pas trois. Quant à messieurs les gens d'Eglise, ce n'est à moy à en parler, sinon reveremment et avec modestie :

1. Méprisable.

mais il semble, veu leur grand et ample patrimoine et richesses, qui ont esté calculees et arrestees de notre temps, se monter en ce Royaume, à douze millions trois cens mil livres de rente, qui doubleroient, si l'on prenoit l'estimation de present, sans les hospitaux et aumosnes : qu'ils devroient, pour la descharge de leur conscience, se reformer et reduire au vray et legitime estat de leurs predecesseurs, et rendre la tierce partie aux pauvres des lieux, où sont leurs biens situez. Autrement y a danger, jà bien advancé par la permission divine, que les laiz et seculiers n'empietent et se saisissent, comme ils font, de leurs biens, à faute à eux de resider, prescher, administrer les Sacremens, nourrir les pauvres, du tiers du revenu Ecclesiastique, et faire tous devoirs Chrestiens, où ils sont obligez : sans s'arrester et s'amuser aux dispenses et permissions contraires, obtenues, Dieu sçait comment : lesquelles portent une (a) apparence et couleur masquee et desguisee vers les hommes, mais une cruelle et sanglante condamnation en l'endroit de Dieu, comme disoit ce docte Seguier, estant lors Advocat General au Parlement de Paris. Pour le regard des gens de Justice et finances, qui est celuy tant sot et abesti puisse il estre, qui n'apperçoive au doigt et à l'œil les corruptions, faveurs, larrecins, concussions, pilleries, et tels brigandages qui s'y font ? Contre lesquels, principalement les excessivement enrichis, j'userois volontiers du seul argument qu'on faisoit à Sylla et qui est

---

a. Var. : *une fort grande apparence* (1603).

sans responce, ainsi que dit Plutarque : Comme te peux tu vanter (luy disoit on) estre homme de bien, attendu que ton pere ne t'a laissé presque rien ? et neantmoins te voilà riche outre mesure ? Au demeurant, si l'on regarde les grandes charges, fonctions, et gouvernemens, tout cela est aujourd'huy, à la pluspart, entre les mains des nouveaux venus, et tirez du populaire contre les formes et Loix de toutes Republiques Chrestiennes et Payennes, non encore veuës ni accoustumees en ce Royaume : au lieu que ce devroient estre personnages à qui telles choses appartiennent de droit, qui est la Noblesse. Auquel beau temps il faudra par necessité revenir, après tant de maux passez, et remettre telles Jurisdictions et puissances és mains de ceux qui ont dequoy en respondre, tant en race, honneur, biens, savoir, probité, que longue experience. Comme les Romains, desquels nous tenons le plus beau de nos polices, qui ne créerent onc Senateur, ne donnerent l'ordre de Chevalerie, à quel qu'il fust, s'il n'estoit issu de noble famille, et riche de quatre cens sesterces, c'est à dire, dix mil escus de revenu. Tels desbordemens et violences, qui ont gaigné sur la vertu et beauté ancienne, sont cause (Capitaine Eutrapel) que j'incline du tout et soustien vostre dessein et entreprise loüable : Vous exhortant icelle executer, pour le demeurant de vos jours, et vous esbattre et prendre plaisir aux saints et fructueux contentemens de l'agriculture, tant recommandable de soy : comme il se lit d'Abraham, Jacob, Esau, et plusieurs Prophetes aux Sacrees Bibles. Aussi Platon mené d'une tant salutaire opinion, confesse que la vie rustique et solitaire, est le port et refuge contre la calomnie, envies, et ambitions de ce monde. Et après, aux siens livres des loix, qu'il a establi quelques ordonnances de l'agriculture, comme n'arracher les bornes, ne destourner les eaux, gaster les fruicts de la terre : il se retira de ceste riche et docte ville d'Athenes, où il estoit grandement honoré et en singuliere reputation, pour demeurer aux champs près icelle, en son Academie, afin de mieux et sans bruit esplucher les mysteres divins et secrets des choses naturelles : bien entendant comme la frequentation et hantement des hommes resistent à telle profession, mieux aimant le contentement de son esprit et celuy de ses escoliers, que complaire au lourd jugement et fantasie du commun. Le bon et sage Caton, interrogé du moyen de bien vivre, et sans s'empestrer aux bruits, caquets et calomnies des villes : respondit pour les champs, où premier il falloit faire bonnes nourritures, se bien vestir et entretenir sa famille, et sur tout labourer de soy mesme, syllogisant et concluant ainsi : C'est un laboureur il est donc homme de bien. O ! disoit ce sçavant Prestre et philosophe Marsilius Ficinius[1], auquel Cosme de Medecis avoit donné un beau et solitaire lieu près Florence, que l'homme est heureux, quand

---

1. Marsilio Ficino, pour nous Marsile Ficin, avait en effet reçu de Côme de Médicis une maison de campagne à Correggio. C'est là qu'il passa son temps à traduire Platon et à étudier les sciences occultes, notamment l'astrologie. On a beau faire, quand on se livre trop à Platon, on en arrive vite à ces excès de spiritualisme. Il était mort en 1499.

delivré de toutes passions et affaires, content, de ce qu'il a, sans rien desirer, se commande en pleine et entiere liberté d'esprit : Considere la solidité et fermeté de la terre, la subtilité et la legereté du feu, le cours des eaux, la splendeur et clarté des estoiles, sereneté et diverses tapisseries du Ciel, la resolution et destrempement de la neige en pluye, la congelation et endurcissement de la gresle, tremblement de la terre, diversité des vents, la nature des metaux, herbes, arbres, et plantes : les infinies sortes d'animaux et poissons, leurs guerres et amitiez, la vertu des pierres : ces deux admirables flambeaux et luminaires, le Soleil et la Lune, la rondeur des Planettes, clarté du jour, tenebres de la nuict, disposition et ordonnance des estoiles. Par lesquels moiens, joignant ses prieres à ceste haute Trinité, il se fait et bastit le chemin pour traverser et penetrer les lieux celestes, et contempler en esprit les bienheureux, et autres choses que l'œil ne peut voir, ne la langue exprimer. Et de fait, ceux qui demeurent aux champs, s'ils cognoissent leur bien, ont des loix et decrets bien avantageux pour eux, jusques aux bœufs : lesquels par la loy des Atheniens n'estoient tuez, sur peine de la vie. Aussi que telle peine estoit ordonnee à ceux qui avoient desrobé les outils et assortemens de la charrue : car, disoit Ælianus, le bœuf laboureur est compagnon des hommes. Et ainsi les anciens travailloient huit jours, pour au neufiesme aller au marché, vendre et bien peu acheter, se fournissans presque de tout ce qui est necessaire à ceste belle agriculture et vie rustique. Pline le jeune, escrivant à ce propos, à son amy Fondanus, dit n'avoir fait, dit, ni ouy en sa petite mestairie de Laurentin, chose qui luy ait despleu : vivant en ce lieu, sans crainte, sans passion, sans tourment d'esprit, et sans avoir la teste travaillee des bruits et nouvelles de la ville. La conclusion de Menander, que tout ainsi qu'à l'homme qui tend à bien faire, hait les vices, un heritage moyen, qui le peut nourir, luy doit suffire : ainsi celuy qui combat pour la vertu, et veut vivre sans reproche, doit, pour le peu de temps qui nous est presté, laisser les charges et offices pour mieux vivre en repos d'esprit. Un jour que Lisander alla faire la reverence et saluer Cyrus, ce grand Roy des Perses, s'esmerveillant des beaux et excellents vergers et jardins qu'il vit, de l'ordonnance et plant d'arbres de toutes sortes, et le gueret très bien charrué [1], s'enquerant qui en estoit l'ouvrier et operateur. Cyrus respondit que c'estoit luy mesme, et que de sa propre main il avoit dressé et accoustré le tout. Lors regardant et contemplant Cyrus, vestu à la Persienne, en poupre et drap d'or, dit que la renommee de luy estoit veritable ayant assemblé la vertu et industrie à sa grandeur. Seneque aussi raconte de Servilius Vaccatia, homme de grand race, qui ne fut cogneu par autres tiltres et enseignes, que d'avoir vescu toute sa vie en sa mestairie, près la ville de Cumes. Et Tite Live dit, que les Romains empeschez pour le siege où Quintus Minutius, General de leur armee, estoit fort oppressé et à destroit [2], resolurent envoyer querir un vieil Ca-

---

1. Labouré, de *charrue*. — 2. Resserré.

pitaine, nommé Quintus Cincinnatus, qui labouroit sa terre aux environs du Tybre, lequel ils creerent leur Dictateur (dignité Royale) et deffit l'ennemy, triompha, et après se retira à sa vie champestre : et derechef, vingt ans après, estant encore à sa charruë, lui fut repeté cest honneur de Dictature. Le bon homme n'avoit en tout heritage que 4. arpens de terre, qui est un peu plus de cinq journaux. *Exiguum colito*, disoit Ovide, Laboure et tien en ta main bien peu de terre : le surplus, qu'on ne peut malaisement accoustrer, dresser, et fumer, se doit bailler à ferme ou arrenter[1]. Attilius Collatinus fut de mesme pris, et enlevé de la charruë, pour estre aussi leur Dictateur, estant moderé, sobre, continent, et grandement sage, et reservé en toutes ses actions, qu'il avoit appris au village, où il aimoit mieux estre le premier que second à Rome. De mesme en fit ce grand Scipion l'Africain, lequel, pour vivre en son contentement et repos, se tenoit ordinairement aux champs. Ainsi l'Empereur Diocletian, ja assez vieil et aagé, ayant quitté l'Empire se retira comme Gentil homme privé, en la ville de Solonne[2], où estant solicité par ses amis de reprendre le sceptre : Si vous aviez veu, leur respondit il, les laictues et autres herbes, que moy mesme ay semees, vous ne me parleriez de vostre vie de rentrer en telle et si pesante charge. Semblablement un grand Seigneur, appellé Similis, grand amy et compagnon de l'Empereur Adrian, ordonna par testament,

---

1. Donner à louage.
2. Salone.

estre gravez ces mots sur son tombeau. *Cy gist Similis, fort vieil, lequel toutesfois n'a vescu que 7. ans.* Voulant dire que les 7. ans, qu'il avoit esté aux champs en paix et tranquillité d'esprit, luy avoient esté une vie : et le surplus de son temps, employé aux villes et affaires publiques, une vraye mort. Que dirons nous de tant de Princes, qui pour se donner à la vie champestre et particuliere, ont laissé leurs Empires, Royaumes, et Monarchies : comme Maximianus, Gallicanus, Theodosius le tiers, Alexius, Crinitius, Michel IV, [Empereur de Constantinople, Isaac Empereur, Nicephorus Botoinates, Lothaire, Carloman frere de Pepin, Hubert Dauphin de Viennois, Amurates Empereur turc, Judocus, fils d'un Roy de nostre Bretaigne, Amé Duc de Savoie, Bamba Roy des Espagnes, Jacques Contaren Duc des Venetiens.][1] A l'imitation desquels: encore que vous, Seigneur Eutrapel, ne soyez que simple Gentil homme, assez moyenné et riche : puis que vous sentez (car vous en estes le premier et dernier juge) de vouloir user et arrester le reste de vos ans bien cassez et endommagez, à ceste belle vie champestre laissant toutes affaires publiques et populaires, pour voir

---

1. Toute cette énumération entre crochets n'existe pas dans l'édition de 1732 et est remplacée par un *etc*. On retrouvera la preuve de ces diverses abdications dans les dictionnaires historiques. Il faudra seulement lire Humbert pour Hubert, dauphin du Viennois; Vamba, roi des Visigoths pour Bamba; Contarini, doge de Venise, pour Contaren. Quant à Judocus ou Judoc, il refusa d'accepter la couronne que lui offrait son frère Judicaël, roi de Bretagne, et préféra s'expatrier. (*Histoire de Bretagne*, par le P. Lobineau, I, p. 24.)

et examiner de plus près vostre conscience, deportemens passez, et les douceurs et contemplations divines : je le vous conseille, encore une fois. D'estre seul, vous ne le pouvez, ains, comme avez sainctement et religieusement desseigné et projetté, il vous faut marier à celle que vous penserez aimer, propre à vos conditions, Damoiselle, qui ait le soucy seulement faire des enfans, et ce que luy commanderez. Et entant que touche l'envie, mauvais mesnage et incommoditez qu'on peut recevoir de ses voisins aux champs, le remede y est prompt. Premier, ne voir et hanter que les bons et vertueux et ausquels pour leurs honnestetez, et bonne vie vous voudriez bien sembler : encore bien peu, et une fois le mois au plus. Le proverbe est beau. *Ami de tous, et familier à peu,* au reste, clorre et fermer la porte aux rioteux, outrecuidez et mesdisans : Mais le principal et souverain point sera, de regler vostre conscience, vie et mesnage, vertueusement, à la mesure de l'Evangile, qui vous rendra indubitablement aimé et respecté de tous. Vous asseurant qu'ayant donné ordre à quelques particularitez et affaires domestiques, qui me pressent, vous me trouverez l'un de ces matins, vostre voisin, pour ensemblement passer nos ans en une bonne et sainte conversation et voisinage. Quant à Lupolde, en ceste peau mourra, renard, et demeurera perpetuellement engagé en sa chiquane et brouillis de peuple. S'il nous vient voir en nos champs, comme il ne peut estre autrement, ce sera à la charge de laisser sous le sueil de son huis, ses finesses, subtilitez, griefs, contredits, et tels bastons à feu de Palais : qui nous battent pour nos iniquitez et mensonges, qui ont gaigné par sus la verité : et ne se pouvans relever, fors par l'entiere, et non hypocrite, et feinte reformation des abus de toutes conditions et estats. Se retirerent, Polygame à son mesnage (a) et livres, Eutrapel à sa philosophie rustique : après avoir mis un bel escu reaument et de fait, au creux et centre de la main de Lupolde, pour le deffendre en jugement, et dehors des abois et sousris de l'ignorance, et l'entretenir en l'amitié des bons : à la charge qu'il luy envoiroit des andouilles de son pourceau, et des choux de son courtil. Et Lupolde au pays et province de consultations et paperasses : les trois travaillans en diverses pratiques, et façons de vivre.

LE FOL N'A DIEU.

a. Var. : *mestier*.

FIN DES CONTES ET DISCOURS D'EUTRAPEL
ET DES ŒUVRES FACÉTIEUSES
DE NOEL DU FAIL.

APPENDICE.

A HAULT ET PUISSANT MESSIRE LOYS DE ROHAN, chevalier de l'Ordre du Roy, Prince de Guémené, Comte de Mont-Bason, Saincte-Maure, et Nouastre, Baron de la Haye en Touraine et seigneur de Montauban et du Vergier.

Monseigneur, Je ne sçay s'il vous souvient comme estant à Paris y a environ quatre ans vous me feistes cest honneur me commander par l'un de voz Gentilshommes, le sieur du Mont, vous aller trouver pour conferer et discourir de plusieurs et diverses choses avec vous, estant prevenu de quelque opinion de moy, laquelle (peut estre) vous ne trouvastes se rapporter à ce qu'on pouvoit vous en avoir dict : tant y a qu'il m'en souvient bien et me souviendra encore mieux toute ma vie que durant le temps que j'ay eu cest honneur de communiquer aussi privement avec vous, qui fut par trois fois, d'autre chose et argument ne me parlastes que de la Justice de Bretagne, qu'elles loix y estoient introduictes, l'observation d'icelles, quelles gens de bien : comme les Ecclesiastiques, comme la Noblesse, comme le tiers estat, se gouvernoient : monstrant par là combien vostre esprit genereux est fertil et abondant, se sachant ainsi joindre à toutes especes d'hommes et vocations, pour parler d'un jugement merveilleusement resolu et certain de quelque subject que ce soit et qui se puisse presenter, Ainsi Homere loüe son Ulysses, l'appellant homme habille, et qui sçavoit s'accommoder à tout : ainsi ce grand capitaine Alcibiades, par une singuliere dexterité d'esprit, alloit rire et jouer aux Cabarets d'Athenes, disputer et picquer chevaux en la ville de Sparte, et tracasser, escrimer et s'enyvrer avec les Traces. Ainsi faisoit Hermogenes lequel rioyt entre les joyeux : ploroit avec les melancholiques : follatroit avec les jeunes, et estoit vieil entre les plus aagez. Ainsi Alexandre le Grand escrivoit à son mareschal, comme si jamais il n'eust fait autre metier que ferrer Chevaux : qu'il eust à bien traicter le Cheval que les Atheniens lui avoient donné, le promener tous les jours, luy parer bien les pieds, ne le ferrer apres, qu'il ne feust assez long temps, luy fendre les narilles, luy laver souvent la queuë, et ne luy laisser prendre trop de graisse. Ainsi Dentatus, ce grand chef de l'armee des Romains contre Pyrus Roy des Epirotes, lequel avec les despesches d'estat, escrivoit à son charpentier Patroclus : qu'il eust en faisant sa maison, à besongner de bois sec : qu'il eust veüe et clarté du coté de midy, qu'elle eust deux fenestres et une porte seullement. Ainsi ce grand Seigneur et vaillant capitaine Paulus Æmilius, ayant l'ennemy en teste escrivoit à un sien Mestayer, disoit qu'il luy envoyoit un bœuf pour accoupler avec l'autre blanc. Je t'envoie aussi (disoit il) la Charruë que tu demandes : laboure donc bien ma terre, fossoye ma vigne et essargotte bien mes arbres. Donc, Monseigneur, pour satisfaire à partie de la grandeur de vostre esprit tant vif et universel, et voyant qu'on doit commencer le second jour de Mars prochain à la reformation des Loix et Coustumes de ce pays, j'ay pensé estre mon devoir de communiquer au peuple sous la faveur de vostre tresillustre, et tresancien et excellent nom de Rohan, plusieurs notables arrests de ceste Court de Parlement, ou j'ay cest honneur d'estre Conseiller : lesquels vous pourront donner plaisir en les oyant lire, pour la varieté et diversité des choses qui y sont contenuës et resveiller les esprits de Messieurs les commissaires reformateurs desdites Goustumes, deputez par le Roy à cest effect : pour ausquels assister, furent aux derniers estats de ce pays nommez et choisiz plusieurs grands personnages, entre autres deux pour cest Evesché, dont l'un est le seigneur Vicomte de Mejusseaume, Chevalier de l'ordre, Gouverneur et Capitaine de ceste ville, et grand homme de guerre : les sages deportemens duquel audit gouvernement, et du Seigneur de Beaucé son Lieutenant, aussi Chevalier de l'ordre, monstrent assez de quelle dignité ils executeront une plus grande charge : l'autre est le seigneur de Beauvoir Bourg-barré, homme prudent, advisé et d'un libre et equitable jugement : que Dieu leur en doint une bonne issuë et que leurs Loix soient telles comme disoit Socrates, qu'elles n'engendrent aucun proces. Si fault-il cependant (en m'eslargissant un peu) que je dye ce pays et Duché de Bretagne estre dit à bon tiltre et enseignes, La Province aussi entiere et moins meslee et bigarree de sang et familles estrangeres qu'autre qui soit aux environs d'elle : ayant depuis onze cens ans en ça subsisté et soy tenuë debout, sans estre couruë ne pillee de ces peuples Septentrionaux et Allemans, qui sont venuz habiter et occuper les Gaulles, Hespagnes et Italie, jouxtement apres la rupture et dissolution de l'Empire Romain. Car environ l'an de nostre Seigneur 450 ans, lesdicts peuples s'estant jectez sur les ruines dudit Empire, qui encore restoient aux Gaulles, les Françoys aians dechassé et mis hors icelles, les Wandals, Huns, Saxons, et Alains en sont devenuz les maistres et seuls seigneurs, excepté de ceste Bretagne : laquelle parmy tant de divisions et troubles, n'a receu aucune alteration ny changement de peuple, jusques là d'avoir retenu le propre et naturel langage duquel usoient les anciens Gaullois et Aquitaniques (que Pline dit avoir esté appellez Armoriques) et estre celuy qu'on parle aujourd'huy en nostre basse Bretagne, comme disent Beatus Rhenanus Alleman, Petrus Ramus et Hottomanus, François, personnages merveilleusement scavans, et grands rechercheurs de l'antiquité. Et semble que ceste opinion soit nonseulement soustenable, ains du tout necessaire, si on regarde diligemment et de pres les Commentaires de Jules César, Cornelius Tacitus et Polydorus Virgilius et l'histoire d'Angleterre. Il y a quelque debat entre les historiographes François et maistre Allain Bouchard qui a dressé nostre Chronique, entant qu'ils disent que le nom de Roy avoit esté perdu et aboly en ce pays lorsque Judicaël ou Gicquel se rendit subject et tributaire de Dagobert Roy de France : et que Charlemagne (après avoir fait la guerre en ce pays par l'espace de 30 ans) avoit contrainct les princes d'iceluy en faire hommage. Bouchard au contraire se defend du tesmoignage de Sigisbert et de Vincent en son miroir historial, et notamment et surtout de l'acte et instrument passé entre Loys 8 et Pierre de Dreux surnommé Mauclerc, y a maintenant trois cens trenteneuf ans : par lequel ledict de Dreux issu de la Maison de France et Duc de Bretagne à l'occasion de sa femme dict expressement et par clause particuliere et accordee que oncques Roy ou Duc de Bretagne, auparavant luy, n'avoit fait hommage ni submission dudit pays, ce que maistre Charle du Moulin, docte jureconsulte François, confirme, et que Bouchard a dit la verité. Et encore que les Ducs ayent laissé ce nom de Roy apres seze Roys tous Chrestiens, leurs predecesseurs, si leurs sont neantmoins demeurez les droicts et habits Royaux, portans couronnes à haults fleu-

rons d'une hauteur : car les autres Ducs ont seullement un chapeau à simples fleurons ou boutons, comme erigez et faits par quelque Roy, ou aultre leur souverain. Et dit l'Alciat cest insigne jureconsulte Milanois, qu'il n'y a que quatre Ducs qui se puissent ou doivent egaller et comparer aux Roys, desquels celuy de Bretagne est un des premiers. La Bretagne en son extendüe, contient cent lieües de long, et presque la moytié moins de travers : y a de belles et fortes villes, et en grand nombre, avec ports et havres, comme estant enveloppee et circuite de mer : neuf Eveschez, neuf Barons hauts et puissans seigneurs : vingtdeux Seigneurs portant bannieres, 35 seigneurs Bacheliers, qui sont (comme dit le Coustumier d'Anjou) ceux auxquels ne default que le tiltre de Compte ou Baron, et qui ont telle justice que ceux dont ils sont issuz, trente quatre Abbayes, trente quatre sieges royaux et dix sept mille maisons nobles de compte faict. Ne se fault esbahir des services que les Barons ont faict aux Roys de France, par tant d'annees, et avant qu'ils eussent ce bien que leur dame et Princesse Anne fut mariee aux Roys Charles 8 et Loys 12, car ils ont esté en reputation et valeur telle, que quelque prince qui fust se tenoit bien heureux, voir honoré les pouvoir tenir à sa soulde et gages, comme il se void par nos vieux rolles, et par l'histoire de Froissard autant receüe et moins menteuse que nous aions. « Si requist le sire de Coucy (dit le bon
» homme) au Roy de France (c'estoit Charles le
» Quint) qu'il luy voulust aider à avoir ses compa-
» gnons Bretons qui guerroyoient et harroient le
» Royaume et il les meneroit en Austriche. Le roy
» qui bien vousist que les compagnons fussent en
» autre part luy accorda, si luy donna ou presta, je
» ne sçay lequel, soixante mille francs pour departir
» aux compagnons. Lors se meirent en chemin vers
» Austriche et firent mout de maux par tout ou ils

» chevaucherent. » Et au fueil. 34 du 2. lib. Le Duc de Bretagne dit qu'il se defendroit bien tout seul des François si ses subjects comme Rohan, Laval, Glesquin, et Clisson luy obeissoient, et n'estoient contre luy. Et incontinent après « Le sire de Coucy refusa » l'estat de connestable disant que Messire Olivier » de Clisson estoit plus suffisant de l'estre que nul : » car il estoit pieux et hardy, homme sage, aimé et » cogneu des Bretons. » Et au fueil. 109. « Si ces » Bretons viennent icy (il y avoit deux mille lances » qui faisoient six mille testes armees) nous sommes » tous morts ou pillez (disoient les Flamens) on leur » doit grand finance et ont eu moult de travaux en » ce voyage : ils se malcontentent du Roy et à grand » peine les peut on refrener » : Au reste les seigneurs et gentilshommes du pays avoient et tenoient un ordre d'amasser et recueillir leurs subjects et vassaux, par une forme et façon de faire, qu'ils appelloient « droit de menee, » moitié pour aller en guerre, si besoing estoit, ou pour le jugement de leurs proces et querelles, si aucunes y en avoit : estoient pour cest effect semonds et appellez par un sergent appellé l'*Ameneur* : ne leur estant loisible ne permis soy retirer sans permission et congé du Seigneur, ou son Lieutenant, attendans le commandement de ce qu'ils auroient à faire, et que les affaires du Seigneur, et les leurs quant et quant fussent despechees : c'est ce que veut dire l'art. 261 de vieille coustume. « Nul gentilhomme (dit il) doit estre par» forcé faire corvees, fors d'aller aux armes ou és » plaids, ou en gibier, ou en l'ayde du Seigneur, ou » les autres nobles doivent et souloient aller. » Se trouve à ce propos au Chasteau de Nantes en la chambre du tresor des lettres de ce pays, en l'armoire merquée I, cassette B, le rolle des chevaliers d'ost deuz au Prince et presentez au duc Jan, estant lors à Ploarmel l'an 1284 où entre autres, est dict que le seigneur de Chasteau-Briend doit au Duc, pour la terre de Joüé, un chevalier par la menee du seigneur d'Ancenis : et plus, bas que le Seigneur de Clisson doit deux chevaliers d'ost, pour raison de la terre d'Hiheric par la menee du seigneur de Rieux. Item le Vicomte de Rohan, neuf chevaliers et demy, et trois chevaliers pour le fief de Porhouet, par la menee au Conte de la Marche. Or ce mot de « meneur » estoit entre les anciens comme Capitaine. « Messire Guy de Chastillon (dit le mesme Frois- » sard lib. I. fol. 162) estoit meneur et conduiseur » de ces gens. » Et au feuillet 268, « grand capi- » taine et meneur de gensdarmes. » Lesdits vassaux ainsi amassez ne se retiroient ou departoient de ladite convocation, menee ou assemblee, sans congé comme estans arrestez, jusques à ce qu'ils fussent delivrez, mis hors, et licentiez de s'en aller par leur seigneur ou son lieutenant, dont est venu ce mot *delivrance* : duquel est parlé au 1. art. de nostre Coust. « Et quand Jean de Chastel Morant (dit encore Froissard lib. 2 fol. 33) en veid la maniere, il » dist Seigneurs, s'il vous semble que vostre escuyer » soit trop menu, si m'en baillez un autre à vostre » plaisir et je vous en prie afin que je parface ce » que j'ay entreprins : car on me feroit tort et vila- » nie si je m'en partoye d'icy sans faire faict d'armes : » dont respondirent le Connestable et le Mareschal » de l'ost : vous dites bien, vous l'aurez. Adonc » tout à l'entour aux chevaliers et escuyers qui es- » toient là, fut dit qu'on delivrast le seigneur de » Chastel-Morant et tantost messire Guillaume de » Fermiton : Dites luy qu'il ne se peut partir d'icy » sans faire fait d'armes, et s'en voise reposer un » petit en sa chaire, et tantost sera délivré. » Et à deux feuillets apres : « Retirez-vous à Boulongne et » me signifiez vostre venüe, tantost et incontinent » je m'en iray vers vous et vous delivreray. » Et de fait encore ce jour M. Nicolas Bernard, cest homme de bien Advocat à Rennes, ne dit pas. J'ay plaidé pour un tel, ains je l'ay delivré : retenant cela de l'ancienne façon et comme il a aprins des vieux. Ceste representation personnelle des Vassaux fut abrogee l'an 1441 et au lieu de cela suffit bailler sa Tenue par escript, nous estant neantmoins demeuré quelque umbre et image de telles menees aux juridictions et principalement pour le regard du reel et cas patrimoniaux. Au demeurant il est aisé à voir qu'aux temps passez y avoit en ce pays bien peu de loix et coustumes escrites : car encore que le Duc Allain surnommé Fergant, y a 492 ans, ait esté le premier qui establit le Parlement en sa ville de Rennes, principale et capitale du pays et qu'il soit escrit qu'il feist plusieurs constitutions, toutesfois ne se trouve rien de luy que les ordonnances de la mer. En l'an 1185, Geoffroy Comte de Richemont en Angleterre, fils du Roy d'iceluy pays et Duc de Bretagne, à cause de Constance sa femme, publia et meit en avant l'assise et façon de partager entre les nobles. En l'an 1275, le Duc Jean dit le Comte Roux second du nom, changea et convertit le bail en rachapt et feit l'ordonnance des Advocats, que pour lors on appelloit *Pledours* : neantmoins semble que environ ces temps là, estoient quelques Coustumes et loix non escrites, et en la bouche du peuple et baillee de main en main, comme semblablement n'y avoit que peu ou rien du tout par escript en tout le royaulme de France. Desquelles loix ou coustumes j'ay recouvert trois recueils dissemblables et differens tant en langage que texte, dispositions et chapitres. Quoy qu'en soit la jurisdiction ecclesiastique estoit lors en grand vogue et authorité : car (ce dit l'article 89 de la vieille Coustume) « La Court seculiere ne peut corriger le Court d'Eglise, mais celle d'Eglise peut corriger la seculiere. » Si est-ce que ledit de Dreux osta aux Prebstres la tierce partie des biens meubles qu'ils prenoient sur les biens du roturier trespassé, et la reduisit à la neufiesme. D'autre part les

Princes dudit pays ne pouvoient lever aucuns subsides ou tailles sans le consentement des seigneurs, leur advis et conseil, comme dit l'article de ladite coustume 220. Et se trouve audit tresor de lettres, à l'armoire merquee G. Cassette D. comme l'an 1376 le Vicomte de Rohan consent estre levé sur ses subjects un escu pour chacun feu. Et à l'armoire I. Cassette A. l'Abbesse de S. Georges de Rennes consent en l'an 1399 que le Duc face lever le fouage sur ses hommes, jusques à trois ans, pour la reedification de Hedé. En l'armoire E. y a trois mandemens des ans 1461. 1464. 1450 de la Gabelle appellee le billot, pour estre employee à la fortification de la ville de Guerrande seullement. Voyla a peu pres l'estat des affaires publiques d'iceluy temps au discours duquel furent faicts quelques establissemens de l'ordre judiciaire par eschantillons et pieces rapportees, jusques à ce qu'environ l'an 1450 lesdites Loix et Coustumes ainsi volentes et courantes, furent arrestees et redigees en escrit par trois hommes notables d'icelle saison, qui furent appellez (ainsi qu'il se void en quelques vieilles Coustumes) Copu le sage, Treal le fier et Mahé le loyal. En l'an 1539, elles furent reformees par commission du grand Roy François, et en eurent la charge Messieurs maistres François Crespin du pays d'Anjou tier President du Parlement de Bretagne et Chancelier de Monseigneur d'Orleans, homme fort instruit aux affaires d'estat, Nicole Quelain Manceau President aux Enquestes du Parlement de Paris, grandement exercé en la practique du Palais, Martin Rusé de la ville de Tours, conseiller audit Parlement et Canoniste fort renommé, Pierre Marec gentilhomme de Basse-Bretagne, maistre des requestes au Conseil de ce pays, tres bon jureconsulte, les tous Conseillers audit Parlement de Bretagne. Le labeur desquels n'a esté aggreable à tous, encore qu'il fust recommendable de beaucoup de parties : car la subtilité des parties favorisee des Advocats. et soustenue des Juges a de telle façon rendu le texte et liaison des mots ambiguts, disputables et fascheux, que (comme disoit Gorgias Leontin) telles loix sont plustost suyvies par opinion et à veüe de pays, que par resolution certaine et arrestee. Et au lieu qu'on cuidoit avoir racourcy les proces et mis au petit pied, ils sont maintenant allongez, plus tortueux, brouillez et immortels, et en beaucoup plus grand nombre qu'ils ne furent oncques, se trouve que cent ou deux cens appellations verbales, qui pouvoient estre en l'ancien Parlement de ce pays et quelque deux cens par escrit il y en a maintenant en celui qui fut etabli et qui commença à seoir en tiltre ordinaire le second jour d'Aoust 1554. de sept à huit mille verbales et plus de deux mille sacs penduz et attachez au croc, ceste grande et notable compagnie n'en pouvant venir à bout quelque diligence qu'elle y employe à les depescher et vuider. L'on tient et se proposent trois inconveniens qui difficilement se peuvent vuider estre la cause de tout le mal. On allegue ce que disoit maistre Pierre Rebuffus excellent practicien de nostre temps, c'est à sçavoir, que la multiplicité et nombre effrené des officiers et gens de justice est occasion et cause principale qu'il n'y a presque journal ou arpent de terre en ce roiaume qui ne soit plaidé une fois l'an et mis en controverse. Et que les trois sortes et genres d'affliction par lesquels Dieu visite les Royaumes, qui sont peste, famine, et guerre, ne sont tous ensemble assez suffisans et capables pour ruiner ceste Monarchie, si ceste beste de chicane et proces n'y estoit adjoincte. Et à ce propos semble que l'exemple et histoire de Mathias Corvinus qui estoit Roy de Hongrie y a environ de quatrevingt dix ans, aura bonne grace en cest endroit. Ce bon prince se maria à la fille de Ferdinand Roy de Naples, lequel ayant cogneu la simplicité des Loix et droicts dont usoient les Hongrois aux jugements de leurs affaires, persuada aisement à son gendre d'avoir tant pres sa personne qu'en ses juridictions ordinaires force jureconsultes et practiciens pour regler et dresser son Royaume à la mode de celuy de Naples, où rien ne se perdoit par faute de plaider feust jusques à la poincte d'une aiguille, avec le petit mot en l'aureille que telles gens continuellement disputans, debatans et remuans les plus clairs et cogneuz argumens, servoient à la conservation d'un estat, et à tenir le peuple en bride peut estre autant voire plus avec leurs plumes et escritoires qu'avec les espees de sa noblesse, couleur seulement specieuse et apparente du commencement, mais au fond un advis dangereux, fiscal et tyrannic. Et dit le compte que ce bon Mathias emmena en son pays de Hongrie une longue file et suyte de ces bons personnages, lesquels n'y eurent pas esté plus de deux ou trois ans que tout le Royaume ne fust debbauché, et reduict en feu et en combustion. Et auparavant où il n'y avoit que peu de loix non escrites, et quelque proces de necessité, se trouverent tant de commentaires, consultations et interpretations nouvelles, par l'artifice de ces compagnons, que le Gentilhomme laissant les armes, l'homme d'Eglise ses predications, le marchant et laboureur leur negociation et travail de la terre : se pesle-meslerent et envelopperent si bien l'un l'autre par proces sans que Corvinus les renvoya subtiliser en leur pays, tout ce grand et opulent Royaume de Hongrie s'en alloit renversé et gasté.

Plusieurs disent que ce mal dangereux vient par la faulte de Messieurs les gens d'Eglise, lesquels scavent bien tondre leurs brebis, et d'autre costé les laisser sans pasture, et outre prendre leur part des dixmes à celle qui appartient aux pauvres de la parroisse, nous laissant iceux sur les bras et crier la faim à noz portes, spectacle horrible et portant avec soy condamnation de ceux qui en sont cause, quel-

que couverture et quelque dispence qu'ils ayent. Monsieur M, Pierre Seguier, President au Parlement de Paris estant Advocat en ladite Court, print conclusions pleines de grand fruict et erudition à la publication de l'Edict que le Roy Henry feit l'an 1551, contenant defences ne transporter or ne argent en Court de Rome, lesquelles pour la rondeur d'icelles, ladicte Court voulut bien estre employees à la verification desdictes defences ce qu'elle n'a accoustumé de faire. « Sera meilleur (dist il, apres
» avoir parlé de plusieurs belles choses) que les sub-
» jects du Roy gardent leur argent, et qu'ils se con-
» tentent de la disposition du droict commun, et
» qu'ils s'abstiennent de dispenses lesquelles ne sont
» pas bien certaines pour la seureté de la conscience,
» disoit Innocent quart Pape, qui estoit de grand et
» eminent sçavoir, que les dispenses, sans juste
» cause, n'excusent le peché : c'est une couleur aux
» yeux des hommes, mais devant Dieu estant la
» couleur effacee, la verité sera la plus forte. » Et sans doute vous quiconque soiez, vous m'entendez bien qui ne servez ny de doctrine ny d'exemple de vertu, respondrez devant Dieu de tous les proces, forces et violences que le peuple souffre, comme n'ayant fait vostre charge et devoir en l'endroict de ceux qui vous sont en garde et tutelle : car si l'homme n'est instruict en bonne doctrine de son Curé et poussé, sollicité à bien faire, par exemple de bonne vie et conversation d'iceluy, il n'aura jamais paix en son entendement ne avec celuy de ses voisins.

Il y en a d'autres (comme estoit l'oppinion de ce docte et sage gentil homme M. Jean du Han Procureur general du Roy en ce pays) qui afferment resoluement et à plat que telle frequence de plaidoirie et chiquanerie vient de ce que les gentilshommes ont depuis les cent ans derniers, à la pluspart laissé l'administration et exercice de la justice, le manie-

ment de laquelle principalement pour les judicatures leur appartient privativement à tous autres, comme il se void aux articles 184, 736, 280 de la vieille Coustume et aux 10. 37. 46 de la derniere et en l'establissement fait par le Duc Jean l'an 1270 où les chevaliers mesmes et Escuyers plaidoyoient les causes du peuple. « Nul pledeour (dit l'ordon-
» nance) pourra prendre d'un homme le jour que
» cinq solz pour pledoyer en un conseil venable, de
» venir et s'en aller. Et si l'en le vient querre, il est
» tenu aller où le plet sera, faisant despens, c'est
» assavoir, au Chevalier sept solz, à l'Escuyer trois
» solz, à l'homme de pied 12 deniers et si celuy à
» qui le fera, veut luy payer les cousts de aller et de
» venir, il ne peut prendre que 5 solz pour la cause.»
Par ladite vieille Coustume art. 303. « Les gentils-
» hommes doivent estre Priseurs et scavoir les droicts
» et coustumes. » Et article 157. « Les exploits de
» Court doivent estre prouvez par gentilshommes
» seulement. » Et article 155. « Nul vilain doit estre
» creu de fait de Court ne sur fiefs nobles. » Et dit Froissard vol. 12. fol. 206. « Je vous donneray un
» bon Capitaine loyal et preudhomme, qui vous gar-
» dera, gouvernera et fera justice à tous. »

Or ès temps passez les Capitaines n'estoient autres que nobles, baillans grosses cautions de leurs charges, cela se trouve aux vieils registres de ce pays. Au 1. livre fol. 9 se voit que le procès criminel d'un seigneur est leu par un Chevalier devant un Prince, et les Barons et nobles du Royaume qui le jugerent à mourir. A l'occasion desquelles loix, reglemens et façons de faire, fut donné arrest au conseil privé du Roy François premier de nom, l'an 1544 entre les Bourgeois de Rennes et les Advocats nobles de ladite ville, ayans esté collisez et imposez en certaines taillees, par lequel lesdites impositions furent rejectees, comme ne derogeant l'exercice de la justice, en ce pays, à l'estat et condition de la noblesse, car en France les gens de justice sont comprins entre ceux du tiers estat : et aussi estoit l'intention de cedict grand Roy François, comme dist le Seigneur de Roche-fort aux estats tenuz à Orleans l'an 1560. de remettre l'estat de justice entre les mains des gens nobles, entreprise certainement digne d'un tel Roy, comme aiant lesdits nobles un je ne sçay quoy d'honneur, naturellement empreint et attaché par dessus les autres conditions et estats, cela provenant d'une generosité et hautesse de sang comme les Medecins mesmes, ont escrit le prenans des raisons naturelles, et de Plato en son Alcibiades, et d'Aristote au 3. des Politiques. C'estoit la raison pourquoy les Lacedemoniens gardoient si curieusement les femmes de leurs Roys, afin que la race et sang de leur posterité n'en feussent falsifiez et corrompuz. Aristote au 2. livre des Politiques ne veult autres Seigneurs et Juges aux respubliques que ceux qui sont de noble generation : et se mocque des Lacedemoniens, l'estat desquels fut ruyné, pour avoir mis gens non nobles et de basse condition aux gouvernemens et fonctions publiques. Dionysius Halicarnasseus escrit que Romulus distribuant et mettant par ordre la republique de Romme divisa et separa les nobles d'avec le peuple, auxquels seulement et non aux autres, il permist le magistrat et estat de judicature, ce que Solon avait jà pieça et auparavant establi en la ville d'Athènes. Et dit Lampridius que l'empereur Heliogabalus fut diffamé entre autres choses de ce qu'il avoit contre la façon ancienne, creé et mis au Senat hommes non nobles : et au contraire il loüe et exalte souverainement l'Empereur Severus de ce qu'oncques il ne souffrit autres officiers et magistrats que ceux qui estoient nobles et d'ancienne race. On n'a jamais tenu pour nobles personnes ceux qui sont batteurs et meurdriers de pauvres gens, larrons, menteurs ou cauards[1] ; mais ceux qui sont doux et courtois aux bons et

---

1. *Couards ?*

vertueux, rudes aux meschans et sur tout faisans justice à leurs subjects, les aimans et traictans doucement comme vous, Monseigneur, estes reputé par tout ce royaume comme un vray patron et exemplaire de vertu, où se doit conformer et rendre toute notre Noblesse, le prenant du plus grand jusques au plus petit. Que s'il plaisoit au Gentilhomme et homme d'Eglise combatre entre eux d'une saincte jalousie à qui mieux feroit et diroit aux paroisses où ils sont (car quelque chose qu'il en soit, l'exemple est le seul gouvernement du peuple, lequel est tout tel que son superieur) semble que Dieu nous deschargeroit de tant de maux et calamitez que nous portons. Je confesse et ne se peut nier que petit à petit beaucoup de gens ont entré et se sont fourrez parmy les nobles, les uns par une entresuyte et multiplication de robes longues en leurs familles, estimans par telles qualités (qui ne sont que privileges et exemptions personnelles, et durant la vie seulement) estre le vray moyen de gagner pays, et estourdir la verité, les autres par s'entremettre aux affaires des grands, et ainsi petit à petit se substraire et desrober du commun populaire : Le grand Roy François en son Edict des Legionnaires veut qu'un Soldat ayant bien faict soit rescompensé d'un anneau d'or, que selon la continuation de ses vaillances il monte de degré en degré, jusques à estre Capitaine : mais encore cela est esteint par sa mort; et s'il veut rien faire pour sa posterité il doit prendre lettres du Roy à cest effect fondees sur la valeur de son corps, comme sont telles vieilles lettres d'ennoblissement, donnees anciennement par les princes de ce pays, tousjours fondees sur les prouesses et faicts d'armes des impetrans et non sur autre cause. Si par l'issuë de ladite nouvelle Coustume, qui se doit faire, estoit supplié au Roy qu'il fust aussi procedé à nouvelle reformation des gens nobles non par comperes et commeres, ains loyaument et sans abus, s'en ensuyvroit quatre grands biens, Le premier que le pauvre peuple n'auroit tout le faix des tailles à porter, ains seroient de la mesme partie avec eux, ceux lesquels depuis cent ans ont contrefaict les nobles au moyen des actes et collusions domestiques et quelques pauvres Damoiselles qu'ils peuvent avoir eu en leur maison, Le second seroit occasion de descharger la conscience de telles personnes malheureuses et mauvaises, qui oublians et d'où ils sont et qu'ils sont, font perdre le droit appartenant à leurs enfans en leurs successions, leur faisant croire qu'ils sont descenduz de l'assise au Comte Geoffroy, et que l'aisné doit avoir et recueillir le tout de la succession, Le tier, que les maisons nobles qui sont les arcs boutans et forteresses de ce Duché tout maritime et subject au hazard et incursions estrangeres, n'iroyent pas si aisement entre les mains des gens du tier estat, comme elles ont accoustumé : aussi que l'estat de la marchandise le plus innocent et libre de tous, qui est le quatrieme, cesse au moyen que les enfans estans chargez de gros offices, delaissent le trafic, voire jusques à desavouer à peu pres leurs pauvres peres. Ceux qui veulent brouiller et disputer, feroient volontiers en cecy (à fin que tousjours tout fust confondu et que la verité ne veint jamais en avant) comme fist Herode ce meurdrier signalé et infame, lequel brusla les papiers et registres où estoient contenuz les races et familles des Hebrieux, estimant par là reduire leur estat à equalité et qu'on eust pensé que ses predecesseurs eussent esté de quelque grand tribu et race, combien qu'il ne fust qu'un vilain, et filz d'un Marguillier du temple d'Apolo. Les Romains gardoient curieusement (comme dict Capitolinus en la vie de Marcus Antoninus surnommé le Philosophe) que les conditions et estats n'eussent enjambé les uns sur les autres. Et dit que ledit Empereur Antonin publia une Ordonnance par laquelle estoit commandé à toutes personnes declarer par devant les Greffiers de quelles conditions et races ils estoient, à ce que cela tint lieu de preuve à l'advenir pour les qualités du peuple. Si telles choses estoient effectuees en cedit pays seroient abbatus tout d'un coup les plus grands procés qui y soient, principalement pour le partage des nobles. Et d'autre costé si messieurs les Ecclesiastiques tenoient ordinairement le peuple en haleine par exemple de bonne vie, et sainctes predications, luy remonstrant le jugement de Dieu contre les contempteurs de ses commandemens, qu'il faut mourir, et rendre compte de toutes noz actions devant sa divine majesté, pour certain une autre grande partie desdits proces tomberoit d'elle-mesme. Ce sera quand il plaira à nostre Seigneur, et cependant et attendant ce qu'il lui plaira nous departir en ces piteux et difficiles temps où nous sommes, je le suppliray qu'il lui plaise par sa bonté infinie vous donner, Monseigneur, accomplissement de vos bons et saincts desirs, et que je demeure à tousjours en vostre bonne grace et faveur. Escrit à vostre hostel de la Herissaye, ce premier jour de febvrier 1576.

Par vostre tres obeissant serviteur,

NOEL DU FAILL.

DISCOURS

SUR LA CORRUPTION DE NOSTRE TEMPS[1].

Chacun parle de Dieu, et sçait que la vengeance
  De son bras criminel, suit de près nostre offense ;
Mais ce sçavoir pourtant ne nous donne terreur,
  Ainsi qu'il le faudroit, pour laisser nostre erreur.

Je vay aux lieux plus saincts et quelquefois escoute
  La voix qui faict trembler de nos temples la voute,
Qui ne nous meut en rien, non plus que les rochers
  Le sont aux cris aigus des deplorez Nochers.

Car l'usurier est là de nos biens la sangsuë,
  Qui void monté en l'air nostre maistre qui suë,
Detestant son peché : qui ne laisse pourtant
  D'aller sur interests, interests augmentant.

L'assassin y survient l'ennemy de nos vies,
  Contre qui ce prescheur arme mille furies :
Qui cache neantmoins le poignard dans la main,
  Pour, embrassant quelqu'un, lui planter dans le sein.

L'impie est tout auprès, l'ennemy de nos ames,
  Contre qui ce docteur allume mille flames ;
Qui ne delaisse pas de couver dedans soy
  Quelques poincts monstreux encontre nostre foy.

Et ce mesme prescheur, lequel ainsi fouldroye,
  Qui nous faict de la mort et de l'enfer la proye,
Souvent a de coustume encor qu'il dise bien,
  De ce qu'il va preschant, ne faire du tout rien.

Du Han l'oracle sainct, non de nostre Bretaigne,
  Mais de tout l'univers que cet Ocean baingne,
Hélas ! combien de fois estant à ton Launay,
  M'as tu veu souhaitter n'avoir point esté nay ?

1. Adressé à Jean du Han.

Nay en ce meschant siecle, en ceste aage ferree,
  Où nous voions au ciel la vertu resserree,
  Sans que tant seulement l'umbre de ce beau corps
  A nous umbres des dieux, paroisse icy dehors ?

Encor que ta maison soit le plus vray modelle
  Que nous aions çà bas d'une maison tresbelle,
  Et que par ce moien tu dois bien estre autant
  De ce sort malheureux qu'aucun homme contant ;

Si as tu souhaitté trouver une province
  Ou comme dessus nous le vice ne fust prince,
  Ou on ne donnast point aucune authorité,
  Sinon à la vertu, et à la verité.

L'Arabe d'usurier seroit lors pitoyable,
  Le Corsaire assassin auroit le cœur ployable,
  Le mescreant douteux à Dieu se rejoindroit,
  Et l'éloquent prescheur feroit ce qu'il diroit.

Quant aux autres estats, les hommes de justice,
  Du profond de leur cœur, banniroient l'avarice :
  Les nobles pourchassants la reformation,
  Ne seroient tenaillés d'aucune ambition.

Les parjures marchants n'auroient en leur langage
  Vous en paierez ceci ou cela d'avantage,
  Il n'y auroit qu'un mot, comme il n'y ha jamais
  Qu'une verité seule en tous nos dits et faicts.

Il me souvient un jour que Bernard ce preud'homme
  S'adressoit à Barbaye, afin de sçavoir comme
  Provenoit ce desordre, attendu qu'autre fois
  Nous n'estions si meschans du temps du grand François.

Et qui plus l'estonnoit, qu'il y ha tant d'offices
  Tant de nouveaux estats, tant de nouveaux supplices,
  Pour punir les mesfaicts qui n'estoient en son tans,
  Qu'il failloit noz pechez estimer bien plus grans.

Et Barbaye nostre amy, lequel a la science
  De tous les bons autheurs, avec l'experience,
  Jettoit tout sur les grands, comme sur ceux qui ont
  De leurs pauvres subjects, le patron sur le front.

Et, comment ? disoit-il, le Prelat qu'il fault suivre,
  C'est cestuy là qu'on voit plus debordeement vivre :

Le noble magistrat ordonné de là hault,
C'est celuy d'entre tous qui communement fault.

Reformons tout cela, et qu'on voie le Prebstre,
Exemple de bonté estre tel qu'il doit estre,
Charitable, devot, hospitalier, et saint :
Dieu sera vivement de nos ames emprainct.

Que le noble en après doucement se comporte,
Et que pour la faveur de l'espee qu'il porte,
Comme petit tyran ne mange son vassal;
C'est le second moien pour trionfer du mal.

Ce noble, mon du Han, comme prudent et sage,
Soubs un chesne sera juge de son village,
Appaisant un chacun, punissant les excès,
Et vuidant leurs debatz sans forme de procès.

A dieu, si cela est, cette trouppe pourpree,
Qu'on void administrer la justice sacree
Dans les palais dorés. A dieu les Avocats,
Les offices nouveaux et les nouveaux estats.

Quoy donc ! dira quelqu'un, que servira ton livre,
Ton recueil des Arrest qu'il ne faudra plus suivre,
Quand ce beau temps viendra qu'on gardera la foy,
Et le noble sera de ses subjects la loy ?

Ce sera un tableau où l'on verra portraitte,
Tandis que nous vivrons, la faulte qu'on a faicte.
Ce pendant si ton aage à le voir ne suffit,
Pren ce livre tousjours et en fay ton profit.

LE FOL N'A DIEU.

POSTFACE-ERRATA.

En terminant l'*Introduction* par laquelle s'ouvre le premier volume des *Œuvres facétieuses* de Noël du Fail, je prenais l'engagement de tenir compte à la fin du second volume des communications qui me seraient adressées dans l'intervalle. Je savais bien que j'avais commis des erreurs et je tenais à les réparer, mais j'avouais surtout sur certains points une ignorance que j'eusse bien désiré voir dissiper par de plus savants ou de plus heureux que moi. On me dira qu'il y a là un peu trop de désinvolture et que quand on s'est chargé d'une besogne il faut la parfaire soi-même. Cela est vrai, mais en bibliographie, plus qu'ailleurs peut-être, personne ne peut se flatter de tout savoir et je n'en veux pour preuve que l'abondance des questions qui sont posées chaque quinzaine par des érudits à des érudits dans cet excellent recueil que dirige si intelligemment M. Ch. Read : l'*Intermédiaire*. Toutes n'obtiennent pas de réponses et celle que j'y ai posée à l'égard de du Fail n'a rien produit. Dois-je croire que c'est qu'il n'y a rien ? Je m'en garderais bien, et si je n'étais pas retenu comme je le suis à Paris et tourmenté par d'autres travaux, je m'imagine que je trouverais quelques indications intéressantes dans les 39 volumes manuscrits intitulés : *Registres secrets du Parlement de Bretagne depuis l'an* 1555 *jusqu'à l'an* 1765 et dans les 63 autres également manuscrits : *Tenue des*

Etats de la Province de Bretagne depuis l'an 1567 *jusqu'à l'année* 1786; volumes qui sont conservés, dit D. Maillet, à la Bibliothèque de Rennes.

Mais tout le monde ne peut pas aller à... Rennes. Pour ceux qui y sont, ces recherches seraient un plaisir, et si P. Levot dans sa *Biographie bretonne* avait agi ainsi il aurait fait sur du Fail un autre article que celui qu'il s'est borné à tirer de la Préface de M. Guichard et du manuel de Brunet.

Ce nom de Guichard renouvelle une plaie qui a été bien douloureuse à mon amour-propre. Trompé par je ne sais quel souvenir que j'ai « inconsultément » vérifié trop tard, j'ai fait de Guichard un Breton. Hélas! Guichard était franc-comtois! voilà donc deux lignes de mon *Introduction*, pp. i et xxiij à rayer avec une encre très-noire afin qu'elles ne reparaissent pas. Mais je n'oublierai pas la leçon, pas plus que la reconnaissance que je dois à M. Olivier Barbier qui m'a, le premier, signalé cette erreur qui fait comme il me le disait : « coup double. »

Voici un premier aveu. Est-ce tout? Hélas non! J'ai encore à m'accuser d'avoir parlé de l'épître adressée à Jean du Han, en tête des *Mémoires du Parlement de Bretagne*. Or, il n'y a pas d'épître (en prose) à Jean du Han. Il y a une épître à Louis de Rohan, et pour que l'amende honorable que je fais ici soit sérieuse, je me suis condamné à copier de ma main cette épître qu'on vient de lire. J'espère que M. de Montaiglon, qui demandait à pouvoir faire la comparaison dont je parlais p. xxviij, me pardonnera d'avoir mal relu mes notes et pris un nom pour un autre. A part cela, comme il en jugera, mon observation était exacte. Le *Discours* à Jean du Han, en vers, suit, comme on l'a vu.

Par exemple je refuse d'accepter la responsabilité d'un autre passage dans lequel il est parlé de M. Larchey comme étant bibliothécaire à la Bibliothèque nationale (p. xxv). Je jure que ce n'est pas moi le coupable. C'est l'imprimeur, et pour qu'on me pardonne, je lui pardonne.

Dois-je donner ici, tout de suite, les autres fautes typographiques qui sont à corriger? Il me semble qu'oui. On les lira plus sûrement que reléguées après la table; voici celles qui m'ont sauté aux yeux : tome I, p. xxix, ligne 2, lire *vostre* au lieu de *notre*; p. 36, huitième refrain, *n'avous* au lieu de *n'avons*; p. 102 ligne 21 : l'assise au *conte* Geoffroi et non *costé*; p. 113, dernière ligne, supprimer le chiffre supérieur 1; tome II, p. 101, note, lire *Bullet* et non *Baillet*; p. 193, ligne 7, mettre les deux points après topiquement.

Je devrais soulever ici à nouveau la question de l'orthographe de du Fail. On a vu à la fin de l'épître à Louis de Rohan que la signature porte deux *l*. Suivant ce que j'ai dit, cette signature pourrait faire loi si elle était, d'une part, dans les formes habituelles de la langue française, d'autre part acceptée du vivant de l'auteur. Or il n'en est rien. Sous cette forme le nom ne se présente que cette seule fois. L'auteur a sans doute voulu faire revivre une orthographe gauloise compliquée; mais ses amis, ses contemporains ne l'ont pas suivi, et l'un d'eux, J. H. (Jean du Han?), qui lui adresse une Elegie en réponse au *Discours sur la corruption du temps*, écrit en regard même du nom ainsi contourné :

Mais ce bien eust resté comme chose incongnue
. . . .
N'eust esté (mon du Fail) votre gentil esprit.

et plus loin dans deux vers qui donnent la véritable prononciation du nom (*Feil*) :

Et lors se souvenant de vous (docte du Fail)
Ils vous remercieront de vostre beau recueil.

Je ne reviendrai donc pas sur ce que j'ai dit.

Dans la nomenclature des éditions des *Œuvres* de du Fail je ne me suis pas trompé, mais dans ce qu'on peut appeler l'état civil de certains exemplaires qui ont une histoire je suis heureux de pouvoir rectifier et compléter mes renseignements au moyen de ceux qui m'ont été transmis par M. le baron James de Rothschild et par M. Potier, ancien libraire.

Il résulte de ces renseignements (que je fusionne) que sur les deux exemplaires connus des *Propos rustiques* de 1547, l'un, aux deuxièmes armes de de Thou, avait été acheté par M. Brunet à la vente de sir Richard Heber (ixe partie). Il était relié avec une *Histoire de Lazare de Tormes*, il a passé ensuite dans les mains de M. le comte de Lignerolles qui le possède actuellement. (V. le catalogue Brunet; Potier, 1868, n° 468.)

Le second avait été acheté par M. le baron Pichon à la même vente Heber (1re partie, n° 1632). Il était relié en maroquin rouge doublé de même par Trautz-Bauzonnet. Il avait fait partie du recueil vendu chez Picard (1780) et Courtois (1809). Il appartient aujourd'hui à M. de Lacarelle. C'est celui qui a été payé 900 fr. (Cat. Pichon, n° 781).

L'exemplaire des *Baliverneries* de 1548 vendu chez Crozet et acheté par M. Cigongne est actuellement chez le duc d'Aumale.

L'exemplaire du même livre portant le nom d'E. Groulleau vendu chez Ch. Nodier et A. Martin, mais non chez M. de la Bedoyère, est chez M. de Ruble, héritier de M. de Lurde, par lequel le livre avait été acheté.

Je ne puis mieux remercier MM. de Rothschild et Potier au nom de tous les bibliophiles qu'en consignant ici leurs utiles observations.

Quant aux indications relatives à la personne même de du Fail, je n'en ai reçu qu'une et je la dois à M. Phelippes-Beaulieux. Il est vrai que ce n'est encore qu'une conjecture. Cependant la voici.

C'est une note de M. Emile Pehant dans son excellent *Catalogue de la Bibliothèque de Nantes*, t. Ier,

p. 379, n° 7064. Il s'agit du sixain reproduit p. xxxiv. M. Pehant dit :

« *Natalis* peut, nous en convenons, signifier simplement Noël ; mais comme la ponctuation est très-régulière dans tout le sixain et que ce mot n'est pas séparé de *Rhedonæ* par une virgule, ne pourrait-on admettre qu'il s'y rapporte et que du Fail est né à Rennes ? »

Pour ma part je ne m'oppose pas à cette conclusion qui était déjà la mienne (p. viij) et je retire volontiers la virgule.

Au dernier moment, le même savant me parle d'une étude sur du Fail faite vers 1860 par M. de la Borderie. Je regrette que le temps me manque pour faire des recherches au sujet de cette étude qui ne se trouve pas, comme le croyait M. Phelippes-Beaulieux, dans la *Revue de Bretagne et Vendée*.

Pour prendre définitivement congé de mes lecteurs bibliophiles, il me reste à leur présenter du Fail comme un confrère. On devait bien un peu s'en douter à voir l'étendue de ses lectures et les citations complaisantes qu'il fait des anciens auteurs français et gaulois. En voici une preuve péremptoire que j'ai rencontrée dans la *Description des manuscrits de la Bibliothèque* de Rennes faite en 1837 par D. Maillet.

C'est un « *Recueil des romans des Chevaliers de la Table-Ronde* contenant Lestoire del Saint Graal, la vie de Merlin et Lancelot du Lac, » grand in-f°, relié en bois recouvert de parchemin qui a été heureusement conservé.

Le manuscrit est du XIIIe siècle et contient 272 ff. sur parchemin en minuscule gothique à trois colonnes de 45 lignes tracées au plomb. Les lettres historiales sont de couleurs variées et rehaussées d'or, ce qui fait un magnifique exemplaire. Suivant une note de P. Hevin, ce manuscrit a dû appartenir à la famille de Montbourcher, l'une des plus anciennes et des plus illustres de la Bretagne, avant d'appartenir à du Fail qui a écrit sur le premier feuillet cette note :

« C'est la conqueste de sainct Greaal (qui est à dire une Ampoule ou phiole plaine dhuile) escrite sept cens dyx sept ans après la passion de Nostre Seigneur.

» C'est bien contre ceulx qui ont osé escrire que la langue françoise dont nous usons n'est que depuis seix cens ans en ça, aussi qu'elle est extraite du latin comme les langues italienne et hespagnole ausquels lieux les romains ont commandé pres de cinq cens ans. Quant à la langue gauloise, elle reste seulement en la Basse Bretagne armorique et au païs de Cornouaille en Angleterre.

» Le Fol n'a Dieu 1578. »

Je devais signaler le rapprochement entre cette note et les passages analogues des *Contes* et de l'épître à M. de Rohan.

Qu'il me soit permis maintenant de remercier la critique en général de la bienveillance qu'elle a témoignée à cette édition du vieux conteur breton trop oublié et nominativement MM. E. Deschanel, P. Boiteau, de Lescure, André Lefèvre, Francisque Sarcey, L. Asseline, Loredan Larchey, Eug. Asse, Maxime Gaucher, P. Bellet, Emile Mermet, G. Brunet, A. Desprez, Phelippes-Beaulieux, Firmin Boissin. Quant aux juges qui ont voulu garder l'anonyme ou dont les arrêts ne m'ont pas été notifiés, qu'ils veuillent bien se faire eux-mêmes la part qu'ils pensent mériter dans la reconnaissance de l'annotateur.

Cet annotateur sait apprécier son rôle et la façon dont il l'a rempli. Il est modeste. Il se rend justice et avoue qu'on peut faire beaucoup mieux qu'il n'a fait. Il espère cependant que ceux qui éditeront après lui Noël du Fail — et de nouvelles éditions ne tarderont pas à paraître — ne le jugeront pas plus sévèrement qu'il n'a jugé lui-même son prédécesseur. Entre éditeurs, curieux, travailleurs et chercheurs, il faut être indulgent. Personne n'est aussi savant que tout le monde et tout le monde n'est guère savant.

J. A.

10 septembre 1874.

INDEX

PHILOLOGIQUE, HISTORIQUE ET ANECDOTIQUE

DES ŒUVRES FACÉTIEUSES DE NOEL DU FAIL [1].

Abatteur de bois, I, 46.
abbé commendataire déguisé en ramoneur pour mugueter sa cuisinière déguisée, I, 74.
à bon maître hardi valet, I, 284.
à carous, I, 289.
accepter en refusant, I, 260.
Accords (des), I, 206. V. Tabourot.
accoutrement de tête, II, 297.
Accurse, I, 294.
à ce drap, couturiers, II, 134, ...
acertener, II, 353.
à chacun oiseau son nid est beau, I, 29.
à chef de pièce, I, 80.
Achille, I, 290.
achommer, II, 298.
aconché, II, 295.
Actiemus, I, 166.
Adelasia, I, 264.
à détroit, II, 363.
adieu Fouquet, I, 247.

1. Cet index contient les noms propres d'hommes et de lieux cités une ou plusieurs fois dans les Œuvres, sans cependant indiquer tous les passages où ils sont répétés. Les anciens termes y sont rapportés à la page où ils ont été l'objet soit d'une traduction, soit d'une note. La plupart des proverbes employés par du Fail sont classés sous le premier mot et non sous le mot dominant. Les anecdotes sont indiquées soit par le nom du personnage mis en scène, soit par une courte explication du sujet auquel elles se rapportent. Pour qu'on puisse distinguer plus facilement les noms propres, ils ont seuls été écrits avec une lettre capitale.

adirer, I, 329.
adjourner, ajourner, I, 104.
admiration, amiration, I, 15.
adoncques, I, 49.
Adrien, empereur, II, 206.
Adrien VI, II, 87.
adversité, aversité, I, 28.
à écorche cul, I, 3.
Æneas Sylvius, II, 140.
Æolides, II, 117.
à fer emoulu, I, 289.
affaire est tantôt masculin, tantôt féminin.
affusté, II, 221.
à fol, fromage, I, 109.
Afrania, II, 253.
agarder, I, 154.
Agathocles, I, 221.
Aglaïus, I, 8.
agoubilles, I, 44.
agout, II, 17.
Agrippa (Cornelius), II, 346.
aguigner, I, 310; II, 133.
Aguysel, I, 184.
ahanner, I, 15.
à hardi homme court bâton, I, 284.
aheurter (s'), I, 299.
aiguille (bien enfiler son), II, 93.
aiguillette (couper l'), I, 103, et causes graves qui motivaient ce défi, id.
— (courir l'), 118.
aisseul, I, 185.
aixeul, I, 40.
à la Grecque (boire), I, 261.
à l'avantage, I, 61.
albanesque (chapeau), I, 90, 301.

alchimie, I, 324.
Alcibiade, II, 215.
à l'égard, I, 147.
Alexandre, I, 7; II, 118.
Algares (Joan d'), II, 150.
Allemands; V. coutume; francisés, italianisés, II, 8; chantent d'une voix bêlante, 10.
—(cette vermine de bas). 205.
aller au devant par derrière, II, 183.
altère, II, 65.
altese, II, 297.
altesse, II, 53.
Amantis, II, 15.
amarriz, I, 21.
ambles (perdre les), II, 58.
Amboise (François d'), I, 95.
Amédée de Savoie, II, 157.
ami de tous et familier à peu, II, 366.
Ammonius Saccas, II, 247.
amnestie, I, 264.
amour, chez les anciens, I, 48.
—(noms divers donnés au jeu d'), 50.
— maladie de nature, 132.
—(mots d'), 154.
V. vulcaniste.
ampliatif, I, 266.
anagramme de du Fail, I, xxxiv. *Leon Ladulfi* et *le fol n'a dieu.*
and pour *et* dans l'édition de Chiswick des *Baliverneries*, I, xxviij.
andar, I, 175.
andouilles (rompre les) avec les genoux, I, 144.

androgyne, II, 248.
Andrezé, I, 134.
âne cuman (de Cumes) vêtu de la peau du lion, II, 245.
ange de Grève, I, 65.
Angers, I, 70; (bragards d'), 132; II, 126.
l'angevin (?). Vers en tête des *Propos rustiques*.
ans climatériques, II, 290.
Angleterre, II, 299.
anicheur de poules, II, 70.
animant, I, 144.
annar, I, 175.
Anne de Bretagne, II, 316.
Annibal, II, 210.
Antoine, triumvir, II, 306.
Antiochus, II, 304.
à pain et à pot (être), I, 160.
apâté, II, 77.
à planté, II, 73.
Apollonius de Tyane, II, 78.
apothicaires, II, 182.
appareil (haut), I, 211.
apport, II, 90.
apprendre quelqu'un, I, 40.
approuver, II, 321.
après bons vins, bons chevaux, II, 221.
après la poire il faut boire, I, 109.
à prêter amis et rendre ennemis, II, 32.
Apulée, II, 29.
à quartier, I, 173.
à qui Dieu veut aider sa femme se meurt, I, 44.
à quoy, II, 144.
archaïsme typographique, I, xxxiij.
archal (fil d'), I, 31.

archerie, I, 77.
Archidame, II, 114.
Archytas, II, 108.
archives de Rennes (incendie des), I, vij.
Arena (A.), II, 48.
à requoy, I, 205.
Arezzo (Guy d'), II, 111.
argent; son effet sur les juges, I, 255 et suiv.; président qui le prend en se plaignant de l'audace du plaideur, 259; (valeur de l'), II, 171.
Argentré (d'), II, 122.
Aristote, I, 239; II, 128, 161.
armet, II, 297.
Arnaud de Villeneuve, I, 326.
arracheur de dents, I, 328.
arresser, I, 128.
arrière-ban, II, 168.
Arthemidore, II, 102.
Arthur III de Bretagne, II, 302.
asperges (d'où proviennent les), II, 267.
assiduelles, I, 226.
assise au comte Geoffroi, I, 102. *Appendice.*
associé, I, 316.
astelles, II, 241.
astrologie, I, 148.
Astruc, II, 225.
atavisme (phénomène d'), II, 159.
athiacque, II, 353.
Athias, II, 114.
atinter, I, 153.
Athos (moines du mont), II, 90.
atout, I, 154.
à toutes restes, I, 20.

attacher, I, 172.
attenu, I, 61.
Attila, II, 205.
attrapouere, I, 84.
aubader, II, 40.
Aubigné (d'), I, 293.
Audibon (chiens d'), II, 97.
Angurello, I, 327.
Augustin (saint), I, 224, 229.
Aulnaye (de l'), I, 50, 161.
Aulu-Gelle, I, 325.
au moyen, I, 152.
au parsus, I, 170.
Auray, II, 288.
Aurillé (Chiquanoux d'), II, 14.
autant despend (dépense) chiche comme large, II, 285.
au vent! I, 262.
Avallon (grandgousiers d'), I, 132.
Avenel (Bertrand), I, 308.
Aventius, I, 230.
avocats (trop d'), II, 189, 319.
avoir plus en magasin qu'en boutique, II, 44.
avoir pierrette en son soulier, II, 258.
avous, II, 19.
Azincourt, II, 288.

B dur et B mol, I, 120.
babouin (faire le), I, 125.
Bagneux (fous de), I, 132.
bagues sauves, I, 256.
bailler, I, 1.
baiser mouillé, II, 167.
Bajaret, I, 112.
Balde, I, 264.
bale, II, 157.
balivernes, mis pour *baliverneries*, I, v.

Baliverneries, éditions diverses, I, xxvij.
baller, I, 144.
bandage, II, 166.
bannir, II, 250.
Barbais (Pepin de la), II, 211.
Barbe (collége Sainte-), II, 18.
barbe rase, pied ferrat, I, 71.
barbe secouade, II, 22.
barettade, I, 218.
Barnaud de Crest, I, 315.
Baron (Eginaire), I, ix, xiij, 262.
barres (jeu de), I, 11.
Bartsch, I, 175.
Bartole, I, 264.
Bas-Champ, I, 91.
Basile (saint), I, 224.
Basselin, II, 28.
bassinet, II, 297.
baste, I, 105.
bâton à deux bouts, I, 181.
baudement, I, 311.
Bavière, II, 45.
Bayard, I, 301.
Bayle, I, 270, 277.
bayoque, I, 277.
Beaupreau, I, 155.
beauté, II, 240.
Beauvais (*ou* Beauvoir) Bourg-Barré (seigneur de), I, xiv et *Appendice*.
bec (avoir bon), I, 322; II, 230.
bec jaune, I, 84.
Becherel, I, 115.
Beda, I, 230,
beda, I, 155.
bedondon, II, 90.
bedonnerie, II, 115.
begauder, II, 158.

begaut, II, 173.
bègues, II, 104.
belin, I, 135.
belîtrer, II, 170.
Bellay (Martin du), II, 304.
bellocier, II, 104.
Bellouze (gué de), I, 92.
Benedicti, I, 264.
beneficiers, I, 228.
Berbiguier, I, 56.
Bern (écoles de), II, 5.
Bernard (saint), I, 229.
Bernard (Nicolas), II, 84.
besier, II, 75.
besmus, I, 265.
bestion, II, 100.
bête coiffée, II, 308; de compagnie, I, 309.
Beze (Th. de), II, 218.
biaut, II, 284.
bibelots (jeu de), I, 27.
Bibiemus, I, 166.
Bibliothèque d'élite, I, v.
bien allée, II, 23.
biens ecclésiastiques, I, 230, 232, 314, 315; II, 95, 359 et *Appendice*.
bienveigner, I, 303.
bigearre, I, 298.
bille, I, 27.
biller, I, 6.
billeté, I, 101.
billon, II, 233.
Binette (sœur), II, 8.
Birague (René de), I, 276.
biscasié, I, 184.
blanc (toucher le), I, 20 — (donner au), II, 42 — en l'œil, 101.
Blanchemain (Pr.), II, 118,...
blasonner, I, 20.
Blochet (meunier de), II, 10.

Blondo (Fl.), I, 239.
bo, bo, I, 111.
Bobita (cour de), I, 17; II, 21.
Bocace, II, 145.
Bodin, I, 315, II, 301.
Boëce, II, 119.
Boileau, I, 208.
bonheur (mot de d'Alembert sur le), I, 8.
bonnet à l'orbalestre, I, 128.
Bonosus (Q.), II, 237.
borgne (facétie dangereuse sur un), II, 305.
bosse d'hiver, I, 280.
Bouchet, I, xix, ...
bougrain, II, 251.
Bouillant (fontaine de), II, 11.
bouillonneux, II, 98.
bouler, II, 174.
bouleur, I, 90.
boulu, I, 135.
Bourges (la rue des Miracles à), I, 70.
bourguignotte, II, 297.
bourreau (ne pas le déranger pour rien), I, 296.
bourrelet, I, 321; II, 89.
bourrier, I, 254.
boute! I, 24.
boute-hors (jouer à), II, 97.
bœuf salé rafraîchit, II, 20.
Boutières (de), II, 12.
brachialement, II, 240.
bragard, I, 134.
bragues, II, 15.
bragueux, I, 120.
Braguibus, II, 81.
bran, I, 164.
brancher, II, 157.
branler la pique, I, 198.

Branthome, I, 250.
braquemart, I, 189.
brasser, I, 183.
brave, I, 171.
Brecilian (forêt de), II, 249.
Bredin le cocu, II, 29.
Brelin, I, 94.
Bretagne jugée par du Fail, I, xxiij; II, 316 et *Appendice*.
bretesque (à la), I, 110.
Bretons, II, 196-198, 314.
Breudebach, ville d'Utopie, I, 97.
Brezé (de), I, 233, 271.
Briçonnet, I, 271.
brifée, II, 82.
briffer, I, 109.
brigandine, I, 72, 73.
briguet, I, 240.
brimbaleur, I, 166.
Briseis, I, 290.
Brissac, lieutenant du roi en Piémont, I, xj; II, 229.
Brittan, II, 121.
broc, II, 71.
Brossay Saint-Grave, II, 150.
brouée, I, 235.
bruler une chandelle d'un douzain pour chercher un pezon qui vaut bien maille, I, 299.
Brunet (J.-Ch.), erreur sur les *Ruses de Ragot*, I, xxvj.
Brunet (Gustave), I, xxv, xxx.
Brusquet, II, 72 — et l'évêque, 309.
bue, I, 188.
buée, II, 278.
buffeter, II, 332.
Buffon, II, 161.

buissonner, I, 251.
Bullet, II, 101.
buquer, I, 190.
bureau (tenir le), I, 248.
Burgaud des Marets, II, 121.
Buridan, II, 353.
busq (au), (au vieux), I, 62.

Cabale, II, 244.
cabasset, II, 297.
Cabinet du roy (le), I, 315.
Cabot, II, 120.
cabre, I, 135.
Caen, I, 252.
Caillard, II, 6, 193.
Caille (tripot de la), II, 198.
Caillette, I, 55.
Caius Gracchus, I, 238.
calfeuter, I, 182.
Calfurnia, II, 253.
Calidanus, I, 234.
Caligula, II, 159.
Callimachus, I, 7.
Cambray (siege de), I, 214.
campagne (bons et mauvais côté de la), II, 352 et suiv.
campane, II, 111.
Campegius, II, 317.
Canada, II, 119.
Candiots, II, 128.
Cane petière, I, 198.
Cange (du), passim.
cap, I, 189.
cap d'escouade, II, 297.
capettes, I, 117.
capitaine, II, 297.
Capitolinus, I, 269.
caporal, II, 297.
caractère astrologique, II, 46.

Cardan, I, 326 — en consultation, II, 42, ...
carhes (?), I, 108.
carole, II, 122.
carolus à l'épée, I, 170.
carotte (tirer une), I, x.
cartes (jeux de), II, 195.
carte virade, II, 200.
Carthage, I, 223.
Carthaginiens, I, 5.
Cartier (Jacques), II, 119, 120.
casquet, II, 297.
Cassandre, II, 118.
casseur d'acier, I, 199.
Castillon sur Dordogne, II, 303.
Catin la Rude, I, 136 — Pourceau, II, 33.
Caton, I, 7, 8, 234, ...
causaiant, I, 219.
cautèle, I, 220.
cautement, I, 53.
Cavius Julius, II, 178.
Caylus (comte de), II, 118.
Célestine (la), I, 125.
Cent Nouvelles ; passim.
cent quarante et dix, I, 136.
cérémonial, I, 287 ; II, 84.
cerf de César, II, 161.
Cerisoles, II, 11, 190.
Cesar, II, 151, 260, ...
c'est mon ! I, 48.
chacunière, I, 116.
chalemie, I, 23.
challoir, I, 22.
Cham, père du tiers état, II, 295.
Champfleury, I, 279 ; II, 8.
chandelle (manières d'éteindre la), II, 98. V. tuer.
chansons (la mère des), I, 36, 52.

— nouvelle de tous les cris de Paris, 65.
— de maître Huguet, 121.
— Puisque nouvelle affection, 124. — V. Jannequin.
Chanteloup, II, 10.
Chantepois, II, 15.
chantez les boiteux, vous clocherez, II, 111.
Chanviry (Michel), II, 170.
chapeau. V. albanesque, busq.
chapelis, chaplis, chappliz, I, 76.
chaperon, I, 21. V. moule.
chapiteau, II, 297.
charges (choix des hommes pour les), I, 234.
charitatif, II, 137.
Charles V, I, 328 ; II, 299.
Charles-Quint, II, 17, 87, 203 ; — sa perte de 400 écus, 355 ; — son passage en France, 313.
Charles VII, II, 64.
Charles VIII, II, 317.
charnier, I, 72.
Charpentier, II, 43.
charruer, II, 363.
Chartier (Alain), I, 13.
Chartreux (les), II, 187.
chasse, II, 161, 167.
Chasseneu, I, 295.
Châteaugiron (mesure de), I, 59 ; (marché de), II, 16.
Château Letard, II, 10.
châtreux, I, 312.
chatte changée en femme, I, 144.
chattemite, II, 90.
chaudet, II, 284.
chausses ; à la martingalle et à queue de merlus, I, 90 ;

Du Fail II

à la cuysotte, à tabourin, 230.
— (nomenclature des), 210.
— (à courtes), 219.
chauvir les oreilles, I, 129.
Chefs d'œuvre des conteurs français avant La Fontaine, I, xxxiij.
chemisser (?), II, 67.
chenevote, I, 42.
chère, I, 115.
cheval disputé (moyen de reconnaître à qui appartient un), I, 293.
chevaler, I, 251; II, 133.
chevauchée, I, 233.
cheveux à l'Egyptiaque, II, 198.
cheville, I, 266.
chevir (s'en), II, 217.
chevreau, II, 352.
chiabrena, II, 278.
chic, II, 14.
chicheté, I, 142.
Chichouan, II, 89.
chien au grand collier, I, 46.
chiens qui veulent aider au déménagement des paysans menacés par des bandes armées, I, 181.
— de Bretagne, II, 315. V. Audibon.
Cholières, I, 215.
Chopin (R.), II, 123.
chopiner, I, 35.
Ciceron, I, 7, 266; II, 13, 87, ...
cimetière Saint-Innocent, II, 193.
Cincinnatus, I, 8; II, 364.
cinquantenier, II, 297.
circuit (faire le), I, 149.
citre (cidre), II, 28.

civé, I, 135.
classes sociales, II, 263, 264.
clein, I, 102.
Clement VII, I, 299.
Cleray (Georges), II, 204.
clerc, I, 256.
cloche au chat (mettre la), I, 80.
clocher, I, 267.
Cneus Carbo, II, 178.
Cneus Flavius, I, 323, II, 245.
coarcté, II, 192.
cocardeau, II, 212.
cochon, viande de fête, I, 19.
cochonner, II, 93.
cocu, I, 166.
cocuage; n'est pas plus que si de ta chandelle tu avais allumé une autre, I, 169; — dispute entre mari et femme réglée par Innocent III, I, 169.
coëvaux, I, 16.
cohue, I, 312-313.
Coignet (Pierre du), I, 242.
coït, rend l'animal triste, excepté..., I, 262.
colifrori, II, 76.
Coligny, II, 130.
colique (remède superstitieux contre la), I, 14.
collation, I, 8; II, 364.
Colledo (abbé), II, 267.
Collines (Simon de), II, 270.
Colmont, II, 284.
Colson (P.), II, 52.
Côme de Médicis, II, 361.
Comestor, I, 229.
Comines, I, 147; II, 206.
commentateurs (sur les), I, 264.

compagnie (jouer de fausse), I, 103.
compain, II, 122.
Compiègne (dormeurs de), I, 132.
comprachicos, I, 72.
concile agathense, I, 229; — de Macon, 230.
Concreux (vallée de), II, 134.
condamnés à mort (sang-froid de), II, 177.
confesser, I, 127.
Conformités Saint François à J. C., I, 213.
Confort (bavards de), I, 132.
confuter, II, 348.
congrès, I, 208.
conseils, en vers, I, 204.
—, drogue le meilleur marché, 272.
consultation, II, 322.
Contarini, II, 140.
conte (faire un), II, 137.
contes de la cigogne, I, 40.
Contes et Discours d'Eutrapel, éditions diverses, I, xxix.
contemptible, II, 358.
conteur de races, I, 286.
continence, II, 132.
contre-advoué, I, 293.
contrebiller, I, 182.
contredit, I, 211.
contregarder, II, 30.
contre-huys, I, 183.
contrepasser, I, 182.
contrepeter, I, 182.
contrepeterie, II, 75.
convoyer, I, 116.
Coquillart, I, 31, 47.
corbin (corbeau), (intelligence et vengeance d'un), II, 191.

— privé à qui un débauché crève les yeux, 160.
cordeliers, II, 138.
corduan, I, 134.
Corneille, I, 305.
Cornibus, II, 146.
corniche, II, 298.
cornière, I, 196.
coronal, collonel, collumel, II, 297.
Corps de Pilate! II, 83.
couetil, II, 179.
couette, I, 43.
Couillart, II, 148.
couillauds d'Angers, II, 148.
coup de groin, I, 288.
coupeau, II, 78.
cour (la), II, 96.
courratier, I, 259.
courteboule (jeu), I, 27.
courtil, I, 184.
cousine remuée d'une buche, I, 43.
cousu, I, 215.
couteau, qui veut se faire un manche, I, 244.
coutre, II, 288.
coutume allemande de manger aux dépens de son débiteur, I, 300.
— de laisser coucher ensemble garçons et filles, II, 8.
coutumes du temps de François Ier, II, 167.
couvertement, II, 314.
couvrir, II, 94.
cracher au bassin, I, 221.
Crataloras, II, 152.
cremoniste, I, 128.
Crestin, I, 13. [281.
Crésus, I, 221; son fils, crier au lard, I, 228. V. renard.

404 INDEX.

cris de Paris (chanson des), I, 65.
crieur de bon garçon (?), I, 65.
Crotelles (maître ès arts de), I, 165. Croutelles était un village près de Poitiers, renommé pour l'habileté de ses tourneurs qui, dit Bouchet (Serées), « fesoient neuf quilles avec la pirouette, l'un et l'autre d'ivoire, ne pesant pas un grain de blé. » V. flutes.
crope (en), I, 176.
crouler, I, 193.
crucier (se), I, 129.
crueliser, I, 235.
cruon, I, 188.
Cugnères (Pierre de), I, 242-257.
Cugnet (P.). V. de Cugnères.
cuir d'asnette, I, 41.
cuisine (raffinements de), I, 19.
Cujas, I, 267.
culs (gros), I, 288.
Cunaud (les rêveurs de), I, 132.
curé dansant avec ses paroissiennes, I, 23. V. razé.
Curius (M.), I, 8.
Cyrus, I, 221, 295.
Cyrille, I, 229.

Dace, II, 169.
Daffis (Paul), I, vj.
dames menées en une pipe au couvent des frères hermites, I, 74. [327.
Daniel (prophétie de), II, danse marcade, macabre, I, 328.

— du loup, II, 32.
danses, II, 122-123.
Dante, II, 318.
David, II, 116.
dea, I, 18.
debiteur, I, 300.
débouter, II, 330.
dégorger, I, 31.
dehait, II, 271.
Deipara, II, 36.
de jeune hermite vieux diable, I, 304.
Demarates, II, 306.
demarcher, I, 302.
demy-ceint, I, 132.
Democrite, I, 146.
Demosthène, II, 13.
Denys le Tyran, II, 204, — et le joueur de harpe, II, 268. V. Platon.
de par tous les chiens! I, 154.
dépendre, I, 134.
depiement, II, 263.
dépit (par), II, 15.
de quatre choses Dieu nous gard, II, 130.
desamasser, I, 64.
desservir, I, 53.
de tous poissons fors de la tanche..., I, 108.
devidet, I, 182.
devins, II, 260.
diable qui écrit le caquet des femmes, I, 279.
Diagoras, II, 348.
diagrede, II, 182.
diane, II, 242.
diay, I, 311.
Didon, II, 117.
Dieu gard' la lune des loups, II, 272.
— (Au) inconnu, 336.
diffuge, I, 143.

Dijon (moqueurs de), I, 132.
diligences, II, 86.
dimeret, I, 136.
dîner ridicule, I, 135.
dinge, I, 185.
Dioclétien, I, 8; II, 207, 364.
Diodore de Sicile, I, 267; II, 254.
Diogène, I, 146.
dire de vertes et de mûres, I, 110.
discipline, I, 264.
discrime, II, 31.
diversité (université) de Paris, I, 119.
divertir, I, 142.
dodo l'enfant (canards à), I, 136.
doint, I, 34.
doite, douette, II, 6.
Dol (fièvre de), I, 279.
Domitien, I, 299; II, 327,
Donat (en être à son), II. 119.
dondaine, II, 99.
done, I, 50.
donner demi-quinze et une chasse, I, 171.
double, I, 114.
Dreux (bataille de), II, 150.
dringuer, I, 25.
droit a bon besoin d'aide, II, 280.
dronos, I, 93.
druides, II, 244.
Duaren (François), I, ix, xvij, 263.
Dubois (Jacques), II, 42. V. Sylvius.
Duclos, I, 291.
duel à quatre, I, 194.
Du Fail (Noël). *Introduc-*tion, I, 79, 141, 205; *appendice* et *postface.*
Dufour (abbé Valentin), I, 328.
duisant, II, 172.
duit, I, 31.
Durand (Guill.), I, 326.
Durer (Albert), I, xxij, 198.
du tout, I, 223.
Dys, II, 121.

Eau en vin (inventeur de mettre l'), II, 267.
eau philosophale, I, 273.
ebaudir, I, 195.
ecacher, I, 180.
eclotouère, II, 167.
ecot, II, 251.
editions de du Fail: de 1842, I, v; — de 1856, vj; — diverses, xxiv.
effacer le visage, II, 143.
Egerie, II, 243.
Eglise (ses revenus), I, xvj.
— (gens d'), II, 358. V. biens ecclésiastiques.
egyptiens sophistiqués, I, 2.
einig et *ewig,* II, 17.
elections (faire ses), I, 147.
Elien, II, 362.
Elisée, II, 295.
embabillé, II, 36.
embasmé, I, 267.
empiété, II, 53.
en avoir tout au long de l'aune, I, 87.
en barbe, I, 216.
encliner (s'), II, 329.
en donner d'une, II, 33.
enfant tette (l'), II, 283.
enfants contrefaits par les gueux, I, 72.
— d'ivrognes, II, 286. V. engendrer.

enfoncer les matières, I, 18.
engendrer enfants (pour), II, 278.
enlangager, II, 167.
enluminer, II, 337.
ennuyé, I, 302.
enrichis (contre les), II, 360.
enseigne, II, 203.
ente, II, 75.
entendible, II, 298.
ententif, II, 77.
entour-lié, I, 181.
entraver, I, 182, 186.
entremetteurs (marchands), I, 125.
Entrepède, I, xxij.
entrevenir, II, 320.
envoisure, II, 136.
envoûté, II, 249.
envoûtement, I, 56.
épée à deux jambes (jouer de l'), I, 86.
— de plomb en fourreau d'argent, II, 82.
épices (époque de l'entrée des) dans la consommation, I, 19.
épilepsie (noms divers de l'), I, 70.
époinçonner, I, 206.
épouvantail (l') et les corneilles, II, 79.
équivoques sur les femmes et les métiers, I, 164.
Erasme, II, 309.
erreur, s. m.
escadre, II, 297.
escaroufler, II, 279.
eschalier, II, 9.
esclaver, I, 235; II, 34.
escrime, I, 97.
escroë, II, 176.
escullée, I, 101.

esmayer, I, 116.
Esope, I, 13, 246, ...
espérer, II, 143.
essargotter, II, 351.
Essonne (le gendarme d'), I, 130.
essoré, I, 149.
essorer, I, 184.
Estienne (Henri), I, xix, 160; II, 213, ...
Estienne (Robert), II, 270.
estiomené, II, 227.
estomac, I, 142.
estradiot, I, 147.
estramaçon, II, 297.
estrange, I, 3.
estrape (donner l'), I, 174.
estulle, I, 187.
état (courir l'), II, 23.
eteuf, I, 284.
ethnique, II, 320.
etouper, I, 281.
etrecisseuse, II, 33.
étripper, II, 176.
étuier, I, 314.
Eutrapel (en grec *bouffon*), I, xviij.
Eutrope, II, 325.
Evangile, II, 85.
Evangile des Quenouilles, II, 137, 249.
évêques italiens et français (leur nombre respectif), I, 239.
— (titres des), II, 90.
exentéré, II, 176.
Exuperanus, I, 229.

F tranchée, I, 127.
Fabricius, I, 8.
facéties (utilité des), I, 208.
Fæneste, I, 189.
faictis, I, 330.
faire haut le bois, I, 249.

— (un) le faut, II, 240.
fais (faix), I, 40.
fais ce que tu dois, II, 222.
Fanfreluchon (de), I, 285.
fantassin, fanterie, II, 296.
farceurs (comédiens), facétie, II, 253.
fardé (être), I, 191.
farine (badin sans), II, 55.
farine de diable n'est que bran et choses mal acquises deviennent à néant, II, 202.
fasqué, I, 96.
faux-monnoyeur, I, 320.
féauté, II, 317.
fées, I, 41.
feindre (se), I, 24.
femme malade guérie en voyant son mari cajoler sa chambrière, I, 281.
— pour l'avoir belle, II, 36.
— réponses sages et hardies d'une, 37.
femmes (chemises crottées signalées par le curé), I, 126.
— leur donner liberté, 168.
— sont offertes plutôt que vaches, II, 250.
— et le secret, 311.
fenêtrage, I, 187.
fer à Pie (avoir)? II, 281.
férial, I, 68.
fermier (habiletés d'un), II, 71.
Fernel, I, 272; II, 43.
fesse mathieu, II, 69.
Fessepain, I, 88.
fesser, fecer, I, 149.
fesseur de pain, I, 133.
feste (faîte), I, 186.
feu aux etoupes (mettre le), I, 80.

feuille de sauge, II, 32.
Feurre (rue du), I, 262.
fiance, I, 321.
Fichot (pré), I, 114.
Ficin (Marsile), II, 361.
fié, fief, I, 285.
Fief-sauvain, I, 156.
fièvre (pour guérir la), I, 112.—Saint Vallier, II, 158.
— tierce ne fait pas mourir, 226.
Figuier (L.), I, 327.
filerie, I, 22; II, 6.
fillol, I, 156.
finet, I, 265.
fisque, I, 224.
fiston, I, 302.
fistuler, I, 261.
Flameaux, I, 76 et suiv.
Flamel (Nicolas), I, 327.
Floquet le jeune (la badinerie de) (?), I, 53.
Florencinus, I, 233.
Florentin, I, 128.
flutes de Crouteles, II, 288. V. Croteles.
flux, II, 195.
fond de cuve (rire à), II, 26.
fondeur de cloche (étonné comme), II, 51.
fongner, I, 307.
forban, II, 242.
forcettes, I, 182.
forclos, II, 130.
forjurer, II, 110.
forêt noire, de Lanmur, de la Hunaudaye, II, 299.
Fossé (du), I, 285.
fossette (?), I, 48.
fossier, I, 265.
fouage, I, 293.
Foucres d'Augsbourg (les), I, 277.
fouet! I, 262.

Fougères, I, 184.
foupi, I, 134.
Fouque l'abbé, II, 204.
fourche (traiter à la), II, 92.
fourgon, II, 165.
Fournier (Edouard), I, 242.
fouteau, I, 277.
fradre, II, 141.
frairée, frairie, II, 289.
frairie blanche, I, 322.
Français ne descendent pas des Troyens, I, 267.
François Iᵉʳ, I, 265; II, 113, 152.
— et le président pris pour chirurgien, II, 229.
François II, I, 241.
François II, duc de Bretagne, II, 307.
frater fecisti, II, 133.
Frédéric le Généreux, II, 17.
fréon, II, 297.
frère fredon, I, 323.
freté, I, 74.
fretel, I, 312.
fripon, I, 139.
frise, II, 165, 298.
frisque, I, 15.
Froissart, II, 99 et *Appendice*.
front (trouver en), I, 67.
frontispice, II, 297.
Froumenteau, I, 315.
Fugger, I, 277.

G. L. H. (vers de), I, 10.
gabelle, I, 220.
gabeloux, II, 175.
gabois, II, 136.
Gabotto, II, 120.
Galemeaux, II, 13.

gagner le haut, I, 5.
gallicelle, II, 284.
Gallus (C.), I, 165.
galois, galloys, I, 24.
gambades à la mâconnaise, I, 23.
gambe, I, 135.
garde-culs, I, 182.
garde nationale, II, 303.
garder, II, 341. — ses bœufs à cheval, I, 131.
garigues, II, 310.
Garrolaye (de la), II, 211.
garrot, II, 166.
garsailles (mes), II, 72.
Gast (du), II, 11.
gauchir au coup, I, 308.
gaudeyeur, I, 17.
gaudisseur, I, 13.
gaudronné, godronné, II, 26.
gautier, I, 42.
gehenner, II, 185.
Gelase, I, 230.
Gemini, I, 21.
généralités de France, II, 172.
Genin (F.), I, 31, 212, ...
genouillade, II, 81.
gentilhomme battu par sa femme, I, 307.
Gerard (Ber.), vers latins, I, xxxiv.
Gesner, I, 275.
Gillette (la reine), I, 108.
— (la grande), 131.
Girard (Jacques), I, 309.
Gobemouche, I, 110.
gode chère, I, 37.
Gonin Turin, II, 194.
gorgiasement, II, 6.
gorre, II, 226.
Gorris (de), II, 43.
gorron, II, 246.

Gosselin (Ch.), I, v.
gouderuleau, I, 311.
Goujet, II, 88.
Goupil (J.), II, 43.
goulphe, II, 276.
goutte (remèdes et opinions), I, 272; — verolique, 273; — un guérisseur pauvre chassé comme menteur, 277; — et l'araignée (rappelé), 282.
grabeler, I, 81.
Gracchus (loi), I, 166.
grâce de la roue (réponse d'un Gascon condamné à avoir la tête tranchée et à qui on faisait), I, 298.
grance, II, 297.
grand berger (le), I, 34.
grand' jument Margot qui se bride par la queue, II, 176.
grands jours de Riom, I, ix, 263; — de Bretagne, 265.
Grataroli, I, 329.
gratifier, I, 297.
Gravelle (la), I, 301.
Gréal (le saint), II, 249.
Greban (les deux), I, 13.
Grégoire de Tours, II, 316.
Grégoire-le-Grand, I, 229, 230.
grêlier, II, 114, 166.
Grilland (P.), II, 301.
Gringalet, II, 180.
gringoter, I, 14.
grip, I, 168.
Grip (forêt de), I, 314.
Gripeminaud, I, 169.
Gris (Ventre-Saint), I, 94.
(Vertu saint) d'hiver, 151.
grosserie, II, 243.
Guerche (la), II, 17.

guerre, purge les humeurs corrompues du royaume, I, 223.
— de religion, II, 66.
— civile, 80.
gueux, I, 68 et suiv.
Guevara (Ant. de), II, 98.
gueve, II, 282.
Guibray (la), II, 182, 265.
Guichard (J. M.), I, v, xj, xv; son édition de Du Fail, xxx — *passim*.
Guillemine, I, 242.
guincher, I, 186.
guiterre, guiterne, I, 129.

H. R. ami de Du Fail, I, 141.
Haguillenneuf, I, 89.
Haillan (du), I, 267; II, 357.
haleboté, I, 183.
halener, II, 234.
Han (Jean du), I, xxiij, xxix; *appendice*.
hanicrocher, I, 182.
hantez les chiens vous aurez des puces, II, 111.
harangues, coupées court par des observations critiques, I, 197.
hardeau, II, 6.
hardelle, II, 10.
haro, I, 252.
hart, I, 215.
hausse-bec, II, 109.
haut à la main, I, 251.
hay, II, 61.
hayait *pour* haïssait, I, 115.
hayer, I, 104 (de haie).
heaume, II, 297.
Hector, II, 104.
Heliogabale, I, 240.

Henri III, I, xiv,
herbaud, I, 87.
herbe au charpentier, I, 187.
hérétique (qui est l'), I, 319.
herné, I, 126.
Hérode, I, 270; II, 333.
hersoir, II, 73.
hétéroclites (résolu comme Pihourt en ses), II, 298.
heures (de toutes), I, 64.
Hibreas, II, 307.
Hieron, II, 305.
Hippeau, I, 163.
Hippocrate, I, 275.
Hitopadesa, I, 144.
Hollier, II, 43.
honneur et ombre, II, 85.
hontoyer, II, 62.
hoqueton, I, 16.
Horace, I, 7, 142, 163, 240, ...
hori, ho, I, 311.
Hotman, I, 266.
Houssiere, II, 9.
Houx (Jean le), II, 28.
huché, I, 257.
Huet, I, 161.
Huet (appeler), I, 95.
huge, I, 182; II, 6.
huguenot, I, 228. V. Macrobe.
huis ouverts, I, 253.
huisserie, I, 18.
Hunaudaye (de la), II, 303. V. Forêt.
Hurigny, I, 91.
hutin, I, 80.
huyer, I, 95.
huyho, I, 95.
hyraigne, I, 184.

Illec, I, 20.
il ne fut onc pie qui ne ressemblât de la queue à sa mère, II, 255.
il n'est vieil qui ne le pense être, II, 289.
il souvient toujours à Robin de ses flutes, II, 111.
imitation des grands, I, 267-268.
impôts exagérés, retirés devant une raillerie, II, 308.
incarnation, I, 103; II, 86.
inconsultement, I, 142.
indispensable, I, 248.
indisposé, I, 145.
individu, II, 135.
infanterie, II, 296.
injures, féminines — bonne série, I, 88 — (femmes à bout d'), 278.
Innocent III, I, 169; II, 207.
institut, I, 143.
interroguer, I, 188.
intersigne, I, 230.
invention sainte croix, I, 211.
invisible (pour se rendre), II, 51.
Iopas, II, 117.
ist et *ipsi*, II, 17.
isnel, II, 175.
issue, I, 209.
Iserma (de), II, 266.
ita, II, 92.
Itamatus, I, 171.
ivre de lait caillé, I, 78.

Jallée, II, 33.
jamais bon cheval ne devient rosse, I, 165.
jamais coup de jument ne fit mal à cheval, I, 306.

INDEX.

jamais ne nous ébattrons plus jeunes, I, 24.

jamais une fortune ne vient seule, II, 38.

Jamblique, II, 249.

Jambue (la), I, 83.

janin, I, 47.

Jannequin, II, 124 (sa chanson de la *Défaite des Suisses*).

Jannet (Pierre), I, v, vj.

Janotus de Bragmardo, I, 197.

jard, I, 135.

Jean (maître), chirurgien, offre des chandelles à la statue de Charles VIII, II, 230.

Jean XXII, I, 324.

Jean de Poitiers, II, 158.

Jean l'Anglais, II, 119.

Jean le Veau, II, 193.

Jeanne la Pucelle, II, 213.

Jerome (saint), I, 224, 228, 275.

jésuites, II, 41.

Jesus-Christ, II, 246, 343 et *passim*.

jet de la pierre de faix, II, 313.

jeter le froc aux choux, I, 47.

— la tête aux chiens, I, 84.

jetton, II, 330.

jeu (vieux), I, 103.

jeudi (vacances du), II, 187.

jeux, I, 27, 112, 165.

jobe, I, 55.

joberde, I, 129.

Joinville, I, 311.

Jolivet, bourreau de Rennes, II, 103.

Jon (du), I, 308.

Josèphe, II, 336.

Joubert (Laurent), I, xxxj; II, 47, 146.

Journal du roi Henri III (cité), I, 56.

journée des sabots, I, 179.

jouxte, I, 11.

Jove (Paul), II, 80.

joveigneur, juveigneur, I, 291.

joyau, II, 223.

juge, tournant la broche, I, 309; —s ambulants, 312; II, 154 — volants, 155.

Julien l'apostat, II, 349.

Julius (loi), I, 125.

Jupiter, grotesque, dans le récit de la goutte et de l'araignée, I, 189 et suiv., II, 208.

jurons, I, 51, 136.

justice (termes et gens de), I, 212 et suiv.; II, 359.

juvene, I, 73.

Kalendrier des Bergers, I, 13.

Kerdanet (M. de), I, xxij. V. Miorcec.

Keut (ventre saint), II, 38.

Lacour (L.), I, 46.

Lacroix (Paul), I, v; II, 28.

La Croix du Maine, I, vij, xxij; II, 123.

ladre, II, 134.

Ladulfi, II, 352.

La Fizelière (Alb. de), I, 288.

La Fontaine (cité en note), *passim*.

laisser faire aux bœufs de devant, I, 82.

La Mole, II, 190.
La Monnoye, erreur sur les *Ruses de Ragot*, I, xxvj.
La Motte, II, 56.
lampes éternelles, I, 329.
Lampride, I, 240.
Lancereau (Ed.), 1, 144.
lances (baisser les), I, 214 — de combat, II, 164.
Landefleurie, I, 180.
landore, I, 163.
langard, II, 77.
Langle (de), II, 211.
Languedoc (mode du), pour le choix d'un gendre, II, 251.
langues étrangères (emprunts aux), II, 296.
lanspessade, II, 297.
Lantreguier, II, 19.
La Porte (de), II, 286.
Larchey (Loredan), I, xxv, xxxj, 154.
larciner, II, 117.
lard incorruptible, II, 248.
larder, I, 78.
Laringues, I, 179.
La Rivière, I, 248.
La Rochelle, II, 152.
la soupe du grand pot et des friands le pot pourri, II, 162.
La Tour Landry, I, 24.
Lattay (du), II, 315.
Launay (de), I, 248.
Launay-Perraud (de), II, 228.
Laval (les femmes de), II, 36.
Laval (Guy de), I, 301.
lavandières montrant leur derrière, II, 253.
laver le nez, I, 304.
Le Baillif (Roch), II, 96.

Le Bœuf, II, 101.
Le Brun (le P.), I, 329.
lêche, I, 281.
Le Duchat (cité), I, 59.
Légende dorée, I, 196.
Legoarant, II, 6.
Legrand, II, 43.
Le Guen, I, 89.
Lendit (la foire du), I, 36.
Lenglet Dufresnoy I, 186.
Lentulus, I, 179.
Léon X, II, 170.
Le Roux, I, 248 et *passim*.
Le Roux de Lincy, *passim*.
Lhospital, I, ix, 263 ; II, 130.
liard barré, I, 174.
Libia, II, 136.
Liboart, I, 22.
lice, II, 296.
liefment, II, 122.
ligence, II, 317.
lier son doigt à l'herbe qu'on connaît, II, 68.
lièvres entendent latin, II, 40.
Liffré, II, 113.
lits (les grands) du bon vieux temps, I, 47.
Littré, *passim*.
livre des rois (jeu de cartes), I, 64.
livres populaires au xvie siècle ; I, 13 — sous François Ier, II, 166.
Lizet (P.), II, 218.
Lobineau (le P.), II, 365.
loge qui peut, II, 12.
loger (se), II, 72.
loignet, II, 71.
lois somptuaires, I, 268.
longévité excessive, II, 288-289.

Longjumeau, II, 133.
lorpidon, I, 54.
Lorraine (cardinal de), II, 130.
Lorris, I, 122.
los, I, 77.
louager, II, 246.
Louandre (Ch.), I, xxxiij; II, 51.
Louis (saint), I, 9, 311.
Louis XI, I, 232 — ne pouvait faire gentilshommes, 291; II, 38, 64, 105.
Louis XII, II, 21; et les Vénitiens, 79, 151.
loup gothique, II, 60.
lourdoys, I, 146.
loyer, II, 224.
lucarne, I, 186.
Lucien, I, 164; II, 145, 222.
Lucrece, II, 145.
luite, luyte et luitte, I, 11.
Lulle (Raymond), I, 324.
lunatique (pour fou), I, 45, 149.
lune, ses effets sur les cultures, I, 23. V. Dieu gard'.
lutte en Bretagne, I, 171. entente entre les lutteurs, I, 175.
Lysandre, II, 363.

Mabile, II, 117.
Mabillon, II, 101.
Macedones, I, 6.
mâcher à la libre tudesque, I, 127.
machiaveliste, I, 223.
Mâcon (bauffreurs de), I, 132.
Macrobe, II, 119; condamné comme luthérien, 281.
magistrat, II, 337.
magnifier, I, 284.
magot, mascaut, II, 24.
Mahé (P.), (un sonnet de), I, xxxv.
mai (planter le), I, 127.
Majoris (?), II, 193.
main mettre, I, 67.
mal français, de Naples, d'Espagne, II, 225.
— St Jean, I, 70.
Malchus, I, 194.
Malles, II, 128.
mananda, I, 183.
mandore, I, 308.
manger son pain en son sac, I, 218.
Manius (C.), I, 165.
manotte, II, 113.
manquinage, I, 187.
marabaise, I, 130.
Marbandus, II, 110.
marc (à poids de), II, 25.
Marc Agrippa, I, 272.
marchands (contre les), II, 266 — de mer, 290.
— mêlés, I, 305.
marchandise latine, II, 181.
marches, I, 301.
Marcus Crassus, II, 319.
Margoigne (J.), II, 193.
Marguerite de Navarre, II, 146.
Marhara, Malchara, II, 121.
mariage, II, 237 et suiv.
— d'un an et un jour sans repentir, 248.
mariée (pour être) dans l'an, I, 112.

Marillac (Ch. de), I, 318.
marmiteux, I, 131, 212.
Marot (Jean), I, 258.
Marot (Cl.), II, 334, 350.
marriz (la), v. amarriz.
marrons du feu (tirer les), I, 298.
Martial, II, 54, 145, 209.
Martial (d'Auvergne), I, 14.
Martin bâton, I, 43.
Martin le sot, II, 193.
martinet, II, 14.
Martinville, II, 208. — Réponse à la question-note: la rue Martinville à Rouen existe depuis le xiiᵉ siècle au moins. *L'Intermédiaire*, n° 152.

martrouère, II, 73.
martrugalle, II, 123.
Marty-Laveaux, I, xxxij.
Matheolus, I, 13.
Mathias Corvin, I, 235.
matois, I, 250.
mau, I, 239.
Maubert (place), II, 194.
Mauclerc, II, 317.
Maudestran, II, 193.
Maugis d'Aigremont, I, 262.
Maugouverne (abbé de), II, 281.
mau-joint, II, 280.
Maury (Alfred), I, 148....
mautaillée (broche), I, 287.
Maximien, I, 252.
Maximilien, I, 293.
medecins, II, 45 et suiv. — champêtres, 225.
Meigret, I, 325.
Mejusseaume (vicomte de), I, xiv. et *appendice*.

Melaine (abbaye saint), II, 248.
mélancolique (pour fou), I, 149.
Melesse, II, 179.
Melfi (prince de), I, 260.
mémoire (sa place dans la tête), II, 205.
Mémoires recueillis et extraits des plus notables et solennels arrêts du Parlement de Bretagne, I, xiv, éditions diverses, xxviij.
Menandre, II, 144.
Menot, I, 160; II, 28, 269.
menteur et son laquais (le), II, 353.
mentir comme un président, II, 354.
menuail, I, 190.
menuyse, I, 129.
mercadant, I, 197.
merci Dieu, I, 281.
Mercure, I, 215.
merle ou merlesse (dispute conjugale), II, 258.
Merlin, II, 237.
Merula (G.), II, 278.
Meschinot (J.), II, 88, 288.
mesgnie, I, 268.
messager, II, 246.
messeres scriptorantes, I, 58.
met, I, 182; II, 6.
metier, I, 244, — (ancien), 103, — (bas), II, 86.
metis (mestif), I, 240.
metre, II, 108.
mettre une chose dans ses choux de dîner (pour oublier), I, 128.
— le couteau en la main du furieux, II, 160.

Meunier, son fils et l'âne (le), II, 216.
Meygret, I, xxxj.
Michel (Jean), I, 131.
Michel (Francisque), I, 163, 202. ...
michi ou mihi, II, 193.
mie, II, 49.
mi croît (à), II, 20.
microcosme, II, 224.
mieux du peu (le), II, 244.
mignarderie, I, 188.
migraine, I, 49.
Milan (guerre de), I, 223.
Milanais devant le dôme Saint Ambroise, I, 129.
Milon de Crotone (Milo), I, 171.
mine, I, 297.
miniere, I, 329.
Minut (Gabriel de), I, 310.
Minutius (Q.), II, 363.
Miorcec de Kerdanet, I, 89. V. Kerdanet.
Miracles (rue des), I, 70.
mirande, I, 261.
Mirebeau, II, 19 — (vipères de), II, 225.
mobilier du temps de François Ier, II, 166.
modales, II, 88.
modalement, II, 147.
moine, — bourré, I, 41; mariage d'un — II, 143.
Moïse, Moses, II, 248.
moitié en guerre, moitié en marchandise, I, 260.
molene, II, 11.
Molière, I, 178.
mondificatif, II, 137.
monitoire, I, 162.
monsieur, sans queue, II, 22, 91, — titre, 263.

— de trois au boisseau ou trois à une épée, 231.
Montaiglon (de), I, 69.
Montaigne, II, 11.
Montaigu, II, 18, 193.
Montauban (de), II, 303.
Montebon (de), II, 85.
Montfaucon, II, 101.
Montgommery (comte de), II, 264.
Montlhéry (bataille de), I, 81.
Montluc, II, 11.
Montmorency (connétable de), I, 276; II, 130.
Montroveau, I, 155.
Mont Saint Michel, II, 19.
montre, II, 263.
mords, pour mordu, II, 334.
Mordelles, II, 15.
more comique, II, 156.
morfe (faire la), II, 199.
morfier, I, 177.
morgue, I, 97.
morion, II, 297.
Mornay (Ph. de), II, 320.
morné, II, 165.
mort à 80 ans dont le père survivant dit : Je disais toujours que ce garçon ne vivrait pas, I, 100.
mort d'Adam! I, 151.
mort de Diable! I, 149.
motet de chat huant, I, 129.
mouche qui voudra (se), I, 58.
moule à chaperon, I, 45.
moulin perpétuel, II, 293.
Moulin (Charles du), I, 314; II, 317.

Moulins, I, 234.
mourir d'une belle épée, II, 238.
moutons à la grand' laine, I, 9; — de Grève, II, 111.
moyenneur, I, 238.
mucer, muchier, musser (se), II, 30.
mue (mettre en), II, 134.
Muhlberg (bataille de), II, 17.
murdrier, I, 270.
Musica (Semp.), I, 165.
musiciens, infâmes, II, 127.

Nantes (château de), II, 168.
naquetter, I, 98.
Navarre, I, 293.
navine, I, 181.
nazard, II, 116.
Negus (le), II, 251.
neige (questions héroïques de), I, 210.
Neptune, Pallas et Vulcain (dispute entre), II, 221.
nerf feru (maladie de), II, 57.
nerme, II, 127.
Nicée (concile de), II, 323.
Niceus, II, 159.
Ninus, II, 260.
Niort (prendre le chemin de), II, 153.
Nisard (Ch.), I, 325.
nisques, I, 136.
noblesse (origine de la), I, 5; ignorante, I, 247, II, 309.
Nonnaitou, II, 15.
non sunt (monsieur de), 105.

nouer au bout de l'an les deux bouts de sa serviette, II, 206.
nourriture, II, 152.
nous (querelle sur l'emploi de), I, 212.
nouveau partout, I, 132.
nuit de Tobie, I, 114.
Numa, II, 243.

O (chanter l'), I, 124.
ô, II, 148, 156.
obelisque, II, 297.
observantin, I, 131.
occision, II, 330.
Octave, II, 295.
Octavius (L.), I, 165.
œufs de Pâques (avoir ses), II, 33.
Ogier le Danois, II, 121.
oiseau sur le poing, I, 289.
Olaus magnus, II, 301.
Oldrade, I, 326.
onzain. V. unzain.
oportet hæresis esse, I, xviij.
or alchimique, I, 329; effets de la découverte des nouvelles mines d'or, II, 171.
ordonnance de Villers-Cotterets, I, xvij, 242.
orée, I, 16.
Oresme (Nic.), II, 166.
organiste qui pense sonner un *Sanctus*, mais le souffleur souffle un *Gloria*, I, 321.
Orgevaux, II, 9.
Origène, II, 248.
Orléans (Etats d'), I, 241. V. vin et Peto.
ornithoscopie, I, 148.

Orontes, II, 306.
Orose, II, 336.
Orphée, I, 222.
orthographe (différences entre l') de Lyon, de Paris et de Rennes, I, xxxj.
ost, II, 79.
otieux, I, 193.
Oudin, I, 240.
ouvrage damasquin, I, 187.
ouvrer, II, 152.
ovale, I, 260.
Ovide, I, 9, ...
Oxydraques, II, 128.

Pages, I, 304.
pain (faire le petit), I, 306.
— suit le jeu à la trace, I, 48.
pair (entendre le), I, 159.
palette, II, 50.
Pan (mort du grand), II, 339.
Pantchatantra, I, 144.
pantière, II, 167.
Paphnutius, II, 132.
Papirius Pretextat, II, 253.
Paracelse, I, 272, 324 ; — sa devise, II, 223.
paracelsiste, II, 46.
pardons sont à Rome, I, 85.
parelle, II, 75.
Paris, royaume et non ville, II, 45 ; II, 192.
parisiennes (louange des toilettes des), I, 128.
par l'âme de feu Baudet ! I, 169.
par la barre Saint-Just ! II, 228.

par la botte, la grande bottine, le houzeau de saint Benoît ! I, 161.
par la dague s. Sibard ! II, 282.
par le baudrier saint Yves ! II, 88.
par le Corbieu ! I, 271.
par le sang Dienne ! I, 118.
par ma bote fauve ! I, 161.
par mon Cotin ! I, 105.
par sainte Marande ! I, 118.
par saint Just ! I, 95.
par saint Quenet ! II, 243.
partial, I, 2.
parlement permanent en Bretagne, I, xiv ; II, 176.
parole de gentilhomme, II, 266.
paronne, I, 187.
parsus (du), I, 102.
Pasquier (Etienne), I, xv, 242, II, 297.
passage, II, 276.
passe-pied, I, 178.
passer par là ou par la fenêtre, I, 58.
passeron, I, 60.
passion de Saumur, d'Angers, de Poitiers, de Saint-Maixent, I, 131.
paté, I, 294.
patenôtres (enfiler), I, 82 ; — du singe, II, 63.
pate-pelue, II, 90.
Pathelin, II, 53.
patience de Lombard, I, 322.
pâtis, I, 82.
Paul (saint), I, 227, 253.
Paul diacre, I, 230.
peautraille, II, 53.
peautre, I, 56.

Du Fail II   27

pechant (humeur), I, 225.
pécunieux, II, 24.
Pedauque (reine), II, 101.
Pehius (Fr.), I, 275.
pehon, I, 151.
peine (mettre), I, 106.
pelauder, II, 122.
Pellisson (J.), II, 190.
pendant (s'en aller par le), I, 255.
pendu (vilain) par passe-temps, I, 297.
pennache, II, 297.
pennader, I, 116.
pennage, I, 152.
Pepoli (les) de Raguse, II, 179.
Perceforest, I, 150.
per diem! I, 113.
perdrix de la truanderie, I, 135.
péremptoire, I, 256.
pères de l'Eglise, II, 335.
Périclès, I, 8.
Periers (des), I, 46 et passim.
pertuisane, partisane, I, 81.
peson, I, 182.
pet à trois parties, I, 42; de ménage, II, 99.
petit (un), I, 132.
petit mot français (le), II, 83.
petit point (au), I, 237.
Peto d'Orléans (bonhomme), I, 323.
Petrutus des Martingales, II, 198.
Phlégon, II, 340.
piaison, II, 298.
Pibareil (sonnet de), I, 203.
picher, I, 188.

picorée, II, 92.
piéçà, I, 222.
pied de poule fait dormir, I, 108.
pied de veau (faire le), II, 20, 109.
piédestal, II, 297.
Piémont (bandes de), II, 203.
pierre au lait (la), II, 194.
Pierre de Dreux, II, 316.
pigeon de palette, I, 293, proverbe sur les... 294; II, 23, 140.
Pihiers (les), II, 179.
Pilate (lettre à Tibère), II, 337.
piller patience, I, 169.
pimpeloter, I, 182.
Pindare (cité), I, 145; II, 118.
pipée, I, 53.
piperesse, I, 233.
pipet, II, 226.
piquer, II, 310.
piques (passer par les), II, 31.
pistole, I, 252.
pitault, I, 14; pitaux, I, 126.
pitié (regarder en), II, 141.
Pharingues, I, 34.
Pharsale, II, 260.
Phidias, II, 252.
philautie, I, 143.
Philippe de Valois, I, 242.
Philippe le Bel, I, 9.
Philippe le Hardi, I, 9.
Philisitere, II, 31.
Philopœmen, II, 241.
Philostrate, II, 78.
Phriné, II, 240.
physique (phthisique), II, 38.

Places, II, 10.
plagues ! I, 156.
Platon, I, 8; et Denys le tyran, II, 305.
Plaute, II, 128, 210.
pleger, I, 103.
Plessis (collège du), II, 196.
Plessis-Bourré (de), II, 21.
Pline (cité), I, 30.
Pline le jeune, II, 232.
Plotin, II, 247.
plumail, II, 297.
plus fine, II, 72.
Plutarque (cité), passim.
poche (la) sent toujours le hareng, I, 240.
pochon, II, 201.
Pogge, II, 145.
poires de rouget, de blanc dureau, I, 133; de sarceau, 158.
poisson d'avril, I, 248.
poisson pris (se retirer avec ce qu'on a de), II, 37.
polaque (à la) ou à la poulaine, I, 210.
politèse, II, 297.
pommes de Hery, I, 181.
pompe funèbre d'un évêque, II, 310.
Pompée, II, 188, 260.
pompettes (à), II, 96.
ponts de Cé ne furent faits tout en un jour, II, 179.
populas, II, 215.
Porphyre, II, 145.
portée, I, 283.
portugaise, I, 255.
pot de fer (le) et le pot de terre, I, 246.

potage ne vaut rien sans sel (un), I, 193.
potence, I, 190.
poule (courir la), I, 118.
pourpoint (être mis en), I, 257.
Poyet (Guillaume), chancelier, I, xvij, 242, 256.
Prat (du), I, 223.
préalablement, II, 108.
prelinguer (se), II, 103.
première; prime, II, 195.
prendre le temps comme il vient, I, 24. — Paris pour Corbeil, II, 102.
preneur d'anguilles à la glu, II, 78.
prêtre-Jean, II, 251.
prêtre Martin (faire le), I, 165.
prêtres (leur rôle), I, 226; — leur non-résidence, I, 228; — leur paillardise, — II, 8; — (un) mauvais garçon, 60.
Prevost Paradol, II, 154.
prime face (de), I, 1.
priseur, I, 17.
probation, I, 164.
procès-verbal comique, II, 27.
procureur défaisant son plaidoyer sur le don d'une pièce d'or par l'accusé, I, 255.
prodigalité (leçon contre la), II, 308.
proditoirement, I, 252.
profit (faire son), II, 54.
progrès, II, 171.
pronostics météorologiques, I, 31.
propos de table; joyeusetés et coq à l'âne, I, 107 et suiv.

Propos rustiques différents des ruses de Ragot, I, xxvj; — opinion de l'auteur, 145.
Prosper, I, 229.
providadour, II, 158.
Psautier le), II, 103.
Ptolémée Philadelphe, II, 223.
puisque tu as rencontré Sparte, tiens-y-toi, II, 355.
purger, I, 142.
putain, paillarde, dame, maîtresse, amie (différence entre les mots :) I, 125.
Pyrrhus, II, 105.
Pythagore, I, 224.

Quadrangulaire, I, 127.
quadruple accouchement, II, 285.
quand les brebis vont aux champs, la plus sage va devant, II, 73.
quant, II, 314.
quasse, I, 177.
quatre, I, 255.
quenaille, I, 183.
Quenet (saint), I, 45, 51.
Querard, I, v.
quereller, II, 317.
querignan, I, 185.
querre, II, 36.
queytaine, II, 297.
qui autel sert d'autel doit vivre, I, 218.
quinaud, I, 82.
Quintin (faucille de), I, 183.
quiproquos pharmaceutiques, II, 181-182.
quitter, II, 292.

Rabe, I, 135.
Rabelais, I, xx; *passim*.
rabrouer, I, 285.
radoubé, II, 102.
rage, I, 160.
Ragot, I, 68, 69.
raiasse, I, 185.
rallement, II, 294.
ramontu, I, 74.
Raminagrobis, II, 25.
rampeau (droit de), II, 104.
Ramus, I, 266.
Ramussac, II, 9.
Raoul (pré) à Rennes, I, 113.
Raoul, de Normandie, I, 253.
rapetasseur, I, 39.
ratelée, I, 295.
ratelle, I, 223.
Rathery, II, 121.
razé, I, 156.
reaffle, II, 174.
realle, I, 212.
rebec, I, 21.
rebillaré, I, 7.
rebrassé, I, 21, 53.
Rebuffi, I, 231.
recharge, II, 207.
recréance, I, 296, II, 103.
regard (pour son), II, 61.
regarger, II, 21.
régiment, II, 297.
régler de sa tête (se), I, 49.
Regulu, I, 8.
rembarrer, I, 159.
remercier à l'espagnole, II, 98.
remusseau, II, 107.
renard (crier au), II, 112.
renaud, II, 72.
rendre au terme de, II, 351.
René (le roi), II. 126.

rengette (à la), I, 15.
Rennes, I, 278 et *passim*; (horloge de), II, 113; V. archives.
r'entré de cours, I, 119.
repeter, I, 168.
reprendre sa chèvre à la barbe, II, 9.
reprocher, II, 173.
rescision, I, 316.
restat, II, 213.
resumptive (diète), I, 275.
retentoufle, I, 128.
retourner, II, 175.
retraite (vers de Thenot du Coin sur les avantages de la), I, 63.
révérences diverses, I, 210, 211; II, 196.
revers, II, 31.
Rhenanus, I, 266.
rhume au talon, à la hanche, etc., II, 283.
ribon ribaine, I, 23.
Richard de Radonvilliers, I, 235.
rifort, I, 135.
rioteux, II, 214.
Riom (grands jours de), I, 263.
ripaille, II, 157.
ris (diverses espèces de), II, 47.
rithmart, I, 122.
robe longue craint les coups, I, 217.
rober, I, 185.
Roberval, II, 120.
Robin trouvera toujours Marion, II, 251.
Rochefort (de), I, 241.
Roger, procureur général, II, 112.
Rohan (Louis de), I, xiv.

Rohan (de), II, 287.
Roger Bontemps, I, 13.
rois qui ont préféré la retraite au trône, II, 365.
Rollard (pâtis de), I, 92; II, 10.
romans de chevalerie, II, 299.
Romant de la Rose, I, 13.
romipeter, II, 87.
Romulus, I, 239.
Roncevaux, II, 288.
rondelle, II, 166.
Ronsard, II, 11, 117 et ailleurs.
roolet, II, 89.
Rote (tribunal de la), II, 136.
rotte, I, 126.
roturiers, II, 264.
rouard, II, 79.
rouelle, I, 192.
rouiller, I, 173.
Ruses de Ragot, I, xxvj.
ruses des gueux, I, 70.

S et f, II, 157.
sablère, I, 186.
sacerdot, I, 280.
sache (je ne), I, 186.
Sagonte, I, 176.
saillie, I, 147.
Saint Romain, I, 257.
saints (guérisseurs), I, 71 (un vieux préféré à un neuf), II, 52.
salade, II, 297.
Salluste, II, 128.
Salomon (*Clavicules* de), I, 325.
salut oublié derrière la porte, I, 310.
Saluta libenter, II, 212.
Salverte (Eusèbe), I, 329; II, 51.

sang bieu de bois ! II, 195.
sangles (en avoir près des), I, 150.
sanglot, I, 281.
sanglotin, II, 287.
Sannazar, II, 160.
sans tabourin ni sans lanterne, II, 20.
santé de l'âme et du corps (Louis XI.) I, 106.
saoul comme grives, I, 127.
saoul comme Patault, I, 40.
saoul comme un prêtre à noces franches, I, 178.
saoul comme un prêtre le lendemain des morts, II, 83.
sarbateine, I, 182.
sarrasin, II, 183.
Sartre (madame de), II, 176.
saulsaye, I, 119.
saulx, I, 61.
Saumur (passion de), I, 131.
saut (beau), II, 38 (donner le), 129.
Savoie (guerres de), I, 128.
Saxo Grammaticus, II, 301.
Scaliger, I, 327.
Scarron, I, 46, 134, 150, ...
Scholasticus loquens cum puella, II, 184.
Scipion, I, 223.
Scipion l'Africain, I, 8; II, 364.
seconder, II, 179.
secret oriental, II, 99.
secrétain, I, 131.
seelé, II, 245.

Séguier, II, 359.
Seguinière (la), I, 22, 134.
seigneurier, II, 244.
Seigni Joan, II, 268.
selle, I, 158 ; II, 199.
selon le seigneur, la mesgnie est duite, I, 268.
semence de la femme, II, 285.
semé, I, 215.
Semiramis, II, 253.
semondre, I, 188.
senault, I, 110.
Senèque, I, 8, 291 ; II, 108, 219.
sept vingts, I, 136.
sequenie, II, 284.
seraine, I, 70.
Serapio, II, 304.
serée, I, 122.
sérénade burlesque, I, 129 ; procédé d'un mari pour en faire cesser une, II, 242.
serpe Dieu ! I, 94.
serrer, II, 284.
Servilius Vaccatia, II, 363.
Servius, I, 9.
Servius Clodius, I, 272.
Sesambre (île de), II, 240.
sesquipadale, II, 109.
seuz, I, 61.
Sévère, empereur, I, 240.
Seyssel (Cl. de), II, 105.
Sibillot, II, 111.
Sigisbert, II, 316.
Sillo, II, 325.
Similis, II, 364.
Simonnaye (la), II, 10.
Simplicius, I, 230.
Singer (S. W.), éditeur anglais des *Baliverneries*, I, xxvij.

INDEX. 423

singes instruits, I, 144.
Sirap (anagramme), I, 37.
sirapienne, I, 127.
sire, I, 195; II, 185, 262.
siressé et madame, I, 73.
société primitive, I, 2 et suiv.
Socrate, II, 108.
soëve, II, 184.
Soland (A. de), II, 148.
solatier, I, 188.
Solon, I, 240.
sommier, II, 32.
sonnet, II, 99.
Sortes, II, 213, 218, 227.
sorti, II, 181.
soubassement, II, 298.
soucieur, II, 218.
soulage, I, 79.
soulas, I, 52.
soule, II, 10.
souliers à la Poulaine, I, 46.
souloir, I, 118.
soupier, II, 81.
sourd, II, 62.
sourquenie, I, 153.
Sozomene, I, 229, 230.
sparigique, spagirique, I, 324.
Spartacus, I, 179.
Sprenger, II, 301.
standelle, II, 123.
Stilcon, II, 335.
suasion, I, 115.
subler, I, 302.
sub-ministrer, I, 251.
succéder, II, 92.
Suétone, II, 145.
Suidas, II, 341.
superfice, II, 169.
superstitions, I, 112, 113.

supliant, I, 149.
surgeon, II, 330.
surnoms de princes, II, 318.
Surie, II, 45.
sus (remettre), II, 66.
sybille delphique, II, 249.
sycophante, I, 299.
Sylvestre, pape, I, 243.
Sylvius, II, 42, 145.
Saint-Florent, I, 155.
Saint-Jean de Hannes, de Sannes, II, 19.
Saint-Jean de Hauves, II, 281.
Saint-Lo (assaut de), I, 252.
Saint-Marceau (faubourg), II, 197.
Saint-Thomas du Louvre, II, 180.
Saint-Beuve, jugement sur du Fail, I, xix.

tabouler, I, 182.
tabourdeur, II, 133.
Tabourot, I xix; II, 137.
— V. Accords (des)
tabuster, I, 178.
Tacite, I, 311.
taille, II, 318; (à la), 74.
Tailleboudin, I, 64.
tait, II, 7.
Talbot, II, 302.
Tallemant des Reaux, II, 238.
tambour, II, 120.
tandis, II, 231.
tant dure le baril, tant dure la fête, II, 254.
tantet (un), I, 122.
Tartaret, II, 193.
Tatien, II, 151.
tect, I, 62. V. tait.

tel maître tel valet, I, 268.
tel mercier, tel panier, I, 9.
tel refuse qui après muse, II, 276.
témoin synodal, I, 17.
Tempeste (P.), II, 193.
temps passé (louanges du), I, 46.
tendre au larron, II, 280.
tenebrion, I, 231.
Terence, II, 81, 145.
terminances, I, 119.
terracé, II, 7.
terremot, II, 340.
terrien, I, 51.
terrier (papier), II, 265.
Thamons, II, 339.
Themiste, II, 348.
Themistocle, I, 290.
Theodose, seigneur juif et son ami le chrétien Philippus, II, 341.
Theophraste (sa mort), I, 145.
Theopompe, II, 248.
thériaque, I, 302.
Théveneau de Morande, II, 45.
Thierry de Hery, I, 273.
Thiers (abbé), I, 113.
Thoms (J.), II, 289.
Thraces, I, 222.
Tibère, II, 306.
Timon, II, 222.
tierce, mesure de vin, I, 133.
Timothée, II, 117.
tinel, I, 281.
tins, I, 93.
Tiphaine La Bloye, I, 18.
tire larigot, II, 22.
tirer à gît, II, 239.

Tite Live, II, 84.
titres (usurpation des), I, 269.
tocsin, II, 112.
toile, II, 161.
tonnelle, II, 167.
tonsure (à simple), I, 265.
topic, II, 59.
torche, lorgne, I, 85.
tortouer, I, 81.
touaille, I, 188; II, 73.
Touaut, II, 155.
Touche (la), II, 10.
toude, I, 188.
touné, II, 51.
tourteau, I, 283.
Tourtelier, I, 319.
tous les moines comme l'abbé, I, 318.
toussir, I, 82.
tout va comme Margot et Margot comme tout, II, 272.
tout vient à bien qui peut attendre, I, 84.
traguet, II, 297.
trahistre, II, 220.
train, I, 167.
trainée, I, 130, 134.
Trainefournille, I, 111.
Trajan, I, 223.
Tramabon, II, 15.
tranchoir, I, 188.
transsylvaine (prononciation), II, 56.
transumpter, I, 310.
Travers (Julien), II, 28.
travoil, travouil, I, 182; II, 11.
tréchausser, I, 157.
trèfle à quatre feuilles, II, 12.
Tréguier (collége de), II, 145.

Tremerel, I, 91.
trépas (droit de), II, 299.
treper, I, 24.
tresée, tressée, II, 19.
tribale, I, 264.
tribard, tribart, I, 76; II, 228.
Triboulet, II, 111.
tricherie au jeu, II, 202.
trihory, II, 122.
trin, I, 148.
tripla (par), II, 121.
triquedondaines, I, 38.
Tronchet (moines du), II, 237.
trop mieux .: d'autant mieux, I, 1.
trouver la fève au gâteau, I, 301.
truie au foin (jeter la), II, 129.
trut avant, I, 105.
tu bieu! I, 95.
tu Dieu! I, 105.
tuer (en) dix de la chandelle et vingt du chandelier, I, 286.
tuffeau, I, 185.
tureluteau, II, 96.
Turin, I, 260.
Turnèbe, II, 189.
turquesque, I, 235.
Tusan, II, 56.
Tusculum, I, 7.

Ubiquidité, II, 110.
Ulpien, I, 169.
Ulysse, I, 221.
unzain, I, 91.
usance, I, 135.
usurier (ruses d'), II, 262.
Utopie, I, 97.

V et u, II, 137.
vacation, I, 26, 233.
vache de loin a lait assez, I, 265.
Valentinien, I, 252.
Valère Maxime, II, 178.
valet, jusqu'à 18 ans, II, 9.
valeter, II, 109.
Valetière (la), II, 9.
valeton, II, 271.
Valla (Laurent), II, 203.
Vannes, Vennes, II, 241.
Varron (T.), II, 95, 216, ...
Vascosan, II, 270.
Vatican (bibliothèque du), I, 238.
Vauberd, Vauvert, II, 190.
vaudoyeur, I, 149.
Veau de dîme, I, 79.
Vède (gué de), I, 79.
vedel, I, 186.
Vegèce, I, 7.
veillois, II, 6.
Vely, II, 140.
venalité des charges, I, xij, 224; II, 24.
vendiquer, I, 206.
vengeance odorante d'un amoureux, II, 273.
venitien, devant St Marc, I, 129.
vent de la chemise, II, 249.
ventres (gros), II, 38, 163.
vergette, II, 272.
verisimilitude, II, 300.
verole de Rouen, II, 226.
verrière, II, 94.
verrues (pour guérir les), I, 112.
verteveller, I, 18.

vertu bieu! I, 151.
Vertu-Dienne! I, 151.
vertu saint Georges, I, 279.
vertu saint Gris! (par la), I, 59.
vertu sans jurer! II, 177.
Veset (saint)! I, 125.
Vespasien, mot sur ses trésoriers, I, 221.
vesperiser, II, 148.
vessaille, I, 3.
vezarde, I, 95.
veze, II, 18.
viateur, I, 34.
vicarier, II, 170.
vider, I, 277.
vie, de *vier*, I, 50, 93.
Vigiles du feu roi Charles, I, 13.
Vigo, II, 45.
Villain (abbé), I, 327.
Villedieu les poëles, II, 27.
Ville-Neuve, I, 156.
villenot, II, 264.
vilotière, I, 38.
vin en Anjou (abondance de), II, 175 — d'Orléans, 197 — de Bretagne, 315. V. citre.
Vincent (la saint), I, 117.

Vincent de Beauvais, II,
Vionnoy (le), II, 13. |316.
vipère (chair de), II, 224.
vire-voûter, II, 293.
Virgile, I, 7, 290, ...
virolet, I, 155.
Vivès (J.-L.), II, 335.
vivoter, II, 207.
voirement, I, 287.
voisins, I, 289-290.
voleur joué par un archer, II, 59.
vollet, I, 188.
Voltaire, I, 224.
volte, I, 15; II, 123.
vouge, I, 32.
voyette, I, 126.
vulcaniste (à la), I, 48.
vulgal, II, 46.

Wechel, II, 270.
Weill (Alex), I, 235.
Wispurg (diète de), II, 155.

Yrlande la Large, I, 73.
Yves (saint), II, 195.

Zani (messer), II, 80.
zélateur du bien d'amour(?) I, 65.
Zoroastre, II, 260.

TABLE DES MATIÈRES

CONTENUES EN CE SECOND ET DERNIER VOLUME

DES ŒUVRES FACÉTIEUSES

DE NOEL DU FAIL.

LES CONTES ET DISCOURS D'EUTRAPEL (suite et fin).
- XI. Débats et accords entre plusieurs honnestes gens 5
- XII. Ingénieuse couverture d'adultere 29
- XIII. De l'Escholier qui parla latin à la chasse . 39
- XIV. D'un qui se sauva des Sergens. 48
- XV. De l'amour de soy mesme 53
- XVI. D'un fils qui trompa l'avarice de son pere . 63
- XVII. Les bonnes mines durent quelque peu mais enfin sont decouvertes. 76
- XVIII. Eutrapel et un vielleur 96
- XIX. Musique d'Eutrapel 105
- XX. De trois Garces 131
- XXI. Remonstrances d'un Juge à un Meurdrier . 149
- XXII. Du temps present et passé 162
- XXIII. D'un Gabeleur qui fut pendu 172
- XXIV. D'un apothicaire d'Angers 178
- XXV. Des Escholiers et des Messiers 186
- XXVI. Disputes entre Lupolde et Eutrapel . . . 192
- XXVII. Gros débat entre Lupolde et Eutrapel . . 212
- XXVIII. De la Verole 224
- XXIX. Propos de marier Eutrapel 231
- XXX. Suite du mariage 243

XXXI. Du Gentilhomme qui fit un bon tour au Marchand et de l'Amoureux qui trompa son compagnon. 261
XXXII. Tel refuse qui après muse et des hommes bien vieils 276
XXXIII. De la Moquerie 292
XXXIV. Epître de Polygame à un Gentilhomme contre les Athees, et ceux qui vivent sans Dieu 319
XXXV. La retraite d'Eutrapel 350

APPENDICE. 369
POSTFACE-ERRATA 389
INDEX 395

ACHEVÉ D'IMPRIMER

LE XXX SEPTEMBRE M DCCC LXXIV

A NOGENT-LE-ROTROU

PAR A. GOUVERNEUR,

POUR LE COMPTE ET AVEC LES CARACTÈRES ELZEVIRIENS

DE PAUL DAFFIS, LIBRAIRE-ÉDITEUR

A PARIS.

www.ingramcontent.com/pod-product-compliance
Lightning Source LLC
Chambersburg PA
CBHW050918230426
43666CB00010B/2227